本願寺蓮如の研究　上

小泉義博著

法藏館

本願寺蓮如の研究　上　目次

本願寺蓮如の研究　上

第一章　長沼浄興寺と本願寺

第一節　長沼浄興寺の歴代住持

はじめに

越後高田（新潟県上越市寺町）に所在する浄興寺（いまは真宗浄興寺派本山）は、山号を歓喜踊躍山、正式寺号を浄土真宗興行寺と称し、通常はこれを略して浄興寺と呼んでいる。寺伝によれば[1]、親鸞が建保二年（一二一四）以降に居住した常陸国笠間郡稲田郷（茨城県笠間市）の坊舎が濫觴とされ、彼は帰洛に当たってその管掌を弟子善性（周観とも）に託したという。善性はその後、下総国伊吹谷村、同国猿島郡磯部村を経て、文永四年（一二六七）に信濃国水内郡太田庄長沼村に転じたとされる。下って永禄四年（一五六一）に浄興寺は、兵火によって焼失したので信濃国小市村へと移動し、次いで信濃国別府に移った後、越後春日山城下へ転ずる。そしてさらに同国福島へと動いた後、慶長十九年（一六一四）になって現在地へ転じたとされているのである。

ところが、『西光寺古記』四十八の「親鸞聖人御弟子等次第[2]」を見てみると、

善性 ─ 下総国磯部称願寺 ┬ 智光
　　　　　　　　　　　└ 明性 ─ 信州長沼浄興寺 ─ 善海 ─ 会津浄光寺 五代目周観

とあって、親鸞の弟子たる善性によって下総磯部「称願寺」（勝願寺）が創建された後、その跡は長男「智光」が継承し、[3]二男「明性」によって信州長沼浄興寺が創建されたと見えている。前述の寺伝では浄興寺創建が父善性とされていたから、明性は父に創建の栄誉を仮託しているのであろう。そして明性の子「善海」から数えて五代目の「周観」は、会津に転じて浄光寺を創建したと記されているが、この「周観」こそは、本稿で取り上げる⑧周観に該当するのであろう（以下ではこのように浄興寺歴代順を①〜⑩によって表示する）。

ちなみに、別の寺伝[4]によれば、善海から以降の住持としては、

善海─専海─空観─善秀─性順─周観─巧観─了周

と継承されたと語られるので、この系譜と前掲の「親鸞聖人御弟子等次第」の記事、および本稿の検討で判明した血縁関係を総合して表示するならば、左のような系譜が復元できるのである。

ところで、浄興寺が所蔵する大量の史料は、早くに井上鋭夫氏が『一向一揆の研究』[5]史料篇で紹介されるとともに、一部はその論述に組み込んで分析を行われたが、しかし全点を通観して検討を加えた研究はまだ提示されるに至っていない。[6]そこで本稿では、対象の時代を本願寺巧如〜存如〜蓮如の十五世紀中期に限定して、「浄興寺文書」から判明する浄興寺歴代住持とその血縁関係を明らかにし、合わせて、彼らと本願寺住持との間に見られる師弟関係について解明してみたいと思う。

長沼浄興寺の系譜（数字は浄興寺歴代順。⑥善秀以下の血縁関係は寺伝を変更し、また某を追加した）

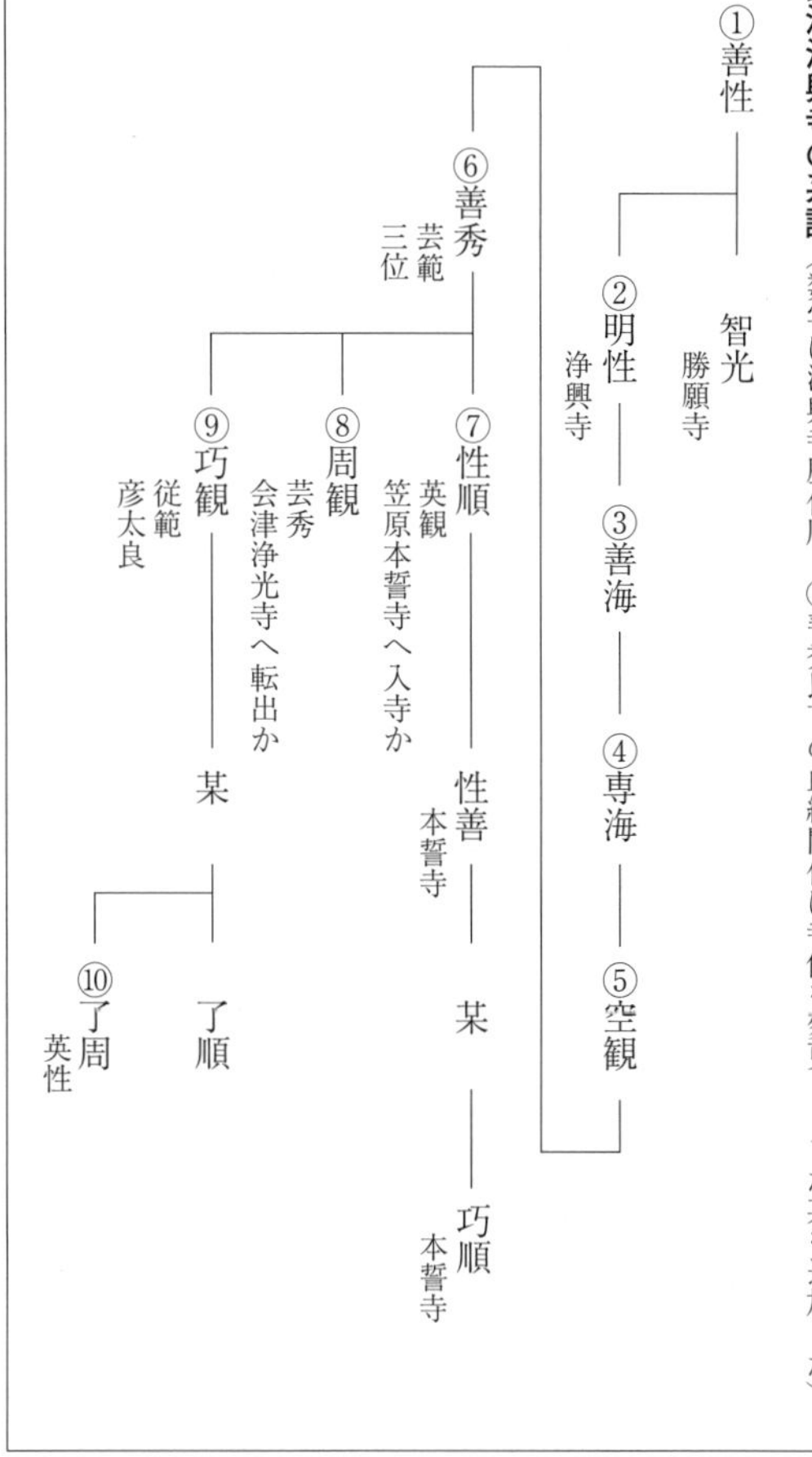

1　第六代善秀（芸範）

浄興寺住持に在職したことが史料によって確認できる最初の人物は「藝範」である。これは⑥善秀の実名であって、次の四点の聖教奥書にこの名が登場している。

表1　長沼浄興寺歴代住持の動静一覧

長沼浄興寺の住持		本願寺の住持			
⑦性順	⑥善秀（芸範）	蓮如	存如	巧如	
				○誕生	永和2(1376)
	○誕生？				至徳2(1385)
			○誕生	21歳	応永3(1396)
	○15歳？ ●「教行信証」拝受			24歳	応永6(1399)
	○結婚？25歳？			34歳	応永16(1409)
○誕生？				35歳	応永17(1410)
				38歳	応永20(1413)
		○誕生	20歳	40歳	応永22(1415)
			26歳	46歳	応永28(1421)
●12月本願寺滞在15歳？ ●12月聖教類拝受			29歳	49歳	応永31(1424)
●正月～8月聖教類拝受 ●8月本願寺滞在16歳？			30歳	50歳	応永32(1425)
			32歳	52歳	応永34(1427)
			35歳	55歳	永享2(1430)
		20歳	39歳	59歳	永享6(1434)
●2月本誓寺入寺　26歳？ ●2月29日入寺を報ずる	●7月「坊半作、御堂近日、御影堂の柱計用意」 ●9月「御老躰、造作御らん、磯卩善忠御房上洛」51歳？ ●12月「嶋津殿より借用」	21歳	40歳	60歳	永享7(1435)
	●5月「磯部の善慶往生」のため葬儀参列か ●7月「此春磯部上洛」	22歳	41歳	61歳 ●3月28日譲状 ●4月より越中瑞泉寺、秋まで在国	永享8(1436)
		23歳	42歳	62歳	永享9(1437)
		26歳	45歳	×10月死去 65歳	永享12(1440)
		32歳	51歳		文安3(1446)
●5月「かさわらの志やう志ゆん」40歳？	●5月「長沼三位」 ×7月死去？65歳？	35歳	54歳		文安6(1449) ＝宝徳元
		43歳	×6月死去62歳		康正3(1457) ＝長禄元
		60歳			文明6(1474)
		62歳			文明8(1476)
		68歳			文明14(1482)
		69歳			文明15(1483)
		74歳			長享2(1488)
		75歳			長享3(1489) ＝延徳元
		76歳			延徳2(1490)
		79歳			明応2(1493)
		80歳			明応3(1494)
●7月「笠原性順」「いま多存命」89歳？ ●7月「巧順」(曾孫？)		84歳			明応7(1498)
		×3月死去85歳			明応8(1499)

○：誕生もしくは転機　●：史料上に所見のある動静　×：死去

長沼浄興寺の住持				
⑩了周	了順	某	⑨巧観	⑧周観
				○誕生？
			○誕生？	
				●9月本願寺滞在15歳？
				●9月本願寺滞在18歳？
				●2月～5月本願寺滞在22歳？
			●6月末日上洛？●7月1日存如返信拝受、本願寺滞在15歳？	
			●7月「彦太良」帰国16歳？	●5月「周観之御房」24歳？
				○この頃浄光寺を称して転出か？25歳？
		○この頃に誕生？		
			●8月住持在任？29歳？	●8月「今泉」に居住か？37歳？
	○誕生？			
○誕生？				
		×この頃に死去？37歳？		
			●9月「巧観」絵像拝受63歳？	
	●9月上洛？15歳？			
●2月「了周」上洛14歳？●卯月在京	●卯月帰国			
●2月「了周」在京15歳？●8月帰国			●2月「長沼巧観御房」70歳？	
	×これ以前に死去？20歳？		×これ以前に死去？73歳？	
●7月「了周」絵像拝受19歳？				

A（「顕浄土真実教文類」ノ奥書、本文トハ異筆）「今此教行証者、祖師親鸞上人之撰述也。立章於六篇、調巻於六軸。皆引経論真文、各備往生、潤色。誠是真宗紹隆之鴻基、実教流布之淵源、末世相応之目足、即往安楽之指南也。長沼浄興寺常住。（物也脱カ）」⑺

B（「顕浄土真実信文類」本巻ノ奥書、本文トハ異筆）「信濃国水内郡太田庄下長沼浄興寺之常住也。（物脱カ）忝親鸞聖人御作。雖然、藝範（⑥善秀）為学文、応永中、本願寺居住、巧如上人被受（授カ）伝。是当寺秘書、他人不可見物也。」⑻

C（「顕浄土真実信文類」末巻ノ奥書、本文トハ異筆）「信濃国水内郡太田庄下長沼浄興寺之常住也。（物脱カ）此本、応永年中、藝範（⑥善秀）在京之時、本願寺住持自巧如上人、給處之本也。」⑼

D（「顕浄土真実証文類」ノ奥書、本文トハ異筆）「信濃国水内郡太田庄下長沼浄興寺之常住也。此本、應永年中、藝範（⑥善秀）在京之時、本願寺住持自巧如上人、給處本也。」⑽

右の四点は、親鸞の著作「教行信証」のうちの教巻（A）、信巻（B・C）、証巻（D）の、奥書部分である。本来ならば行巻も存在したに違いないが、いまは見当たらない。

Aは「教行信証」第一巻たる教巻（正確には「顕浄土真実教文類」と称する）の奥書であって、本文とは異筆である。それによれば、「教行証」（信脱カ）とは祖師親鸞上（ママ）人の撰述によるもので、六篇に章立てされ、六軸に仕立てられている。すべて経論から真文を引用して成立しており、各人の往生に備えて潤色されたもので、真宗紹隆の鴻基となり、また真実の教えが流布する淵源となるべきものである。末世に相応した目足（道標）であって、即往安楽の指南となるであろうと述べられ、長沼浄興寺常住のものと記されている。

この奥書には「藝範」（=⑥善秀）の名が登場しないが、本文冒頭の下部欄外に異筆で、「沙門藝範之」との追記が見えているところから、芸範＝⑥善秀が拝受したものであることは疑いないであろう。この奥書Aは、おそらく⑥善秀がみずから記入したものと思われ、あいにく下付主体は明記されていないが、次のBと同様に本願寺巧如からの下付とすべきである。

次いでBは、「教行信証」第三巻たる信巻（「顕浄土真実信文類」）のうち、「本巻」の奥書であって、本文とは異筆である。それによれば、本書は信濃国水内郡太田庄下長沼の浄興寺常住の所有物であって、これは親鸞聖人の御作であるが、芸範＝⑥善秀が「学文」＝学問を志して「応永中」に本願寺に滞在した際、巧如上人から授与されたものである。浄興寺にとって秘すべき書であるから、他人に閲覧させてはならない、と述べられている。

ここには「応永中」としか記されていないのが残念な点であるが、後述するごとくに⑥善秀は、応永六年（一三九九）頃の得度と推測されるので、Bの下付は応永六年頃としてまず間違いない。しかりとすれば、この時点の本願寺は巧如玄康（永和二年〈一三七六〉～永享十二年〈一四四〇〉、六五歳、このとき二四歳）によって住持されていて、巧如を除いては該当すべき下付主体が見当たらない。なおその父たる綽如時芸はすでに明徳四年（一三九三）に四四歳で死去しており、巧如は一八歳で本願寺を継承したのであった。

続いてCは、「教行信証」第三巻たる信巻のうち、「末巻」の奥書であって、これも本文とは異筆である。それによれば、この書は信濃国水内郡太田庄下長沼の浄興寺常住に下付されたものであって、「応永年中」に芸範＝⑥善秀が在京した時、本願寺住持たる巧如上人から給与されたものである、と記されている。また本文冒頭の下部欄外には、「藝範」との異筆追記も見えている。

さらにDは、「教行信証」第四巻たる証巻（「顕浄土真実証文類」）の奥書であって、本文とは異筆であり、その文言はCとほぼ同文である。また本文冒頭の欄外には、「藝範」（＝⑥善秀）との異筆追記も見えている。

さてそこで、以上の四点に名が見えた⑥善秀（芸範）について、彼が本願寺で修学に努めていた応永年中というのは、果たして何年のことなのかを考えてみよう。

これを推測する唯一の手掛かりは、次項で述べるごとくに、その子⑦性順の本願寺修学が、応永三十一年（一四二四）十二月～翌三十二年（一四二五）八月のことと判明する点である。彼はその間に、本願寺存如円兼や常楽台空覚光宗（存如の弟）の書写した聖教類（E～O）を下付されているから、これを踏まえて考えるならば、⑦性順は応永三十一年十二月に本願寺にやって来て、まず門主巧如の御剃刀で得度を遂げたのであろう。これは一五歳を期しての行動であったに違いないから、⑦性順の誕生は応永十七年（一四一〇）だったと計算できる。

この⑦性順の生年を基点にして、これが誕生した時に父の⑥善秀が二六歳だったと仮定してよいならば（つまりこの前年応永十六年〈一四〇九〉に二五歳で結婚したと仮定する）、⑥善秀の誕生は至徳二年（一三八五）のこと、また本願寺に上って得度（一五歳）するのは応永六年（一三九九）のこと、と計算できるのである。よって、⑥善秀（芸範）が本願寺巧如から「教行信証」（A～D）を下付されたのは、応永六年頃のことだったと結論してまず間違いないであろう。

さて、これに続いて⑥善秀に充てられたと思しき史料は、永享七年（一四三五）と推測される九月二十九日付けの存如書状である。

其後者、更々無便宜候間、久不申承候。返々無心本候。国物忩之由、承候間、無心本候。久無御上洛候間、当年なんとハ、内々御上洛も候哉と、待入候。御老躰之御事尓て候間、いかゝと覚候。あ王れ〳〵、今一度ハ御上洛も候て、造作之式をも、御らんし候へかしなんと覚候。我等も病者ニなり候て、今生尓てハ可下向事、不可叶候間、今一度見参申度候。念願此事候。如(何脱カ)様尓も候て、御上洛候ハヽ、返々可喜入候。内々御上洛候様尓、

承候間、待申候へとも、無其儀候。返々無心本候。磯冂（勝願寺）善忠御房、上洛候間、便宜可然候間、一筆事付申候。
毎事期後信候。恐々謹言。

（永享七年）九月廿九日　存如（花押）

（充所欠ク、「浄興寺御房」＝⑥善秀カ）(11)

これの詳細な分析は別稿「長沼浄興寺巧観の本願寺修学」(12)に譲るが、その言うところは、その後に便宜がなくて久しく音信を通わすことができなかったが、いかがお過ごしであろうか。信濃国では「物忩」＝物騒な情勢となっている由を承った。まことに心許ない次第である。久しく上洛しておられないが、当年こそは是非とも上洛していただきたく、待ちいるばかりである。「御老躰」であるから無理を強いることはできないが、いま一度上洛されたならば、「造作」＝本願寺改築工事の様相をつぶさに御覧になっていただけるに違いない。「我等」＝存如も「病者」となってしまったので、「今生」に信濃に下向することはもはや困難であるが、いま一度「見参」したいと念願するばかりである。上洛されるならば喜ばしい限りで、内々に上洛されそうだと承っていたから待っていたが、いまだにその儀がなく心許なく思っている。なお「磯冂善忠」（下総磯部勝願寺第五代住持）が上洛してきたのでこの書状を託することとし、後信を期したいと思う、と述べられているのである。紀年はおそらく永享七年（一四三五）であろう。充所が欠失しているが、「浄興寺御房」と記されていたに違いなく、具体的には⑥善秀を指していると思われる。文言中では「御老躰」と見えているが、前述のごとくに⑥善秀が至徳二年（一三八五）の誕生だったならば、この永享七年にはすでに五一歳となっていたから、これを「御老躰」としても違和感は生じない。なお文言中の「造作」とは、門主巧如によって企てられた本願寺堂舎の改築工事（永享六年に旧堂舎解体、永享七～八年に新堂舎建立）を意味するが、その詳細については別稿で論ずることとしよう。

さて、さらにこの次に⑥善秀が登場する史料は、文安六年（＝宝徳元年、一四四九）五月二日付けの蓮如書状である。

喜便宜、一筆申候。其後、何事御渡候哉。御床しくこそ候へ。前住（巧如死去ハ永享十二年十月十四日）往生之後ハ、万事落（着脱カ）申候。仍七月上旬之比、ふと信州へ可下向候。京都をハ、五月廿日比、罷立候て、賀州（加賀河北郡木越村光徳寺）ニ（カ）可逗留候間、定而七月上旬之比、其邊へ（信濃水内郡長沼村）可下向候可と覚候。如此申し候へ共、又下候ハぬ事も候へく候。かねてとな多へも披露あるへく候。為其、申候。御心へ候へく候。何事も見参之時、申候へく候。あな可しく。

（文安六年）五月二日　　　蓮如（花押）

長沼三位殿（善秀）(13)

右の蓮如書状に関する詳細な検討は、別稿「蓮如の陸奥下向と長沼浄興寺」(14)に委ねるが、充所に「長沼三位殿」＝⑥善秀とある点から、これがかつて「浄興寺文書」に属していたことは確実であって、現在は「本願寺文書（東派）」に移動している。その言うところは、書状を届けてもらう便宜があったのでこれを託するが、その後いかがお過ごしであろうか。当方においては「前住」＝巧如が、永享十二年（一四四〇）十月十四日に往生（六五歳）して以降、万事に落ち着きが戻ってきている（現住たる存如は長禄元年〈一四五七〉まで存命）。ところで、来たる七月上旬頃に信濃に下向しようと考えている。京都を発つのは五月二十日頃を予定し、加賀にしばらく逗留するつもりなので、おそらく七月上旬頃にその辺（信濃長沼）へ下向することとなるであろう。しかしこれはあくまでも予定で、下向しなくなる可能性もないわけではない。あらかじめ門徒衆に披露しておいて頂きたく、このようにお知らせするところである。いずれも見参の時にお話ししたいと思う、と述べられているのである。

右の書状で蓮如は、浄興寺⑥善秀に充てて下向予定を事前通知したのであるが、しかし彼が実際に京都を出発したのは七月中旬のことであった。そして七月二十日頃に第一の目的地たる加賀河北郡木越村光徳寺に到着したところ、ここで待機していた長沼浄興寺の使者（笠原性善）の口上と、浄興寺後継者たる⑨巧観が執筆した書状によって、⑥善秀がこの直前に死去したこと、および信濃の情勢が不穏であることを知らされたのである。そこで蓮如は急遽予定を変更して、陸奥国府にまで下向することとした。日本海を北上する廻船に直ちに便乗し、越後岩船郡（もしくは出羽酒田）で下船して陸奥国府へと向かい、七月三十日に到着したので、翌八月一日に浄興寺⑨巧観に充てて次の書状を執筆して、随行してきた浄興寺名代（笠原性善）に託したのである。

返々、御志、難有候。こう（陸奥国府）尓留候て、今泉までも、立寄候ハす候。京都之事、如無子細之由候。定見聞申候。信州三位公（⑥善秀）之一跡者、□（追カ）て御寄中候へく候。

誠今度、其方までも可立寄存候之処、物忩之由、奥（加賀河北郡木越村）尓て聞候上、はや思留候。思召寄、預御状候。難有候。結句、弐百疋、御志之至、為悦候。内々ハ、老躰（⑥善秀）事尓て、御渡候之間、可見参入候へ共、無力次第候。国も静候て、ふと可上洛候。坂東下向事、路次之中、無子細、松嶋まて令下向候。心安可被思食候。返々、国中物忩、無勿躰候。毎事、期上洛之時候。恐々謹言。

（宝徳元年）八月一日　　　蓮如（花押）

（充所欠ク、「浄興寺御房」＝⑨巧観カ）(15)

右によれば、この度「其方」＝信濃長沼に立ち寄るつもりであったが、「物忩」＝不穏である旨を「奥」（＝加賀河北郡木越村の光徳寺のこと）で知ったので、立ち寄りを思い留まって陸奥国府にまで下った。書状と懇志二〇〇疋に謝意を表すところである。「老躰」の浄興寺「三位」＝⑥善秀に「見参」したいと思っていたが、死去されたことは残念至極である。旅程においてはさしたる支障なく、「松嶋」にまで下向することができた。信濃における

「物忩」には十分に注意され、上洛された際にお話ししたい、と述べたうえで、さらに尚々書では、いまは「こう」＝陸奥国府に滞在しており、まだ「今泉」（浄興寺⑧周観が転出して経営する浄光寺のこの時点の所在地か）には立ち寄っていない。京都の情勢が平穏であることはお聞きになっている通りである。「信州三位公」＝⑥善秀の「一跡」＝由緒地には、次の機会に立ち寄ることとしたい、と述べられているのである。充所が欠失しているが、「浄興寺御房」と記されていたことは間違いなく、具体的には⑥善秀の後継者たる⑨巧観（⑥善秀の三男）に充てられたものとすべきである。

以上のごとくにして蓮如の旅は続けられ、越後における親鸞由緒地なども巡って帰洛したのであるが、それらの詳細は別稿に委ねることとしよう。いまここで留意すべきは、⑥善秀が文安六年（＝宝徳元年、一四四九）の五月～七月の間に死去している点である。そしてこれを基点にして再考するならば、享年が六五歳前後という想定も、永享七年（一四三五）九月に老体（五一歳か）と表記されていた点も、さらに遡って得度（一五歳）するのが応永六年（一三九九）頃で、誕生したのが至徳二年（一三八五）頃であったとの推測も、いずれも妥当な想定としてよいと思われるのである。

2　第七代性順

⑥善秀の後継者として誕生するのが、⑦性順・⑧周観・⑨巧観という三兄弟である。寺伝では、⑦性順・⑧周観の両人を兄弟とし、⑨巧観は⑦性順の子とされているが、この寺伝に従うと、⑨巧観の年齢に辻褄の合わない点が生じてしまう（後述―第五項）。よってこの説は退けて、三人ともに⑥善秀の子と位置付けたうえで、⑨巧観の子として「某」が生存したのではないかと推測しておきたい。

なお、三人ともが住持に就任したとされるから、その父⑥善秀はかなり早い段階で隠居して、三兄弟に寺務の経験を十分に積ませた可能性が高い。そしてその後、⑦性順は笠原本誓寺へ婿養子として入寺し、また⑧周観は会津浄光寺（もとは北山浄光寺と称し、一時期「今泉」にも居住したか）へと転出したもののごとくである。かくしてこの結果、⑥善秀から直接的に浄興寺を継承したのは⑨巧観であった。

三兄弟のうちの長男と思しき⑦性順に関しては、応永三十一年（一四二四）十二月～翌三十二年（一四二五）八月に、本願寺存如や常楽台空覚によって書写された聖教類（E～O）の下付を受けていることが知られる(16)。この時点で本願寺住持は巧如（四九歳）であったから、巧如は文献書写作業を長男存如（二九歳）や二男空覚に委ねていたことが判明する。


E（「顕名鈔」本巻ノ奥書）応永卅一年甲辰十二月廿二日、終書写之厳功、即于性順授与之畢。

　信州水内郡太田庄長沼浄興寺住侶。

（異筆）「常楽臺御真筆也。仍不可他人相続。殊可奉貴敬云云(17)」（空覚）


F（「顕名鈔」末巻ノ奥書）此当帖、雖為秘蔵之書、性順頻致望之間、且褒信心之懇篤、所令授与也。

　于附応永卅二年乙巳正月十三日、終書写之厳功畢(18)。

　　　　陰士空覚（花押）

G（「決智鈔」ノ奥書）応永卅二年乙巳二月一日、終書写之厳功畢。
　　　　願主釈性順
信濃国水内郡太田庄長沼浄興寺住

（異筆）「常楽臺（空覚）御真筆也。仍不可他人相続也。殊可奉貴敬云云。[19]」

H（「浄土見聞集」ノ奥書）応永卅二年乙巳二月十五日、終書写之厳功訖。于性順、令書写者也。

陰士空覚（花押）

（異筆）「信州水内郡太田庄長沼浄興寺住侶性順、常楽臺（空覚）以御真筆、所下給也。殊可奉貴敬云云。[20]」

I（「法華問答集」ノ奥書）応永三十二歳二月十五日、書写之畢。

（異筆）「信濃国水内郡太田庄長沼浄興寺住（ママ）性順、本願寺存如上人、忝御真筆、所下給也。仍不可他人相続。可奉殊貴敬者也。[21]」

Eは「顕名鈔」本巻の奥書で、応永三十一年（一四二四）十二月二十二日に書写が終わったので、これを長沼浄興寺住侶たる⑦性順に授与すると見えている。異筆で「常楽臺御真筆也」と追記されているから、常楽台空覚の書写した**E**が直接に⑦性順に下付されたのであろうが、手続き上は巧如（四九歳）の指示によるものとすべきである。なおこの時点の浄興寺にはまだ父の⑥善秀が存命していたから、⑦性順を指して「住侶」と呼ぶのは厳密には正しくないとしなければならない。

Fは「顕名鈔」末巻の奥書で、応永三十二年（一四二五）正月十三日に⑦性順のために書写して授与すると見えている。**F**については書写者に関する異筆追記が見えないが、**E**と同様に常楽台空覚が引き続いて書写したものと思われ、彼は常楽台に伝来した文献から「顕名鈔」を取り出して書写を行っているのであろう。

Gは、応永三十二年二月一日に常楽台の「隠士」＝隠居たる空覚が書写した「決智鈔」の奥書で、これを⑦性順に付与すると見えている。そして異筆の追記で、他人の相続を禁じ、貴敬すべしとされているから、この記入は⑦

性順が行ったものであろう。

Hは、応永三十二年二月十三日に常楽台空覚が書写した「浄土見聞集」の奥書で、⑦性順に与えると記されている。そして異筆により、常楽台空覚の真筆であるから「殊可奉貴敬」と追記されている。

Iは、応永三十二年二月十五日に⑦性順に付与された「法華問答集」の奥書であって、異筆で本願寺存如の書写したものと追記されている。このIも手続き上は、巧如の指示によって子存如（三〇歳）に書写が委ねられていたとしなければならない。

以上の聖教類を下付された⑦性順は、それからの半年間、本願寺に滞在して各種の法要に参列していたらしい。彼はその間にさらにその他の聖教類（J〜O）の書写も申し出ていたと思しく、同年八月にそれらが完成して一括して下付されている。

J（「親鸞伝絵」冊子本ノ上巻ノ奥書）

　　願主性順

　応永卅二年八月　日

（異筆）
「信濃国水内郡太田庄長沼浄興寺住（ママ）性順、本願寺存如上人、忝以御真筆、所下給也。仍不可他人相続。可奉殊貴敬者也。」(22)

K（「教化集」ノ奥書）

　応永卅二年八月　日

（異筆）
「信濃国水内郡太田庄長沼浄興寺住呂性順、本願寺存如上人、忝以御真筆、所下給也。仍不可他人相続。可奉殊貴敬云々。」(23)

L（「浄土真要鈔」ノ奥書）

　応永卅二年八月　日

（異筆）「仍信州水内郡太田庄長沼浄興寺住僧性順之。本願寺忝直所下給也。他所不可相続云云。[24]」

M　（「持名鈔」本巻ノ奥書）
応永卅二年八月　日
（異筆）「仍信州水内郡太田庄長沼浄興寺之住僧性順、本寺忝直所下給也。他所之不可相続云云。[25]」

N　（「持名鈔」末巻ノ奥書）
応永卅二年八月　日
（異筆）「仍信州水内郡太田庄長沼浄興寺之住僧性順之本寺、忝直所下給也。他所之不可相続云云。[26]」

O　（「諸神本懐集」本巻ノ奥書）
応永卅二年八月　日
（異筆）「信州水内郡太田庄長沼浄興寺住侶性順、常楽臺空覚上人、以御真筆、所下給也。殊可奉貴敬云云。[27]」

まずJは、応永三十二年八月に下付された「親鸞伝絵」冊子本（いわゆる「御伝鈔」、外題には「鸞（ママ）上人絵詞」と見える）の奥書であって、これが四幅の「親鸞伝絵」の解説書に当たるものであろう。異筆の奥書から、存如の書写によって⑦性順に下付されたことが知られ、この異筆は⑦性順の手になるものであろう。

同じくK「教化集」の奥書にも、同月に存如の「真筆」によって書写され下付されたと見えており、異筆の追記は⑦性順が行ったものであろう。

さらに⑦性順は同月に、L「浄土真要鈔」、M「持名鈔」本巻、N「持名鈔」末巻などの下付も受けている。異筆の奥書では「本願寺忝直所下給也」、「本寺忝直所下給也」などと見えているから、これらを書写したのは存如であった可能性が高く、また追記は⑦性順が行ったものに違いない。

さらにOも、同月に⑦性順が下付された「諸神本懐集」の奥書である。異筆の追記に「常楽臺空覚上人、以御真筆、所下給也」とあるから、常楽台空覚の書写であることが知られ、また追記の記入者は⑦性順と思われる。

以上のごとくに⑦性順は、応永三十一年十二月〜翌年八月に本願寺から多数の聖教類（E〜O）を下付されているので、その間に彼が京都東山大谷の本願寺にあって、各種法要に参列していたことは疑いなく、またその後の修学に資するべく、各種文献の入手を要望して実現していたことが知られるのである。そして彼はそれらを所持して、八月に国許へ戻ったことであろう。

とするならば、⑦性順はおそらくこの直前に初めて本願寺にやって来て、まず巧如の御剃刀により得度を遂げていたことであろう。それは彼が一五歳となっての行動であろうから、その誕生は応永十七年（一四一〇）だったと考えられる。

なお、「親鸞伝絵」四幅の解説書と思しきJ「親鸞伝絵」冊子本（いわゆる「御伝鈔」）が含まれているところから、もしかすると「親鸞伝絵」四幅の制作もこの時に行われた可能性があるが、残念ながら浄興寺に該当の絵画が伝存しているかどうかは判然としない。

3　笠原本誓寺へ転じた後の性順

さて、帰国後の⑦性順の動きであるが、彼はそれからまもなくに笠原本誓寺へ婿養子として転じたもののようである。浄興寺歴代を検討する本稿の主題からは外れてしまうが、⑦性順の生涯をここで最期まで辿っておくことにしたい。

まず、⑦性順が浄興寺から本誓寺へ転じたのはいつのことかを考えてみよう。手掛かりの第一が、永享八年（一四三六）と思しき五月四日付けの本願寺存如書状（次項に引用[28]）であって、ここには充所として弟⑧周観の名が登場している。よって、その兄たる⑦性順が浄興寺から転出するのは、永享八年五月以前のことと限定される。

他方で、転出の上限としては永享六年（一四三四）五月を設定できるであろう。なぜならば、この年二月～五月に⑧周観の第三回本願寺修学が実行されており、もし⑦性順がこれ以前に浄興寺を離れていたならば、その寺務はすべて父⑥善秀の管掌すべきところとなるが、おそらく父⑥善秀はこうした事態を避けたと考えられるからである。しかりとするならば、⑦性順が浄興寺から本誓寺に転じた（婿養子となった）のは、永享六年五月～永享八年五月の間であった可能性が高いであろう。

ところがこれとは別に、右の期間内では別稿[29]で述べるごとく、永享七年（一四三五）七月から彼の弟たる⑨巧観が本願寺修学に入っており、それを終えて⑨巧観が帰国するのは翌永享八年七月のことである。つまり、その間に⑦性順が転出（＝婿儀挙行）することはあり得ないのであって、この期間は除外しなければならない。かくしてこの結果、⑦性順の本誓寺転出は、永享六年五月～永享七年七月の間のこととするのが無理が少ないのである。

そこでこの結論を踏まえて、次には越後「本誓寺文書」に手掛かりを探ってみよう。すると、二月二十九日付けで発せられた次の本願寺存如書状が目につく。もしかするとこれが⑦性順の本誓寺転入を報じた際の、存如の返信なのではあるまいか。


悦便宜、申候。さても〳〵其後者、久見参申さす候。返々床しく候。此春中ニ、ふと上洛候へく候。見参申度候。不断違例候間、今まて不思議と存命して候。相構〳〵、セひ〳〵上洛候へく候。此西蓮上洛、返々あり加多くこそ候。あまりに〳〵ゆかしく候間、状を事つけ候。さ候間、大度の祐恩も、其後久無上洛候。無心本候。状を事つけ候。と丶けられ候ハヽ、悦入候へく候。同道候て、上洛候へく候。千万事々、期見参之時候。恐々謹言。

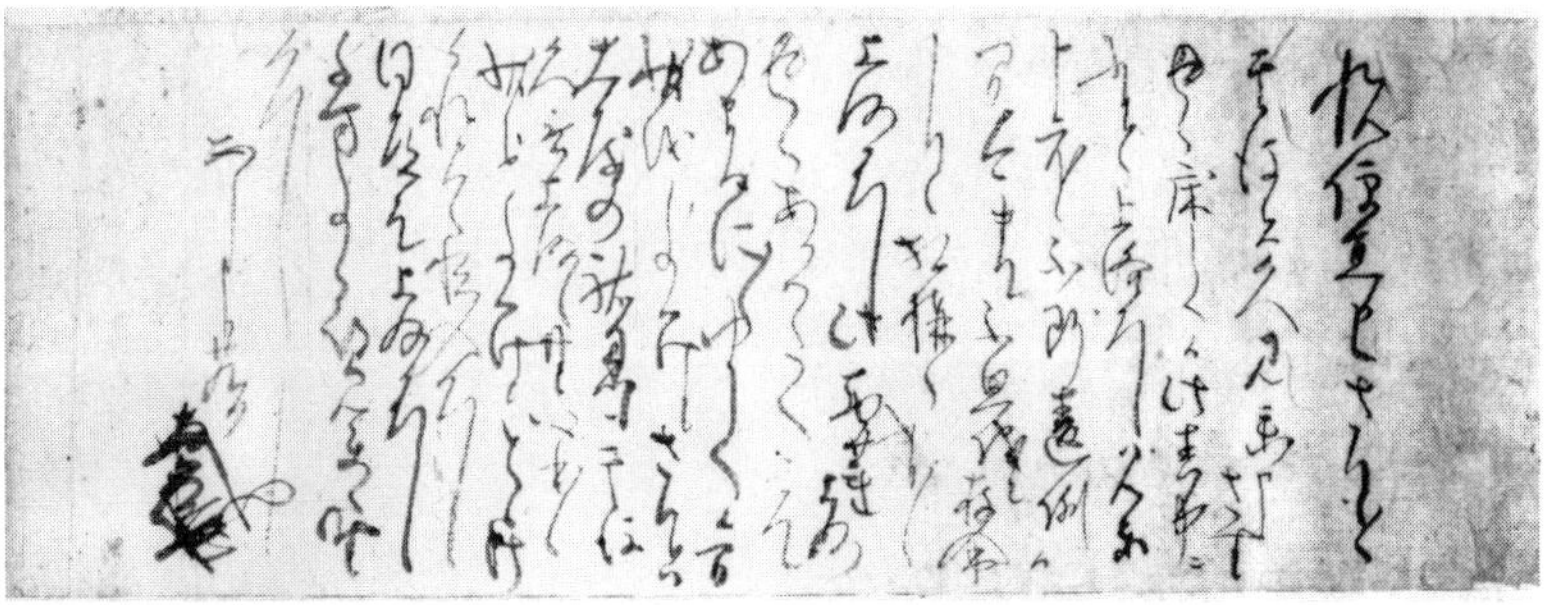

永享７年？（1435？）２月29日、存如書状―越後「本誓寺文書」

（永享七年カ）
二月廿九日　　　　存如（花押）
（充所欠ク、「笠原性順」カ）(30)

右によれば、書状を託する便宜が得られたことを喜んで一筆したためる。さても久しく見参を果たさず、懐かしい限りである。今年の春中には是非とも上洛して頂き、見参を果たしたいと思う。次々と違例（病気）の事態になり、今まで存命するのが不思議なほどである。是非とも上洛してもらいたい。この西蓮（これがこの時の使者）が上洛したことを喜び、余りに懐かしいので書状を託することとした。ところで大度（大渡か）の祐恩（未詳）も、その後は久しく上洛がないので心許なく思っている。そこで書状を言付けるので届けてもらいたい。そして同道して上洛して頂きたく、委細は見参の時を期したいと思う、と述べられているのである。

この書状には、⑦性順の動静について触れた文言が全く登場しないので断言できないものの、おそらくはこれが⑦性順の本誓寺入寺（＝婚儀挙行）についての報告（使者西蓮がもたらした）に対する、存如からの返信だと思われる。充所は欠失しているが、もし内容についての推測が妥当であれば、「笠原性順」との表記以外には考えられないであろう。

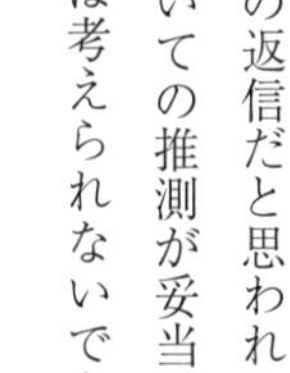

永享７年？（1435？）
２月29日
越後「本誓寺文書」

これの紀年を推測する手掛かりも全く乏しいが、前述したごとくに⑦性順が本誓寺に入寺するのは、永享六年五月～永享七年七月の間と推定して差し支えないので、その間の二月二十九日とは、永享七年（一四三五）のそれしか該当するものはない。すでに⑦性順は二六歳であったから、婿養子として寺務を管掌するには相応しい。彼が本願寺修学を終えてからは約十年を経過しているので、存如書状に「さても〳〵其後者、久見参申さす候」、あるいは「あまりに〳〵ゆかしく候間、状を事つけ候」と記されている感慨も、妥当な表現と言うべきであろう。また約十年間の浄興寺経営を経験して、⑦性順はそのあり方に十分習熟していたに違いなく、かくして永享七年二月以降の笠原本誓寺は⑦性順によって経営されることになったと考えられるのである。

なお、この婚姻を報ずる使者が、右の前日二月二十八日に京都東山大谷に達するためには、約四一〇km（信濃笠原～京都東山大谷の道程）を約一〇日間で進んだと仮定して、二月十九日に使者は現地を出発していなければならない。よって婚儀は、その前日の二月十八日に執り行われていたのではないかと思われる。

いまひとつ右の存如書状で留意すべき点としては、永享七年（一四三五）晩春から本願寺において新堂舎の建設事業が着工されているのであるが[31]、右ではその事業の推移について触れるところがない。このことを踏まえるならば、二月二十九日にはまだ立柱（建て舞い）が行われていない段階だったとすべきなのであろう。

続いて⑦性順の姿は、文安六年（＝宝徳元年、一四四九）五月二日の史料において確認できる。

ひんき悦候て、一筆申候。其後、何事御渡候哉。御床しく存候。就其ハ、上様、信州へ御下向候。さ多めて六月のすゑ、七月の初比尓ハ、それまて御下向候へく候。御心へのため尓、申候。それよりとな多へも、御徒多へあるへく候。何事も御けさん（見参）之時、申候。あな可しく。

（文安六年）五月二日　（署名・花押ヲ欠ク）

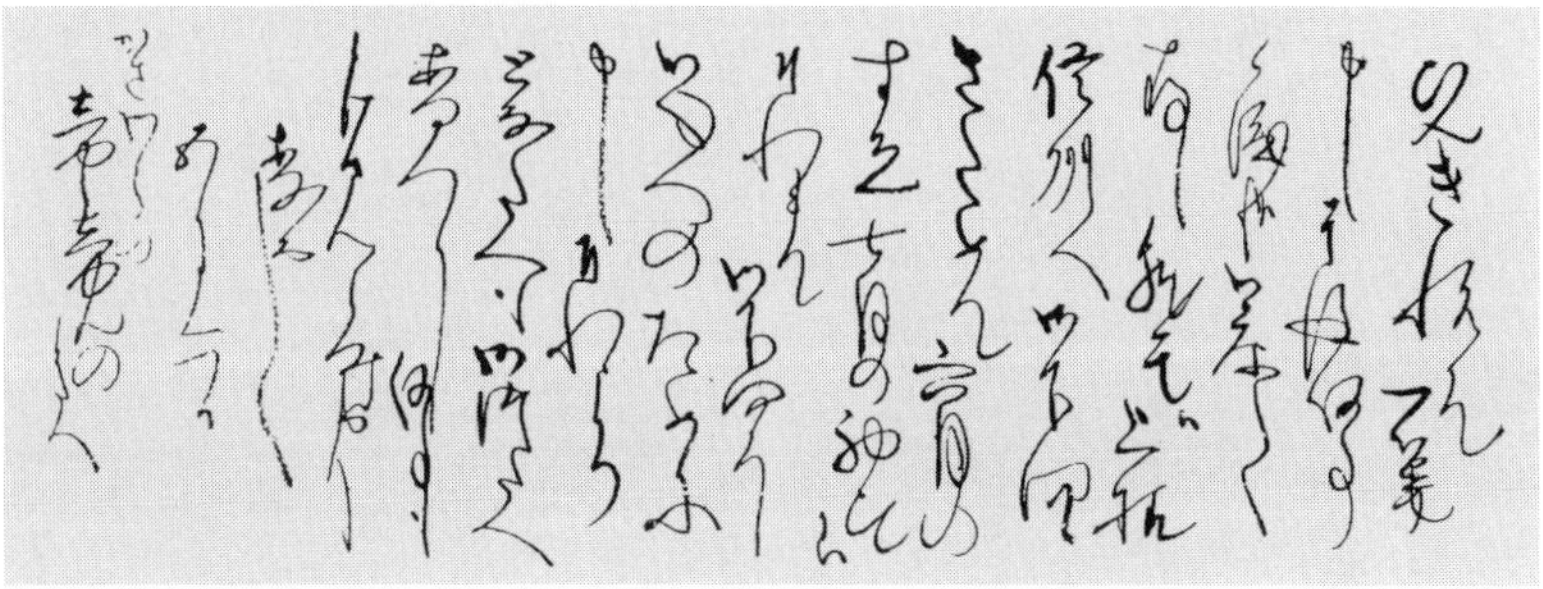

文安6年（宝徳元年、1449）5月2日、「蓮如自筆、擬側近書状案」
―越後「本誓寺文書」

かさわらの
志やう志ゆんの（性順）(32)
可多へ

この史料の詳細は別稿(33)で検討するので、ここでは概略だけを述べておく。この五月二日付け書状は、全文が蓮如自筆であるが、彼は側近の立場に立った表現を使用しており、やがて側近（下間玄英など）を呼んでその花押を押捺させるつもりだったらしい。ところがその場に臨席した笠原⑦性順の名代たる子性善は、側近の花押が押捺されることでその価値が減殺されることを嫌い、それの押捺のないままで下付されることを要望したらしい。その結果、右は極めて異例な様式のままで残されることとなったのであって、あえて名付ければ「蓮如自筆、擬側近書状案」と言えようか。

蓮如はこの文安六年（＝宝徳元年、一四四九）に、加賀木越光徳寺と信濃長沼浄興寺へ赴く旅行計画を立て、その予定を五月二日付け書状（第一項に引用(34)）で、浄興寺三位⑥善秀にあらかじめ伝えるとともに、右の擬側近書状案を「かさわらの志やう志ゆん」＝笠原⑦性順に充てて執筆して、同じく予定を事前通知したのである。

その言うところは、書状を届けてもらう便宜が得られたことを悦んで一筆したためる。その後はいかがお過ごしであろうか。ところで「上様」＝蓮如が、信濃下向の旅に出られることとなり、六月の末頃ないしは七月の初め頃に、

「それ」＝信濃に下向される予定である。心得ておいて頂きたく、お伝えするところである。「それ」＝笠原⑦性順より、どなたへなりとも伝えて頂きたい。見参した際に色々とお話ししたいと思う、と記されているのである。

右を拝受して国許に持ち帰ったのは、浄興寺⑥善秀の名代と、笠原⑦性順の名代とを兼ねた、⑦性順の子性善(35)だったと思われる。ところが性善が帰国すると、浄興寺では⑥善秀が死去する事態となっていたので、彼はその後継住持の⑨巧観から返書を託される。また父⑦性順からも返書を託されて、今度は性善は、蓮如の旅行計画先である加賀河北郡木越村光徳寺へと向かったのである。そして七月下旬にようやく蓮如一行に合流した性善は、すでに⑥善秀が死去したことと、信濃の情勢が不穏である旨を知らせたところ、蓮如は危難に遭遇することを避けるため信濃下向を諦め、陸奥下向の旅へと計画を変更するのである。

蓮如一行は加賀河北郡から船に乗ったと思しく、おそらくは越後岩船郡（もしくは出羽酒田）に上陸したであろう。そして陸路で陸奥国府へと向かい、松島にも足を伸ばしたのである。また帰路においては、越後北山浄光寺（浄興寺⑧周観が分立した会津浄光寺の前身か、所在地未詳）や、越後国府（親鸞の由緒地）に立ち寄ったらしい。そして直江津で蓮如は船に乗ることとしたので、これまで随伴した性善は別れて帰国したことであろう。かくして蓮如は若狭小浜へと南下し、さらに琵琶湖舟運も利用して帰洛したと考えられるのである。

さて、⑦性順の姿は、それから遙かに下った明応七年（一四九八）と思しき七月二十二日付けの蓮如書状においても確認できる。

巧順上洛候間、返々悦入候。いま多存命之由、申候。目出候。就其、在家愚鈍之身ハ、朝夕造作、不善のふるまいならてハ、ある満しく候間、一向一心ニ弥陀如来の本願ハ、他力不思議の誓願なれハ、我等ことき之末代の凡夫のためニ、おこし給へる本願なりと、ふ加く信して、一心ニ弥陀をたのミ堂てまつりて、その御恩報謝

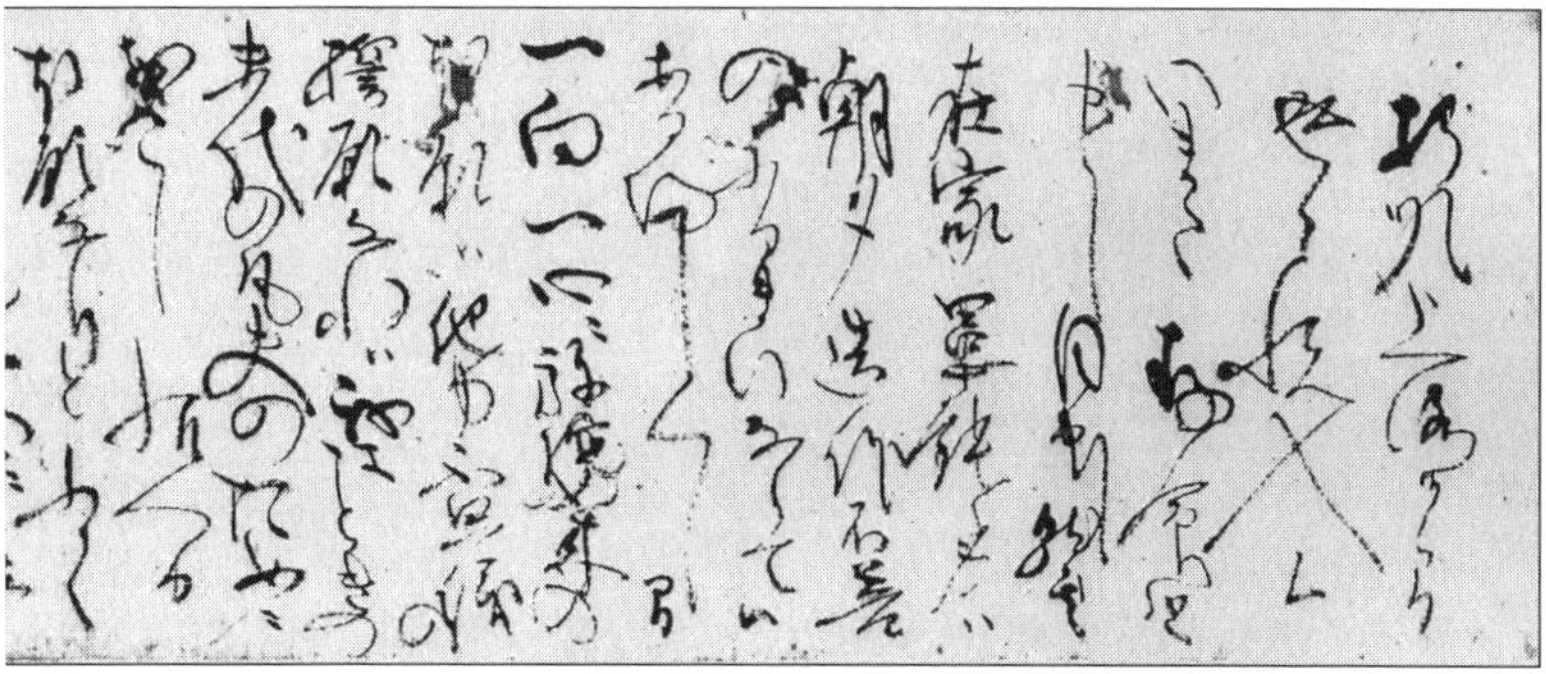

明応７年？（1498？）７月22日、蓮如書状—越後「本誓寺文書」

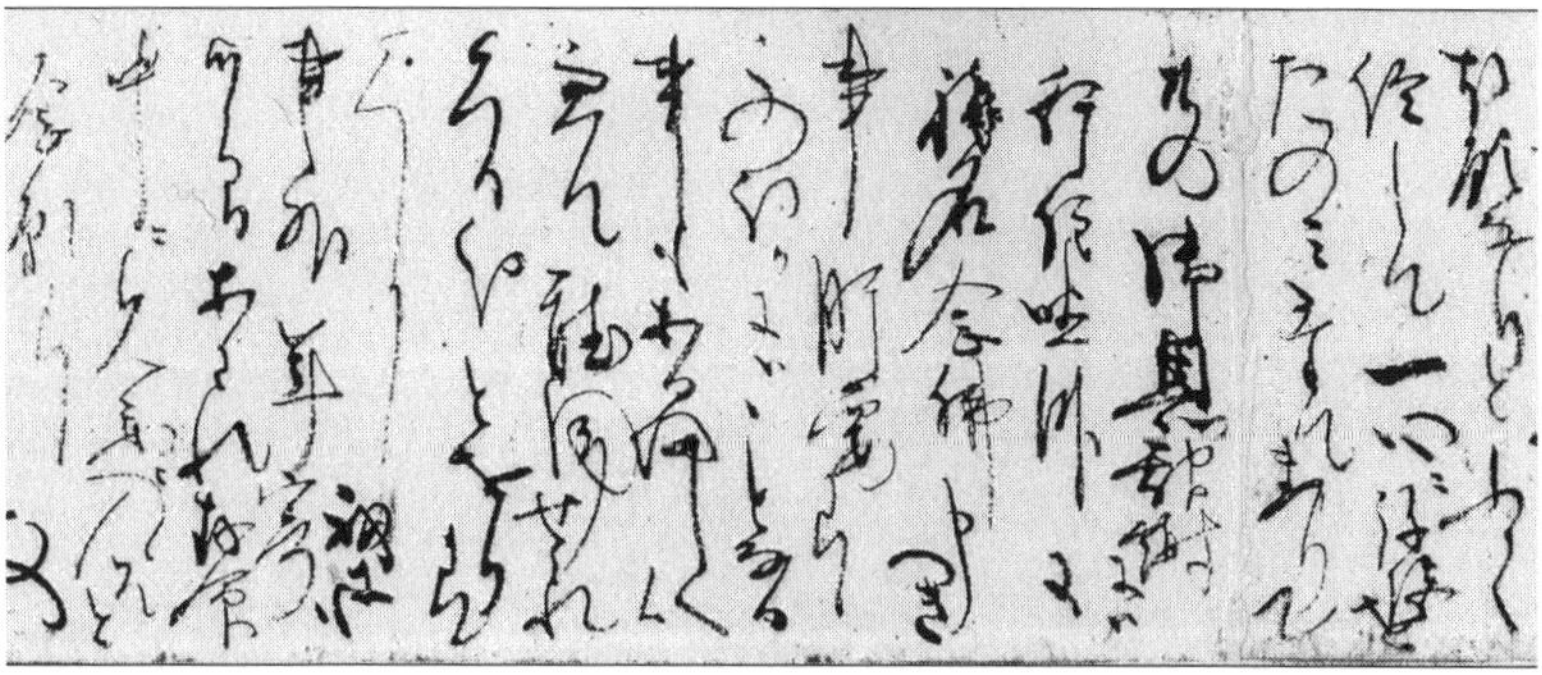

（上のつづき）

明応７年？（1498？）
７月22日
越後「本誓寺文書」

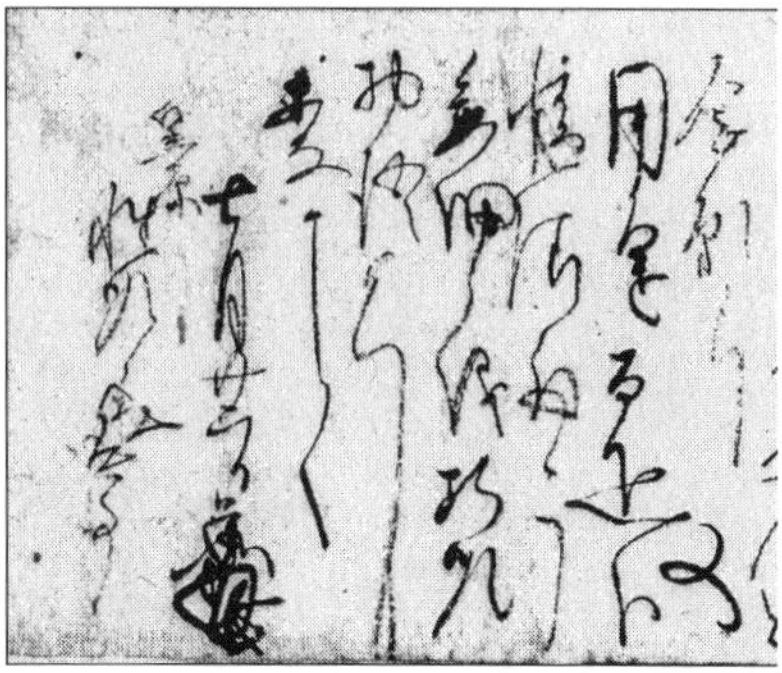

（上のつづき）

尓ハ、行住坐臥尓稱名念佛申へき事、肝要尓て候。この本加尓ハ、ことなる事もある満しく候。兼て聴聞せられ候間、分とをりまて候へく候。我等も事之外、年寄候之間、あ王れ存命中ニ、見参ニ入候てと、念願尓て候。

又用途百疋分、慥請取候了。委細之儀、巧順物語候へく候。あな加しく。

（明応七年カ）七月廿二日　　蓮如（花押）（R型＝ムスビ衰弱型）

笠原　性順御房　御返事[36]

右の言うところは、笠原本誓寺の「巧順」がいま上洛したことは、返す返すも喜ばしいことであって、しかも⑦性順は「いま多存命之由」とのこと、めでたい限りである。在家愚鈍の身にとって朝夕の「造作」（行動の意か）は、不善のふるまいとならざるを得ないから、弥陀如来の本願は我らのごとき末代の凡夫のためのものと信じて、一心に弥陀に帰依し、行住坐臥に称名念仏を申すことが肝要である。我らもことのほか「年寄」となったので、存命中に見参したいと念願するばかりである。なお用途として一〇〇疋分を確かに受け取った。委細については巧順が物語るであろう、と述べられている。

この書状の紀年を考える唯一の手掛かりは蓮如花押の形状であって、ここにはすこぶる小型で、非常に弱々しい印象を与えるものが押捺されている。彼の花押形状の変化に関する追跡[37]によると、明応七年春に老衰のため病臥を余儀なくされて以降、その形状は小型化して描線が弱々しくなり、また少々なげやりで乱雑なものも見受けられるようになる。筆者はこうした花押形状を「R型＝ムスビ衰弱型」と仮称するのであるが、これを踏まえるならば、右は明応七年七月のものとしてほぼ間違いない。死去する約八ヶ月前の時点なので、文言中に「我等も事之外、年寄候之間」と記されていることに矛盾はない。また一方で、⑦性順の年齢は八九歳だったと推測されるから、「いま多存命之由」と蓮如が驚いているのも当然の記述と言わねばならないのである。

なおこの時に上洛した「巧順」とは、おそらくは⑦性順の曾孫に当たり、一五歳となって得度するために本願寺にやって来たのではなかろうか。

かくして⑦性順もやがて死去したと思われるが、残念ながらその年月日は判明しない。なお蓮如の死去はその翌年、明応八年（一四九九）三月二十五日のことである（八五歳）。

4　第八代周観

三兄弟のうちの二男と思しき⑧周観が、最初に史料上に登場するのは、応永三十四年（一四二七）九月に本願寺から下付された、P「口伝鈔」（上巻・中巻・下巻あり）、Q「親鸞伝絵」冊子本の奥書においてであって、そこには次のように記されている。

P（「口伝鈔」下巻ノ奥書、本文ト同筆）応永三十四年九月八日、周観上洛之時、自本願寺之当住巧如上人ニ、蒙御免許、下給所口傳鈔也。無信心之仁、
不可見不可有免者也。
（異筆）「長沼浄興寺常住[38]」

Q（「親鸞伝絵」冊子本ノ奥書、本文トハ異筆）「本願寺巧如上人、直ニ附属周観、御真筆也。可奉殊貴云云。
（応永三十四年九月八日カ）[39]」

右のPによれば、「口伝鈔」下巻を応永三十四年九月八日に、本願寺当住たる巧如（五二歳）の「御免許」を得たうえで、浄興寺の⑧周観のために書写して付与すると記されている。この奥書は本文と同筆と思われるが、末尾の「長沼浄興寺常住」は異筆であろう。書写の主体がここには記載されていないが、巧如の免許のもとでこれを実

行した人物としては、存如（三二歳）以外に該当者はいないであろう。

次いでQは、同じく⑧周観に下付された「親鸞伝絵」冊子本（いわゆる「御伝鈔」）の奥書である。この奥書は本文とは異筆であるから、⑧周観自身が記入したものと思われ、本願寺巧如の書写によって下付されたと見えている。日付の記されていない点が残念なところであるが、Ｐ「口伝鈔」と同じく巧如の名が登場するところから、それと同日の応永三十四年九月八日の下付か、さもなくともその前後数日間における下付だったことであろう。

かくのごとくに⑧周観も、前述した兄⑦性順と同様、この直前に本願寺にやって来て巧如の御剃刀で得度を果たし、修学に努めるとともに聖教下付を申し出ていたのである。とすれば、それは一五歳を期してのことであろうから、⑧周観の誕生は応永二十年（一四一三）と推測できる。なお、Ｐの下付を受けた時点で、父たる⑥善秀はまだ存命しているので、⑧周観を「常住」と表記することは厳密には正しくない。

こうしてＰ「口伝鈔」・Ｑ「親鸞伝絵」冊子本の下付を受けた⑧周観は、そこで一旦国許へ戻ることとした。そしてその三年後の永享二年（一四三〇）九月、再び本願寺にやって来た彼は、今度はＲ「執持鈔」・Ｓ「改邪鈔」の書写・下付を要望するのである。

Ｒ（「執持鈔」ノ奥書）

永享貳年 九月七日

覚如上人御真筆

長沼浄興寺常住

（異筆）

「京都自本所、下給聖教也。他所不可遣。奉周観安置之也。[40]」

Ｓ（「改邪鈔」ノ奥書）

永享貳年 九月十日

長沼浄興寺常住[41]

まずR「執持鈔」の奥書によると、永享二年九月七日に覚如の真筆たる「執持鈔」を長沼浄興寺常住に下付すると記されている。ここで言う真筆とは覚如の著作との意味と思われ、この箇所は本文と同筆のごとくに見える。そしてさらに異筆で、京都の本所＝本願寺から下付された聖教なので、他所に持ち出してはならず、⑧周観が安置するものであると追記されており、この部分は⑧周観の筆になるものであろう。書写が誰の手によって行われたか記入されていないが、おそらくは存如（このとき三五歳）に相違なく、またその下付主体は父たる巧如（このとき五五歳）とすべきであろう。

次いでS「改邪鈔」の奥書では、永享二年九月十日に長沼浄興寺常住に下付するとだけ記されている。この箇所は本文と同筆のごとくに見えるから、存如の筆による追記であろう。そして下付主体は父巧如だったに違いないが、存如から直ちに下付されていた可能性もないわけではない（Rも同じ）。

こうして永享二年九月に聖教二点（R・S）を付与された⑧周観は、まもなくして帰国の途についたのである。

それから四年経った永享六年（一四三四）、⑧周観は三たび本願寺にやって来て、「愚禿鈔」上巻T・下巻Uの書写・下付を要望する。

T（「愚禿鈔」上巻ノ奥書）愚禿鈔、大谷本願寺開山御作也。永享六年二月十三日、令周観上洛之時、蒙存如上人御免、奉書写者也。後第一如経法、可奉信仰也。濁世末代之罪、惣生死之凡夫、非彼上人勧化者、誰出離生死、遂往生極楽不退之土哉。(42)

U（「愚禿鈔」下巻ノ奥書）愚禿鈔、大谷本願寺開山親鸞聖人御作也。釈周観、永享六年二月十三日上洛之時、存如上人蒙御免、令書写之。後第一如経法、奉信仰、被信心南無阿弥陀仏、唱即便往生遂。賢留雑行帰正行、報恩謝徳志以、年々令上洛、奉報師恩、可研信心者也。(43)

右のTは「愚禿鈔」上巻の奥書であって、本文と同筆に見える。それによれば、「愚禿鈔」は開山＝親鸞の著作で、永享六年二月十三日に⑧周観が上洛した際、存如上人（このとき三九歳）の許可を得てこれを書写した。以後はこれを第一に信仰すべきであって、濁世末代の罪に汚れた凡夫たる者は、「彼上人」＝存如の勧化に従わずして、誰が生死の苦しみを逃れられようか。また誰が極楽の「不退之土」に往生を遂げることができようか、と述べられている。「蒙存如上人御免」との文言がある点から考えて、下付主体（つまり本願寺住持）は存如としなければならない（ただし巧如もまだ存命――後述）。

次いでU「愚禿鈔」下巻の奥書も本文と同筆に見え、それによれば「愚禿鈔」は親鸞の著作であって、⑧周観が永享六年二月十三日に上洛した際、存如上人の「御免」を受けて書写するところである。今後は「経法」＝経典として信仰すべきであって、南無阿弥陀仏を信心して唱えられたならば、直ちに往生を遂げることに便宜が図られるであろう。雑行を排して正行に帰し、報恩謝徳の志をもって年々に上洛され、師恩に報いて信心を深めねばならない、と記されている。ここにも「存如上人蒙御免」と見えているから、存如が下付主体であったことは疑いない。

問題なのは、この「愚禿鈔」T・Uの本文および奥書が、誰によって書写されたかが明記されておらず、判然としない点である。これまでの研究[44]では、⑧周観が閲覧を許されて書写したとされているが、しかし聖教類の書写はあくまでも本願寺一族の専権に属したと考えるべきであって、もしそうでなかったならば、本願寺住持と門徒との間の師弟関係は崩れてしまうのではあるまいか。

そこでT・Uの奥書にもう一度注目すると、ここに記された文言や書式が、これ以前のA～Sとは大きく相違している点に気付くであろう。このことはT・Uが、巧如・存如・空覚らによる書写ではないことを示唆するものである。そして奥書では、存如（三九歳）の許可によって書写されたと見えているが、しかしその父巧如が死去していたわけではなく、いまだに存命であった（五九歳）。とするならば、父巧如はこの永享六年二月の時点ですでに隠居状態にあり、「御免」を認めた存如が本願寺住持となっていたに違いなく（ただし巧如の譲状作成は永享八年〈一四三六〉三月二十八日付け）、その存如の指示で書写作業を担当する者としては、その子蓮如（このとき二〇歳）を除いては該当者が見つからない。

そこでこの奥書の筆跡を、他の蓮如筆跡と対比してみることとしよう。まず**図1**がT「愚禿鈔」上巻奥書（永享六年〈一四三四〉二月十三日付け）、また**図2**がU「愚禿鈔」下巻奥書（永享六年二月十三日付け）である。これに比較すべきものとして、**図3**には「口伝鈔」奥書（永享十年〈一四三八〉十二月十三日付け[45]）、**図4**には「正像末和讃（三帖和讃）」奥書（文安六年〈一四四九〉五月二十八日付け[46]）、を掲載した。

これらを比較すれば同一人の筆跡であることはもはや明らかであるから、**図1・図2**は蓮如の筆跡と断じて差し支えない。

参考までに、存如の筆跡（**図5**[47]）とも対比しておこう。両者の違いは一見して明白なので、**図1・図2**がともに蓮如書写であるとの結論は揺るがない。

そこで次にこの点を踏まえて、越後「光源寺文書」に伝えられる永享六年五月十二日付け、蓮如書写のV「浄土文類聚鈔」（ただし後世の写本）を検討しなければならない。

V浄土文類聚鈔（「浄土文類聚鈔」ノ奥書）

永享六甲寅歳五月十二日、書写畢。

釈蓮如（花押影[48]）

図１：
永享６年（1434）２月13日、
「愚禿鈔」上巻奥書
—越後「浄興寺文書」

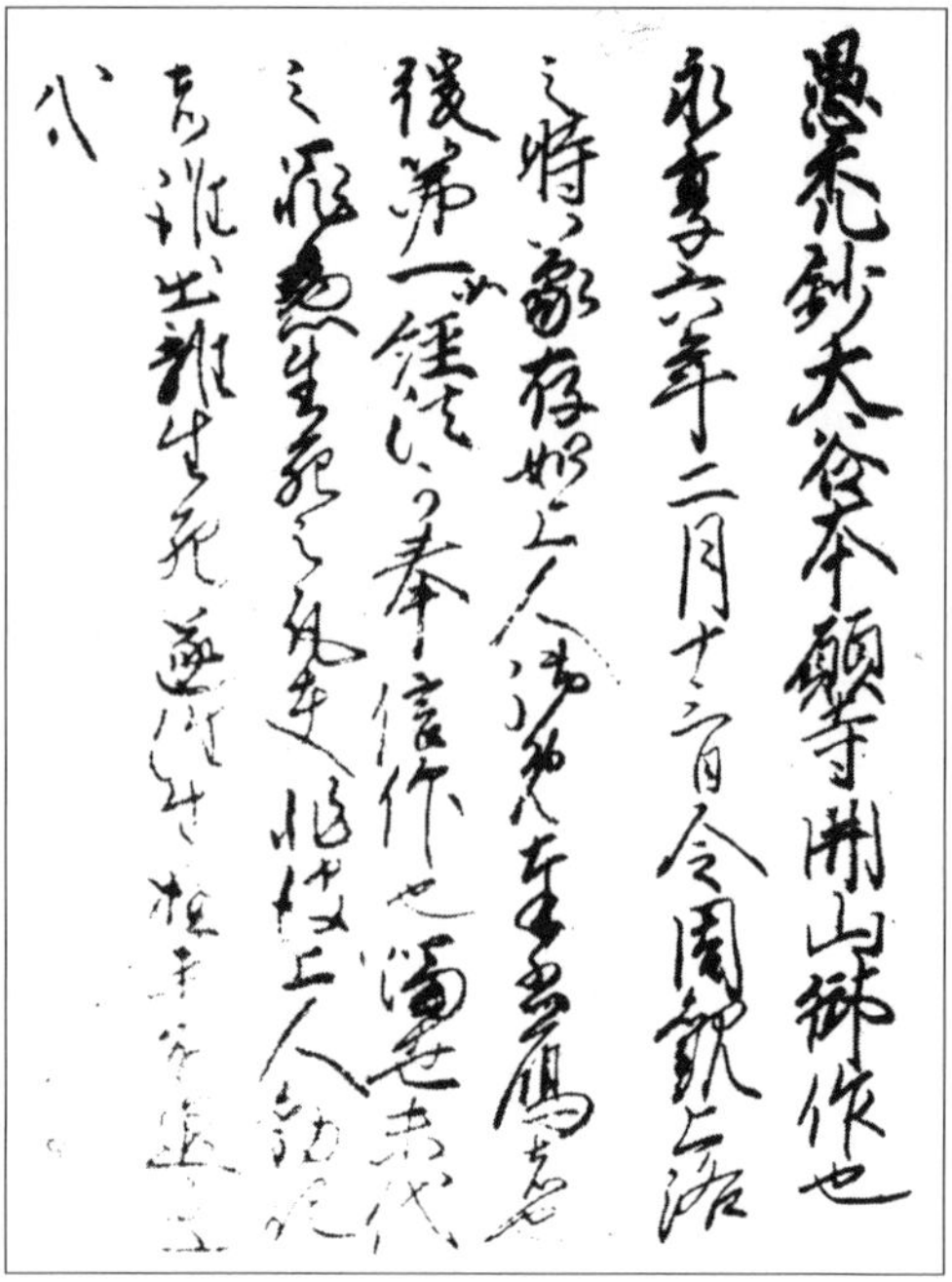

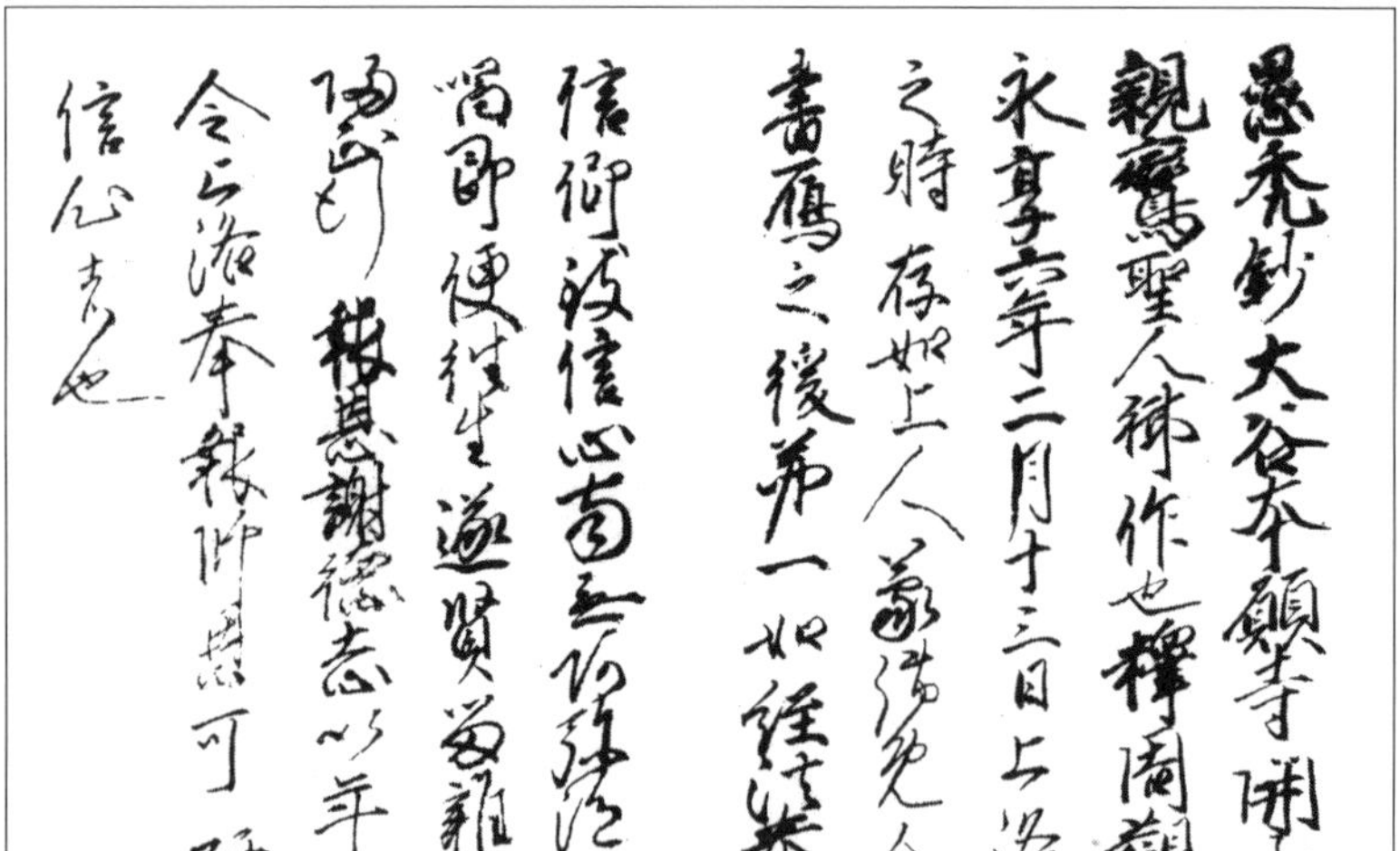

図２：永享６年（1434）２月13日、「愚禿鈔」下巻奥書—越後「浄興寺文書」

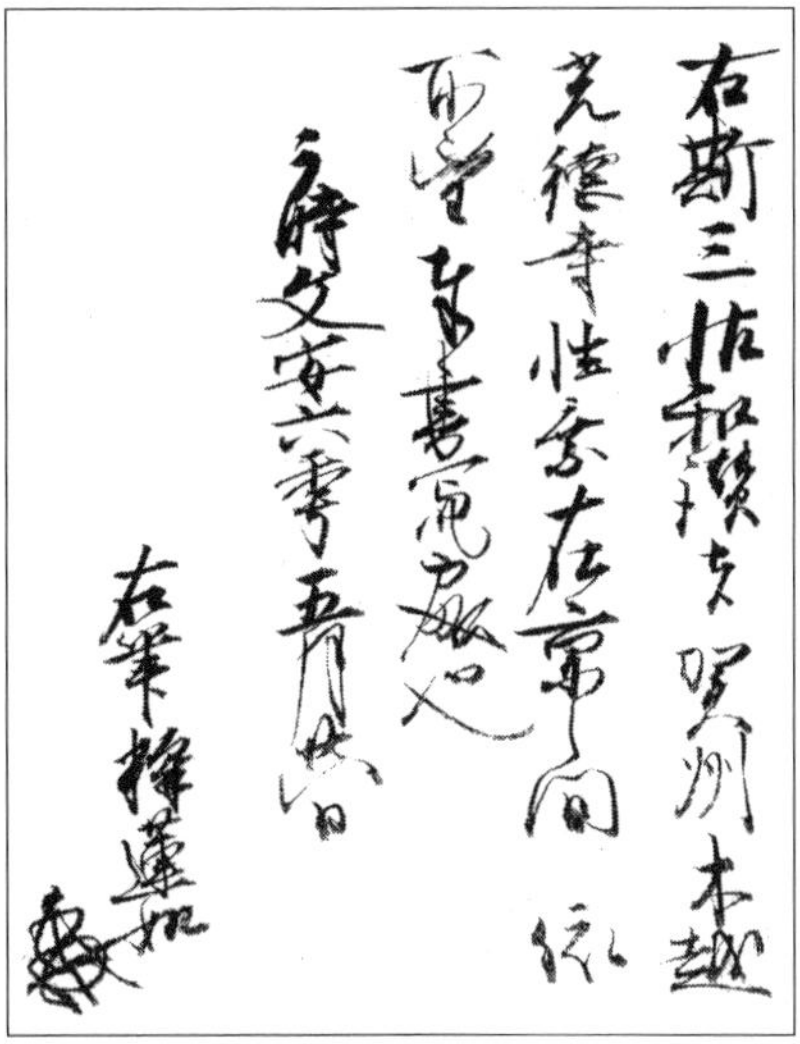

図４：蓮如の筆跡　文安６年（1449）
５月28日、「三帖和讃」奥書
—山城「本願寺文書（西派）」

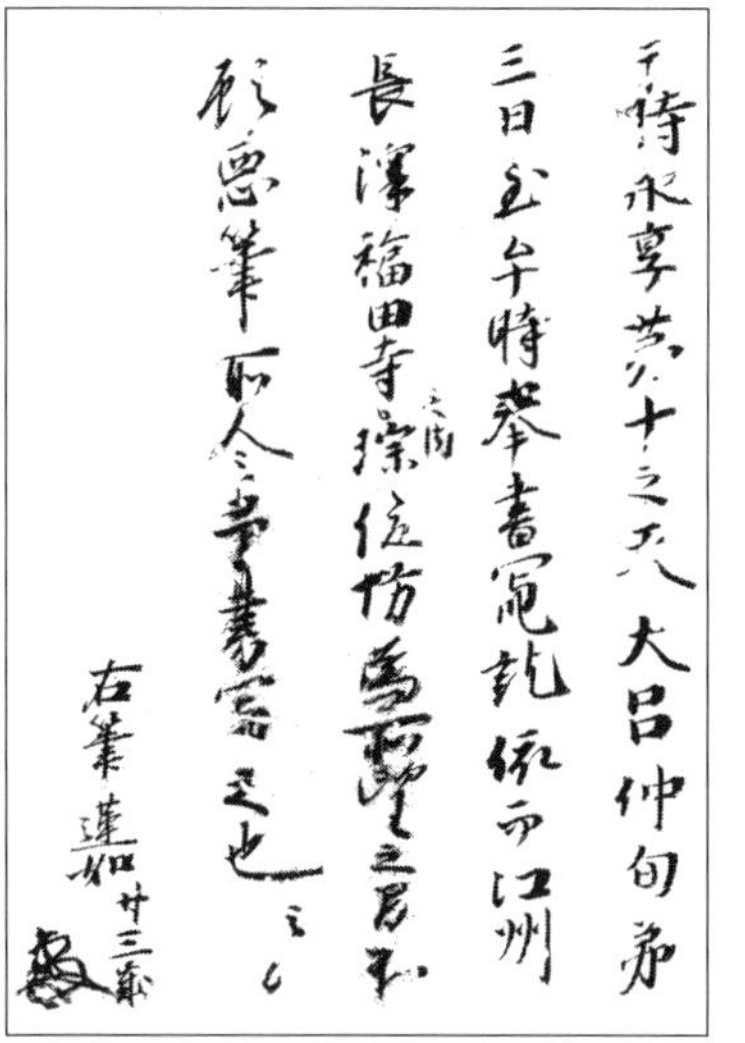

図３：蓮如の筆跡　永享10年（1438）
12月13日、「口伝鈔」下巻奥書
—山城「本願寺文書（西派）」

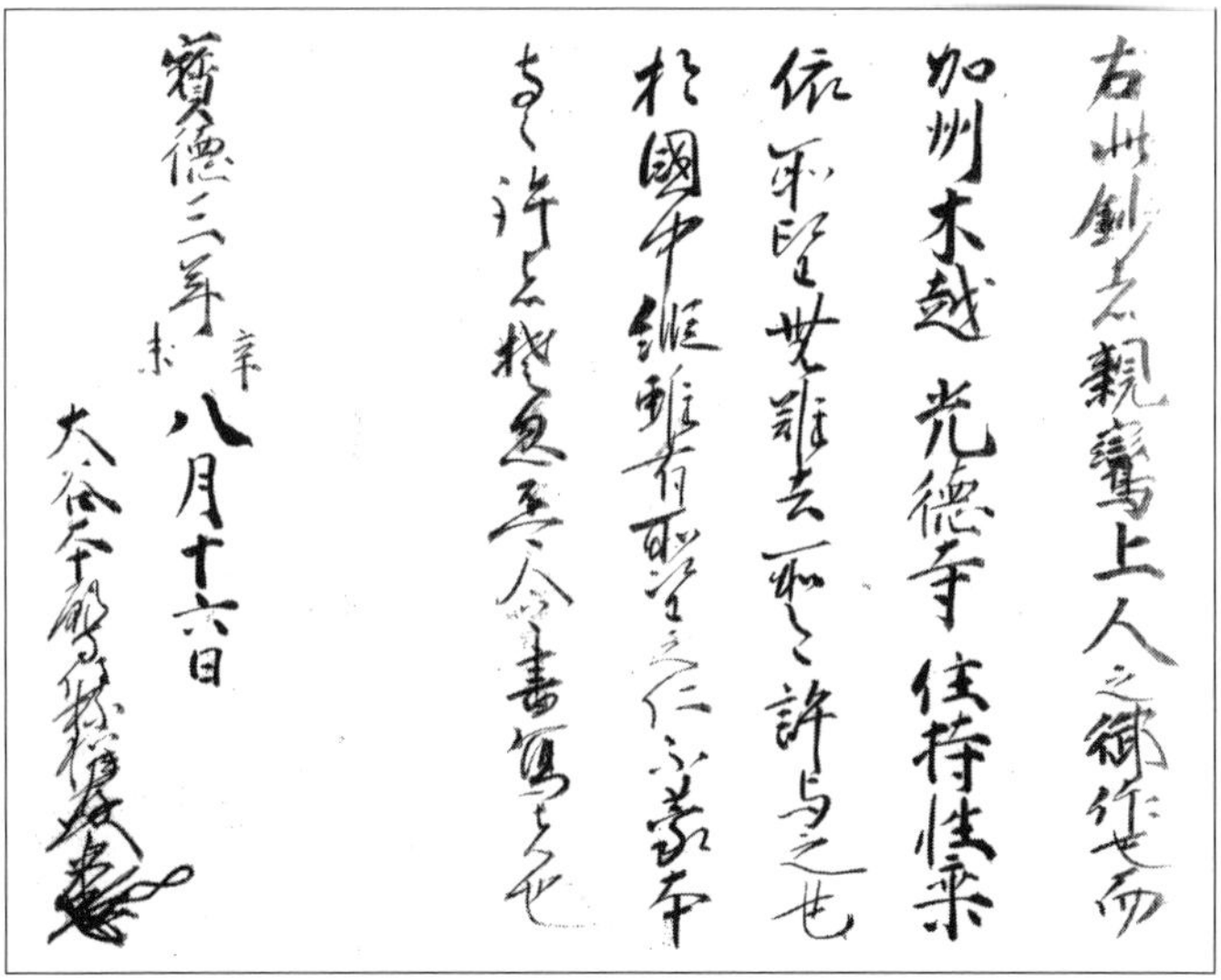

図５：存如の筆跡　宝徳３年（1451）８月16日、「教行信証」第６巻奥書
—山城「本願寺文書（西派）」

右はこのV「浄土文類聚鈔」の奥書であって、あいにくと蓮如書写の原本ではなく、後世に別人が筆写した写本であることが知られる。けれども、永享六年五月十二日に蓮如が右の原本たる「浄土文類聚鈔」を書写して、某人に下付していたことは確実であるから、年月日と蓮如自署（ただし花押影）が揃った最初の聖教という意義は変わらない。そこで考えるべきは、これを蓮如から下付された某人が、そもそも誰であったのかという点である。

ところで、このV「浄土文類聚鈔」を現蔵する光源寺は、いまは真宗大谷派本願寺（東本願寺）に直属する寺院であるが、かつては笠原本誓寺の末寺に位置付けられていた(49)。その笠原本誓寺は、磯部勝願寺の末寺たる六ヶ寺（西久保勝善寺・大岩普願寺・長沼西厳寺・平出願生寺・中俣勝善寺・笠原本誓寺）の一つであった(50)。他方で長沼浄興寺は、磯部勝願寺から分立したいわば「兄弟」の寺院であるから（勝願寺を創立したのは善性、その長男智光がこれを継承、二男明性は浄興寺を創建して分立）、笠原本誓寺は直接に長沼浄興寺の末寺というわけではないものの、序列の点において浄興寺末寺にあったとして大過はない。つまり当該時期の本願寺派においては、長沼浄興寺―笠原本誓寺―光源寺という本末関係（上下関係）があったとして差し支えないのである。加えて、長沼浄興寺出身の⑦性順が、婿養子として笠原本誓寺に転じていたのであるから、長沼浄興寺に所有される法宝物類を、笠原本誓寺の手次（口利き）によって、光源寺が閲覧・筆写する機会を与えられることは容易だったに違いない。しかりとするならば、そもそも永享六年五月十二日に蓮如書写の「浄土文類聚鈔」を下付されたのは、浄興寺⑧周観であったとしてまず間違いないと考えられるのである。

以上の推測によって判明した点をまとめておくと、浄興寺⑧周観は永享六年二月に上洛した際、まず十三日に「愚禿鈔」T・U（蓮如書写）の下付を受けたのである。そしてさらに「浄土文類聚鈔」の書写・下付も申し出たのであって、それが完成するまで彼は、本願寺の各種法要に参列しつつ滞在していたのであろう。かくして五月十二日に「浄土文類聚鈔」（蓮如書写）を下付された⑧周観は、ようやくに帰国の途についたのである。また光源寺はその後、笠原本誓寺の手次（口利き）によって、長沼浄興寺から「浄土文類聚鈔」を借覧する機会が与えられたので、それを筆写して現在も写本（V「浄土文類聚鈔」）を所有しているのであろう。あいにくと蓮如が書写した「浄土文類聚鈔」はその後、所在が不明となってしまったらしい。

ところでここで想起すべきは、「愚禿鈔」T・Uにおいて蓮如が、署名・花押の記入を失念していたという点である。このことは蓮如がまだこの段階において、聖教類の書写作業に習熟していなかったことを示唆するものである。とすれば、「愚禿鈔」T・Uこそは、蓮如による聖教書写の最初のものだったと推断して間違いないであろう。

さて、こうして各種の聖教類下付を受けた⑧周観のその後の動静であるが、永享八年（一四三六）と思しき五月四日付け存如書状の充所に、彼の名が登場している。

七郎左衛門父子、何事候哉。床敷候。事付申度候。磯门《磯部勝願寺》門下ニも、更々聖教を不所持候［　］《やらんカ》、証了なとも、不所持候と申候。それへ出候ハ、、書候て事付尓あそハし候て、多ひ候へく候。其後者、更々無便宜候間、状尓ても申さす候。何事とも、御渡候哉。返々無心元候。磯门《磯部勝願寺》の善慶御房往生、只今聞候。返々あ王れ尓候。就中、関東之事ニ、定国も煩とも候らんと覚候。無勿躰候。無為無事ニ候て、目出候。…（中略）…千万事、期後音候。恐々謹言。

（永享八年）五月四日　存如（花押）

周観之御房[51]

右の詳細な検討は別稿に譲ることとし[52]、ここでは要点のみを記しておきたい。その言うところは、その後に便宜がなくて書状も差し上げられなかったが、いかがお過ごしであろうか。ところで下総磯部勝願寺の善慶が往生された由、まことに哀れと存ずる。関東では混乱が続いており、「国」＝信濃でも戦乱が続いていると推測され、無事であることを念ずるばかりである。…（中略）…いずれも後音の時を期したいと思う、と述べたうえで、さらに尚々書では、七郎左衛門父子（未詳）には何事が起きたのか心配なので、書状を託したい。磯部勝願寺の門下においても聖教を所持してはいない由であり、また「証了」（未詳）なども不所持と申している。そこで「それ」＝⑧周観に申し出て筆写してもらい、付与を受けるように取りはからって頂きたい、と語っているのである。別稿で検討したように、この書状の発給は永享八年五月としてまず間違いないと思われる。

右の書状が「周観之御房」に充てられている点を踏まえるならば、⑧周観の書状がこの直前に本願寺存如のもとに届けられたことは疑いない。そこで考えるべきは、彼の父⑥善秀がまだ存命中であるにも拘わらず、なぜこれに代わって⑧周観が書状を執筆したのかという理由である。

これを解明する手掛かりは、「磯卩の善慶御房往生」との文言にある。この善慶とは、磯部勝願寺第五代善忠の長男[53]であって、彼は本願寺改築工事を一見すべく上洛したのであるが、旅程中の無理が祟って帰国途次に死去してしまったらしい。後継者と目されていた長男が父に先んじて死去したのであるから、その葬儀に代理人の参列は許されまい。そこで⑥善秀は、みずから磯部へ赴いて列席することとしたのであって、その出発の準備を父⑥善秀がしている間に、⑧周観は筆を執って本願寺充ての書状を作成し、それを使者に託したのであろう。かくしてこの結果、返信の充所には「周観之御房」と表記されたのである。以上により、永享八年五月の時点で長沼浄興寺においては、父⑥善秀と二男⑧周観とが同住していたことは確実としてよいと思われる。

しかるに、それからまもなくして⑧周観は、浄興寺を離れて会津浄光寺の創建事業に取り組むこととなる。それを示した史料が、本稿の「はじめに」に引用した「親鸞聖人御弟子等次第[54]」なのであって、ここには「五代目周観」に至って会津浄光寺が分立したと記されていたのである。

この⑧周観による会津浄光寺創建の経緯に関しては、いまひとつの史料である「本願寺表裏問答」も参照しなければならない。

同ク勝願寺ト云ハ、故聖人ノ御直弟数百人ノ内、五六輩ノ上衆、善性比丘ノ血脈ナリ。六代目《（⑥善秀）》ノ次男周観ト謂シガ、浄興寺《（浄光寺）》ヲ開基ス。コレ《（浄興寺）》ハ直参ナルニ、御裏《（教如派）》ニ帰シテ、教如上人ノ聟トナラル。カノ周観、会津ニ隠居セシム。コレヲ浄光寺ト号ス。コレ《（浄光寺）》ハ聖人《（准如派）》ヲハナレ奉ラス、内陣ノ座列ナリ。[55]

右によれば、下総磯部勝願寺は親鸞の直弟のうち五、六人の「上衆」に属する善性によって創建され、その血脈に継承されている。「六代目」＝⑥善秀の二男に当たるのが⑧周観であるが、これが浄光寺を創建した（この前後に若干の脱字があるか）。ところで長沼浄興寺は、本願寺の直参処遇を受ける寺院であったが、のちに「御裏」＝教如派に帰属して教如の娘の「聟」となった。他方で、周観は会津に隠居して浄光寺と号したが、浄光寺は聖人（ここでは西派＝准如派の意）を離れることなく、内陣に列座する処遇を受けることとなった、と記されている。途中に若干の脱字があって解釈が難しいが、勝願寺が善性によって創建されたこと、その子孫の周観が会津で浄光寺を創建したこと、そして浄興寺は教如派＝東派となり、浄光寺は准如派＝西派の内陣処遇となったこと、これらの経緯が語られているのである。

さてそれでは、⑧周観が長沼浄興寺を離れたのはいつのことであろうか。これを推測する手掛かりとなるのが宝徳元年（一四四九）八月一日付けの蓮如書状であって、すでに第一項で引用したが、もう一度ここに提示しておこう。その文言中の「今泉」という地名が、⑧周観（浄光寺）のこの時点における居住地と思われる。

返々、御志、難有候。こう《（陸奥国府）》尓留候て、今泉までも、立寄候ハす候。京都之事、如無子細之由候。定見聞申候。信州三位公(⑥善秀)之一跡者、□(追カ)て御寄申候へく候。
誠今度、其方までも可立寄存候之処、物忩之由、奥尓(加賀河北郡木越村光徳寺)て聞候上、はや思留候。思召寄、預御状候。難有候。結句、弐百疋、御志之至、為悦候。内々ハ、老躰事尓て、御渡候之間、可見参入候へ共、無力次第候。国も静候て、ふと可上洛候。坂東下向事、路次之中、無子細、松嶋まで令下向候。心安可被思食候。返々、国中物忩、無勿躰候。毎事、期上洛之時候。恐々謹言。

八月(宝徳元年)一日　　　蓮如（花押）

（充所欠ク、「浄興寺御房」＝⑨巧観カ）(56)

詳細な分析は別稿に譲ることとし(57)、また陸奥下向の旅の概略はすでに前項で述べた通りであって、右の書状は陸奥国府に到達した蓮如が、浄興寺⑨巧観に充てて執筆した礼状で、随行する浄興寺名代（笠原性善）に託されて国許に持ち帰られたものである。

この文言中の「今泉」という地名が問題なのであって、これは⑧周観が分立して経営した浄光寺の、この時点の所在地と考えられる。その根拠は、「今泉」が蓮如と⑨巧観の両人にとって説明不要で、直ちに共通理解が得られる地名であること、またそれは、返信を届ける名代性善（および彼から道中の状況を物語られるその父笠原本誓寺⑦性順）にとっても、同様に説明不要の地名であること、これらの点が必須だからである。そしてこうした条件を充足する地点としては、⑧周観が経営する浄光寺の、この時点における所在地を除いてはあり得ないのである。

しかりとするならば、⑧周観は宝徳元年八月の段階で、すでに浄興寺を離れて「今泉」に転じ、寺号も浄光寺を称して、新たな寺院経営に取り組んでいたことは確実としてよいであろう。よって、⑧周観が浄興寺から独立したのは、永享八年（一四三六）五月以降で、かつ宝徳元年（一四四九）八月以前であったと判明する。もしそれが永享九年（一四三七）のことと推測してよいならば、すでに⑧周観は二五歳になっていたから、直ちに妻を迎えて新道場の経営に努力したに違いないと思われる。

なお、蓮如の陸奥下向の旅について叙述する「蓮如上人遺徳記」(58)においては、「北山鳥屋野院浄光寺」が登場する。おそらくはこれが⑧周観の経営した浄光寺を指すのであろうから、蓮如書状中の「今泉」と、「蓮如上人遺徳記」に見える「北山」とは、同一地点を表現している可能性があるであろう。あいにくとこれ以上は不明なので、今後の追究課題としておきたい。

5　第九代巧観

三兄弟のうちの三男と思しき⑨巧観について、寺伝では⑦性順の子とされているが、この血縁関係には変更を加える必要があるので、まずこの点を述べておこう。

彦太良《(⑨巧観)》、長々在京、い多者しく候処、御下向、返々目出候。七良左衛門方尓も、何事加候やらん、無心本候。此よし、事付申度候。

悦便宜、申候。其後ハ何事御渡候哉。返々無心本候。更々無便宜候間、以状不申承候。御床敷候。京都尓も、無殊子細候。証定閣《(本願寺巧如)》、即四月より越中瑞泉寺《(如乗宣祐)》ニ被住、秋まて在国候へき所存尓て候。徒然可思食遣候。彦太良《(⑨巧観)》、長々在京、返々不便候。此春、磯ㇷ゚《(勝願寺善慶)》上洛之時、不少志《(カ)》候へく候を、かさ王ら辺《(信濃笠原本誓寺)》より、割符ニ沙汰申候よし、申候。未到来候。無心本候。其子細、祐恩房方へ、只今状をまい《(カ)》り候。如何様ニ成候哉。無心本候。尚々其後ハ、何事御入候哉。無心本候。便宜之時、無指事候共、状尓て承候ハヽ、可悦入候。急候間、一筆申候。毎事期後信候。恐々謹言。

七月三日《（永享八年）》
（充所欠ク、「浄興寺御房」＝⑥善秀カ）(59)

存如（花押）

右は、永享八年（一四三六）と思しき七月三日付けの存如書状である。詳細な検討は別稿(60)に譲って、ここでは要点のみを記しておくこととする。右の言うところは、便宜が得られたのでこれを託するが、いかがお過ごしであろうか。これまで便宜がなくて書状を発することができなかったが、決して本意とするところではない。京都では平穏が保たれているので安心して頂きたい。ところで「証定閣」＝本願寺巧如が、四月以来、越中瑞泉寺（巧如三男の如乗宣祐が経営）に滞在しておられ、秋までは在国される所存とのことなので、あしからず了承して頂きたい（その目的は、本願寺改築工事に要する資金の支援要請を行うため）。「彦太良」＝⑨巧観がこれまで長々（約一年間）と、在京して修学に努められてきたが、まことに「不便」＝不憫な次第であった。この春に「磯𠮷」＝勝願寺善慶が上洛した時、懇志の額が少ないが、追って「かさ𤣥ら」＝信濃国高井郡笠原村本誓寺（浄興寺⑦性順が婿養子として入寺）から、「割符」（約束手形または為替手形）にして進上される旨が申し出られた。ところがいまだに到来しておらず心許ない思いである。子細については「祐恩房」（未詳）へ書状を遣わすこととするが、果たしてどうなるのか心配なことである。また先だっての音信以来、どのような情勢となっているのか心許なく思っているので、便宜があれば重大事に限ることなく、些末なことも記載して頂ければ喜ばしい、と述べたうえで、さらに尚々書では、「彦太良」＝⑨巧観が長々の在京修学を終えて帰国するところで、痛わしく思っていたが実にめでたいことである。また七良左衛門方（未詳）については、いかなる事態となっているのか心配しており、この旨を伝言して頂きたい、と記されているのである。

ここに登場する「彦太良」というのが⑨巧観に当たるのである。彦太良は前年永享七年（一四三五）六月末日に上洛し、翌七月一日に本願寺巧如（このとき六〇歳）の御剃刀で得度を遂げて法名「巧観」を与えられるとともに、それから約一年間の本願寺修学に入ったらしい。これは一五歳を期しての行動であろうから、その誕生は応永二十八年（一四二一）だったと計算できる。そして一年後の永享八年（一四三六）七月、右の書状を存如から拝受して、⑨巧観はようやく帰国することとしたのである。偶然のことながら、彼が修学滞在した永享七年〜八年の二年間には、本願寺の改築工事が実施されていたから、彼はその工程のほぼすべてを眼前に見ていたのである。

ところが他方、前述したごとくに⑦性順は、応永三十一年に一五歳となったことを期して本願寺修学を開始し、各種聖教類の下付も受けているのであるから、もし寺伝のごとくに、⑦性順が⑨巧観の父であったとするならば、⑦性順は一五歳の本願寺修学以前に、早くも⑨巧観を儲けていたこととなってしまう。これでは余りにも不自然な親子関係と言わねばなるまい。

よって、寺伝の言うところは錯誤として退け、⑨巧観は、⑦性順や⑧周観の弟に当たり、その父親は⑥善秀だったと推測しておきたいと思う。

⑨巧観が浄興寺住持として活動している最初の史料は、前項で引用した宝徳元年（一四四九）八月一日付けの蓮如書状においてであろう。その充所は切断されているが、おそらく「浄興寺御房」と記されていて、⑨巧観充てだったと思われる。その文言からは、これまで浄興寺住持を務めた「三位公」＝⑥善秀が死去して、後継者（三兄弟のうちの末弟たる⑨巧観）が新住持となったこと、また信濃は「物忩」＝戦乱の状況なので危険であること、これらの点が知られる。よって、⑨巧観の浄興寺住持としての本格的活動は宝徳元年からと判明し、彼はすでに二九歳になっていたと思われる。

⑨巧観の名が見える史料としては、次の二点の絵像裏書W・Xを取り上げねばならない。

W（親鸞・善性連座絵像ノ裏書）

大谷本願寺親□（鸞）聖人
善性上人
文明十五年癸卯九月廿八日
信州水内郡大田（ママ）庄
長沼浄興寺常住物也。
願主　釈巧観(61)
釈蓮如（花押）

X（法然絵像ノ裏書）

黒谷法然聖人真影
文明十五年癸卯九月廿八日
信州水内郡大田（ママ）庄
長沼浄興寺常住物也。
願主　釈巧観(62)
釈蓮如（花押）

右の二点の絵像裏書によれば、文明十五年（一四八三）九月二十八日に本願寺蓮如から⑨巧観に対して、W親鸞・善性連座絵像、X法然絵像の二点を下付すると記されている。浄興寺は親鸞を開山とし、その弟子善性を第一代住持として創建された寺院と伝えられるから、W親鸞・善性連座絵像の図柄は、浄興寺の来歴をそのままに描出したものである。さらにX法然絵像は、親鸞の師に当たる法然をも、崇拝の対象として掲示するものである。

ところでこの二点の絵像に関して注意すべきは、この時点の願主⑨巧観の年齢が六三歳と推測される点である。なにゆえにかくも遅い時点で、彼は絵像の下付を受けたのであろうか。

史料W：
文明15年（1483）
9月28日
親鸞・善性連座絵像裏書—越後「浄興寺文書」

史料X：
文明15年（1483）
9月28日
法然絵像裏書
—越後「浄興寺文書」

その回答は、彼の後継者（長男）と思しき「某」が、その直前に死去していたと推測されるところに得られよう。つまりこれら二点の絵像は、後継者「某」が下付申請していたと考えるべきものであり、しかも不幸にして「某」は、その実現を見ることなく死去してしまっていたのであろう。しかりとするならば、「某」の誕生は文安三年（一四四六）頃と思われ（父⑨巧観が二五歳で結婚していたと仮定する）、また絵像下付の前年（文明十四年〈一四八二〉）に死去していたならば、享年は三七歳と計算できるであろう。なお「某」の儲けた男子が了順・⑩了周の二人であって、彼らの誕生は文明六年（一四七四）・文明八年（一四七六）だったであろうから（後述）、父「某」が死去した時点ではまだ九歳と七歳に過ぎず、彼らが願主＝絵像受領者となることはできなかった。かくして祖父⑨巧観が願主となって受領するとともに、孫二人の養育に当たることとしたのである。

⑨巧観の名は、さらに下った延徳二年（一四九〇）と思しき二月十一日付けの蓮如書状にも登場している。

（包紙ウワ書）
「長沼
　巧観御房
　　御返事　　　　山科信証院
　　　　　　　　　　蓮如」

又五貫文御志、返々難申事候。

態御音信、返々悦入候。仍了周事、長々在京候事候。痛敷候。乍去、堪忍候へき由候。目出候。沢菜《ママ》一箱、給候。路次之煩、無是非候。此方重宝尓て候。如何様重而可申候也。恐々謹言。

（延徳二年）
二月十一日　　　蓮如（花押）

長沼
　巧観御房
　　御返事(63)

右の二月十一日付け蓮如書状によれば、音信を届けられ悦んでいる。浄興寺⑩了周は長々と在京しておられ、痛わしい限りと存ずる。けれどもいましばらく「堪忍」＝滞在するとの所存であって、まことに結構なことと存ずる。沢菜（野沢菜の漬け物か）を一箱届けられ感謝している。路次には煩いがあったに違いなく、この方としては「重宝」＝珍重なものと思っている。委細は後信を期したい、としたうえで、さらに尚々書では、懇志として五貫文が届けられ感謝の言葉もない、と述べられているのである。詳細な分析は別稿「長沼浄興寺了順・了周の本願寺修学[64]」に譲るが、その紀年は延徳二年（一四九〇）二月としてまず間違いなく、⑨巧観は七〇歳だったのではないかと思われる。

右の文言中に見える⑩了周とは、⑨巧観の子「某」が儲けた男子二人のうちの弟である。兄了順は、長享二年（一四八八）九月に山科本願寺にやって来て得度し、翌延徳元年（一四八九）四月まで滞在して修学に努めている。それに続いて弟⑩了周も、延徳元年二月に本願寺にやって来て、兄と同様に得度して修学に入った。兄了順は約八ヶ月間の修学で帰国するが、弟⑩了周は一年半以上も滞在し、延徳二年八月まで修学したのである。国許からは祖父たる⑨巧観が、頻繁に使者を派遣して修学の様子を窺わせるとともに、蓮如に充ててはその都度、懇志（学費に相当する）を進上して請取状を得ていた。そうしたなかで延徳二年二月の右の書状では、蓮如は充所に「長沼 巧観御房 御返事」と、ことさらに⑨巧観の名を記載して、親密の態度を表現しようとしているのである。

⑨巧観がいつ死去したのかはあいにくと判明しないが、明応三年（一四九四）七月の親鸞伝絵裏書（次項に引用）においては⑩了周が願主として登場しているから、これ以前に⑨巧観が死去していたことはほぼ確実であろう。もし前年明応二年（一四九三）の死去であったならば、彼の享年は七三歳だったことになる。

6　第十代了周とその兄了順、および彼らの父「某」

浄興寺の第十代住持となるのが⑩了周、またその兄が了順であって、寺伝では両人は⑨巧観の子とされている。ところで両人は、長享二年（一四八八）～延徳二年（一四九〇）に本願寺修学を行っているが、兄了順の初見たる長享二年にこれがもし一五歳だったと仮定できるならば、その誕生は文明六年（一四七四）ということになる。しかるに他方、寺伝で父とされる⑨巧観は、この年には五一歳になっていたと考えられるから、親子関係としてはかなり不自然としなければならない。よって寺伝には若干の錯誤があると思われ、⑨巧観と、了順・⑩了周両人との間には、もう一人の住持「某」が存命していたのではあるまいか。そして「某」は父⑨巧観に先んじて死去したため、歴代住持としては数えられなくなったものであろう。つまり、⑨巧観―「某」―了順・⑩了周、という系譜だったのではないかと思われるのである。また兄の了順も歴代住持には数えられていないから、おそらく彼は帰国後まもなくして死去してしまったのであろう。なお彼らの修学については別稿(65)で詳細に論ずるところである。

ところで、了順・⑩了周の父たる「某」が死去するのは、いつのことであろうか。この点を暗示するのが、⑨巧観に下付された二点の絵像（前項に引用したW・X）であって、これを下付された文明十五年（一四八三）九月に、⑨巧観はすでに六三歳の年齢に達していたはずである。通常ならばこうした絵像下付は、当該住持の最盛期たる壮年時代に受けるものであろうから、⑨巧観が六三歳に達して絵像下付を受けているのは、いささか不自然な事態と言わねばならない。他方で、了順・⑩了周はと言えば、生まれてまもない幼児～少年期であったから、彼らが絵像下付を申請することもあり得ないことである。とするならば、絵像下付を申請した段階では、「某」が実質的な住持の地位にあったと考えるべきであろう。けれども彼は絵像下付が実現する直前、早くも死去してしまったに違いないのである。

そこでこの「某」の年齢について考えてみると、もし仮に⑨巧観が二六歳となる文安三年（一四四六）に「某」を儲けたと仮定してよいならば、絵像下付を受ける文明十五年の前年には、「某」は三七歳になっていたと計算でき、まさに壮年時代の最盛期に下付申請していたことが明らかになる。以上の推測によって、この「某」が死去したのは、絵像下付を申請してから下付されるまでの間で、それは文明十五年九月の直前の事件、そして「某」の享年は三七歳前後だったと考えられるのである。

次に、「某」の子たる了順・⑩了周両人について概略を述べておく。兄の了順は、長享二年（一四八八）九月一日に山科本願寺にやって来たらしく、翌二日に彼は蓮如に拝謁して、祖父⑨巧観からの書状と懇志二五疋を進上する。そこで蓮如は請取状(66)を執筆し始めたのであるが、この九月二日にはたまたま京都近辺の土一揆が蜂起しており、しかもそれが本願寺に乱入する恐れが報ぜられたらしい。そこで蓮如は直ちに請取状の執筆を中断し、その用紙に署名と花押を押捺して了順に下付してしまい、静穏化した時点で改めて書き直すと約束したのである。けれども書き直しはついに実現せず、その結果、本文後半部も日付も充所も欠落した極めて不自然な様式の文書が、いま「浄興寺文書」に残されることとなったのである。

翌延徳元年（一四八九）二月二十一日、弟たる⑩了周も本願寺にやって来て修学に入ることとなった。他方で兄了順は、それから二ヶ月後の延徳元年四月二日に帰国することとしたので、蓮如は同日付けの書状(67)を持ち帰らせたのである。しかしながら了順に関する所見はこれで途切れてしまうから、おそらくそれからまもなくに了順は死去してしまったのであろう。もしかすると帰国の旅程中に死去した可能性もあるであろう。

弟たる⑩了周は、右のごとくに延徳元年二月から山科本願寺で修学に入ったが、彼はこのときに一四歳（いわゆる弱冠）だったと思しく、これに基づけばその誕生は文明八年（一四七六）のことと計算できる。そして翌延徳二年（一四九〇）八月まで修学に努めることとしたのであるが、その間の同年二月に発せられる蓮如書状が、前項で引用した「長沼　巧観御房　御返事」と記されたものである。

⑩了周はそれからまもなくの明応三年（一四九四）七月、本願寺実如から次のような親鸞伝絵（親鸞絵伝とも称する、四幅一組）とその裏書Y（第三幅のもの）を下付されている。

Y（親鸞伝絵第三幅ノ裏書）

大谷本願寺親鸞聖人御伝（絵脱カ）
　大谷本願寺釈実如（花押）
　明応三年甲寅七月廿八日
　信濃国水内郡太田庄
　長沼郷浄興寺之為
　常住物（ママ）者也。
　願主釈了周(68)

右によれば、明応三年七月二十八日に本願寺実如から⑩了周に対して、親鸞伝絵を下付すると記されている。前述した年齢推測に基づくならば、彼はこの年に一九歳だったこととなり、絵像下付を受けるにはやや若年と言わねばならない。けれども祖父の⑨巧観が願主ではないのであるから、おそらく⑨巧観はこれ以前に死去してしまっていたのであろう。仮にこの前年明応二年（一四九三）の死去と仮定するならば、⑨巧観の享年は七三歳前後だったと計算できる。そして⑨巧観の死去後には、浄興寺の経営はひとり⑩了周が担当することとなるから、彼はその意

史料Ｙ：
明応３年（1494）
７月28日
親鸞伝絵裏書（第３幅）
―越後「浄興寺文書」

気と意欲を示すためにも、絵像下付を受ける必要があったに違いないのである。

おわりに

本稿の検討で明らかになった長沼浄興寺の歴代住持について、最後にまとめを行っておこう。

浄興寺⑥善秀（芸範）は、至徳二年（一三八五）頃に誕生し、応永六年（一三九九）頃に本願寺巧如の御剃刀で得度（一五歳）して本願寺修学に入り、それから約一年間の滞在中に、巧如の書写した「教行信証」を下付されていたと推測される。帰国して一〇年経った応永十六年（一四〇九）頃、彼は結婚した（二五歳）と想定され、翌応永十七年（一四一〇）に長男⑦性順、応永二十年（一四一三）に二男⑧周観、応永二十八年（一四二一）に三男⑨巧観が誕生したらしい（寺伝にいう血縁関係を訂正した）。

下って永享七年（一四三五）九月と思しき存如書状において、⑥善秀は「御老躰」と表記されており（五一歳か）、文安六年（＝宝徳元年、一四四九）五月の蓮如書状では「長沼三位」と見えているが、それからまもなく（五月～七月の間）、彼は死去してしまったらしい（六五歳か）。

⑥善秀の長男⑦性順は、応永十七年の誕生と考えられ、一五歳となった応永三十一年（一四二四）十二月に本願寺に上って巧如の御剃刀で得度し、修学に入ったらしい。そして翌応永三十二年（一四二五）八月までの滞在中、彼は本願寺の各種法要に参列するとともに、存如や常楽台空覚の書写した聖教類を下付されている。すなわち、

常楽台空覚の書写……「顕名鈔」本巻・末巻、「決智鈔」、「浄土見聞集」、「諸神本懐集」

本願寺存如の書写……「法華問答集」、「親鸞伝絵」冊子本（いわゆる「御伝鈔」）、「教化集」、「浄土真要鈔」、「持名鈔」本巻・末巻

などである。

帰国した⑦性順は、父⑥善秀のもとで寺務に習熟し、やがて笠原本誓寺へ婿養子として転じたと推測される。それは彼が二六歳となった永享七年（一四三五）二月のことだった可能性が高く、婚儀の一報が本願寺にもたらされ、その返信として二月二十九日付けで存如書状が発せられたのであろう（越後「本誓寺文書」）。

文安六年（＝宝徳元年、一四四九）五月二日になって、蓮如は加賀木越光徳寺から信濃長沼浄興寺へと赴く旅行計画を立て、事前にその旨を浄興寺⑥善秀へ伝えさせている。同時に蓮如は、「かさわらの志やう志ゆん」＝笠原⑦性順に充ててもこの旨を通知するため、「蓮如自筆、擬側近書状案」（越後「本誓寺文書」）を執筆しており、これを託されて国許に持参したのは、浄興寺・本誓寺の名代（使者）を兼務した、笠原⑦性順の子性善であった。

蓮如が実際に京都を発ったのは七月下旬であって、若狭小浜から船で北上して加賀木越光徳寺に達したらしい。そしてここで待機していた笠原性善から、浄興寺⑨巧観の書状を受け取った蓮如は、この直前に⑥善秀が死去したことと、信濃における情勢不穏を知らされるのである。そこで蓮如は信濃下向を諦めて、陸奥下向の旅へと変更する。直ちに加賀河北郡で船を得た一行は、おそらく越後岩船郡（もしくは出羽酒田）で下船して陸奥国府へ向かい、さらに松島にも足を伸ばしている。また帰路では、越後北山浄光寺（浄興寺⑧周観が浄光寺を称して分立、一時「今泉」にも居住し、さらに会津に転ずる）と越後国府に立ち寄り、直江津（ここで性善は別れて帰国）で船を得て若狭小浜に南下し、また琵琶湖舟運も利用して帰洛したと思われる。

その後、笠原⑦性順は明応七年（一四九八）七月に至っても存命であることが知られ、彼の曾孫と思しき「巧順」が上京して懇志を届けたので、蓮如は「笠原性順御房」に充てて返信を作成している。この時点で⑦性順は八九歳に達していたと推測され、また巧順は一五歳になって得度のためにやって来たものであろう。

⑥善秀の二男が⑧周観である。彼は応永二十年（一四一三）に誕生し、一五歳となった応永三十四年（一四二七）九月に本願寺にやって来て、巧如の御剃刀で得度して修学に入ることとする。そして聖教下付を申し出た結果、存如書写の「口伝鈔」上巻・中巻・下巻、「親鸞伝絵」冊子本（いわゆる「御伝鈔」）を下付されたのである（下付主体は巧如）。

三年経った永享二年（一四三〇）九月、⑧周観は再び本願寺にやって来て、新たに「執持鈔」、「改邪鈔」の下付を受けている（存如書写、巧如下付と思われる）。

さらに四年後の永享六年（一四三四）二月、⑧周観は三たび本願寺にやって来て、「愚禿鈔」上巻・下巻を下付されている。筆跡によって、これを書写したのが蓮如（このとき二〇歳）だったことが判明し、また存如の免許によってと記される点から、この時点ですでに先住の巧如は隠居状態にあった可能性がある（ただし譲状は永享八年〈一四三六〉三月二十八日付け）。また蓮如は同年五月に、「浄土文類聚鈔」も書写して⑧周観に下付したと推測される。けれども該当の蓮如書写の「浄土文類聚鈔」は現在伝えられておらず、後世の写本が越後「光源寺文書」に残されている。光源寺（東派）はかつて笠原本誓寺の末寺であったから、笠原⑦性順の手次（口利き）を得て、光源寺は⑧周観拝受本を浄興寺から借覧・筆写する機会が与えられたのであろう。

永享八年（一四三六）になって、下総磯部勝願寺では第五代善忠の長男善慶が死去する事態が起きた。彼は、前年に開始された本願寺改築事業を一見し、またこれに懇志（建築資金）を進上すべく上洛したのであるが、旅程中の無理が祟って帰国途次に死去したものと考えられる。そこで⑥善秀は、みずから磯部へ赴いて葬儀に参列することとし、当分の寺務代行は⑧周観に託される。そこで⑧周観は筆を執って善慶死去を本願寺に報じたのであって、その結果、五月四日付けの存如返信は「周観之御房」に充てて発せられることとなるのである。そしてこのことを踏まえるならば、永享八年五月の時点で長沼浄興寺には、父⑥善秀と二男⑧周観とが同住していたこと、および長男⑦性順がすでに笠原本誓寺に婿養子として転じていたことは、まず間違いないと思われるのである。

しかるに⑧周観は、それからまもなくして浄興寺を離れ、浄光寺を称して分立することとした。宝徳元年（一四四九）八月の蓮如書状に登場する「今泉」という地名は、この時点の⑧周観（浄光寺）の居住地と考えられ、このほか北山鳥屋野院浄光寺と記す史料もあり、さらには会津へと移転したらしい。彼の独立がいつのことかは判然としないが、磯部勝願寺善慶の葬儀の翌年、永享九年（一四三七）のことと推測してよいならば、彼はすでに二五歳であったから、新たに妻を迎えて新道場経営に尽力したことは疑いない。

⑥善秀の三男⑨巧観は、応永二十八年（一四二一）に誕生し、幼少期には「彦太良」と称した。一五歳になった永享七年（一四三五）六月に本願寺に上り、巧如の御剃刀で得度を遂げて法名「巧観」を与えられ、七月一日から約一年間の本願寺修学に入った。帰国するのは翌永享八年七月のことである。たまたま永享七年～八年の二年間に、本願寺では巧如が計画した改築工事が実施されていたから、⑨巧観はその工程のほぼすべてを眼前に見ていたに違いないのである。

なお寺伝では、⑨巧観は⑦性順の子とされるが、これに従うと、⑦性順の本願寺修学以前に⑨巧観が生まれていたこととなり、いかにも不自然である。よってこの寺伝には訂正を加え、⑨巧観も⑥善秀の子と位置づけるべきであろう。

文安六年（＝宝徳元年、一四四九）五月～七月の間に、浄興寺では「三位」＝⑥善秀が死去する事態となっていた。蓮如はその直前に、長沼を訪れて⑥善秀に対面したいと通知していたが、それは叶わなかったのである。この⑥善秀死去と信濃における情勢不穏とを、加賀光徳寺に逗留中の蓮如まで知らせたのが、後継者たる⑨巧観の書状であって、これを現地に持参した名代（使者）は、笠原性善（⑦性順の子）であったと思われる。

⑨巧観は、文明十五年（一四八三）九月二十八日に蓮如から、親鸞・善性連座絵像、および法然絵像の二点を下付されている。この時点で⑨巧観は六三歳だったと思しく、絵像下付を受ける年齢としては遅いと言わざるを得ない。かかる事態を招いた理由としては、絵像下付を申請したのがその長男「某」であって、彼は不幸にして申請直後に死去してしまったからと考えられる。けれども「某」は、後継男子として了順・⑩了周の二人を儲けていたので、彼らはそれ以降、祖父たる⑨巧観によって養育されることになったのである。

長じた兄の了順は、長享二年（一四八八）九月から翌長享三年（＝延徳元年、一四八九）卯月までの約半年間、本願寺で修学する。また弟の⑩了周も、延徳元年二月から翌延徳二年（一四九〇）八月までの約一年半、本願寺で修学している。祖父の⑨巧観は、彼らの安否確認と学費進上のために、頻繁に名代（使者）を本願寺に派遣しており、これに対応して執筆された蓮如返信の一つ（延徳二年二月十一日付け）には、親密の態度を表現すべく、「長沼　巧観御房　御返事」という充所が見えている。

⑨巧観の死去がいつかは判然としないが、明応三年（一四九四）七月の親鸞伝絵裏書は⑩了周充てに下付されているから、これ以前の死去であることはほぼ確実である。もし前年明応二年（一四九三）の死去ならば、享年は七三歳だったこととなる。

⑨巧観の子「某」は、文安三年（一四四六）頃の誕生と考えられ（⑨巧観が二六歳で儲けたと仮定する）、二人の男子（了順・⑩了周）を儲けたと思われる。けれども不幸にして「某」は、文明十四年（一四八二）頃に死去したらしい（享年は三七歳前後か）。その直前に彼は絵像下付を申請していたが、まもなくに死去してしまったため、完成した絵像は父の⑨巧観が願主となって拝受しなければならなかった。

「某」の子たる了順・⑩了周両人のうち、兄の了順は文明六年（一四七四）の誕生と思しく、得度と修学のため長享二年（一四八八）九月二日に山科本願寺にやって来たと考えられる。そして翌長享三年（＝延徳元年、一四八九）卯月に帰国するのであるが、それからまもなくに彼は死去したらしく、所見が得られなくなる。死去は明応二年（一四九三）以前のことであろう（享年は二〇歳前後か）。

弟の⑩了周は、文明八年（一四七六）の誕生と考えられ、延徳元年（一四八九）二月から山科本願寺で修学に入る。向学心に富んでいたらしく、まだ一四歳（弱冠）だったと思われる。

延徳二年（一四九〇）八月に帰国した⑩了周は、明応二年（一四九三）頃に、祖父⑨巧観と兄了順とを、相次いで失ったと考えられる。かくしてそれ以降は、⑩了周が浄興寺を管掌することとなり、明応三年（一四九四）七月になって本願寺実如から、親鸞伝絵とその裏書を下付されている。まだ彼は一九歳だったと推測されるが、寺務経営にかける意気と意欲は充実していたのである。

注

（1）越後「浄興寺文書」浄興寺由緒書（井上鋭夫氏『一向一揆の研究』史料篇・浄興寺史料、七一八ページ、吉川弘文館、一九六八年）、加藤章氏「浄興寺小史」（重要文化財浄興寺本堂保存修復事業委員会編『歓喜踊躍山浄興寺』図録二二ページ、真宗浄興寺派本山浄興寺、二〇〇四年）、「浄興寺」（『新潟県の地名』一三〇ページ―『日本歴史地名大系』第一五巻、平凡社、一九八六年）。

（2）『西光寺古記』四十八「親鸞聖人御弟子等次第」（『本願寺史料集成』第七巻、同朋舎出版、一九八八年）。

（3）拙稿「下総磯部勝願寺とその末寺衆」（拙著『本願寺教如の研究』下、第二部第六章、法藏館、二〇〇七年）。

（4）越後「浄興寺文書」浄興寺歴代系譜（上越市公文書センター所蔵の同寺文書写真版による）。なおこれによって作成された系図が、『歓喜踊躍山浄興寺』図録一八ページ（前注1）に掲載されている。

(5) 井上鋭夫氏『一向一揆の研究』史料篇・浄興寺史料(前注1)。
(6) 近年の研究成果としては、親鸞聖人七百五十回忌記念事業『真宗の教え 北陸布教の道』調査報告書(真宗合同調査団編集、浄土真宗本願寺派・真宗大谷派・北国新聞社・富山新聞社、二〇一二年)があって、本稿で取り上げる史料についての詳細な調査報告が行われており、参照するところが少なくなかった。また真宗合同調査団副団長金龍静氏(本願寺史料研究所客員研究員、北海道円満寺住持)からは史料の御教示を受けたので謝意を表しておきたい。
(7) 越後「浄興寺文書」(新潟県立文書館、および本願寺史料研究所に架蔵される写真版による)。新潟県立文書館・本願寺史料研究所の写真版から複写を転載するについては、真宗浄興寺派本山浄興寺住持稲田善昭氏から平成十四年(二〇〇二)三月二十九日、および平成二十四年(二〇一二)一月二十一日にそれぞれ許諾を与えられたので、ここに謝意を表しておきたい。
(8) 越後「浄興寺文書」(同前)。
(9) 越後「浄興寺文書」(同前)。
(10) 越後「浄興寺文書」(同前)。
(11) 越後「浄興寺文書」(井上鋭夫氏『一向一揆の研究』史料篇、七二〇ページ)。ただし写真版によって確認を行い、訓みの一部を変更しているが、これを注記することは省略したい(以下同じ)。
(12) 拙稿「長沼浄興寺巧観の本願寺修学」(本書第一章第二節)参照。
(13) 山城「本願寺文書(真宗大谷派=東派)」(『真宗史料集成』第二巻、三三二ページ、「諸文集」第三一二号、同朋舎、一九七七年)。写真版は『図説蓮如―一向南無阿弥陀仏の世界』七四ページ(河出書房新社、一九九七年)、千葉乗隆氏『蓮如上人ものがたり』五三ページ(本願寺出版社、一九九八年)、宗祖親鸞聖人七百五十回御遠忌記念『東本願寺の至宝展―両堂再建の歴史』七四ページ(朝日新聞社、二〇〇九年)、などに掲載される。なお写真版により訓みの一部を変更した。
(14) 拙稿「蓮如の陸奥下向と長沼浄興寺」(本書第三章)参照。
(15) 越後「浄興寺文書」(『真宗史料集成』第二巻、三二〇ページ、「諸文集」第二六四号。または井上鋭夫氏『一向一揆の研究』史料篇、七二一ページ)。写真版は千葉乗隆・堅田修氏編著『蓮如上人御文』第五九号、一七八ページ（同朋舎出版、一九八二年）、または蓮如上人五百回遠忌法要記念『図録蓮如上人余芳』第六七号、一〇二ページ（本願寺出版社、一九九八年）、に掲載される。

(16) 本願寺史料研究所編『本願寺年表』（浄土真宗本願寺派、一九八一年）によると、史料Eに先立って応永三十一年（一四二四）十月十五日に⑦性順は、本願寺存如から「安心決定鈔」の書写・下付を受けていたらしい（河内「願得寺文書」に所蔵される由である）。しかし『真宗史料集成』第一巻（同朋舎、一九七四年）の「現存聖教目録」にはこれが収録されていないので、ここでは引用・検討することができない。なお本願寺史料研究所架蔵の河内「願得寺文書」写真版には、当該史料の写真版が含まれていない。

(17) 越後「浄興寺文書」（『真宗史料集成』第一巻、一一〇三ページ、同朋舎、一九七四年）。本願寺史料研究所の写真版によって文言を確認し、必要に応じて訓みに変更を加えた（以下同じ）。

(18) 越後「浄興寺文書」（『真宗史料集成』第一巻、一一〇三ページ）。

(19) 越後「浄興寺文書」（『真宗史料集成』第一巻、一一〇四ページ）。

(20) 越後「浄興寺文書」（『真宗史料集成』第一巻、一一・〇ページ）。

(21) 越後「浄興寺文書」（『真宗史料集成』第一巻、一一〇八ページ）。

(22) 越後「浄興寺文書」（『真宗史料集成』第一巻、一〇七二ページ）。

(23) 越後「浄興寺文書」（本願寺史料研究所の写真版による）。本史料は『真宗史料集成』第一巻には掲載されていない。

(24) 越後「浄興寺文書」（『真宗史料集成』第一巻、一〇九四ページ）。

(25) 越後「浄興寺文書」（『真宗史料集成』第一巻、一〇九八ページ）。

(26) 越後「浄興寺文書」（本願寺史料研究所の写真版による）。『真宗史料集成』第一巻、一〇九八ページでは掲載が省略されている。

(27) 越後「浄興寺文書」（『真宗史料集成』第一巻、一〇九六ページ）。

(28) 越後「浄興寺文書」（井上鋭夫氏『一向一揆の研究』史料篇、七一九ページ）。拙稿「長沼浄興寺巧観の本願寺修学」（本書第一章第二節）参照。

(29) 拙稿「長沼浄興寺巧観の本願寺修学」（本書第一章第二節）参照。

(30)越後「本誓寺文書」(井上鋭夫氏『一向一揆の研究』史料篇、七一二ページ)。新潟県立文書館に「本誓寺文書」写真版が架蔵され、それによって訓みの一部を訂正した。なお「本誓寺文書」写真版の掲載に関しては、本誓寺寺務代行たる森田成美氏(真宗大谷派高田別院)から許諾を与えられたので(平成二十六年〈二〇一四〉三月五日付け)、ここに謝意を表しておきたい。このほか本願寺史料研究所にも同寺文書写真版が架蔵されている。

(31)山城「本願寺文書(東派)」(永享七年カ)七月一日付け存如書状。本願寺史料研究所編纂『増補改訂本願寺史』第一巻、四〇八ページ(本願寺出版社、二〇一〇年)に写真版が掲載される。なお訓みの一部を訂正した。

(32)越後「本誓寺文書」(井上鋭夫氏『一向一揆の研究』史料篇、七一二ページ)。写真版によって訓みの一部を訂正した。

(33)拙稿「蓮如の陸奥下向と長沼浄興寺」(本書第三章)参照。

(34)山城「本願寺文書(東派)」(『真宗史料集成』第二巻、三三二ページ、「諸文集」第三一二号)。これの写真版は『図説蓮如―一向南無阿弥陀仏の世界』七四ページ、千葉乗隆氏『蓮如上人ものがたり』五三ページ、『東本願寺の至宝展―両堂再建の歴史』七四ページ、に掲載される。

(35)笠原本誓寺の歴代住持については、越後「本誓寺文書」本誓寺由緒鑑(井上鋭夫氏『一向一揆の研究』史料篇、六八二ページ)による。ただし本史料には、後述する巧順が登場しないという不審点が見られるなど、やや信頼度に欠けるところがあるようである。

(36)越後「本誓寺文書」(井上鋭夫氏『一向一揆の研究』史料篇、七一三ページ)。

(37)拙稿「蓮如の生涯とその花押」(本書第二十一章)参照。

(38)越後「浄興寺文書」(『真宗史料集成』第一巻、一〇八五ページ)。写真版は『歓喜踊躍山浄興寺』図録四二ページ。

(39)越後「浄興寺文書」(『真宗史料集成』第一巻、一〇七二ページ)。

(40)越後「浄興寺文書」(『真宗史料集成』第一巻、一〇七九ページ)。

(41)越後「浄興寺文書」(『真宗史料集成』第一巻、一〇九〇ページ)。なお『本願寺年表』の記事では、このS「改邪鈔」の下付された日付に誤植がある。

(42)越後「浄興寺文書」(『真宗史料集成』第一巻、一〇四七ページ)。

(43) 越後「浄興寺文書」(『真宗史料集成』第一巻、一〇四七ページでは掲載が省略されている)。
(44) 『本願寺年表』五七ページ、あるいは『増補改訂本願寺史』第一巻、三七五ページでは、この「愚禿鈔」の書写が存如から「浄興寺周観」に対して認められたと述べられているが、これは誤解である。
(45) 山城「本願寺文書(浄土真宗本願寺派＝西派)」(『図録蓮如上人余芳』五五ページ)。なお複写掲載については、平成二十六年(二〇一四)五月八日付けで浄土真宗本願寺派本山本願寺内務室から許諾が与えられたので(内務室〈法宝物〉発第一五号)、ここに謝意を表しておきたい(注46・47の史料についても同じ)。
(46) 山城「本願寺文書(西派)」(『図録蓮如上人余芳』五〇ページ)。
(47) 「教行信証」第六巻奥書(山城「本願寺文書(西派)」—『図録蓮如上人余芳』四七ページ)。
(48) 「浄土文類聚鈔」(越後「光源寺文書」—高岡市立美術館開館四〇周年・読売新聞北陸発刊三〇周年記念『真宗中興の祖蓮如上人展』図録七七ページ、読売新聞北陸支社、一九九一年)。この奥書は『上越市史』別編四・寺社資料二、二七五ページ(上越市、二〇〇三年)にも紹介されているが、同書の記事中の年号には重大な誤読が見られるので参照すべきではない。また市史編纂の関係資料を保管する上越市公文書センターでは、当該史料の写真版・ネガが紛失の事態となっていた(二〇一二年一月二十四日閲覧)。筆者はその後、金龍静氏から全ページ写真版の御教示を受けたので、ここに謝意を表しておきたい。
(49) 「光源寺」(『新潟県の地名』—『日本歴史地名大系』第一五巻、一九七ページ)。
(50) 磯部勝願寺とその末寺六ヶ寺衆については、拙稿「下総磯部勝願寺とその末寺衆」(拙著『本願寺教如の研究』下、第二部第六章、法藏館、二〇〇七年)参照。
(51) 越後「浄興寺文書」(井上鋭夫氏『一向一揆の研究』史料篇、七一九ページ)。写真版により訓みの一部を変更した。
(52) 拙稿「長沼浄興寺巧観の本願寺修学」(本書第一章第二節)参照。
(53) 拙稿「下総磯部勝願寺とその末寺衆」(前注50)参照。
(54) 『西光寺古記』四十八「親鸞聖人御弟子等次第」(前注2)。
(55) 「本願寺表裏問答」(妻木直良氏編『真宗全書』第五六巻、国書刊行会、一九七五年再刊)。
(56) 越後「浄興寺文書」(井上鋭夫氏『一向一揆の研究』史料篇、七二一ページ。または『真宗史料集成』第二巻、三二〇ページ。または『蓮如上人御文』第五九号、一七八ページ。または『図録蓮如上人余芳』第六七号、一〇二ページ)。なお写真版によって訓みの一部を変更した。
(57) 拙稿「蓮如の陸奥下向と長沼浄興寺」(本書第三章)参照。
(58) 「蓮如上人遺徳記」(『真宗史料集成』第二巻、七九一ページ)によれば、蓮如は越後では、「国分(国府)」と「北山鳥屋野院浄光寺」に立ち寄ったと語られている。
(59) 越後「浄興寺文書」(井上鋭夫氏『一向一揆の研究』史料篇、七一九ページ)。
(60) 拙稿「長沼浄興寺巧観の本願寺修学」(本書第一章第二節)参照。
(61) 『歓喜踊躍山浄興寺』図録六二ページ。
(62) 『歓喜踊躍山浄興寺』図録五五ページ。
(63) 越後「浄興寺文書」(井上鋭夫氏『一向一揆の研究』史料篇、七二二ページ。または『真宗史料集成』第二巻、三二一ページ、「諸文集」第二六八号。または『蓮如上人御文』一七八ページ、第六三号)。
(64) 拙稿「長沼浄興寺了順・了周の本願寺修学」(本書第十八章)参照。
(65) 前注64に同じ。
(66) 越後「浄興寺文書」、年月日不記載、蓮如書状(井上鋭夫氏『一向一揆の研究』史料篇、七二一ページ。または『蓮如上人御文』一七八ページ、第六一号)。
(67) 越後「浄興寺文書」(延徳元年)卯月二日、蓮如書状(井上鋭夫氏『一向一揆の研究』史料篇、七二一ページ。または『蓮如上人御文』一七八ページ、第六〇号)。
(68) 『歓喜踊躍山浄興寺』図録五八ページ。

第二節　長沼浄興寺巧観の本願寺修学

はじめに

別稿「長沼浄興寺の歴代住持[1]」での検討により、応永~明応年間の長沼浄興寺においては、次の系譜に示した人物が歴代住持として活動していたことが明らかになった。本稿ではこのうち、第六代善秀（以下では「⑥善秀」のごとくに表記する、他も同じ）の儲けた三兄弟（⑦性順・⑧周観・⑨巧観）のうち、末弟の⑨巧観に関して、本願

応永~明応年間の長沼浄興寺の系譜
（数字は浄興寺歴代順。⑥善秀以下の血縁関係は寺伝を変更し、また某を追加した）

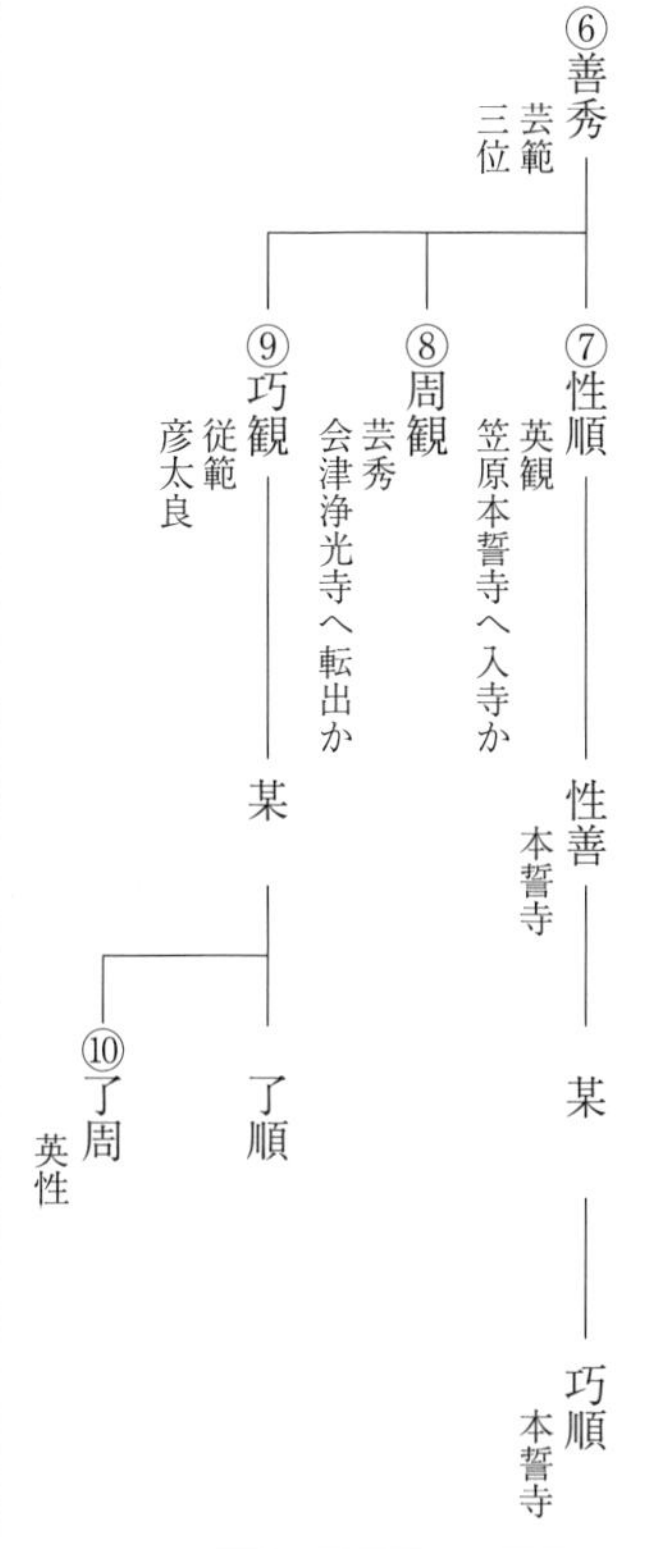

寺における修学の関係史料を分析して、その動静を明らかにすることが目的である。

父たる⑥善秀は、至徳二年（一三八五）頃に誕生し、応永六年（一三九九）頃に本願寺巧如のもとで得度して修学に励み、そして宝徳元年（一四四九）に死去した人物である（六五歳か）。

この⑥善秀の子が、⑦性順・⑧周観・⑨巧観の三兄弟である。

⑦性順は、応永十七年（一四一〇）の誕生と思しく、応永三十一年（一四二四）十二月に京都東山大谷に上って巧如の御剃刀で得度を果たし、翌三十二年（一四二五）八月まで本願寺で修学に努めて帰国する。そして⑦性順は、浄興寺の寺務管掌に関わって習熟した後、永享七年（一四三五）二月に笠原本誓寺へ婿養子として入寺したらしい。⑦性順はその後、宝徳元年（一四四九）五月の史料（「本誓寺文書」）、および明応七年（一四九八）七月の史料（「本誓寺文書」）で確認できるから、少なくとも八九歳までは存命したことであろう。なお⑦性順の子は性善、孫は未詳、曾孫は巧順だったと考えられる。

その弟の⑧周観は、応永二十年（一四一三）の誕生と思しく、応永三十四年（一四二七）九月に本願寺巧如のもとで得度して修学に入り、いくつかの聖教を下付されている。彼は向学心に富んでいたらしく、永享二年（一四三〇）九月にも、永享六年（一四三四）二月～五月にも、聖教の下付を受けたことが知られる。

⑧周観は、兄の⑦性順が笠原本誓寺へ転出した後、浄興寺の寺務管掌をしばらく委ねられたと思しく、永享八年（一四三六）五月の存如書状の充所には「周観之御房」と表記されている。そしてそれからまもなくに⑧周観は、浄光寺を設立して「北山」（未詳）へ転じ、さらには会津へと移動したらしい。その間の宝徳元年（一四四九）八月の蓮如書状には「今泉」（未詳）なる地名が登場しているが、これはこの頃の⑧周観（浄光寺）の居住地なのであろう。

三番目の弟たる⑨巧観は、応永二十八年（一四二一）の誕生と思しく、幼少期には「彦太良」と称し、永享七年（一四三五）六月に得度して「巧観」と命名され、約一年間の本願寺修学に入った。その間に発せられるのが、本稿で検討する存如書状五点（A～E）[2]である。帰国した⑨巧観は、二人の兄が転出した後の浄興寺経営を主管し、父⑥善秀が宝徳元年（一四四九）五月～七月の間に死去した後は、第九代住持として寺務を継承することとなる。文明十五年（一四八三）九月になって⑨巧観は蓮如から、親鸞・善性連座絵像、および法然絵像の二点を下付されている（六三歳か）。さらに延徳二年（一四九〇）二月の蓮如書状には、「長沼巧観御房」との充所が見えているので、彼はまだ存命していることが知られる（七〇歳か）。死去するのはそれからまもなくの明応二年（一四九三）頃ではないかと思われる（七三歳か）。

⑨巧観の後継者として浄興寺を継承すべきだった子「某」は、不幸にも文明十五年（一四八三）九月以前に、父に先んじて死去した可能性がある（三七歳前後か）。前述の親鸞・善性連座絵像、および法然絵像の二点は、実はこの某が下付申請したものだったと考えられるが、某はそれからまもなくして死去してしまったため、やむを得ず⑨巧観がそれの拝受手続きをとったのである。そしてその後、⑨巧観は残された孫の了順・⑩了周兄弟を養育するのであるが、しかし両人のうち了順は早世してしまったらしい。かくして弟⑩了周が、やがて浄興寺住持として活動することになるのである。

別稿における以上のごとき理解を踏まえて、本稿では⑨巧観の本願寺修学に関する史料五点（A～E）を検討することとしよう。

なおこれまでの研究では、Aの「国々飢饉候て」という社会情勢が永享十年（一四三八）に相当するとして、Aは永享十年のものと推測され、このほかについても紀年解明の試案が提示されている[3]。けれども筆者はこうした従来の見解には従わず、史料五点（A～E）が一連の発給との前提のもと、史料Eの文言を基点にして、A・B・C三点は永享七年（一四三五）、D・E二点は永享八年（一四三六）に発せられたと考えているので、その根拠などを示しつつ以下に論述しようと思う。

1　史料五点の概観とその配列

本願寺存如から長沼浄興寺に充てられた書状は、いま計五点が残されており、判明した年月日順にA～Eを付しておく。このうち四点（B～E）は越後「浄興寺文書」に伝えられ、残り一点（A）は山城「本願寺文書（真宗大谷派＝東派）」が保有している。けれども内容から考えれば、Aもかつては浄興寺所蔵であったことが疑いないから、これを東派本願寺が所有するようになったのは近年のことであろう。

これらの紀年を検討する手掛かりとなるのは、Eに見える「彦太良」（⑨巧観）が、「某年」七月の段階で、京都東山大谷の本願寺における修学を終えて帰国するところだという点である。彼はそれまで「長々在京」していたので、存如としては「い多者しく候」との思いを抱いていた。よって、これを踏まえて残りの四点（A～D）を読んでみるならば、これらはいずれもその修学期間中に行われた父⑥善秀と、本願寺存如との間の交渉に関するものとの推測がまず得られる。

次に日付に注目すると、Aが七月、Eも七月である。とすれば、E（帰国の段階）のちょうど一年前にAが位置付けられる可能性は高く、しかもこの時点こそ、彦太良（⑨巧観）が本願寺に上って来た最初の段階に当たるのであろう。そして残りの三点（B・C・D）の日付は、九月・十二月・五月となっているから、二～三ヶ月ごとに国許から使者がやって来て、父⑥善秀の書状と懇志（学費に相当）を本願寺存如に届けるとともに、彦太良（⑨巧観）の修学状況を尋ねているのではないかとの推測が成り立つ。

　ところで奇妙なことに、この国許からの使者は当然、懇志も進上していたに違いないのであるが、それに対する謝辞文言が存如返信中には全く登場しない。この理由を考えてみると、門主たる父巧如がこの段階ではまだ存命していたから、使者はこれに拝謁した際に懇志を進上していたと思しく、その結果、子存如はその詳細を存知することなく、返信を作成していたのではあるまいか。つまり、門主業務の一部がすでに子存如に委譲されていたのではないかということである。

　謝辞文言の登場しない理由をこのように解するならば、五点の存如書状（A～E）の発給は、父巧如が死去する永享十二年（一四四〇）十月以前と限定してよいことになるであろう。そしてその配列は、A～Eの順であったとしてまず間違いないと考えられるのである。

A：
永享７年（1435）
７月１日
山城「本願寺文書（東派）」

B：
永享７年（1435）
９月29日
越後「浄興寺文書」

C：
永享７年（1435）
12月14日
越後「浄興寺文書」

D：
永享８年（1436）
５月４日
越後「浄興寺文書」

E：
永享８年（1436）
７月３日
越後「浄興寺文書」

なお、紀年の検討は第七項で行うので、それまでは基点となるべきEを「某年」七月のものとし、Dがその二ヶ月前の「某年」五月の発給、そしてさらに遡って「某年の前年」の十二月にC、九月にB、七月にAが、それぞれ発せられていたとして、論述を行うことにしたい。

2　巧観（彦太良）の上洛と得度

まずAについて詳細に分析してみよう。

A悦便宜、申候。其後ハ更々無便宜候間、状尓ても申さす候。何事御渡候哉。返々無心元候。作事ハ、坊計半作ニ候へとも、先々取立て候。御堂之事ハ、近日候間、御影堂の柱計、可立用意尓て候。国々飢饉候て、奉加も候ハす候間、ひしと中々無申計候。朝夕歎、此事候。秋の時分、風度〱御上洛候て、作事之様、御らん志られ候へく候。国物、着候様候。承及候。返々、無心本候。御門徒中、何事候哉。返々無心本候。秋尓もなりて候ハ、、少事も奉加候へと、可被仰候。返々い加様尓も、せられ候て、ふと〱御上洛候へく候。便宜急候間、一筆下申候。毎事期後信候。恐々謹言。

（永享七年）七月一日　　存如（花押）

（充所欠ク、「浄興寺御房」＝⑥善秀カ）

右によると、本書状をことづける便宜（⑨巧観＝彦太良に随伴してきた門徒が帰国するのでAを託するとの意味）が得られたので、これを執筆することとする。その後は書状を差し上げることもできなかったが、いかがお過ごしかと案ぜられるところであった[4]（先回の交渉とは、永享六年〈一四三四〉二月～五月に⑧周観が本願寺に滞在して聖教類を拝受したことを意味する）。ところで大谷本願寺の「作事」についてであるが、「坊」＝庫裏はまだ

「半作」で、完成には至っていないものの、おおむね終了した。「御堂」＝阿弥陀堂については近日中に着工する予定である。さらに「御影堂」については、その柱材の調達と加工作業をこれから行うところである（翌年着工の意か）。しかるに国々においては飢饉が甚だしく、奉加も一向に集まらないので、不安に駆られて言うべき言葉も見つからない。朝夕に歎くばかりである。すでに秋となったから、機会を得て上洛して「作事」の状況を見て頂きたい。国元からの「物」＝懇志が到着したとの知らせを受けたところであるが、まことに心許ない心境であって、御門徒中の様子についても心許なく思っている。秋の収穫の時節となったのであるから、たとえ僅かでも奉加してもらいたく、門徒衆に仰って頂きたい。機会を作って上洛して頂きたい。使者の便宜が得られたので一筆したためたが、また後信の時に申し述べたい、としているのである。

充所は欠失しているが（封紙に記されていて開封の際に切断・紛失したか）、この書状が使者に託されている点を踏まえれば、「浄興寺御房」と記されていた可能性は高く、⑨巧観（彦太良）の父たる⑥善秀に充てられたものとしてまず間違いないであろう。

⑨巧観（彦太良）は、右の前日たる六月末日に、初めて大谷本願寺にやって来たのであろう。そして翌七月一日に、まず門主巧如に拝謁して⑥善秀の書状と懇志を進上し、続いて巧如の御剃刀で得度して法名「巧観」を与えられたと思われる。そして子存如からは返信Aを下付されたので（存如は懇志の詳細を知らないので謝辞文言が記載されていない）、これを⑨巧観は随伴してきた門徒＝使者に託し、国許の父⑥善秀に届けさせるのである（京都東山大谷～信濃国長沼村は約三八〇㎞、約九日間の行程）。

Aの内容で注目すべきは、この「某年の前年」の春に、大谷本願寺の「作事」＝改築工事が始まっていたことが知られる点である。そしてすでに七月には、「坊」＝庫裏が「半作」、つまりほぼ完成に達していて、細部の仕上げを行う段階だったと思われる。次いで「御堂」＝阿弥陀堂については「近日候間」と、この数日後には着工される段取りだったと考えられ、竣工予定は約六ヶ月後、つまり「某年の前年」の年末までとされていたのであろう。さらに「御影堂」については、柱材の調達と加工作業にこれから着手すると見えているから、この翌年の「某年」に着工する計画だったに違いあるまい（工期は九ヶ月程度か）。つまり大谷本願寺の改築工事は、「某年の前年」の春に「坊」＝庫裏に着工、七月に「御堂」＝阿弥陀堂に着工（年内の竣工予定）、さらにこの翌年の「某年」には「御影堂」に着工して竣工させるという、二ヶ年計画だったと考えられるのである。資金協力（奉加）の要請が、これに先行して「某年の前年」のさらに前年から開始されていたことは、まず間違いないとしてよいであろう。

3　使者としての磯部勝願寺善忠の上洛

それから三ヶ月経った「某年の前年」の九月、⑥善秀の使者が再びやって来る。使者は巧如に拝謁して⑥善秀の書状・懇志を進上し、⑨巧観（彦太良）の修学状況について尋ねたうえで、存如の返信**B**を受領したのである。その文言によって、今回の使者は下総磯部勝願寺善忠だったことが判明する。

B其後者、更々無便宜候間、久不申承候。返々無心本候。国物忩之由、承候間、無心本候。久無御上洛候間、当年なんとハ、内々御上洛も候哉と、待入候。御老躰之御事尓て候間、いかゝと覚候。あ王れ〳〵、今一度ハ御上洛も候て、造作之式をも、御らんし候へかしなんと覚候。我等も病者ニなり候て、今生尓てハ可下向事、不可叶候間、今一度見参申度候。念願此事候。如（何脱カ）様尓も候て、御上洛候ハヽ、返々可喜入候。内々御上洛候様尓、承候間、待申候へとも、無其儀候。返々無心本候。磯冂（勝願寺）善忠御房、上洛候間、便宜可然候間、一筆事付申候。毎事期後信候。恐々謹言。

（永享七年）
九月廿九日　　　　　　　　　　存如（花押）
（充所欠ク、「浄興寺御房」＝⑥善秀カ）

右のBによれば、その後は連絡を取る便宜がなかったので、久しく音信を通わすことができなかったが、いかがお過ごしであろうか。信濃国において「物忩」＝物騒な情勢となっている由を承った。まことに心許ない次第である。久しく上洛しておられないが、当年こそは是非とも御上洛いただきたく、待ち入るばかりである。「御老躰」であるから無理強いするわけにもいかないが、いま一度、御上洛されたならば、堂舎の「造作」の様相をつぶさに御覧になって頂けるに違いない。「我等」＝存如も「病者」となってしまったので、「今生」において信濃に下向することはもはや困難と思われるが、いま一度「見参」＝お目にかかりたいものと念願するばかりである。御上洛されるならばまことに喜ばしい限りであって、内々に御上洛されそうだとの予想を伺っていたから待っていたのであるが、いまだにその儀がなく、心許なく思っている。なお「磯卩善忠」がやって来たのでこの書状を託することとし、また後信において委細を申し述べることにしたい、と見えているのである。

このBは日付から考えて、前引Aに続くべきものと思われる。文言中に「御老躰」と見えているが、この頃の浄興寺には⑥善秀しか該当すべき者はいない。よって、これが⑥善秀充てであったことは疑いなく、欠失の充所には「浄興寺御房」と記されていたことであろう。

なお、使者として登場する「磯卩善忠」とは、下総磯部勝願寺の第五代住持たる善忠であって(5)、後引の史料Dに見える「磯卩の善慶御房」の父親に当たる人物である。そこで考えるべきは、なぜ磯部勝願寺善忠がこの時点で東山大谷に来たのかの理由であるが、その回答としては、本願寺建立事業に協力するための資金援助＝奉加進上が目的だったとして、まず間違いないと思われる。

それからさらに三ヶ月後の「某年の前年」の十二月十四日、また使者が来て懇志などが届けられたので、存如は次の返信Cを執筆して託することとした。

C　七良左衛門の方尓、何事候哉。ゆかしく候。状尓て申度候へ共、いそき候間、よく〳〵申度候。悦便宜候て、申候。其後者、更々無便宜候間、状尓ても申さす候。返々無心元候。京都ニハ、事（異カ）なる子細なく候。就其候てハ、嶋津殿より、八月ニ料足を借用候計、今入（人）事尓て候間、更々秘計かなハす候。念少之至、憚入候へとも、五貫、秘計申候へく候。これを多尓も（カ）、我等ニ借用候事者、借申候式尓て候。念少之至（カ）、返々無面目、未無弁返候。春、風度之可有御上洛候。京都ハ、大和同と申候て、わさめき（マヽ）候。彼竹の前も、不便之次（カ）第候。尚々其後ハ、更々無便宜候間、以状不申候。返々無心本候。相構〳〵、春ハふと御上洛候へく候。毎事、期御上洛之折候。恐々謹言。

（永享七年）
十二月十四日　　　　　存如（花押）

（充所欠ク、「浄興寺御房」＝⑥善秀カ）

右のCによると、便宜が得られたので本状を届けてもらうこととする。いかがお過ごしであろうか。京都においては幸いに無事の状況が続いていて、堂舎建立は順調に進捗している。ところで「嶋津殿」より八月に料足を借用したが、その後は工面がうまくいかず、近日中にどうしても必要な事態となってしまった。そこで憚り多いことではあるが、銭五貫文を融通して頂きたく、お願いする次第である。借用するのであって、いずれは返済するつもりである（この前後やや不分明）。なお来春には必ず上洛して頂きたい。京都の情勢は大和と同じであって、いささか「わさめき候」＝不穏な情勢となっている。「竹の前」（未詳、人物名か）については「不便」＝不憫なこと（死去したの意）となってしまった。心許ない思いを重ねているので、春になったならば上洛して頂きたく、委細は上洛された折に申し述べたいとし、さらに尚々書では、七良左衛門方（未詳）ではなにごとがあったのか心配している。書状を執筆すべきであるが、使者が急いでいる由なので、よろしく伝言して頂きたい、と述べられているのである。

日付から考えて、このCは前掲Bに続くものであろう。また欠失している充所には、Bと同様に「浄興寺御房」と記されていたと思われ、⑥善秀充てだったとすべきであろう。

5　巧観の修学継続と磯部善慶死去

それから半年経った「某年」の五月、また信濃長沼から使者がやって来て書状と懇志が届けられたので、存如は次の返信Dを執筆して付与している。今回の書状は、父⑥善秀に代わって子⑧周観が執筆しており、これは修学中の⑨巧観の兄に当たっている。

D　七郎左衛門父子、何事候哉。床敷候。事付申度候。磯卩《磯部勝願寺》門下ニも、更々聖教を不所持候［　］《やらんカ》、証了なども、不所持候と申候。それへ出候ハヽ、書候て事付尓あそハし候て、多ひ候へく候。

其後者、更々無便宜候間、状尓ても申さす候。何事とも、御渡候哉。返々無心元候。磯卩《磯部勝願寺》の善慶御房往生、只今聞候。返々あ王れ尓候。就中、関東之事ニ、定国も煩とも候らんと覚候。無勿躰候。無為無事ニ候て、目出候。和州も大略無為之分候間、目出候。去年京都ハ、餓死・病死、以外尓候。不思議ニ今まで存命して候。先御上洛をこそ、待《カ》申候へ。便宜候時、状尓て承候ハヽ、返々可悦入候。此仁、何事も御入候ハぬよし申候間、

返々目出候。悦喜申候。当寺尓も、皆々無何事候。御心安く思食候へく候。千万事、期後音候。恐々謹言。

（永享八年）五月四日　存如（花押）

周観之御房

右によると、その後は便宜がなかったために書状を差し上げることもできなかったが、いかがお過ごしであったろうか。ところで「磯冂」＝下総磯部勝願寺の「善慶」が往生された由をいま聞いたところである。まことに「あ者れ」と存ずるところである。関東においては混乱が続いており、「国」＝信濃においても「煩」＝戦乱があるに相違なく、不安の限りである。無為無事であってほしいと念ずるばかりである。「和州」＝大和においてはおおむね無為とのことで、めでたく存ずる。去年、京都においては「餓死・病死」が頻発して大変な事態であったが、不思議なことに今まで存命している。まずは御上洛されることを待ちたいと思う。便宜が得られたならば、あらかじめ上洛する旨を仰って頂きたい。この「仁」＝使者は、不都合な事態はなにも起きていない由を申しておられ、結構なことと存ずる。当寺においても心配すべきことはなにもないので、安心して頂きたく、また後音の時を期したいと思う、と述べたうえで、さらに尚々書では、七郎左衛門父子（未詳）には何事が起きたのか心配なので、書状を託したい。「磯冂」＝勝願寺の門下においても聖教を所持してはいない由であり、また「証了」（未詳）なども不所持と申している。そこで「それ」＝⑧周観に申し出て筆写してもらい、付与を受けるように取りはからってもらいたい、と述べられている。

充所に「周観之御房」と見えている点から、今回は⑧周観の書状がもたらされていたことが知られるが、ここで考えるべきは、なぜ父⑥善秀に代わって⑧周観が書状を執筆したのかの理由である。

手掛かりとなるのが、**D**の文言中に「磯冂の善慶御房往生」と見えている点である。この善慶とは、磯部勝願寺第五代善忠（Bに登場）の長男と思われる人物であって、彼は不幸にして、父善忠に先んじて死去してしまったらしい。(6) そこで直ちに葬儀が執行されることとなるが、後継者と目されていた長男の葬儀であってみれば、浄興寺から住持以外の者（代理人）が参列したのでは、非礼の誹りを免れまい。なぜならば、勝願寺と浄興寺とはともに創立者を「善秀」（鎌倉期の人物で、⑥善秀とは同名別人）とし、いわば兄弟寺の立場にあったからである。そこで⑥善秀は、みずからが磯部へ赴くこととしたのであって、それに伴い当面の寺務代行を、その二男の⑧周観に委ねたのである。⑧周観はそこで直ちに筆を執り、本願寺充ての書状を作成するとともに懇志も調え、これらを使者に託して本願寺に向かわせたのである。こうしてもたらされた⑧周観書状であったからこそ、存如返信Dの充所には「周観之御房」と記されたのである。

ところで、それではなぜ磯部勝願寺の善慶は死去する事態となったのであろうか。前述したごとく、Bには「磯冂善忠御房、上洛候間」とあって、彼の父善忠が「某年の前年」の九月に、大谷本願寺に参詣に来ていたことが知られた。その上洛の目的は、本願寺建立事業の進捗状況を見るとともに、その建設資金を進上することだったとして間違いないであろう。しかりとすれば、その子善慶も父と同様、その半年後の「某年」の春に上洛を企てたのではあるまいか。次掲する史料Eには、「此春、磯冂上洛之時」と見えているが、この「磯冂」が子善慶を指している可能性は高いのであって、彼の上洛の目的が本願寺建立事業を一見することだった点も、まず間違いないであろう。ところが不幸なことにこの善慶は、旅程途中の疲労が原因となって病気になり、帰国を急いで養生したにも拘わらず、ついに死去するに至ったのではなかろうか。そしてその死去の第一報（⑧周観の執筆）に対して発せられた存如返信が、「某年」の五月四日付けのDだったのである。善慶にとっては文字通り、命がけの参詣旅行だったと言わねばなるまい。

6　巧観の帰国

それからさらに二ヶ月後の七月には、次のEが発せられている。

E
　彦太良（⑨巧観）、長々在京、い多者しく候処、御下向、返々目出候。七良左衛門方尓も、何事加候やらん、無心本候。此よし、事付申度候。
悦便宜、申候。其後ハ何事御渡候哉。返々無心本候。更々無便宜候間、以状不申承候。御床敷候。京都尓も、無殊子細候。証定閣（本願寺巧如）、即四月より越中瑞泉寺（如乗宣祐）ニ被住、秋まで在国候へき所存尓て候。徒然可思食遣候。彦太良（⑨巧観）、長々在京、返々不便候。此春、磯冂（勝願寺善慶）上洛之時、不少（カ）志候へく候を、かさ王ら辺（信濃笠原本誓寺）より、割符ニ沙汰申候よし、申候。未到来候。無心本候。其子細、祐恩房方へ、只今状をまい（カ）り候。如何様ニ成候哉。無心本候。尚々其後ハ、何事御入候哉。無心本候。便宜之時、無指事候共、状尓て承候ハヽ、可悦入候。急候間、一筆申候。毎事期後信候。恐々謹言。
　　七月三日（永享八年）　　　　　　　　存如（花押）
　（充所欠ク、「浄興寺御房」＝⑥善秀カ）

右によると、便宜が得られたのでこれを託することとする。いかがお過ごしであろうか。これまで便宜がなく書状をしたためる機会がなかったが、決して本意とするところではない。京都においては平穏であるので安心して頂きたい。ところで「証定閣」＝本願寺巧如が、四月以来、越中瑞泉寺（巧如三男の如乗宣祐が経営していた）に滞在しておられ、秋までは在国される所存とのことなので、あしからず了承してもらいたい。「彦太良」＝⑨巧観がこれまで長々（約一年間）と在京して修学に努められてきたが、まことに「不便」＝不憫な次第と存ずる。この春に「磯𠆢」＝勝願寺善慶が上洛した時、懇志の額は少ないものの、「かさ王ら」＝信濃国高井郡笠原村の本誓寺（⑦性順が婿養子として入寺、ただしまだ寺号のない道場の段階）から、追って「割符」（約束手形もしくは為替手形）にして進上される旨が申し出られた。ところがいまだに到来しておらず、まことに心許ない思いである。その子細について「祐恩房」（未詳）へ書状を遣わすこととするが、果たしてどうなるのか、まことに心許ない限りである。また先だっての音信以来、どのような情勢となっているのか心許なく思っているので、便宜があれば重大事に限ることなく、些末なことも記載して頂ければ喜ばしい、としたうえで、さらに尚々書では、「彦太良」＝⑨巧観が長々の在京修学を終えていま帰国するところであって、随分と痛わしく思っていたが、実にめでたいことである。また七良左衛門方（未詳）については、いかなる事態となっているのか心配しており、この旨を伝言して頂きたい、と述べられているのである。

ここにも充所が欠失しているが、「浄興寺御房」＝⑥善秀に充てられたものであることは疑いなく、彼は勝願寺善慶の葬儀と満中陰法要に参列して帰国した後、巧如充ての書状を執筆して、名代＝使者（今回の名代は⑧周観が務めている可能性がある）に届けさせたのであろう。けれども文言中に見えるように、「証定閣」＝巧如は越中瑞泉寺に出かけていて不在であり、懇志受領などの門主権限は子存如が代行する体制となっていたことが知られる。そして右のEを存如から拝受した「彦太良」＝⑨巧観は、それを携えて帰国の途についたのであって、彼の約一年間に及ぶ本願寺修学はようやく終了したのである。

ところで、このEで注目すべき箇所は、「此春、磯𠆢上洛之時」との文言が見える点である。すでに前節で述べたが、この磯部勝願寺とは父善忠のことではなく、その子善慶を指しているとしなければならない。つまり善慶は、父善忠の行動に倣って「某年」の春、改築途中の本願寺（坊と阿弥陀堂が完成した段階）に参詣に来たと考えられるのである。ところが彼は、旅程途中の疲労が原因になって死去してしまったと思しく、その第一報に対する返信が、この「某年」の五月四日付けのDだったのである。

かくして、Eで「割符」がまだ到来していないと述べられていた原因が判明する。すなわちその原因とは、磯部勝願寺の後継者たる善慶が突然に死去したため、葬儀とそれに続く服喪儀礼に列席する必要から、本願寺への「割符」（奉加金を送るための約束手形または為替手形）の手配が遅れてしまったのである。けれども存如の立場から言うならば、期待している資金の到着が遅延するのであるから、堂舎建立計画に重大な影響が出る恐れがあり、気が気ではなかったに違いない。いずれにもせよ、このEの段階（「某年」の七月）における本願寺建立事業は、御影堂がほぼ竣工する段階にまで達していたことは間違いなく、年内にはその他の小規模建築や境内整備も完成して、落慶法要が厳修される手筈だったと推測すべきであろう。

7　書状五点の紀年について

前項までの検討を踏まえて、A～E五点の紀年について検討してみよう。手掛かりとなるのが、Eに見える「証定閣、即四月より越中瑞泉寺ニ被住、秋まで在国候へき所存尓て候」との文言であって、これを基点にしてD・Eは「某年」のもの、遡ってA・B・Cは「某年の前年」のものとの仮説を立てていたから、この「某年」が何年に当たるのかを解明しなければならない。

文言中の「証定閣」とは本願寺巧如のことであるが、彼が子存如に充てて譲状を執筆したのは永享八年（一四三六）三月二十八日のことである。

譲附

東山大谷本願寺別当職事

右当職事、任代々御譲与之旨、圓兼《（存如）》律師、可致永代管領者也。但、吉田見秀尼公、無縁事候。此間、雖被加扶持候、愚老往生之後、殊更可力失候。如存生之時、不相替、相構〱可被致憐愍候。宣祐《（如乗）》阿闍梨事者、法躰事候ヘハ、可有兎も角も候。乍去、同可被扶持候。背此旨者、後世までも不孝尓て候へく候。尚々、寺務職事、任先例、可有管領處也。仍譲附之状、如件。

永享八年丙辰三月廿八日

沙門玄康《（巧如）》（花押）[7]

これによれば、東山大谷本願寺の別当職を、代々の譲状に任せて、圓兼律師＝存如が管領すべきである。ただし吉田見秀尼は「無縁」＝子孫がないので、これまで「扶持」を加えてきたが、「愚老」＝巧如が往生した後には一段と困窮するであろう。よって今後も、これまでと同様に「憐愍」を加えて頂きたい。また「宣祐阿闍梨」（越中瑞泉寺如乗宣祐）は、法体であるから生計は立つであろうが、同様に「扶持」を加えて頂きたい。これらの旨に背いたならば、後世までも「不孝」と非難されるであろう。なお寺務職については、先例に任せて管領して頂きたい、と述べられている。

問題とすべきは、この譲状が執筆されるに至った契機は何なのか、である。そしてその回答としては、越中下向の直前に後継者を指名して、もしもの場合に備えた、というのが妥当な考え方であろう。巧如が死去するのは、これより四年後の永享十二年（一四四〇）十月十四日（六五歳、誕生は永和二年〈一三七六〉四月六日）のことであって、彼が越中下向の旅に出るときにはすでに六一歳となっていたから、旅程中に死去する可能性は決して小さくなかったと言わねばならないのである。

しかりとすれば、Eによって知られた巧如の越中下向計画は、永享八年三月二十八日に譲状を執筆してからまもなくの四月、越中へ向けて出発し、秋までの約半年間、そこに滞在するというものだったことが判明する。つまり、Eの発給は永享八年七月と推断してよいのである。

かくしてこの結果、D・E二点は永享八年（一四三六）の発給、またA・B・C三点はその前年の永享七年（一四三五）の発給と判明した。これが紀年についての結論である。

8　巧如による本願寺建立と彼の越中下向の目的

そこで最後に、巧如が越中に下向した目的は何かを考えなければならない。

けれどもこの設問に回答することは、実はさほど困難ではない。これまでに検討した史料A〜E五点の内容によって、巧如が永享七年春に本願寺建立事業（改築）に着手していたこと、および、その資金調達は必ずしも順調でなかったことが判明しているから、この二点を踏まえるならば、その下向の目的は、建立事業のための資金援助を越中門徒衆などに要請すること、これ以外にはあり得ないとすべきであろう。

ここでもう一度、事業の概要と資金調達の様相を眺めてみよう。事業概要はAから明らかになるところであって、永享七年の春にまず「坊」＝庫裏に着工し、七月には「半作」に達していた（ほぼ完成の意か）。続いて七月からは「御堂」＝阿弥陀堂に着手する予定で、年末までの竣工を目指していたに違いない。さらに「御影堂」についても柱材を調達して加工を行う準備に取り掛かっているから、これを建てるのは翌永享八年の事業とされ、かくして永享八年の初冬には新堂舎が完成して、その落慶法要を実施するつもりだったのであろう(8)。

しかるに資金の調達は、永享七年十二月のCによって、決して順調だったとは言えないことが知られ、巧如は浄興寺に対して銭五貫文の借用（内実は五貫文の奉加要請であろう）を申し込んでいた。しかもEの文言からは、勝願寺善慶の死去という突発事件により、半年以上経った永享八年七月になっても「割符」が到着していないことが判るから、もしかすると工事中断の可能性もあったと言わねばならないのである。

かくなる上は、門徒衆に広く奉加を呼びかけて資金を確保すること、これ以外の解決策はない。そこで巧如は永享八年四月、越中へ下向して井波瑞泉寺に滞在し、広く募財に努めることとしたのである。滞在先の瑞泉寺には、三男の如乗宣祐（応永十九年〈一四一二〉誕生～寛正元年〈一四六〇〉正月二十六日死去、四九歳、このとき二五歳）が住持として居住していたほか、巧如の姉も「勝満院良窓（勝満寺良慈とも）」（小矢部市水島所在か）の妾となっており、[9]さらに巧如が願海寺（富山市清水町所在か）信誓の女「岩井」との間に儲けた、第五子（四男）たる巧賢（応永二十八年〈一四二一〉誕生～康正二年〈一四五六〉三月上旬死去、三六歳、このとき一六歳）もいたから、[10]募財を働きかけるための手掛かり（協力者）は少なくなかったのである。

かくして巧如は「秋まて」の予定で下向したのであって、九月の収穫期を迎えれば、募財は一気に達成できると見込んでいたのであろう。一方で、御影堂の竣工もこの永享八年の秋と計画されていたから、巧如が獲得できた資金（奉加・喜捨）を持って帰洛したならば（割符などの送金手段を利用したか）、直ちに新堂舎の落慶法要が厳修できる手筈になっていたに違いあるまい。

ところで、ここで再び前掲の譲状に立ち戻って考えねばならない重要な論点がある。それは、三月二十八日という譲状の日付がいかなる意味を持つのか、換言するならば、本願寺の新堂舎建設事業において、この日に予定されていた作業工程はいかなるものだったのか、という点である。そしてその回答としては、Aの分析によって永享八年春が御影堂の着工時期と判明していたから、この三月二十八日には、御影堂の立柱（建て舞い）が行われていた可能性が高いとすべきであろう。つまり巧如は、御影堂の立柱という盛儀に感激したその余韻のもと、資金調達のための旅程に備えて譲状を執筆し、そしてそれからまもなくに越中へ発ったとすべきなのである。

さて、越中に下った巧如がその募財を成功させるためには、奉加・喜捨に応じようとする門徒衆に対し、極楽往生すること疑いなし、と保証しなければならなかったに違いない。この言説が、果たして本願寺流の教義に合致するかどうかはさておき、門徒衆の立場から言うならば、極楽往生を容易かつ確実に達成できる機会が、巧如によって提供されたということに他ならない。よって、門徒衆がこれにこぞって応じたであろうことは疑いなく、その結果、各地では熱烈なる巧如崇拝の動き、すなわち「巧如フィーバー」が生じたであろうことも、また確実と思われるのである。(11)

そしてその四年後の永享十二年（一四四〇）十月十四日、巧如は六五歳で死去するが、そのことを聞いた越中・加賀の門徒衆は直ちに彼の追悼事業を企画し、かくして創建されるのが尾山坊（金沢坊、その位置付けは惣道場＝掛所、また別院とも）なのである。つまり尾山坊とは、巧如崇拝熱＝「巧如フィーバー」による遺産と解してよいのである。

ところで、かつて明徳元年（一三九〇）に越中では、綽如（巧如の父）によって井波瑞泉寺が創建されていた。資金は同年八月付けで堯雲（浄土宗西山深草派円福寺に属する人物）が執筆した勧進状に基づいて集められ、(12)翌明徳二年（一三九一）晩春に作事が開始されて、半年後の同年晩秋には本堂（阿弥陀堂）は竣工していたであろう。続いて明徳三年（一三九二）には庫裏・鐘楼・門・塀垣などの付属施設も建設されて、明徳三年の晩秋（または初冬）には落慶法要が厳修されたことと考えられる。宗門内におけるこれの位置付けは掛所（または別院）とされていたから、住持職は門主綽如が兼帯し、管理運営は「御留守」（輪番に当たる）の如蓮尼（杉谷慶善女）に委ねられていた。以上のごとき瑞泉寺創建事業に伴い、越中では熱狂的な綽如崇拝の動きが生じて、多数の門信徒が一気に獲得されたことと考えられ、それは「第一次本願寺ブーム（綽如フィーバー）」と呼ぶべき現象と把握してよいであろう。

そしてこれに続き、巧如時代には大谷本願寺建立（改築）のための募財が行われるとともに、その死去後には追悼事業として加賀尾山坊（金沢坊）が創建されたのである。よって、巧如に対する熱狂的な崇拝の動き＝「巧如フィーバー」は、「第二次本願寺ブーム」と位置付けて理解すべきものなのである。

なお、その後の文明年間には蓮如が越前吉崎坊を創建し、この事業に伴って「第三次本願寺ブーム（蓮如フィーバー）」が惹起されるが、この詳細な経緯は別稿(13)に委ねることとしたい。

おわりに

これまでの検討で明らかにできた点を最後にまとめておく。

長沼浄興寺の⑨巧観は、⑥善秀の三男として応永二十八年（一四二一）に誕生したと思しく、幼少期には「彦太良」と称していた。彼は一五歳となった永享七年（一四三五）六月に大谷本願寺に上り、巧如の御剃刀で得度して「巧観」と命名され、それから約一年間の修学に入ったのであるが、その間に五点の存如書状（A～E）が発せられていたことが知られる。これは、国許の父⑥善秀から学費に相当する懇志が進上され、これに対して作成された請取状に当たるものである。けれども懇志は使者から門主たる巧如に進上され、存如はその詳細を存知せずに返信を執筆したと思しく、存如書状中に懇志に関する謝辞が全く登場しない。この点に留意するならば、五点の存如書状はすべて巧如存命中の発給と限定しなければならない（巧如は永享十二年〈一四四〇〉十月死去）。

⑨巧観が東山大谷本願寺にやって来たのは永享七年六月末日であって、翌七月一日に巧如に懇志を進上するとと

もに、その御剃刀で得度を遂げ、そして存如の執筆した返信Aを受け取ったのである。その内容は、兄の⑧周観が永享六年（一四三四）五月に修学を終えて帰国して以後、音信がなかったので心配していたと述べられたうえで、本願寺の堂舎建立事業（改築）は、永享七年春にまず「坊」（庫裏か）に取り掛かって「半作」の段階であること、七月中には「御堂」（阿弥陀堂）にも着工する手筈であること、さらに「御影堂」の柱材についてはこれから調達・加工を行い、翌永享八年の着工予定であること、しかしながら諸国の飢饉が甚だしいので奉加が集まらず不安であること、そして機会を得て上洛して作事を見てもらいたく、また秋の収穫期となったから僅かでも奉加してくれるよう門徒衆に伝えてほしいこと、これらの点が述べられていた。このAは、⑨巧観に随行して上洛した門徒＝使者に所持させ、直ちに国許に向けて出立させたのである。

三ヶ月後の永享七年九月、下総磯部勝願寺の善忠がやって来て、預かってきた⑥善秀の書状と懇志とを進上する。これに対する存如返信がBであって、存如は⑥善秀の上洛をしきりと勧めたうえで、「御老躰」に無理強いはできないが、上洛して堂舎建設事業の様相を見てほしいこと、他方で存如は「病者」となってしまったから信濃下向は困難で、⑥善秀に上洛してもらってもう一度見参したいと思っていること、これらの点が述べられていた。もちろん勝願寺善忠は、みずからの懇志（建設資金）を進上するとともに、⑨巧観の修学状況を子細に観察して、帰国後にそれを⑥善秀に伝えたことと思われる。

それから三ヶ月経った永享七年十二月、また使者が様子見のために上洛し、懇志が届けられたので、存如は返信Cを執筆して手交する。その言うところは、堂舎建立が順調に進捗していること、「嶋津殿」から料足を借用したが、その次の資金の手当てができないので銭五貫文を融通してほしいこと、などが述べられていた。

翌永享八年（一四三六）五月になって、また書状と懇志が進上されるので、存如は返信Dを執筆して付与している。今回の書状は、父⑥善秀に代わって⑧周観（修学中の⑨巧観の兄）が執筆したもので、その理由は父⑥善秀が、下総磯部勝願寺善忠の長男善慶の葬儀に出掛けたためであった。返信Dの内容は、勝願寺善慶が往生した旨の連絡を受けたこと、関東では混乱が続き、信濃でも戦乱があると思われ、無為無事を念じていること、大和では無為が維持されていること、去年京都では「餓死・病死」の頻発する事態が見られたが、幸いに存如は存命していること、これらが述べられていた。

さらにその二ヶ月後の永享八年七月、⑨巧観を迎えるための使者がやって来たので、存如は書状Eをしたためて⑨巧観に手渡す。その言うところは、⑨巧観が在京修学を終えていま帰国するところで、めでたい限りであること、去る春に勝願寺善慶（これがDでは死去したことが知られた）が上洛した際、本願寺建設資金に充てるべき懇志が、近いうちに笠原本誓寺から「割符」で進上される手筈になっていると伝えられたが、いまだに到来せず心許なく思っていること、「証定閣」＝巧如は四月以来、越中瑞泉寺に滞在していて、秋までは在国する所存であること、これらの点が述べられていた。かくして⑨巧観はようやくに修学を終え、使者とともに帰国したのである。

ところでAの文言からは、巧如による大谷本願寺建立事業（改築）の工程が知られるが、永享六年（一四三四）にまず旧堂舎を解体し、また新堂舎用の資材を調達して加工作業を行い、さらに基礎工事も行われたらしい。そして翌永享七年春、まず「坊」（庫裏）の資材組立（立柱、建て舞い）が開始され、七月中には「御堂」（阿弥陀堂）にも着工する予定とされ、さらに「御影堂」については翌永享八年の着工計画だったことが判明した。しかしながら資金の準備は必ずしも順調とは言えず、とくに期待していた磯部勝願寺とその配下衆（笠原本誓寺など六ヶ寺）からの資金提供は、勝願寺善慶が突然に死去する事件が起きたことにより、送金が大幅に遅延する事態となっていたのである。

そこで巧如はこうした状況を打開するため、越中に下向して北陸門徒衆に奉加を呼びかけ、資金の調達を達成しようと企てる。まず非常の場合に備えて、永享八年三月二十八日付けで子存如に充てて譲状を執筆し、それからまもなくの四月に井波瑞泉寺に下向して「秋」まで滞在し、越中・加賀などの門徒衆に募財を働きかけたのである。この結果、多くの門徒衆から奉加・喜捨の協力が得られたと考えられ、資金問題はほぼ解決することができたに違いない。なお、譲状の作成日たる三月二十八日とは、御影堂の立柱（建て舞い）の日であった可能性が高く、この盛儀を迎えた感激に浸りつつ、巧如は譲状を執筆するとともに、資金調達に向けての意欲をも喚起していたのであろう。

この巧如による越中下向と募財の働きかけが契機になって、越中・加賀の門徒衆においては熱烈なる巧如崇拝の動き、すなわち「巧如フィーバー」が引き起こされたと考えられる。これはかつて綽如時代に井波瑞泉寺創建事業が切っ掛けとなって、「綽如フィーバー（第一次本願寺ブーム）」が発生したことに続くものであった。そして永享十二年（一四四〇）十月十四日に巧如が死去したことで、巧如を追悼する気運が広範に盛り上がり、尾山坊（金沢坊、その位置付けは惣道場＝掛所）の創建事業が企画されるに至ったのである。かくして北陸では、本願寺派門徒衆が急増する二度目の動き、すなわち「第二次本願寺ブーム（巧如フィーバー）」が発生したと考えられるのである。

注

（1）拙稿「長沼浄興寺の歴代住持」（本書第一章第一節）参照。

（2）史料の出所・出典は次の通りであって、以下ではこの注記を省略したい。

A……山城「本願寺文書（真宗大谷派＝東派）」。写真版は、大谷大学博物館学課程開設一〇周年記念『真宗大谷派（東本願寺）宗宝公開「蓮如上人」展』図録第一七号、二九ページ（大谷大学編集・発行、一九九六年）、または本願寺史料研究所編纂『増補改訂本願寺史』第一巻、四〇八ページ（本願寺出版社、二〇一〇年）、に掲載される。筆者は真宗大谷派本願寺宗務所総務部から写真版を貸与され、またその掲載許可を平成二十六年（二〇一四）四月十一日に与えられたので、ここに謝意を表しておきたい。なお写真版により訓みの一部を変更した。

B……越後「浄興寺文書」（井上鋭夫氏『一向一揆の研究』史料篇、七二〇ページ、吉川弘文館、一九六八年）。写真版は、千葉乗隆氏『本願寺ものがたり』一四八ページ（本願寺出版社、一九八四年）に掲載される。筆者は新潟県立文書館架蔵の「浄興寺文書」写真版からB～Eの複写を入手し、それを掲載することについては平成十四年（二〇〇二）三月三十日、真宗浄興寺派本山浄興寺住持稲田善昭氏から許諾を与えられたので、ここに謝意を表しておきたい。なお写真版によって訓みの一部を変更している（以下同じ）。

C……越後「浄興寺文書」（同右史料篇、七二〇ページ）。

D……越後「浄興寺文書」（同右史料篇、七一九ページ）。

E……越後「浄興寺文書」（同右史料篇、七一九ページ）。

（3）　Aを永享十年と推測する説は、井上鋭夫氏『本願寺』九〇ページ（至文堂『日本歴史新書』増補版、一九七五年重版。または講談社『学術文庫』一八九六、二〇〇八年）、および宮崎円遵氏「本願寺の本尊安置と両堂の整備」（同氏『真宗史の研究』上―『宮崎圓遵著作集』第四巻、思文閣出版、一九八七年）、および『増補改訂本願寺史』第一巻、第四章第五節、四〇八ページ（本願寺史料研究所編、本願寺出版社、二〇一〇年）、において展開されている。しかし本稿はこの説に従わず、第七項で論ずるように、A・B・C三点を永享七年、D・E二点を永享八年のものと推測しておきたい。なお井上氏はA以外については、Cが永享四年（同前書一一九ページ）、Dが永享十一年（同前書一二二ページ）、Eが永享十二年（同前書一一九・一二二ページ）、と考えておられる。

（4）　拙稿「長沼浄興寺の歴代住持」（本書第一章第一節）参照。

（5）　拙稿「下総磯部勝願寺とその末寺衆」（拙著『本願寺教如の研究』下、第二部第六章、三三四ページ、法藏館、二〇〇七年）参照。なおこの旧稿では、善忠の得度を文安二年八月十一日としたが、これは誤りであった。根拠とした史料は会津「浄光寺文書」に残された法名状であって、これを磯部勝願寺のものと見なした点が誤りだったのである。会津浄光寺の善忠（文安二年得度）と、磯部勝願寺の善忠とは、同名異人としなければならないから、ここに訂正して当該箇所の記述を削除したい。

（6） 拙稿「下総磯部勝願寺とその末寺衆」（前注5）参照。

（7） 親鸞聖人七五〇回大遠忌記念『本願寺展』図録第六一号、九八ページ（朝日新聞社編集・発行、二〇〇八年）。

（8） 東山大谷本願寺の規模については、阿弥陀堂が六間四面、御影堂が十間四面という大きさだったと推測される。拙稿「蓮如による山科本願寺と大坂坊の創建」（本書第十六章）参照。

（9） 「日野一流系図」（『真宗史料集成』第七巻、五二二ページ）。

（10） 拙稿「巧賢充ての蓮如書状」（本書第四章）参照。

（11） 拙稿「金沢別院所蔵の絵像三点」（本書第二章）、拙稿「蓮如の生涯とその花押」（本書第二十一章）参照。

（12） 伊藤曙覧氏「綽如と堯雲について」（同氏『越中の民俗宗教』—『日本宗教民俗学叢書』第六巻、岩田書院、二〇〇二年）、および湯谷祐三氏「龍芸附法状解説」（安城市歴史博物館『京都誓願寺と三河の念仏宗—浄土宗西山深草派寺院の名宝—』展示図録第九四号、安城市歴史博物館、二〇〇一年）。このほか『増補改訂本願寺史』第四章第二節、三六四ページの記述を参照している。

（13） 拙稿「蓮如の越前滞在と吉崎坊創建」（本書第九章）参照。

第二章　金沢別院所蔵の絵像三点

はじめに

浄土真宗本願寺派（西派）の金沢別院（金沢市笠市町二―四七）は、金沢御堂（尾山坊）の後身に相当する機関・施設であって、覚如が暦応二年（一三三九）に創建した草庵（「本源寺」）が濫觴とされ、旧金沢城本丸の立地した高台がその故地とされる[1]。その後、綽如や蓮如が来て布教活動を展開したとされるが、あいにくと当時の史料にこの坊舎が登場することはないようである。本稿では、この金沢別院の前身に当たる坊舎が建立された経緯を検討するものであるが、これを以下では便宜的に「尾山坊」（別院、惣道場・掛所とも）と仮称しておきたい。その理由は、別院相当の坊舎に「本源寺」との寺号が与えられたとは考え難く、また現在はこの寺号が使用されていないからである。

これまでの研究では、金沢御堂（尾山坊）の創建は天文十五年（一五四六）のこととされていた。すなわち『天文御日記』天文十五年十月二十九日条に、

◇加州金沢坊舎へ、本尊木仏、開山御影太幅也、御伝、泥仏名号賛書之、実如影（ママ）、差下之。三具足、其外仏器、

灯台以下、悉道具共、下之。(2)

と記載されており、これを金沢御堂の創建と解するものである。確かに右の記事では、「金沢坊舎」に新たに木仏本尊などが下付されているから、この段階で金沢御堂の建物が完成していることは疑いないところではあろう。けれども右の記事は、その前身たる尾山坊の非存在を意味するものでは決してない。そして現在、金沢別院にはこれより約一世紀前に制作された、A巧如絵像（嘉吉三年〈一四四三〉の制作）、B存如絵像（康正三年〈=長禄元年、一四五七〉の制作）、C蓮如絵像（永正十一年〈一五一四〉の制作）、以上の三点が残されているのであるから、「別院」に相当する坊舎がかなり早い段階から存在したことは間違いないのではなかろうか。

三点の絵像はいまも鮮明な描写を保っており、保存状態は極めて良好である。そのため親鸞聖人七百五十回忌記念として実施された法宝物類の調査・研究事業においては、この絵像三点の写真が報告書『真宗の教え　北陸布教の道』(3)の巻頭を飾ることとなった。

この報告書で三点の絵像について論じられたのが、岡村喜史氏「「親鸞絵伝」の加賀への下付について」(4)であって、当該絵像に関する氏の結論は次のようにまとめられる。

①三点の絵像裏書には、いずれも充所（所在地名と寺院・道場名）と願主名が記載されていない。これは三点が、門徒衆に対する下付物として制作されたものではなく、本願寺住持がみずからの手許に安置するために制作したものだからである。

②A・Bには死去の年月日が明記されている点から、年忌法要で掲示されることを目的として制作されたものである。

③この三点は当初は本願寺に所蔵されていたが、天文十五年（一五四六）の金沢御堂創建に伴って、本願寺から

加賀へと移動させられた。その理由は、加賀が巧如・存如・蓮如と関連の深い重要地であったためである。④天正年間の一向一揆制圧に伴って金沢御堂は破却されるが、当該絵像は山田光教寺などによって護持・保管され、金沢別院の再建後に再び移されて現在に至っている。

右のうち①について、絵像が門徒衆への下付物でなかったとの点は賛同できるが、しかし本願寺住持が手許に安置するために制作させたとの点には異論が残ると言わざるを得ない。次いで②の制作目的は、A・Bにはこれが該当しても、Cには該当しない。よって、②についても再検討すべき余地は少なくないであろう。さらに③の本願寺から金沢御堂へ移動したという想定では、寛正の法難で本願寺が略奪・破却を受けたという事実が失念されており、それを踏まえずに現在の所有関係を説明することには無理があると思われる。最後の④については、天正年間の尾山坊の歴史が不明なので、本稿では結論を留保しておくこととする。

以上のごとく、金沢別院（西派）に所蔵される絵像三点に関して、考えるべき論点は少なくないと思われるので、ここに取り上げて子細に検討を行ってみることとしたい。

一　巧如絵像の裏書

まず、A巧如絵像の裏書を見てみよう。

A（巧如絵像ノ裏書）　　永享十二年十月十四日御往生、六十五歳。

巧如上人之御真影

嘉吉三歳癸亥正月七日　　本願寺住持存如（花押）[5]

A：
嘉吉３年（1443）
正月７日
加賀「金沢別院文書（西派）」

右のAは、嘉吉三年（一四四三）正月七日に本願寺存如によって染筆された、巧如絵像の裏書である。主題部に「巧如上人之御真影」と記され、次いで第一行目に永享十二年（一四四〇）十月十四日に六五歳で往生したと記されている。そしてこれを染筆した日付を付記したうえで、自署の「本願寺住持存如（花押）」が続くのである。

ここに見える巧如の命日と享年とを踏まえれば、彼の誕生は永和二年（一三七六）のことと計算できる。また通例の絵像裏書には、下付先の住所と道場・寺院名および願主名が記載されているが、これらがAに見えない点からは、存如がみずからの手許でこれを保管・掲示するつもりであったとの解釈が、一応は成立するとしなければならない（後に再論）。

しかしながらAに関しては疑問点もある。それは、父巧如の死去を看取ったであろう子存如が、その絵像を作成して裏書を染筆するまでに、なぜ二年三ヶ月もの空白期間を挟まねばならなかったのかという点である。存如が葬儀を取り仕切る一方で、直ちに絵師に絵像制作を命じていたならば、早ければ一ヶ月後、遅くとも数ヶ月後には、それが完成して裏書を染筆できたに違いないのであるが、しかしそのような日程とはなっていない。そして先引した岡村氏の論述では、この空白期間の存在について適切な解釈が述べられてはいないのである。

なおここで巧如についてまとめておくと、「日野一流系図」(6)によれば、彼の父は綽如時芸（観応元年〈一三五〇〉～明徳四年〈一三九三〉四月二十四日、四四歳）、母は未詳で、永和二年（一三七六）に誕生する。日野資康の猶子として養育されて諱「玄康」を与えられ、青蓮院で得度して法名「巧如」を名乗り、仮名は大納言、僧位は法印、僧官は権大僧都に叙任され、隠居後には証定閣を号したとされている。巧如は四人兄弟の二番目に当たっており、彼のほかに、姉某（越中勝満院良窓〈勝満寺良慈とも〉妾）、弟頓円鸞芸（嘉慶元年〈一三八七〉～文安四年〈一四四七〉正月十五日、六一歳、越前藤島超勝寺、加賀本蓮寺）、弟周覚玄真（明徳三年〈一三九二〉～康正元年

〈一四五五〉九月十六日、六四歳、越前荒川興行寺、華蔵閣）、以上の三人がいた。
巧如が子存如に充てた本願寺寺務職譲状は、(7)永享八年（一四三六）三月二十八日付けで執筆されているから、彼が証定閣を称したのはこれ以降のことであろう。そして彼は直ちに越中瑞泉寺に下向したと思しく、その目的は本願寺改築の資金援助（奉加）を門徒衆に要請するためであった（第八節で再論）(8)。そしてその四年後の永享十二年十月、ついに巧如は死去するのである。

二　存如絵像の裏書

次に、B存如絵像の裏書を取り上げる。

B（存如絵像ノ裏書）

大谷本願寺釈蓮如（花押）（D型＝二本足前期型）
康正三季丁丑六月十八日
存如上人之真影
六十二歳、御往生。(9)

右のBは、康正三年（＝長禄元年、一四五七）六月十八日に蓮如が染筆した存如絵像の裏書であって、存如の享年が「六十二歳」と付記されている。ここにも下付先の住所・寺院名・願主名が見られないから、蓮如はこの絵像と裏書をみずからの手許に置く予定であったとの想定は、一応は妥当しているごとくに見える（この点も後に再論）。
ところで、右に見える康正三年六月十八日とは存如の死去した当日であって、その享年に

B：
康正３年（1457）
６月18日
加賀「金沢別院文書（西派）」

基づいて計算すれば、誕生は応永三年（一三九六）だったと判明する。父は巧如玄康、母は未詳で、その第一子に当たっている。広橋兼宣の猶子として養育されて諱「円兼」を与えられ、青蓮院で得度して法名を「存如」、仮名を中納言と称し、法印・権大僧都に叙任されて、院号を瑞雲院と称した。

父巧如が儲けた子は五人いて、このうち四人は「日野一流系図」[10]に記載されている。すなわち第一子の存如、第二子の空覚光宗（常楽台に入寺）、第三子の見秀尼（山城吉田摂受庵に住する）、第四子の如乗宣祐（越中瑞泉寺・加賀本泉寺を兼帯、応永十九年〈一四一二〉～寛正元年〈一四六〇〉正月二十六日、四九歳）である。このほかにもう一人、巧賢なる男子が生まれている。母は越中願海寺信誓の娘「岩井」で、応永二十八年（一四二一）の誕生であるから第五子に当たり、永享七年（一四三五）に得度して親鸞絵像を下付され、康正二年（一四五六）三月に三六歳で死去したと推測される[11]。

Bに見える日付は存如命日に当たり、しかもここにはこの日付しか記されていない。つまり蓮如は、父存如の死去したその日に、裏書Bを染筆したということである。とすれば、死去の時点ですでに絵像は完成していたとしなければならず、そのためには死去が予想された段階で制作に着手していたことが確実である。このことは換言するならば、存如は死去する以前のかなり長期間にわたって病臥していたことを意味し、おそらくそれは前々年康正元年（一四五五）十一月上旬以来のことと思しく、遅くとも康正二年三月には確実に病臥していたことが認められる[12]。

長期の病臥が想定されるならば、おそらく存如は譲状を執筆していなかったことであろう。もしそれが中風のごとき脳内疾患による突発の症状だったならば、なおさらこうした手続きは困難だったに違いない。そして事実、本願寺には現在、存如譲状は残されていないのである[13]。その結果、存如の死去後に後継者の地位をめぐり、長男蓮如（このとき四三歳）と二男蓮照応玄（このとき二五歳）とが争う事態となっている。こうした場合、通常ならばその母親の家格が上位である者に相続権が認められるから、旦は蓮照応玄（これが本来の嫡子、母は海老名氏女たる如円尼）がその後継者と決定される。ところがこれを破棄させて蓮如（一般的には庶兄と称される立場、母は出身不詳の「化人」）に相続権を認めさせたのが、その叔父たる如乗宣祐（このとき四六歳）であった。如乗の意向としては、存如との同住期間が長い蓮如こそ、法儀を継承させるのに相応しいとして、この逆転劇を演出したのであろう。かくして蓮如はその恩義に報いるべく、如乗死去の直後に二男蓮乗兼鎮を養子として遣わすなど、瑞泉寺・本泉寺の経営維持に多大な配慮を加えているのである。

それはともかくとして、後世の言行録のいくつかには、「すてに蓮如上人へ御ゆつり状、最前に有つることなれと」[14]などと、父存如から子蓮如に充てた譲状が存在するごとくに語るものがあるが、あいにくとこれは根拠を欠いた虚偽の叙述である。そしてこうした言行録に基づいて展開される本願寺継承論には、残念ながら意義は乏しいと言わざるを得ない。

三　蓮如絵像の裏書

続いてC蓮如絵像の裏書を検討してみよう。

C（蓮如絵像ノ裏書）

大谷本願寺釈実如（花押）

永正十一年甲戌四月廿八日、書之。[15]

蓮如上人真影

右のCは、永正十一年（一五一四）四月二十八日に実如（蓮如五男）が染筆した、蓮如絵

C：
永正11年（1514）
4月28日
加賀「金沢別院文書（西派）」

像の裏書である。ここにも下付先の住所・寺院名・願主名が記載されていないから、実如はこの絵像と裏書をみずからの手許に置くために制作したとの解釈が、一応は妥当しているごとくに見える（この点も後に再論）。

ところで、この裏書には蓮如の命日が記されていない。この一点だけでも、岡村氏の指摘された②には、再検討の余地があると言うべきであろう。蓮如は応永二十二年（一四一五）に誕生し、明応八年（一四九九）三月二十五日に八五歳で死去している。従二位広橋兼郷の猶子として養育されて諱「兼寿」を与えられ、一七歳になった永享三年（一四三一）に青蓮院で得度して法名「蓮如」を称し、法印・権大僧都に叙任される。仮名は、庶兄時代には右衛門督、本願寺継職後は中納言を称する。また隠居後には信証院と号した。

蓮如の兄弟は七人であって、父存如の第一子として、母「化人」（出身が判然としない女の意か）から生まれたのが蓮如である。第二子以下の六人はすべて如円尼（海老名氏女）から生まれている。すなわち如祐尼（西光寺永存妾、枥川尼公）、見瑞尼（藤島尼公）、如勝尼（刑部少輔国貞妻）、蓮照応玄（永享五年〈一四三三〉～文亀三年〈一五〇三〉三月二十六日、七一歳）、蓮康（生年未詳～永正三年〈一五〇六〉十二月一日）、俊如尼（順如光助妻、粟津尼公）、以上の六人であった(16)。

Cにおいて問題とすべきは、蓮如死去から一五年も経過した段階でこれが制作されているという点である。岡村氏は裏書に下付先が明記されていないことから、実如の手許に置かれるための制作と論ぜられるが、しかし、かくも長大な空白期間を挟む理由を説明することは、全く困難と言わねばならない。

とすれば、岡村氏が指摘された①（A・B・C三点に充所と願主名が記載されていないのは、本願寺住持が手許に安置するために制作したものだったから）には、もしかして誤解が含まれているのではあるまいか。

また指摘②（年忌法要で掲示することが目的だったので死去年月日が明記された）も、A・B二点には該当するが、Cには全く当てはまらないから、これにもまた誤解が含まれているのではないかと思われる。

A・B・C三点は現在、金沢別院に一括して所有・掲示されているのであるから、これら三点に共通した説明や意義付けが必要とされるのであって、一部にのみ該当する解説では不十分であり、そこにはおそらく誤解が含まれていることであろう。

なお余談ながら、実如はCにおいて「大谷本願寺」と署名しており、彼の居住地が山科本願寺（京都本願寺）だった点に照らすならば、この表記は不当としなければならない。けれども本願寺住持の署名は、これ以前もこれ以降も、すべて「大谷本願寺」となっている。本願寺の所在地たる「山科」・「摂津大坂」・「摂津中之嶋河崎」・「京都六条」などが、絵像裏書に表記されることは決してなかったのであって、その点から「大谷」とは、所在地を意味するものではないと言うべきなのであろう。

四　寛正の法難による略奪

A・B二点の絵像とその裏書は、いわゆる寛正の法難の以前に制作されたものであるところから、岡村氏はこの二点が寛正の法難を乗り切ったと想定しておられるが、この考え方は妥当なのであろうか。

寛正の法難とは、東山大谷に所在した本願寺が、寛正六年（一四六五）正月九日、および同年三月二十一日に、比叡山延暦寺衆徒によって略奪・破却を受けた事件である。[17] 正月の襲来は西塔宝幢院に属する衆徒によるものであって、本願寺は伝来していた法宝物類をほとんど奪われたと思われるが、幸いに譲状など一部の文書は手許に確保することができたらしい。蓮如はそこで一献料として三〇〇〇疋（三〇貫文）を支払って、一応の落着に達していた。ところが三月になると、今度は東塔止観院の衆徒が蜂起し、本願寺の堂舎を「壊取」＝解体・撤去して資材を奪い去ってしまったのである。

我々は蓮如の青壮年期の事蹟として、多数の聖教類を書写して門徒衆に下付したことを知っている。けれどもこの行為は寛正の法難の以前に限定されるのであって、法難以降に書写・下付された聖教類はほとんど見られない(若干の例外はある)。つまり法難によって蓮如は、書写・下付すべき聖教類のほとんどを失ってしまったのである。この結果、聖教類下付の手続きが行えなくなった蓮如は、それを打開する窮余の策として、みずから聖教類を創作して付与することとしたのであって、それがすなわち「御文」なのである。

A・B二点が、もし寛正の法難の段階で本願寺にあったならば、当然それらは略奪されて売り飛ばされていたに違いなく、もし価値が低いと判断されれば焼却処分されたことであろう。いずれにしても本願寺がそれを取り戻すことなど、到底不可能だったに違いない。ところが岡村氏の指摘③では、このA・B二点を蓮如は持ち出して危難を避けることができたとし、そして約一〇〇年後の天文年間にこれらは金沢別院へ譲渡されたと考えておられる。筆者にはしかしながら、このA・B二点がかくも曲折した経緯を辿っているとは、到底考えられないのである。

よってA・B二点が、寛正の法難の段階で大谷本願寺に掲示されていた可能性は、極めて低いとすべきなのではなかろうか。

五　本願寺伝来の存如絵像

ところで本願寺には現在、次のD存如絵像とその裏書が所蔵されている。このDによって、寛正の法難の段階で

Bは本願寺に存在していなかったことが証明されるから、注目しておかねばならない。

D（存如絵像ノ裏書）

存如上人真影

七十八歳
釈蓮如（花押）

延徳四季壬子七月十三日書之。

右斯御影者、康正三年之本御影
余朝夕之令損香煙間、新
奉写之者也。(18)

このDも、Bと同じく存如絵像裏書である。しかも制作されたのは康正三年であり、「本御影」と記される点から、Dは本願寺に安置されるべき根本の絵像と位置付けられていたことが知られる。とするならば、DはBと同様に、六月十八日の存如死去に際して制作・裏書染筆されたものと推測すべきであろう。つまり、存如死去の当日にすでに描写が完成していた絵像は、BとDの少なくとも二点あったことが確実なのである。

けれどもDは、朝夕に焚かれる焼香の煙で汚れてしまったため、延徳四年（＝明応元年、一四九二）に旧絵像を手本にして、新絵像として描写し直されねばならなかった。このことは、金沢別院のB存如絵像が美麗なままで残されているのとは対照的である。このように損傷・変色の程度が異なる点を踏まえるならば、この二点が同一の寺院または道場に安置されることはなかったとしなければなるまい。

なお、本願寺に所蔵されるD「康正三年之本御影」は当然、寛正の法難に遭遇していたはずであるから、これは略奪の手を逃れた数少ない事例の一つということになるであろう。

D：
延徳4年（1492）
7月13日
山城「本願寺文書（西派）」

六　充所・願主名の不記載の意味

それではA・B二点は、本来どこに所蔵されていたのであろうか。換言するならば、A・B二点は寛正の法難をどこで迎えたのであろうか。

これに対する回答としては、現所蔵者たる金沢別院の前身、すなわち尾山坊に掛けられていたと想定することが最も無理が少ないであろう。

ところがこの想定では、これまでの金沢別院創建史〈天文十五年〈一五四六〉に金沢御堂が創建された〉の理解とは、大きな齟齬を来たすのである。この推測が受け容れられることは容易でないかもしれない。

けれども、岡村氏の指摘③のごとくに、伝来の経緯に著しい曲折を想定する必要は全くないから、最初に下付された尾山坊にそのまま伝えられ、その後身たる金沢別院に現存するというのは、最も自然なあり方なのではなかろうか。つまり、A・B二点の絵像は一貫して尾山坊に安置されていて、寛正の法難とは全く無関係だったとすべきなのである。

かくして、A〜C三点の絵像裏書に充所・願主名が記載されていない理由は、尾山坊〈別院〉に安置するための制作だったからと判明した。つまり本願寺門主が直轄する別院への絵像下付においては、その裏書に充所・願主名が記載されないのは当然のことだったのである。

七　巧如絵像制作に至る経緯

そこで絵像Aに立ち戻り、巧如の死去から二年三ヶ月後にこの絵像が制作されている理由を推測してみよう。通常の絵像制作の場合においては、巧如死去を聞いた門徒（または門徒集団）が、まず自己資金で絵師に巧如絵像を描かせ（その前提として後継門主から絵像制作の許可を受けていた可能性は少なくないであろう）、数ヶ月後に完成してその絵像を受け取ると、保存・掲示の便宜を図るために、表具師による表装をまず行わせたことであろう。そして次に門主の観覧に供したうえで、裏書の染筆を申し出たに違いない。そこで門主は、手許の用紙を使用して裏書を染筆・下付したと思われ、門徒はこれに対応して多額の懇志（謝礼）を進上するのである。その裏書は、多くの場合は表具師によって直ちに絵像の背面に糊付けされるが、ごく稀に別表装された裏書も存在するから、いずれの方途を取るかは門徒の判断に委ねられていたのかもしれない。

金沢別院の巧如絵像Aについても、右のごとき手順で制作されたならば、その日付は死去して半年後か、せいぜいでも一年程度の期間を経たものになっていたことであろう。ところが実際には、二年三ヶ月もの空白期間が挟まれているのである。とするならば、かくも遅れた理由としては、加賀国において当該絵像を迎える態勢が、まだ出来上がっていなかったからとしなければなるまい。

このことは換言すれば、この二年三ヶ月の間に加賀門徒衆は、絵像を迎えるに相応しい態勢（つまり坊舎）を構築しようと努めていたことを意味するものであろう。そして嘉吉三年（一四四三）正月、ついに絵像を迎え入れる態勢（＝坊舎）が出来上がったので、存如の裏書染筆を要請したということだったのではあるまいか。

しかりとすれば、加賀門徒衆は永享十二年（一四四〇）十月の巧如死去という事件を契機にして、一致結束して尾山坊の創建事業を計画し、それを実行に移して、二年三ヶ月後についに実現したということだったに違いない。

もしこの推測が妥当ならば、作業工程は次のように進展したのであろう。[19] すなわち、死去の報に接した門徒衆は、まず資金の調達と資材の確保を果たさねばならず、これが死去直後から翌嘉吉元年（一四四一）の前半に行われるべきことだったであろう。そして敷地選定を行い整備して礎石を配置すること、および資材に加工作業を施すこと、これが嘉吉元年の後半の事業であって、冬の降雪期を経ることで地盤を堅固化できたと考えられる。

その翌年、嘉吉二年（一四四二）の晩春、いよいよ坊舎（本堂＝阿弥陀堂）の建立が開始されたに違いなく（立柱＝建て舞い）、二ヶ月ほどで棟上げ式（骨格の完成）となり、さらにそれから三ヶ月ほど経った同年晩秋には、本堂は竣工していたことが確実と思われる。かくして存如はこの時点でまず、本堂に安置する本尊絵像（もしくは木仏）に裏書を染筆して下付したと考えられ、これを迎える儀式がすなわち本堂竣工式だったのである。

しかるに門徒衆にとって、そもそも尾山坊創建事業は巧如追悼のための計画であったから、本堂に掲示する巧如絵像を拝受することこそ、最も待望された事柄だったと言わねばならない。かくしてまもなくに完成した巧如絵像に、存如は翌嘉吉三年（一四四三）正月、裏書Aを染筆して門徒衆に下付したのである。

そしてその後は、尾山坊に付属する庫裏・鐘楼・塀垣などを建設し、また周囲には参詣門徒衆のための宿坊（多屋）を建設して、嘉吉三年の晩秋〜初冬、ようやく尾山坊は落慶法要を迎えたことと思われる。

そこで存如はおそらく、加賀に下向してこの法要に臨席したと推測されるのであって、この際の存如の動向を語ったのが次の蓮如御文なのではなかろうか。

抑、先年(嘉吉二年カ)、前住(存如)、在国ノトキノ教化ニヨリテ、マツ荻生・福田ノ面々ハ、秘事ヲモテ本トセル心ハ、スタレリトイヘトモ、イマタ当流ノ真実ノ法義ニハ、モトツカリルヤウニ、ミヱタリキ。シカレトモ、愚老、コノ両三ケ年ノ間、吉崎ノ山上ニオイテ、一宇ヲムスヒテ、居住セシムル、イハレニヨリテ、イマハハヤ、オヨソ仏法ノオモムキハ、ヒロマレルヤウニ、キコヱタリ。…（中略）…

文明第五、十二月十九日、コレヲカキテ、荻生・福田ノ同行中へ[20]

右は、文明五年（一四七三）十二月十九日に蓮如が執筆して、加賀江沼郡荻生村・福田村の同行中に充てて下付した御文である。これによると「先年」、前住存如が加賀に在国して教化を行ったことにより、荻生・福田の門徒衆において秘事法門を重要視する者はいなくなったが、しかし当流（本願寺流）の真実の法義にはまだ達していないように見える。けれども愚老＝蓮如がこの二、三年、吉崎の山上に坊舎を設けて居住していることが機縁となって、現在はすでに仏法のあるべき様態が広まっているごとくに聞こえてくる、と語られている。

この御文によって、前住存如が「先年」、加賀に在国したこと、またその際、彼は江沼郡荻生村・福田村に立ち寄った可能性が高いことが知られる。問題は「先年」がいつのことかであるが、前述した尾山坊創建の経緯を踏まえるならば、その落慶法要が厳修された嘉吉三年の晩秋～初冬こそは、存如がやって来た時期として最も可能性が高いとすべきであろう。

以上に述べたところによって、巧如死去から二年三ヶ月後に、巧如絵像とその裏書Aが制作・下付されている理由が判明した。すなわち、加賀門徒衆においては永享十二年十月の巧如死去を契機に、惣道場として尾山坊を創建する気運が急速に盛り上がったので、翌嘉吉元年にまず資金計画を立てて負担割り当てを行い、また敷地を選定してその整備を推し進める。そして雪の溶けた嘉吉二年春、本堂の建立が開始されて、同年晩秋には早くもそれは完成するのである。そこで存如はまず嘉吉二年初冬頃に、本堂に安置する本尊絵像（または木仏）に裏書を染筆して下付したことであろう。

さらに翌嘉吉三年正月になって、存如は本来の目的たる巧如追悼のため、巧如絵像に裏書Aを添付して付与したのである。この裏書には巧如死去の年月日が特記されているが、この点にこそ尾山坊創建が、彼を追悼する事業だったことを示唆していると解さねばならない。そしてさらに付属施設や宿坊も同年晩秋までには完成したと思しく、かくして嘉吉三年晩秋～初冬に、存如の臨席のもとで尾山坊の落慶法要は厳修されたと推測されるのである。なお存如の加賀下向については蓮如御文の文言から確認でき、彼はこの時、江沼郡荻生村・福田村に立ち寄っていた可能性が高いと思われる。

八　巧如の越中下向の意義

前節の結論を踏まえて、次にはなぜ巧如の死去を契機にして、尾山坊創建の気運が盛り上がったのかという理由を考えねばならない。この検討に手掛かりとなるのが、越後「浄興寺文書」に残された次の存如書状である。

彦太良（浄興寺巧観）、長々在京、い多者しく候処、御下向、返々目出候。…（中略）…悦便宜、申候。其後ハ何事御渡候哉。返々無心本候。更々無便宜候間、以状不申承候。御床敷候。京都尓も、無殊子細候。証定閣（本願寺巧如）、即四月より越中瑞泉寺ニ被住、秋まで在国候へき所存尓て候。徒然可思食遣候。彦太良（巧観）、長々在京、返々不便候。…（中略）…急候間、一筆申候。毎事期後信候。恐々謹言。

（永享八年）七月三日　存如（花押）

（充所欠ク、「浄興寺御房」＝善秀カ）(21)

右は、七月三日付けで信濃長沼浄興寺（住持は第六代善秀）に充てられた存如書状である。この前年から、浄興寺の新発意たる巧観（善秀の三男）が、東山大谷の本願寺に修学のために来ていたから、父たる善秀はその様子見のために名代（使者）を派遣するとともに、門主巧如に充てては懇志（学費に相当する）と書状を進上していた。右はそれに対する子存如の返信なのである(22)。

その言うところは、便宜が得られたのでこれを託することとした。いかがお過ごしであろうか。これまで便宜がなく書状をしたためる機会がなかったが、決して本意ではない。京都は平穏なので安心して頂きたい。ところで「証定閣」＝巧如が四月以来、越中瑞泉寺（巧如三男の如乗宣祐が経営）に滞在しておられ、秋までは在国される予定とのことなので、あしからず了承して頂きたい。「彦太良」＝巧観が、これまで長々と約一年間、在京して修学に努められてきたが、まことに不憫なことであった。彦太良（巧観）は帰国を急いでいるので、詳細は後信を期することとしたい、と述べたうえで、さらに尚々書では、彦太良（巧観）が長々の在京修学を終えていま帰国するところで、これまで痛わしく思っていたが、実にめでたいことである、としているのである。執筆者の存如は、帰国する巧観にこれを託して父善秀に届けさせたのであって、欠失している充所（封紙に記入してあったため開封に際して切断されたか）には、「浄興寺御房」（＝善秀）と記されていたことが確実である。

この史料で注目すべきは、「証定閣」＝巧如がいま越中瑞泉寺に下向していると記されている点である。巧如は永享八年（一四三六）三月二十八日に、子存如に充てて譲状を執筆しているが（このとき六一歳）、その契機は越中下向の旅程中に生ずるかもしれない非常事態に備えてのことであり、また彼の下向目的は、本願寺改築のための資金援助（奉加）を門徒衆に要請するためであった。かくしてこの結果、前掲の存如書状は永享八年七月三日のものと推断して差し支えなく、またその文言からは、隠居後の巧如が「証定閣」を称した点を確認できるのである。

越中瑞泉寺とは、巧如の父綽如が創建した寺院であって、この時点では巧如第四子（三男）の如乗宣祐が住していたから、巧如が募金活動を行う拠点としては最適だったのである。

なお巧如は、それ以前にも頻繁に越中に下向していたと思しく、応永二十七年（一四二〇）の下向の際には、願海寺信誓の女「岩井」との間に男子（巧賢）を儲けていたことが知られる[23]。しかもこの巧賢は永享七年（一四三五）に上洛して得度を遂げ、巧如に対して親鸞絵像の作成を要望し、六月八日付けでその下付が実現していた。よって、巧如の募金活動に対して巧賢が献身した可能性は高いとすべきであろう。

では、この巧如の越中下向を、地元の門徒衆はどう迎えたであろうか。それを考える手掛かりとして、蓮如の越前下向の際の状況を参考のために見てみよう[24]。

蓮如が越前吉崎に下向した時、越前・加賀門徒衆は、高貴なる人物との所縁を得るために、懇志を携えて続々と吉崎にやって来たことが知られている。門徒衆はまず吉崎坊本坊に参詣し、次いで蓮如に拝謁して懇志を進上し、そして参詣の記念として『正信偈・三帖和讃』版本（文明五年三月に開版）を買い求めたことと考えられる。進上された懇志は吉崎坊の建設資金に充てられたであろうが、それが巨額な場合には蓮如は、特別に「御文」を執筆・付与して感謝の意向を表していた[25]。かくして、「御文」が比較的容易に入手できると知った門徒衆は、資力をもってその入手を意図したであろうから、「門前市をなす」の趣が現出していたことは間違いなく、事実、蓮如は文明五年二月に、門徒衆の群参を禁ずる指示を発しなければならなかった[26]。つまり当時の越前・加賀では、蓮如に対する熱烈な宗教的崇拝の動き、すなわち「本願寺ブーム（蓮如フィーバー）」が引き起こされていたのである。

これとほぼ同様の現象が、巧如の下向した越中や隣国加賀において、永享八年四月〜秋に起きていた可能性は高いとすべきであろう。しかも巧如の目的は本願寺改築資金を募集するためであったから、門徒衆の立場からこれを評するならば、極楽往生を実現するための機縁が提供されたということにほかならない。かくして、蓮如よりも約三〇年先行して越中・加賀では、「本願寺ブーム（巧如フィーバー）」が沸き起こっていたことはほぼ確実と思われる。蓮如のそれを「第三次本願寺ブーム」と呼ぶならば、巧如下向による門徒衆群参の状況は「第二次本願寺ブーム」と称することができよう。そしてさらに遡って明徳元年（一三九〇）には、綽如によって瑞泉寺が創建されたことに伴い、「第一次本願寺ブーム（綽如フィーバー）」が引き起こされていたことはまず間違いないのである。

それはともかくとして、巧如と所縁を結んだ門徒衆にとって、その四年後の永享十二年十月に巧如が死去したことは衝撃的な事件だったことであろう。そこで彼らは結束を固めて巧如追悼事業に取り組むこととしたのであって、それがすなわち尾山坊の創建なのである。

九　蓮如絵像制作の契機

さて最後に、絵像Cに関して検討すべき問題点を取り上げよう。それは、蓮如の死去（明応八年〈一四九九〉三月）から、絵像Cの制作（永正十一年〈一五一四〉四月）までに、一五年もの長期間が経過しているという点である。なにゆえにかくも長い空白期間を経なければならなかったのであろうか。

考えられる理由の第一としては、死去直後に蓮如絵像制作の気運が盛り上がらなかった可能性を指摘しなければなるまい。その原因となったのは、かつて「文明七年一揆」の失敗に伴って、蓮如から受けた破門処分の記憶が鮮明だったからである(27)。

すなわち蓮如は文明七年（一四七五）八月二十一日、「加州一国之土一揆」に対して富樫政親攻撃を命じたのであるが、情報の遺漏があったと思しく攻撃は失敗し、一揆衆（坊主衆・侍衆合計二〇〇人とその配下の門徒衆）は越中瑞泉寺へ敗走を余儀なくされてしまった。また吉崎坊は同日遅くに、政親勢のために焼き討ちされてしまう。蓮如はそこで敵勢の手を逃れるべく、翌二十二日未明に舟で吉崎を離脱し、若狭小浜を経て河内出口へと移動したのであった。

作戦の失敗に伴って蓮如は、側近下間蓮崇を破門処分としたことが知られている。同様に、越中へ敗走した洲崎慶覚・湯涌行法などの一揆衆（坊主衆・侍衆二〇〇人）も、おそらくは破門に処せられたことであろう。なぜならば、こうした処分を加えない限り、蜂起の全責任が蓮如に負わされるからである。けれども総大将格たる蓮乗兼鎮（瑞泉寺）は、蓮如二男である点と、落馬して重篤な怪我を負った点が理由となって、破門処分は避けられたのではないかと思われる。

その後、長享二年（一四八八）六月に一揆衆が蜂起して、遺恨の残る富樫政親をついに高尾城に攻め滅ぼすことができたから、これまでの破門処分はまもなくして解除されるに至ったと考えられる（長享三年二月のこと、ただし下間蓮崇を除く）(28)。しかしながら、かつて破門されて隠居を余儀なくされた者たち（瑞泉寺に敗走した坊主衆・侍衆二〇〇人）が、それを解除されたからといっても、直ちにもとの住持や家督の地位に復帰できたわけではあるまい。なぜならば、被処分者に代わったその兄弟や子息たちが、すでに一三年間も住持・家督に在任したという実績があるからであって、今回の処分解除で復活した者は、これまで住持・家督を務めてきた者から、その地位を剝奪したり追放処分を加えたりしない限り、かつての地位を回復することはできなかったのである。かくして、一三年前の破門（文明七年）によって生じた混乱と蟠りの上に、その解除によってさらに新たな混乱と蟠りとが重なって、加賀門徒衆の蓮如に対する反発の念は、決して小さくなかったと推測しなければなるまい。

以上のごとく、蓮如が死去した直後の加賀では、彼の絵像を制作する気運は容易に盛り上がることがなかったと考えられ、これが絵像制作の遅れた第一の理由である。

絵像制作が遅れた第二の理由としては、それからまもなくの永正年間に実如から、加賀門徒衆に対して相次いで軍事動員が命ぜられ、その結果、制作費用（裏書染筆の謝礼＝懇志を含む）を捻出できなくなったことが上げられよう。

すなわち、永正三年（一五〇六）正月に実如は細川政元からの要請を受けて、河内畠山義英を攻撃するための軍勢を調えることとなったが、地元の摂津・河内門徒衆が動員の先例なしとしてこれを拒絶したため、実如は急遽、加賀門徒衆に命じて一〇〇〇人を派遣させたのであった(29)。しかも実如はこの動員に続き、同年七月には諸国門徒衆に命じて、越前朝倉氏・越後長尾氏などに対する攻撃を行わせている（いわゆる永正の一向一揆(30)）。そしてその結果は完全な敗北だったのである。

こうした軍役を命ぜられる門徒衆にとっては、それに要する巨額な費用をまず調えることが肝要であって、絵像制作のための奉加徴収（懇志の割り当て）などは当然、後回しとすべきものであった。蓮如絵像制作の気運など、熟するはずもなかったのである。

そして第三の理由としては、永正七年（一五一〇）八月七日寅刻に、北陸から畿内地方にかけて起きた大地震を指摘しなければならない。「永光寺年代記」によると能登永光寺の堂舎が損壊したと見えており、また同書や「拾芥記」・「足利季世記」などでは、国々の堂舎・仏閣が倒壊し、摂津天王寺の石鳥居や「廿一社」（小祠か）が転倒するとともに、余震はそれから七〇日以上にわたって続いたと記されている(31)。被害規模としては永光寺損壊の方がはるかに甚大であるから、これの立地する能登半島周辺が震源地で、震度は「6強（烈震）」以上、そしてその余波は遠く摂津にまで及んだ（震度は「4〈中震〉」程度か）ということであろう。

しかりとするならば、震源地に近い尾山坊がこのとき倒壊していた可能性は十分にあったとすべきであろう（震度は「6弱〈烈震〉」か）。そこで加賀門徒衆は直ちに再建を計画したのであって、創建時の日程から類推するならば、永正八年（一五一一）には資金と資材を調え、翌永正九年（一五一二）春には建設に着手して、同年晩秋には再建は成就していたに違いない。また付属の建物も永正十年（一五一三）にはすべて完成していたことであろう。かくして加賀門徒衆は、尾山坊の再建完了を契機に、ようやく蓮如絵像の下付を申請する気運になったと考えられるのである。

ところがこの段階になって、門徒衆内部では再建資金の負担割り当てをめぐり深刻な対立が生じたらしい。まだ地震から三年しか経っておらず、被害を被った門徒衆の住居再建は未完了であったに違いないので、資金拠出を拒否する者が少なくなかったであろうことは疑いない。とりわけ江沼郡・河北郡門徒衆がその分担に対して強行に拒絶したため、実如は次の書状を江沼郡中・河北郡中に発して、「とりあい」停止を命じなければならなかった。

国々在々所々、とりあいのよし、きこえ候。おとろき入候。…（中略）…已後におゐてハ、自他のふそくをやめ候て、法儀（義）のうへにて、やハらき候て、一味せられ信心決定候ハヽ、ありかたかるへく候。穴賢々々。

（永正十年）七月廿五日　　　　実如御判

江沼郡中へ　河北郡中へ同前(32)

右によれば、国々在々所々で「とりあい」の事態が発生している由であるが、全く驚くべき事柄である。今後は「ふそく」の思いを抱くことを停止し、法義に基づいて「やハらき候て一味せられ」るように、と指示しているのである。

この「とりあい」停止の指示は、江沼郡中（加賀南端）と河北郡中（加賀北端）に充てられているから、この両郡で発生した事象なのであって、能美郡・石川郡（ともに加賀中央部）では発生していなかったのであろう。とするならば、その位置関係から考えて、尾山坊再建の費用分担を、江沼郡と河北郡の門徒衆が拒否したと推測すべきであり、これに対して能美郡・石川郡の門徒衆からは、尾山坊に近接している点から、費用拠出に対しての不満が出なかったと思われる。そして右の実如書状によって混乱は収束に達したと思しく、大規模な内部抗争は回避することができたのである。

かくしてその翌年、永正十一年（一五一四）四月、実如裏書の添付されたC蓮如絵像を安置することができて、尾山坊の再建はようやくに成就したのである(33)。

おわりに

本稿の検討で明らかにできた点を、最後にまとめておこう。

金沢別院（西派）に所蔵されるA巧如絵像とその裏書からは、次の点が推測された。

永享八年（一四三六）三月二十八日まで本願寺の経営に当たった巧如（このとき六一歳）は、この日、譲状を作成して長男存如に寺務職を譲渡した後、直ちに越中瑞泉寺（三男如乗宣祐が経営）へと下向した。目的は、本願寺改築事業に要する資金提供（奉加）を、門徒衆に対して要請するためである。この巧如の活動の結果、越中・加賀では本願寺派門徒衆はもちろん、他宗派門徒衆も巻き込んで、巧如に対する熱烈な宗教的崇拝の動き、すなわち「第一次本願寺ブーム（巧如フィーバー）」が、瑞泉寺とその周囲で沸き起こったことと想像される。そしてまもなく巧如は帰洛し、四年経った永享十二年（一四四〇）十月十四日、彼はついに死去するのである（六五歳）。なお「第一次本願寺ブーム（綽如フィーバー）」は、明徳元年（一三九〇）の綽如による瑞泉寺創建事業の時に起き、「第三次本願寺ブーム（蓮如フィーバー）」は、文明三年（一四七一）以降の蓮如による吉崎坊創建事業の時に起きたと考えられる。

さて、この死去の報を聞いた加賀門徒衆は、そこで巧如追悼事業として尾山坊（別院）の創建を計画したらしい。直ちに資金調達と資材確保が図られ、次いで敷地（旧金沢城本丸跡が故地）の選定と整備、および資材加工が行われ、嘉吉二年（一四四二）晩春には坊舎建立の開始となって、同年晩秋には尾山坊本堂は竣工していたと考えられる。そこで存如はまず本尊絵像（または木仏）を下付し、続いて翌嘉吉三年（一四四三）正月には、本来の目的たる巧如追悼のために、A巧如絵像に裏書を添えて下付したのである。なお本堂以外の建物や宿坊もまもなくに完成したと思しく、かくして尾山坊の落慶法要は嘉吉三年の晩秋に、存如の臨席のもとで厳修されたに相違あるまい。

この尾山坊は、当初から別院（本願寺直轄の坊舎）の位置付けであったから、下付された絵像の裏書には充所・願主名が記載されていない。また裏書にはことさら巧如の死去年月日と享年が記されており、この点からも尾山坊創建事業は巧如追悼のためだったとして間違いないであろう。

次いでB存如絵像とその裏書からは、次の点が推測された。

存如が死去するのは康正三年（＝長禄元年、一四五七）六月十八日のことであって（六二歳）、Bはこの日に長男蓮如が染筆したものである。尾山坊（別院）への絵像下付であるから、このBの裏書にも充所・願主名は記載されていない。ところで死去当日の裏書染筆という点から、それ以前に絵像が完成していたことは疑いなく、このことで存如死去がかなり以前から予期されていたことは確実としてよい（康正元年十一月上旬から病臥していたか）。

絵像は少なくとも二点完成しており、一点（D）は本願寺（西派）にいま所蔵され、もう一点は金沢別院に所蔵されるBである。なおその後、本願寺所蔵のD存如絵像は、寛正の法難における略奪行為を免れることができたものの、焼香の煙によって著しく汚れてしまったため、延徳四年（＝明応元年、一四九二）七月に旧絵像を手本として、新絵像に描き直されねばならなかった。これに対して金沢別院所蔵のBは、当初からの鮮明な描写がいまも保たれており、細心の注意で管理・保存されてきたことが知られる。

かなり長期間の病臥後に存如が死去したため、彼の譲状は執筆されておらず、その結果、後継者の地位をめぐって長男蓮如（庶兄）と二男蓮照（本来の嫡子）とが争う事態となってしまった。そこで母親の家格に従い、一旦は蓮照が後継者と決定されたが、しかし叔父の如乗（瑞泉寺・本泉寺）はこれを破棄させて、蓮如を後継者とする逆転劇を演出する。如乗としてはおそらく、存如との同住期間が長い蓮如こそ、法義継承者に相応しいと考えたのであろう。かくして蓮如はその恩義に報いるべく、瑞泉寺・本泉寺の相続には万全の配慮を加えることとしたのである。

さらにC蓮如絵像とその裏書からは、次の点が推測された。

蓮如が死去するのは明応八年（一四九九）三月二十五日である（八五歳）。尾山坊に集う門徒衆は、それからまもなくに蓮如絵像の制作を企図したと考えられるが、それが実現するのは一五年後の永正十一年（一五一四）四月二十八日のことであった。かくも長大な空白期間を挟むこととなる理由は、次のごとき情勢が相次いで展開したためと考えられる。

その第一は、蓮如から加えられた破門処分の影響がまだ尾を引いていて、彼の死去直後に門徒衆がこぞって追悼する気運にはならなかった可能性を指摘しなければならない。すなわち、文明七年（一四七五）八月の富樫政親攻撃が失敗した結果、蓮如は側近下間蓮崇を破門に処したのと同様、越中瑞泉寺へ敗走した一揆衆（洲崎慶覚・湯涌行法などを含む坊主衆・侍衆合計二〇〇人）にも、破門処分を加えた可能性が高いのである（総大将格の二男蓮乗兼鎮は免れたか）。そこで彼らはやむなく隠居することとし、代わってその子弟が新たな住持・家督になったと思われる。とするならば、その処分が長享二年（一四八八）六月の富樫政親滅亡に伴って解除されたとしても、もはや元の態勢に復帰することは困難だったに違いない。つまり、破門処分によっても、またその解除によっても、坊主衆・侍衆には重大な混乱と蟠りがもたらされていたのであって、その結果生じた蓮如に対する反発の念は、彼の死去によっても容易に消失することはなかったと思われるのである。

これに続く第二の理由としては、後継者実如（蓮如五男）が永正年間に相次いで軍事動員を命じたため、門徒衆はこれに対応すべく多額の出費を必要とした点を指摘すべきであろう。すなわち、永正三年（一五〇六）正月に実如は加賀門徒衆に対して、軍勢一〇〇〇人の河内国出陣を指示しており、さらに同年七月には諸国門徒衆に対して、越前朝倉氏・越後長尾氏を攻撃するために一揆蜂起すべしと命じていた。かくしてこの戦費を調える必要から、絵像制作の費用分担が先送りされたであろうことは容易に推測できるところである。

そしてさらに第三の理由として、それからまもなくの永正七年（一五一〇）八月七日に起きた大地震を指摘しなければならない。震源地は能登半島周辺、震度は「6強（烈震）」以上に達したと思しく、尾山坊はこれによっておそらく倒壊したことであろう。そこで直ちに再建が計画され、それの成就した永正十一年（一五一四）四月、ようやくに実如裏書の添付された蓮如絵像が尾山坊に下付されたのである。こうして蓮如の死去から一五年経った時点で、蓮如の絵像が尾山坊に備えられるに至ったと考えられるのである。

なおその前年永正十年（一五一三）に、再建資金の負担割り当てをめぐって対立が生じたらしく、江沼郡・河北郡門徒衆は分担を拒絶する行動に出た。そこで実如は七月二十五日付けの書状で江沼郡・河北郡に充て、「とりあい」を停止して「一味」すべしと命じており、これによってようやく一件落着となっている。この指示が下されていない能美郡・石川郡においては、費用拠出に対する不満は特に出なかったと推測すべきであろう。

注

(1)『本派本願寺金沢別院沿革史』(佐藤巌英氏編輯、本派本願寺金沢別院、一九〇三年、非売品、金沢別院寺務所架蔵)。

(2)『天文御日記』天文十五年十月二十九日条(『真宗史料集成』第三巻、三八八ページ、同朋舎、一九七九年。また『金沢市史』資料編二・中世二、三二三ページ、金沢市、二〇〇一年)。なお、「金沢御堂」(『石川県の地名』三五五ページ―『日本歴史地名大系』第一七巻、平凡社、一九九一年)、および『金沢市史』通史編一、六三六ページ(金沢市、二〇〇四年)、を参照している。

(3)親鸞聖人七百五十回忌記念事業『真宗の教え　北陸布教の道』調査報告書(真宗合同調査団編集、浄土真宗本願寺派・真宗大谷派・北國新聞社・富山新聞社、二〇一一年)。なお、絵像裏書の花押を複写・転載することについては、本願寺金沢別院輪番の稲荷聞教氏から許諾を与えられたので(平成二十六年〈二〇一四〉一月二十日付け)、ここに謝意を表しておきたい。

(4)岡村喜史氏「「親鸞絵伝」の加賀への下付について」(『真宗の教え　北陸布教の道』六三ページ)。なお、岡村氏が金沢御堂を「天文五年」創建と記されるのは誤植であろうか(七四ページ)。

(5)加賀「金沢別院文書(西派)」(『真宗の教え　北陸布教の道』一三二ページ)。

(6)「日野一流系図」(『真宗史料集成』第七巻、五二二ページ)。

(7)山城「本願寺文書(西派)」の次のものである(親鸞聖人七五〇回忌記念『本願寺展』図録九八ページ、朝日新聞社編集・発行、二〇〇八年)。

譲附

東山大谷本願寺別当職事
右当職事、任代々御譲与之旨、圓兼（存如）律師、可致永代管領者也。但、吉田見秀尼公、無縁事候。此間、雖被加扶持候、愚老往生之後、殊更可力失候。如存生之時、不相替、相構〳〵可被致憐愍候。宣祐（如乗）阿闍梨事者、法躰事候へハ、可有兎も角も候。乍去、同可被扶持候。背此旨者、後世までも不孝尓て候へく候。尚々、寺務職事、任先例、可有管領處也。仍譲附之状、如件。

永享八年丙辰三月廿八日

沙門玄康（巧如）（花押）

(8) 越後「浄興寺文書」（井上鋭夫氏『一向一揆の研究』史料篇、七一九ページ、吉川弘文館、一九六八年）。
(9) 加賀「金沢別院文書（西派）」（『真宗の教え　北陸布教の道』一三三ページ）。
(10) 「日野一流系図」（『真宗史料集成』第七巻、五二二ページ）。
(11) 拙稿「巧賢充ての蓮如書状」（本書第四章）参照。
(12) 拙稿「巧賢充ての蓮如書状」（前注11）参照。
(13) 千葉乗隆氏『蓮如上人ものがたり』六一ページ（本願寺出版社、一九九八年）。
(14) 「蓮如上人塵拾鈔」（『真宗史料集成』第二巻、六一九ページ、同朋舎、一九七七年）。
(15) 加賀「金沢別院文書（西派）」（『真宗の教え　北陸布教の道』一三四ページ）。
(16) 「日野一流系図」（『真宗史料集成』第七巻、五二二ページ）。
(17) 拙稿「寛正の法難と蓮如の応仁譲状」（本書第八章）参照。
(18) 山城「本願寺文書（西派）」（『真宗史料集成』第二巻、四〇四ページ）。
(19) 越前吉崎坊を創建する際の作業工程を参考にしている。拙稿「蓮如の越前滞在と吉崎坊創建」（本書第九章）参照。
(20) 「諸文集」第五三号（『真宗史料集成』第二巻、一八一ページ）。
(21) 越後「浄興寺文書」（井上鋭夫氏『一向一揆の研究』史料篇、七一九ページ）。写真版により訓みの一部を変更した。
(22) 拙稿「長沼浄興寺巧観の本願寺修学」（本書第一章第二節）参照。

(23) 拙稿「巧賢充ての蓮如書状」(本書第四章)参照。
(24) 拙稿「蓮如の越前滞在と吉崎坊創建」(本書第九章)参照。
(25) 拙稿「青野真慶充ての蓮如書状」(本書第十二章)、同「慶恩坊蓮慶充ての蓮如書状」(本書第十七章)参照。
(26) 「諸文集」第二一号(『真宗史料集成』第二巻、一五五ページ)。拙稿「蓮如の越前滞在と吉崎坊創建」(本書第九章)参照。
(27) 拙稿「蓮如の越前滞在と吉崎坊創建」(前注26)参照。
(28) 拙稿「慶恩坊蓮慶充ての蓮如書状」(本書第十七章)参照。
(29) 「山科御坊事并其時代事」第七二項(『真宗史料集成』第二巻、五五五ページ。または『加能史料』戦国五、二八〇ページ、石川史書刊行会、二〇〇六年)。
(30) 「東寺過去帳」・「当国御陣之次第」など(『加能史料』戦国五、二八八ページ)。
(31) 「永光寺年代記」・「拾芥記」・「足利季世記」(『加能史料』戦国六、五六ページ、石川史書刊行会、二〇〇八年)。
(32) 「六日講四講并所々御書」(『加能史料』戦国六、一五九ページ)。
(33) 『真宗の教え　北陸布教の道』によれば、金沢別院(西派)に所蔵されるそのほかの絵像として、阿弥陀如来絵像(報告書整理番号第三号、絹本着色で掛幅は縦五五・五cm×横二七・六cm)が伝えられている由である。裏書は判読が困難であるものの、描写のあり方から実如時代制作であることは確実と注記されている。よって、おそらくはこれが再建なった尾山坊の本尊として、永正十一年四月二十八日付けで、蓮如絵像と同時に下付されたものに相違ないと思われる。

第三章　蓮如の陸奥下向と長沼浄興寺

はじめに

願得寺実悟兼俊（蓮如十男）が執筆した「拾塵記」[1]によると、本願寺住持たる者は親鸞に倣って、一代に一度は関東・陸奥への旅に出るが、蓮如はそれを三度実行したと語られている。そのうち第一回の旅は文安六年（＝宝徳元年、一四四九）に実施されて、蓮如は陸奥国府まで下向するとともに、松島へも足を伸ばしていることが知られる。

この陸奥下向の旅に関連する史料が、いま三点残されている。すなわち、山城「本願寺文書（真宗大谷派＝東派）」に残されるA、越後「本誓寺文書」に残されるB、越後「浄興寺文書」に残されるCである。ただしAは本来、その充所から考えて「浄興寺文書」に属していたことが確実であって、近年に所有権が移動したものであろう。

この蓮如の陸奥下向の旅については、『増補改訂本願寺史』第一巻[2]でその概略が述べられているが[3]、しかし下向が何年のことだったのかという基本的理解に混乱が生じている。その原因は、近世の史伝書に見られる誤説に惑わされたためである。千葉乗隆氏『蓮如上人ものがたり[4]』では、文安六年（宝徳元年）のことと正しく叙述されているから、これに従うべきであろう。このほか北西弘氏「蓮如上人の花押[5]」でも下向の旅について論述されているが、この論文では紀年の推測が不適切なことに加えて、分析のあり方も十分とは言えない箇所がある。

そこで本稿では、得られた三点の書状（A・B・C）を子細に分析して、蓮如の陸奥下向の旅について解明してみたいと思う。なおこの時代の長沼浄興寺歴代系譜と、笠原本誓寺に転じた性順以下の系譜については、別稿「長沼浄興寺の歴代住持[6]」で解明できた結果を、参考のために図示しておくこととする。

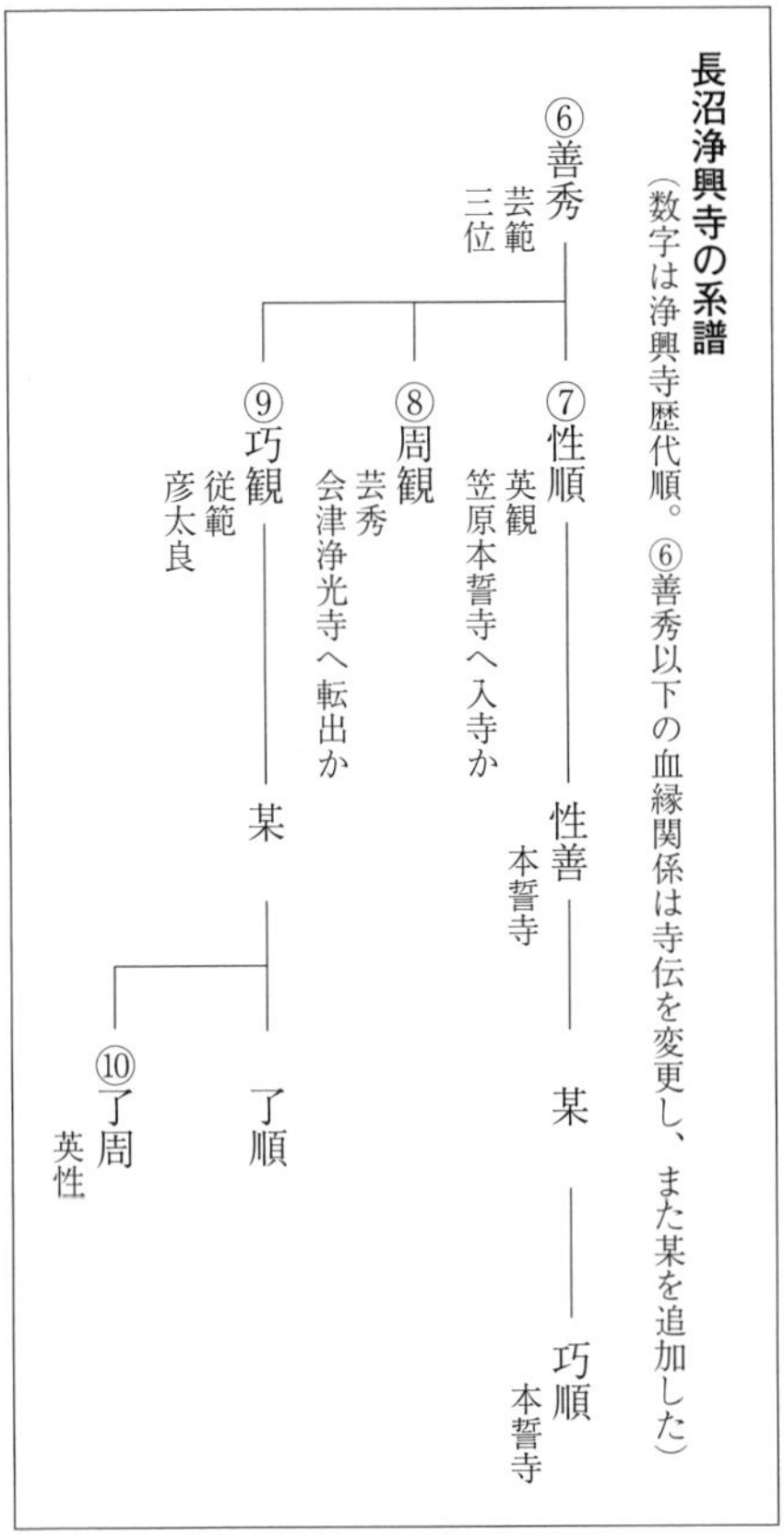

一　「拾塵記」が語る旅の概略

「拾塵記」では、蓮如の旅について次のように記されている。

> 本願寺ノ御住持ハ、鸞上人ノ御修行ノ例トシテ、必御一代ニ一度、関東・奥州下向セシメ給事也。然而、蓮如上人ハ御一期ニ三ヶ度、可有下向御所存タリシ。…（中略）…一番ニハ奥州下郡マテ御下向也。其時、善鸞御房ノ坊跡ヲ辺《（ママ）》ヲ御通ノ時ハ、御笠ヲカタフケ、彼坊跡ヲ一目モ無御覧侍シトナリ。…（中略）…二ヶ度ノ時、国々所々ニ御逗留アリテ、仏法ノ邪正ヲタ、サレ、御勧化ヲウクルヤカラモ、ソノ時ハ多カリケレハ、所々ニ抑留申サレ、路次中モ高駕ヲ進メ申サレシト云々。此度ノ御下向ハ、ヒトヘハ《（ママ）》蓮祐禅尼ノ忌中（文明二年十二月五日死去）ヨリモ、思召立ケルトソ。三ヶ度ニ及テハ、越中州利波郡井波ノ瑞泉寺マテ御下向也。…（中略）…則其時、天子後小松院勅願寺云々。彼寺マテハ御下向也。…（中略）…瑞泉寺ヨリ吉崎新坊ニ帰住給ヒケリ文明七年七月事也。(7)

すなわち、本願寺の住持は親鸞の修行に倣って、一代に一度は関東・陸奥へ下向する旅に出るのであるが、蓮如はその旅を生涯に三度実行された。第一回の旅では陸奥下郡まで下向され、その時には善鸞の坊跡付近を通行する際、笠を深く傾けて坊跡を見ないようにされたということである。第二回の旅は各地に逗留されて仏法の邪正を正されたので、勧化を受けようとする門徒衆が多く、至るところで足留めされ、また路次において高駕を提供する者もいたという。この第二回の下向は、蓮祐尼（文明二年十二月五日死去）の忌中において思い立たれた由である。第三回は越中利波郡（砺波郡）井波瑞泉寺までの下向であって、この寺は後小松院の勅願寺とされ、瑞泉寺からは「吉崎新坊」へと帰住された、と語られるとともに、この第三回は文明七年（一四七五）七月のこととの注記が見えている。

右の「拾塵記」の記事に依拠するならば、蓮如は第一回の旅で陸奥下郡まで達していたことが知られる。第二回の旅とは、文明三年（一四七一）に越前吉崎にやって来たことを指しており、それは前年文明二年（一四七〇）十二月に妻蓮祐尼が死去した直後からの意思であったとされている。第三回の旅とは、文明七年（一四七五）七月の越中瑞泉寺への下向を指しており、蓮如はその後、「吉崎新坊」（文明七年七月に竣工した第二次吉崎坊のこと）(8)に戻ったと見えている。

そこで問題は、第一回の陸奥下向の旅がいつのことかであるが、同じく実悟の筆にかかる「蓮如上人遺徳記」には、

宝徳元（年脱カ）先師三十五歳、初テ北地ニ下向シ玉ヒテ、…（中略）…其ノ後チ、越後ノ国ニ下リマシマシテ、聖人（親鸞）ノ晨暮ヲ重ネタマヒシ国分（国府）ニ居住シ、…（中略）…ソレヨリ北山鳥屋野院浄光寺ニ入玉ヒ、…（中略）…華洛ニ還リ玉ヒケリ(9)。

とあって、北地（陸奥）下向は宝徳元年（＝文安六年、一四四九）のこととされている。蓮如はこのとき三五歳で、越後においては親鸞の暮らした「国分」＝国府にしばらく滞在され、さらに北山浄光寺（長沼浄興寺から分立した周観が経営）に逗留した後、帰洛されたと述べられている。この史料により、蓮如が陸奥に下向したのは宝徳元年のことと判明するのである。

またこのほかに「大谷嫡流実記」にも、

宝徳元己巳年、御年三十五歳、始テ北国（陸奥）御下向アリテ、高祖聖人ノ御旧跡ヲ御順拝シ給ヒ、門末御化導アリ(10)。

とあって、宝徳元年に三五歳の蓮如は初めて北国（陸奥）に下向し、親鸞の旧跡地を巡拝したと見えている。

なお「拾塵記」では、善鸞の坊跡を見ないようにして通行したと述べられていたが、そもそも蓮如の旅行経路は後述するごとく、日本海廻船によって越後岩船郡（または出羽酒田）に達した後、出羽→陸奥宮城郡→出羽→越後蒲原郡→越後頸城郡、と辿るものであったから、関東における親鸞や善鸞の由緒地には全く立ち寄っていない。よって「拾塵記」のこの叙述は、越後国内の由緒地に限定する限りでは正しいが、それ以外は創作された虚構と考えられ、執筆者実悟もその旅行経路を正確には把握していなかったのであろう。

二　聖教類奥書による旅行期間の限定

旅行に出る直前の蓮如の動静を追ってみると、文安六年（＝宝徳元年、一四四九）五月中旬〜下旬には彼は、「三帖和讃」の筆写に取り組んでいたことが知られる。すなわち、

①（「浄土和讃」ノ奥書）「文安六載五月十八日、終筆功訖。右筆蓮如（花押）（A型＝三本足前期型）」

②（「高僧和讃」ノ奥書）「文安六年五月廿二日、終書写功畢。右筆蓮如（花押）（A型＝三本足前期型）」

③（「正像末和讃」ノ奥書）「右斯三帖和讃者、賀州木越光徳寺性乗、在京之間、依可所望、奉書写処也。
于時文安六季五月廿八日
右筆釈蓮如（花押）（A型＝三本足前期型）」(11)

と記されているごとく、①「浄土和讃」・②「高僧和讃」・③「正像末和讃」の三点（「三帖和讃」）の、それぞれの末尾に奥書（識語）が残されていて、在京して修学を志す加賀河北郡木越村の光徳寺性乗の要望により、「三帖和讃」を筆写して与えたことが知られるのである。

さらに七月中旬になっても、

④「（「女人往生」ノ奥書）文安第六之天、孟秋（七月）仲旬之比、終漸筆之功訖。

右筆　蓮如（花押）[12]」

という、④「女人往生」奥書が得られるから、この時点まで蓮如が京都に留まっていたことは確実としてよく、この④「女人往生」は現所蔵者の先祖たる尾張門徒某に下付されたものであろう。

しかるに他方、旅行後の日付を持つ史料としては、

⑤「（「御伝鈔」下巻ノ奥書）右此御伝者、河崎真光（加賀江沼郡河崎村専称寺カ）在京之間、依所望染筆訖。

時也宝徳元年十月十四日　終筆功訖。

右筆　蓮如御判[13]」

と記された、⑤「御伝鈔」下巻の奥書の写があるから、この十月十四日を数日遡った同月上旬までには、蓮如は帰洛していたとしなければならない。

以上に述べたところにより、蓮如の陸奥下向の旅は、文安六年（＝宝徳元年）七月中旬～同年十月上旬の間に実施されたものと判明し、この間であれば蓮如が旅に出ていたとしても史料上の支障は生じないのである。

三　長沼三位善秀への事前通知

蓮如が旅に出ることを計画したのは、文安六年（＝宝徳元年）五月のことであった。しかも当初計画では陸奥下

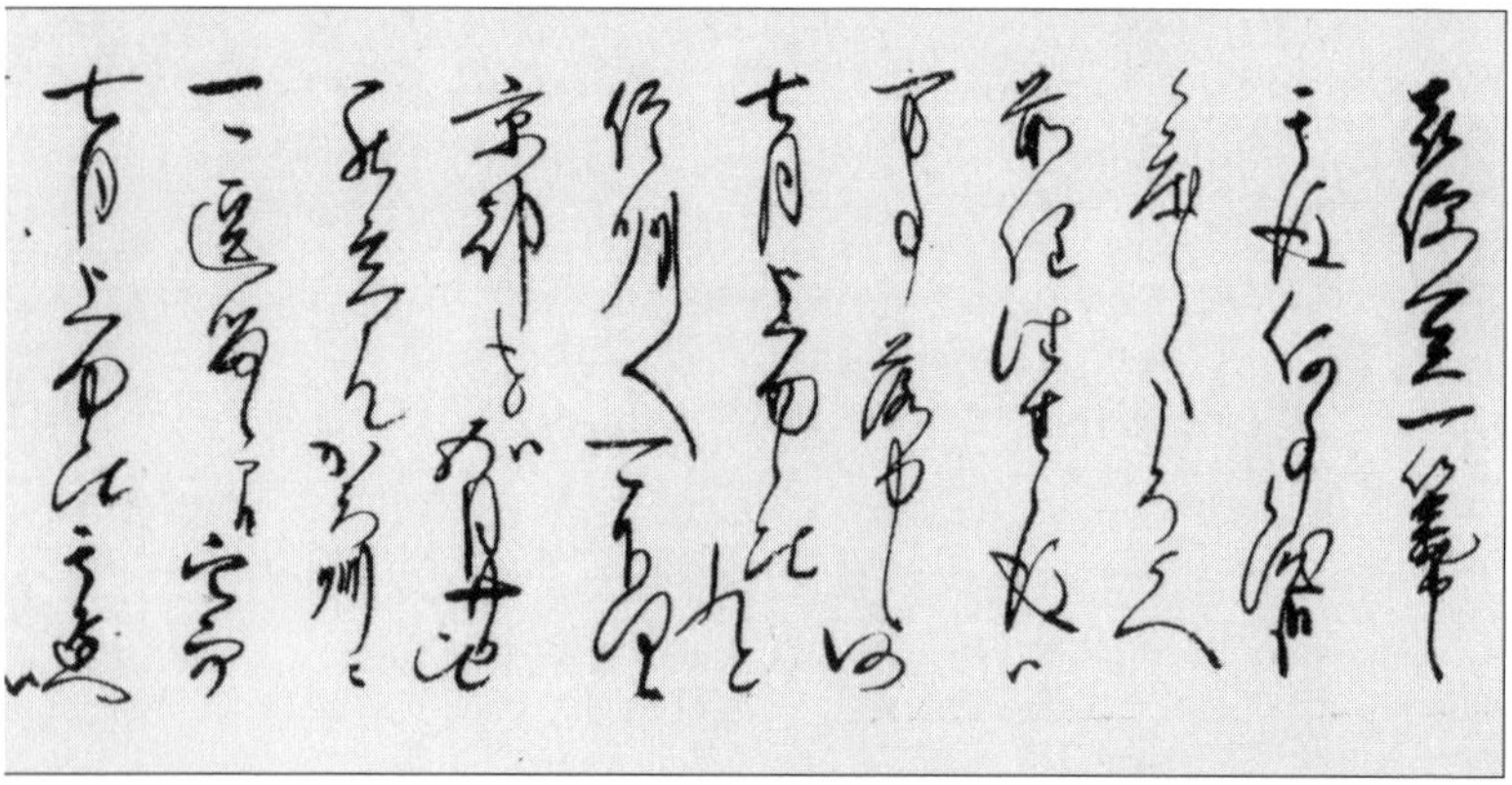

A：文安6年（宝徳元年、1449）5月2日、蓮如書状―山城「本願寺文書（東派）」

向ではなくして、加賀と信濃へ赴く予定であったらしい。

A喜便宜、一筆申候。其後、何事御渡候哉。御床しくこそ候へ。
前住（巧如死去ハ永享十二年十月十四日）往生之後ハ、万事落（着脱カ）申候。仍七月上旬之比、ふと信州へ可下向
候。京都をハ、五月廿日比、罷立候て、賀州（加賀河北郡木越村光徳寺）ニ可逗留候間、定而七
月上旬之比、其邊（信濃水内郡長沼村）へ可下向候可と覚候。如此申し候へ共、又下候ハ
ぬ事も候へく候。かねてとな（カ）多へも披露あるへく候。為其、申候。
御心へ候へく候。何事も見参之時、申候へく候。あな可しく。
（文安六年）五月二日　蓮如（花押）（A型＝三本足前期型）
長沼（善秀）(14)
三位殿

右の五月二日付け蓮如書状Aによると、信濃国水内郡太田庄長沼村の浄興寺第六代住持たる「三位」＝善秀(15)に充てて、書状を届けてもらう便宜が得られたので、これを託するところである。その後はいかがお過ごしであろうか。当方においては「前住」＝巧如が永享十二年（一四四〇）十月に往生（六五歳）して以降、万事において落ち着きが戻っている（現住たる存如は長禄元年〈一四五七〉六月まで存命(16)）。ところで、来たる七月上旬頃に信濃へ下向しようと思う。京都を発つのは五月二十日頃を予定し、加賀にしばらく逗留するつもりなので、おそらく七月上旬頃に「其邊」＝信濃長沼へ下向することとなるであろう。しかしこれ

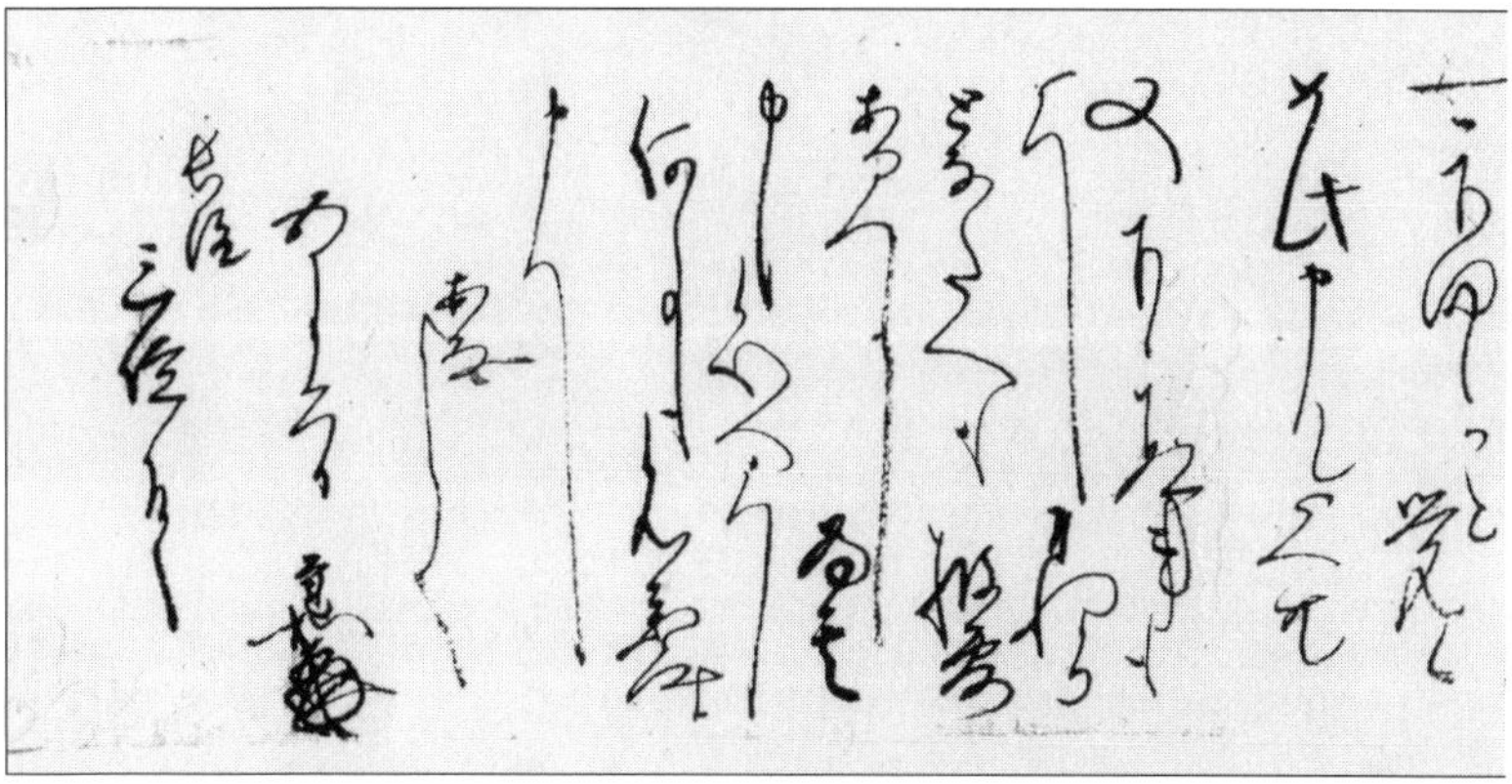

（右のつづき）

はあくまでも予定であって、下向しなくなる可能性もないわけではない。あらかじめ門徒衆に披露しておいて頂きたく、このようにお知らせするところである。いずれも見参の時に申し上げることとしたい、と述べられている。

充所に「長沼三位《善秀》殿」と表記されている点から考えると、これを蓮如から手交されたのは、善秀が京都へ派遣した名代（使者）である。後述するようにこの時の名代は、笠原本誓寺性善（本誓寺住持たる性順の子、ただし寺号はまだ得ていない）が務めていたと考えられ、彼は直ちにAを国許へ持ち帰って三位善秀に届けるのである。

なお、このAが五月二日付けである点から考えて、蓮如が木越光徳寺性乗のために「三帖和讃」を筆写し始める以前に、すでに彼は信濃下向の旅を計画していたとしなければならない。「拾塵記」では蓮如の旅は陸奥下向と語られていたが、しかし当初計画では加賀を経て信濃へ赴く予定だったことが判明するのである。そして京都から加賀まで案内したのは、直前に「三帖和讃」を下付された光徳寺性乗だったとしてまず間違いなく、また加賀における逗留先が木越光徳寺であることも確実とすべきであろう。

とするならば、そもそも加賀への旅を蓮如が企図するに至った契機は、光徳寺性乗が強く下向を勧めたからという推測が成立するであろう。そしてもしこれが妥当であったならば当然、信濃に赴くという当初計画も、なんらかの勧めに従ったものと想定して間違いなく、おそらくは浄興寺三位善秀の書状中に、その勧誘の文言があったのであろう。

四　笠原性順充ての事前通知

前節で述べたごとく、文安六年（宝徳元年）五月二日付けの「長沼三位殿（善秀）」充ての蓮如書状Aは、その充所の表記法から考えて、使者に手交されて持ち帰られたものである。しかるに、これと同日付けのもう一点の書状Bが、越後「本誓寺文書」に残されていることに注目しなければならない。

Bひんき悦候て、一筆申候。其後、何事御渡候哉。御床しく存候。就其ハ、　上様、信州へ御下向候。さ多めて六月のすゑ、七月の初比尓ハ、それまて御下向候へく候。御心へのため尓、申候。それよりとな多へも、御徒多へあるへく候。何事も御けさん（見参）之時、申候。あな可しく。（署名・花押ヲ欠ク）

（文安六年）五月二日

かさわらの　志やう志ゆんの（性順）（17）　可多へ

右は越後「本誓寺文書」に遺存するものであって、その言うところは、書状を届けてもらう便宜が得られたので一筆したためる。その後いかがお過ごしであろうか。ところで「上様」が信濃へ下向される予定である。おそらくは六月末か七月初め頃に、「それ」＝信濃まで下向されるであろう。心得ておいて頂きたく申し伝える。「それ」よ

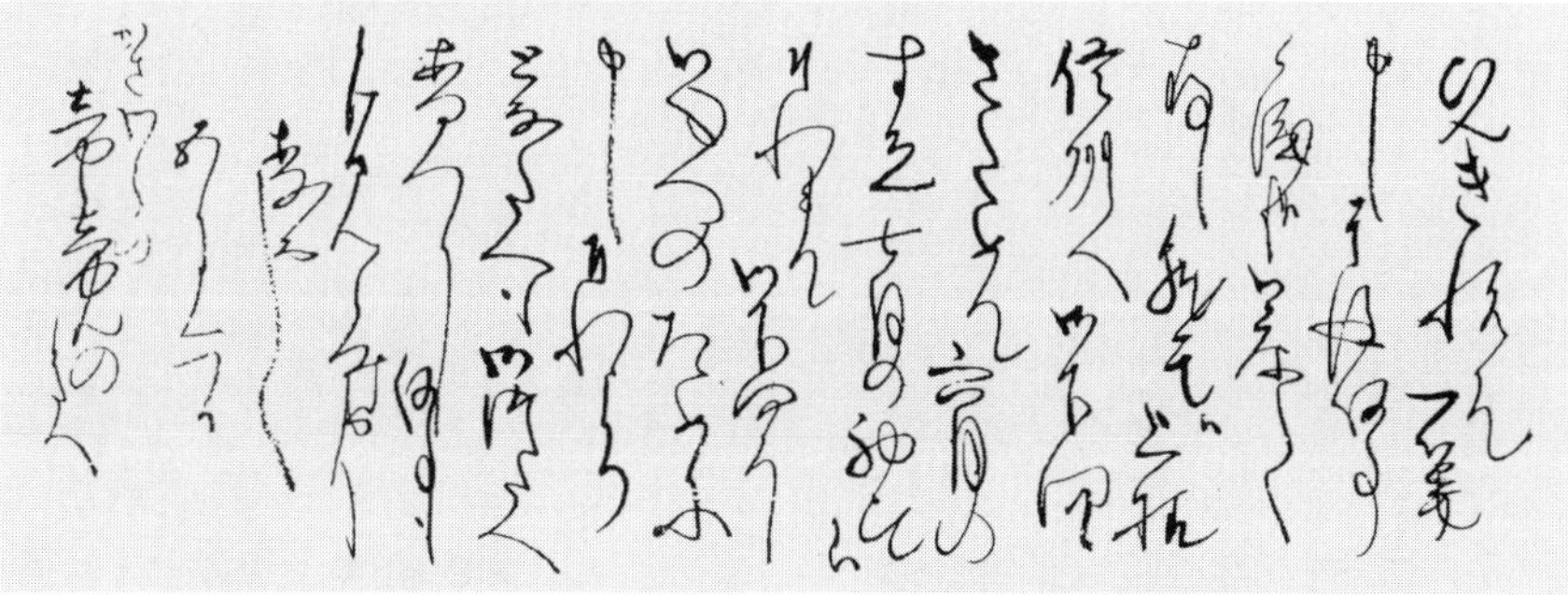

B：文安６年（宝徳元年、1449）５月２日、「蓮如自筆、擬側近書状案」
—越後「本誓寺文書」

りどなたになりとも伝えて頂きたい。いずれもお会いしたときに申し述べたい、と記されているのである。

充所の「かさわらの　志やう志ゆん」とは、「本誓寺由緒鑑[18]」によれば、笠原本誓寺第七代「性順」のことであって、彼はもとは浄興寺第六代善秀の長男として誕生した人物と推測される。そして性順は、得度して本願寺修学を果たした後、本誓寺の婿養子として入寺したらしい。また本誓寺の寺伝によれば、この時代に関東（下総猿島郡磯辺村）から信濃高井郡笠原村へ転じたとされている。

Bの充所が「かさわらの　志やう志ゆんの　可多へ」となっている点を踏まえるならば、これを国許へ持ち帰ったのはその名代（使者）としなければならず、おそらくは性順の子性善がこれを務めていたのであろう。そして彼は当然、同日付けの前掲書状Aも同時に受領していたはずであるから、名代性善は、浄興寺三位善秀と笠原性順との両方の代理として行動していたと想定すべきなのである。

ところで右の書状Bは、筆跡から判断して明らかに蓮如自筆のものであって、この点は早くに井上鋭夫氏が指摘された通りである。しかしながら署名・花押が欠落するという不自然さが見られるから、なぜこのような変則的書状が発せられたのかについて、その理由を考えねばならない。

注目すべきは、文言中に「上様」と表記されている点である。これを蓮如の父存如のことと解するならば、「本誓寺由緒鑑」が語るように、存如が笠原本誓寺を訪れて逗留したということになる。けれども筆者はそうではなく、蓮如が右を執筆するに当たり、みずからを「上様」と呼んでその下向予定を記載したうえで、差出書を敢えて記入せずに下付したものではないかと考えている。

そもそも当時の書状の充所は、身分・地位のほぼ対等な相手に充てることとされており、両者のそれが大きく違っている場合には、相手の側近に充てたり（相手が上位者の場合）、あるいは当方の側近が相手に充てたり（相手が下位者である場合）して、厳密に上下関係を一致させようとするものであった。例えば蓮如と浄興寺三位善秀との関係はほぼ対等であったと思しく、Aで蓮如は直接に「長沼三位殿」を充所としている。けれども蓮如と笠原性順（と言うより笠原本誓寺の寺格）との間にはかなりの格差があったから、本来ならば蓮如側近たる下間玄英が、笠原性順充ての書状を作成すべきだったとしなければならないのである。

ところが蓮如は、笠原性善（性順名代）との面談の席で、みずからが筆を執って、側近の立場においてBを執筆してしまったのであろう。そして本来のあり方に従い、まもなくに側近下間玄英を呼んで、その署名と花押押捺を行わせるつもりだったに違いない。当然その場合には、文言中で蓮如は「上様」と表記されていなければならなかった。けれども、蓮如自筆の書状に側近下間玄英の署名・花押が記載されたのでは、その価値は大きく減殺されてしまう。そこでその場に臨んでいた笠原性善は、直ちにその停止を要望したに相違なく、そして署名・花押を欠いたままで下付されることを願ったのではあるまいか。

かくしてBは、蓮如自筆であるにも拘わらず、蓮如を指して「上様」と呼ぶという変則的な表記を持つ書状として、笠原性善に下付されることになったのであろう。以上のごとき経緯を想定することで、ようやくにBの疑問点は氷解したと言えるのであって、こうした事情を踏まえてBに文書名を付けるならば、「蓮如自筆、擬側近書状案」とでも称するのが適当と思われる。

五　陸奥国府で発せられた浄興寺充ての蓮如書状

さて、蓮如が実際に旅に出るのは、前引した④「女人往生」奥書を文安六年七月中旬に記した、その直後のことだったであろう。

山城東山大谷から琵琶湖岸まで歩んだ彼は、湖上舟運によって高島郡今津村に達して一泊する。翌日にはここから若狭小浜へと、徒歩（または馬上）で進んでまた一泊。そして日本海廻船に便乗して加賀河北潟に至り、その岸辺に上陸して木越村へ達したのであろう。順風ならば小浜～河北郡は一日行程であるから、東山大谷から河北郡までは合計三日間の行程だったに違いない。仮に全行程を徒歩で辿ったとしても、約二四〇㎞の道程は約五日間で踏破できるが、蓮如の場合には廻船を利用したことがほぼ確実と思われる。

それはともかくとして、七月二十日頃に木越村光徳寺に到達した蓮如一行は、ここで再び浄興寺の使者（前回と同じく笠原性善か）に遭遇して、懇志と書状を受け取るのである。そしてその文面および使者の口上によって、浄興寺善秀が直前に死去したことと、信濃における「物忩」の事態を伝えられたのである（次掲Cの文言から判明）。

そこで蓮如は急遽予定を変更して、陸奥国府にまで下向することと決したのではなかろうか。おそらくは河北郡到着の翌日、七月二十一日頃に再び同じ廻船に便乗し、日本海を一気に北上して越後岩船郡（もしくは出羽酒田）に達した後、ここで上陸して陸奥国府へと歩んだことであろう。加賀から岩船郡までは海上約四〇〇㎞（順風ならば数日間の行程）、上陸後は徒歩約二〇〇km（約五日間）で陸奥国府に到着するから、七月三十日にここに達することはさほど困難なことではなかったと思われる。なお加賀で遭遇した浄興寺使者（笠原性善）も、蓮如に随行して陸奥にまで達していたことは間違いなく、もしかすると木越光徳寺性乗も同道することとした可能性がありそうである。

なお、蓮如が離洛してまもなくの文安六年（一四四九）七月二十八日、後花園天皇は「宝徳」改元を布告している。存如時代の本願寺は後花園天皇の「勅願寺」に指定されていたから、(19)その子蓮如が旅に出立したことを聞いて天皇は、その旅程の安全と無事を祈念してこの改元を命じたのではなかろうか。この推測にはあいにくと根拠が乏しいが、可能性ある事柄としてここに指摘しておきたい。

かくして宝徳元年（一四四九）七月三十日に陸奥国府に達した蓮如は、その翌日八月一日付けで次の書状Cを執筆して笠原性善に託したのである。

C　返々、御志、難有候。こう（陸奥国府）尓留候て、今泉までも、立寄候ハす候。京都之事、如無子細之由候。定見聞申候。信州三位（善秀）公之一跡者、□（追カ）て御寄申候へく候。

誠今度、其方までも可立寄存候之處、物忩之由、奥（加賀河北郡木越村）尓て聞候上、者や思留候。思召寄、預御状候。難有候。結句、貳百疋、御志之至、為悦候。内々ハ、老躰事尓て、御渡候之間、可見参入候へ共、無力次第候。国も静候て、ふと可上洛候。坂東下向事、路次之中、無子細、松嶋まて令下向候。心安可被思食候。返々、国中物忩、無勿躰候。毎事、期上洛之時候。恐々謹言。

（宝徳元年）八月一日　　蓮如（花押）（A型＝三本足前期型）

（充所欠ク、「浄興寺御房」＝巧観カ）(20)

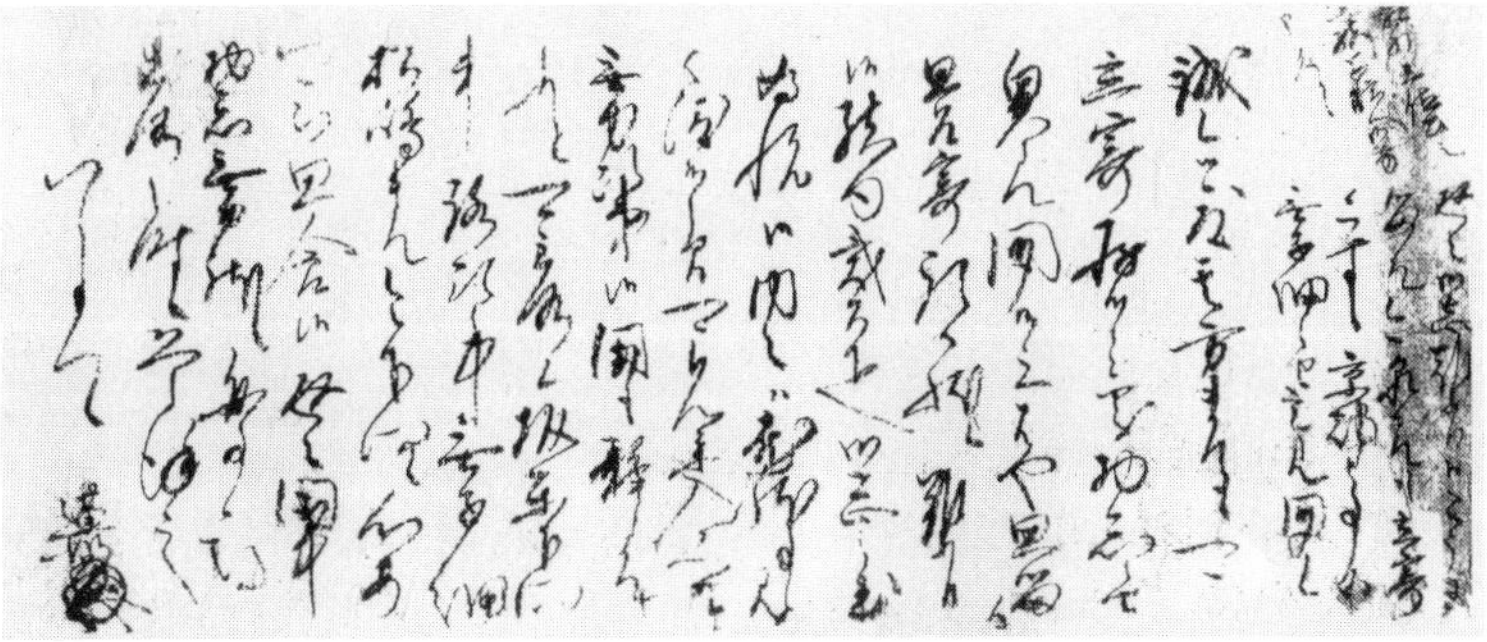

C：宝徳元年（1449）8月1日、蓮如書状―越後「浄興寺文書」

右の書状Cによれば、この度「其方」＝信濃長沼に立ち寄るつもりであったが、「物忩」＝不穏である由を、「奥」（加賀の「奥」郡たる河北郡木越村の光徳寺）において知ることができたので、立ち寄りの計画を思い留まることとした。思し召しによって御状（三位善秀の後継者たる巧観が発したもの）に預かり感謝している。また懇志二〇〇疋を届けられ謝意を表したい。浄興寺住持は「老躰」にてお過ごしであったから、伺ってお目にかかりたいと思っていたが、残念な次第である（尚々書によって三位善秀が死去したことが判明する）。「国」＝信濃が静穏となったならば、上洛して頂きたいと思う。ところで坂東下向の旅であるが、路次においてはさほどの支障もなく、無事に「松嶋」にまで下向できたので安心して頂きたい。返す〳〵も信濃では「物忩」との由、用心されることが肝要であって、上洛された時にお話ししたいと思う、と述べている。そしてさらに尚々書でも懇志についての謝辞を重ねたうえで、「こう」＝陸奥国府にいま滞在していて、「今泉」（浄光寺周観のこの時点の居住地か）にはまだ立ち寄っていない。京都においては重大事が生ずるには至っておらず、このことはお聞き及びのことであろう。信濃の「三位公」＝善秀の「一跡」＝由緒地には、次の機会に立ち寄ることとしたい、と述べられているのである。

　このCから知られるごとく、蓮如はいま陸奥国府に滞在しており、その近在の松島へと足を伸ばした後、これを執筆しているのである。しかし「今泉」にはまだ訪れていないと述べ、さらに浄興寺（巧観）からの知らせで、信濃においては「物忩」の事態となっている由なので、蓮如は長沼浄興寺を訪問することは諦めるとも述べている。そして注意すべきは、「信州三位公之一跡」と記されている点であって、この表記によって浄興寺住持だった三位善秀は、すでに死去していたことが判明するのである。しかりとすれば、「無力次第候」との文言は、三位善秀に対面することが叶わなかったことを残念がった表現と解すべきであろう。なお充所が欠失しているが、「浄興寺御房」と記されていたことはまず疑いなく、具体的には三位善秀の後継者たる巧観（善秀の三男）を指しているものと思われる。

なお、このCがいま浄興寺に遺存するためには、その使者（笠原性善）も蓮如に随行して陸奥にまで赴いていなければならない。そしてここで八月一日に蓮如からCを拝受した後、彼はさらにもうしばらく蓮如に従っていたに違いないのである。

こうして陸奥に達して松島などを見物した蓮如は、やがて帰途につくこととなる。先引した「蓮如上人遺徳記」によれば、彼は親鸞遺跡地たる越後国府にしばらく滞在したほか、北山浄光寺にも立ち寄ったとされていたから、陸奥国府→出羽→越後北山浄光寺→越後頸城郡「国府」という経路は、徒歩で進んだのであろう（道程約四〇〇km、約一〇日間）。前引Cに見えた「今泉」とは、この北山浄光寺のこの時点の所在地（未詳）と推測され、蓮如は順調に旅程をこなして進んだと思われるのである。

さて、越後国府を発った蓮如は、直江津で便乗の廻船を得て日本海を南下することにしたであろう。浄興寺および本誓寺の名代を兼ねてこれまで随伴してきた笠原性善は、そこでここで別れて信濃へ帰国することとし、また同じく蓮如に同道していた木越光徳寺性乗は、途中の加賀河北潟で廻船を降りたはずである。かくして若狭小浜まで南下した蓮如は、徒歩（または馬上）で近江今津に達した後は琵琶湖舟運を利用し、二日後には帰洛していたことであろう。第二節引用の⑤「御伝鈔」は宝徳元年十月十四日の完成であるから、それの数日前の十月上旬には、蓮如が無事に帰洛していたことは確実なのである。

おわりに

本稿の検討で明らかになった蓮如の陸奥下向の旅について、最後にまとめを行っておこう。

蓮如は文安六年（＝宝徳元年、一四四九）五月、加賀を経て信濃へ下向する旅を計画した。この旅行はおそらく、加賀木越光徳寺性乗の勧めや、信濃長沼浄興寺善秀の書状による誘いに従ったものであろう。

蓮如はそこで五月二日に、浄興寺善秀に充てた書状A、および笠原性順に充てた書状Bを作成して、使者に託している。その内容は、五月二十日頃に京都を発ち、加賀にしばらく逗留した後、さらに七月上旬頃に信濃長沼へ赴く計画であるというものであった。なおこの書状二点を本国に持ち帰った使者とは、浄興寺善秀と笠原性順の名代を兼務する立場にあった者で、おそらく笠原性順の子性善がこれを務めていたと思われる。

ところでBは、筆跡は蓮如自筆であるが、署名と花押とが欠落しており、しかも文言中の「上様」とは蓮如を指した表記と考えられる。かかる変則的な様式と表現になった理由を考えると、蓮如は笠原性善と面談する席において、みずからが筆を執り、しかも側近の立場に立った表現を用いて、加賀・信濃下向の旅行計画をBに書き記したのである。そして側近下間玄英を呼んで署名・花押を記載させるつもりであったが、臨席していた笠原性善は、側近の花押押捺によってBの価値が大きく減殺されることを嫌い、署名・花押を欠いたままでの下付を強く願ったものと考えられる。かくしてBは変則的様式のままで現在に残されることとなったのであって、その文書名としては

「蓮如自筆、擬側近書状案」とでも称するのが適当であろう。

さて、こうして事前の手配を行った蓮如は、木越光徳寺性乗から要望されていた「三帖和讃」の筆写を文安六年(宝徳元年)五月中旬~下旬に完成させ、さらに七月中旬には「女人往生」を筆写して尾張門徒某に付与した後、ようやく京都を出立したのである。加賀まで案内したのは木越光徳寺性乗だったと思われ、七月二十日頃には河北郡木越村に到着したことであろう。

そしてここで蓮如は、待機していた長沼浄興寺の使者(笠原性善)に遭遇するのである。ところが彼のもたらした書状(善秀の子巧観が執筆したもの)と口上とにより、その直前に浄興寺善秀が死去したこと、および信濃が情勢不穏になっていることを知ったのである。

そこで彼は急遽予定を変更し、陸奥国府にまで下向することとした。翌日(七月二十一日か)に同じ廻船に乗船して一気に北上し、数日後に越後岩船郡(もしくは出羽酒田)に上陸して陸奥国府へと向かい、七月三十日には国府に達していたに違いない。加賀木越村で遭遇した浄興寺名代(笠原性善)がこれに随行していたことは疑いなく、もしかすると木越光徳寺性乗も同道していた可能性が少なくないであろう。

かくして陸奥国府に達した蓮如は、その翌日八月一日付けで浄興寺(善秀の子巧観)に充てて書状Cを作成し、これを名代(笠原性善)に託したのである。その内容は、信濃長沼に立ち寄るつもりであったが、不穏な状況である旨を「奥」(=加賀河北郡木越村のこと)で知ったので、立ち寄りを思い留まって陸奥国府にまで下った。書状と懇志二〇〇疋に謝意を表すところであるが、「老躰」であった浄興寺善秀が死去されたことは残念至極である。旅ではさしたる支障もなく「松嶋」まで下向することができた。いまは陸奥国府に滞在しており、まだ「今泉」(浄興寺から分立した浄光寺周観のこの時点の居住地か)には立ち寄っていない。信濃は不穏の由で、用心されることが肝要であって、浄興寺善秀の由緒地には次の機会に立ち寄ることとし、国許が静穏となったならば上洛して頂きたい、と述べられているのである。

こうして陸奥下向の旅を果たした蓮如は、まもなく帰途につくこととするが、途中で越後北山浄光寺（周観の経営か）に立ち寄り、また親鸞遺跡地たる越後国府ではしばらく滞在したらしい。そして直江津からは海路で南下することとしたので、それまで随伴していた浄興寺名代（笠原性善）は別れて帰国することとした。さらに途中の加賀河北郡では木越光徳寺性乗が下船し、その翌日には若狭小浜に達したであろう。そして小浜から徒歩（または馬上）で今津に至り、さらに琵琶湖舟運を利用して京都に向かって、宝徳元年十月上旬（「御伝鈔」の書写が完成する十四日の数日前）までには蓮如は帰洛していたのである。

なお、蓮如が京都を出発してまもなくの七月二十八日、後花園天皇は「宝徳」改元を命じている。もしかするとこの改元は、蓮如の旅程の安全と無事を祈念するためであった可能性が考えられるので、根拠は乏しいもののここに指摘しておきたいと思う。

注

（1）「拾塵記」（『真宗史料集成』第二巻、六〇〇ページ、同朋舎、一九七七年）。

（2）本願寺史料研究所編『増補改訂本願寺史』第一巻（本願寺出版社、二〇一〇年）のうち、第五章「本願寺教団の成立」が当該時代を叙述している。

（3）例えば「大谷本願寺通紀」（『真宗史料集成』第八巻、同朋舎、一九七四年）では、文安四年五月に「経渉東国、下間丹後…（中略）…上下合十八人」（三六〇ページ）、その翌々年宝徳元年に「行化北地、又転遊東方、巡拝宗祖遺迹」（同ページ）、さらに応仁二年に「重遊東北諸州、歴訪祖迹、帰路於三州土呂、創本宗寺」（三六一ページ）

とあるが、文安四年説と応仁二年説とは全くの誤りである。

（4）千葉乗隆氏『蓮如上人ものがたり』五二ページ（本願寺出版社、一九九八年）。本書は初心者向けに執筆されたものであろうが、史料への目配りも行き届いた優れた一代記となっており、本稿はこれに多くを学んでいる。

（5）北西弘氏「蓮如上人の花押」（同氏『蓮如上人筆跡の研究』第一部第八章、春秋社、一九九九年）。

（6）拙稿「長沼浄興寺の歴代住持」（本書第一章第一節）参照。

（7）「拾塵記」（前注1）。

（8）拙稿「蓮如の越前滞在と吉崎坊創建」（本書第九章）参照。

（9）「蓮如上人遺徳記」（『真宗史料集成』第二巻、七九一ページ）。

（10）「大谷嫡流実記」（『真宗史料集成』第七巻、六二七ページ）。

（11）山城「本願寺文書（浄土真宗本願寺派＝西派）」（『真宗史料集成』第二巻、三七五ページ）。

（12）尾張「加藤専慶家文書」（『真宗史料集成』第二巻、三七五ページ）。

（13）越中「勝興寺文書」（『真宗史料集成』第二巻、三七五ページ）。

（14）山城「本願寺文書（真宗大谷派＝東派）」（『真宗史料集成』第二巻、三三二ページ、「諸文集」第三二一号）。これの写真版は、大谷大学博物館学課程開設一〇周年記念『真宗大谷派（東本願寺）宗宝公開「蓮如上人」展』図録第三四号、四二ページ（大谷大学編集・発行、一九九六年）、『図説蓮如─一向南無阿弥陀仏の世界』七四ページ（河出書房新社、一九九七年）、千葉乗隆氏『蓮如上人ものがたり』五三ページ、宗祖親鸞聖人七百五十回御遠忌記念『東本願寺の至宝展─両堂再建の歴史』七四ページ（朝日新聞社、二〇〇九年）、などに掲載される。筆者は真宗大谷派本願寺宗務所総務部から写真版を貸与され、またその掲載許可を平成二十六年（二〇一四）四月十一日に与えられたので、ここに謝意を表しておきたい。なお写真版によって訓みの一部を変更した。

（15）拙稿「長沼浄興寺の歴代住持」（本書第一章第一節）参照。

（16）北西弘氏「蓮如上人の花押」では、史料Ａに「前住往生」とあるのを、長禄元年（一四五七）六月十八日死去の存如のことと解され、これに基づいて蓮如の陸奥下向を長禄二年のことと推測しておられる。しかしながらこれは誤解であって、本文で叙述したごとくに、永享十二年（一四四〇）十月十四日の巧如死去（六五歳）を指して「前住往生」と述べているのである。そもそも「拾塵記」・「蓮如上人遺徳記」には、長禄元年の陸奥下向説は記載されていないから、この論述に成立の余地はない。なお同様の誤りは『東本願寺の至宝展―両堂再建の歴史』二〇五ページ、第一三号解説（前注14）にも見られるから、注意が必要である。

(17) 越後「本誓寺文書」（井上鋭夫氏『一向一揆の研究』史料篇・本誓寺史料、七一二ページ、吉川弘文館、一九六八年）。井上氏はこれを某書状としたうえで、蓮如書状（蓮如自筆の意）である可能性を指摘しておられる。『増補改訂本願寺史』第一巻、第五章、四一九ページでも、某消息としてこれの伝存が紹介されている。筆者は新潟県立文書館架蔵の「本誓寺文書」写真版によって複写・掲載しており、本誓寺寺務代行たる森田成美氏（真宗大谷派高田別院）から平成二十六年（二〇一四）三月五日にその許諾が与えられたので、ここに謝意を表しておきたい。なお写真版によって訓みの一部を変更した。

(18)「本誓寺由緒鑑」（井上鋭夫氏『一向一揆の研究』史料篇・本誓寺史料、六八三ページ）。

(19)「日野一流系図」（『真宗史料集成』第七巻、五二二ページ）。

(20) 越後「浄興寺文書」（『真宗史料集成』第二巻、三三〇ページ、「諸文集」第二六四号。または井上鋭夫氏『一向一揆の研究』史料篇・浄興寺史料、七二一ページ）。写真版は、千葉乗隆・堅田修氏編著『蓮如上人御文』第五九号、一七八ページ（同朋舎出版、一九八二年）、または蓮如上人五百回遠忌法要記念『図録蓮如上人余芳』第六七号、一〇二ページ（本願寺出版社、一九九八年）、に掲載される。新潟県立文書館に架蔵される「浄興寺文書」写真版から複写・掲載するに当たって、真宗浄興寺派本山浄興寺住持稲田善昭氏から平成十四年（二〇〇二）三月三十日にその許諾を与えられたので、ここに謝意を表しておきたい。なお写真版によって訓みの一部を変更した。

第四章　巧賢充ての蓮如書状

はじめに

越前府中大黒町（ダイコクマチ、現在は越前市元町と改称）に居住される小川利兵衛家（屋号、現当主は利男氏）には、三月三日付けで「巧賢御房」に充てられた本願寺蓮如の書状が所蔵されている(1)。

小川家は古くには、現在地よりも西に離れた旧称「宿明町（シュクメイチョウ）」に所在し、帰属する寺は隣接した円徳寺（真宗大谷派、旧称「馬面町（バメンチョウ）」＝越前市元町に所在）であって、その門下の「道場格」の地位だったと伝えられる。これはおそらく俗人の身分のままで、末寺に相当する業務を担う立場だったのであろう。同家には当該書状のほか、本願寺真如絵像（ただし後世に入手したもの）や、聖徳太子絵像（鮮明・秀麗なる描写であるが裏書は失われている）などが所蔵されており、その理由もこうした来歴に因むものと思われる。

けれども、小川家は江戸時代になって現在地に移転し、それを契機に魚屋経営に乗り出したらしい。そもそも円徳寺は海岸部から移転したとの由緒を持つので、その門徒の小川家が魚屋を経営するに当たって種々の便宜が与えられたであろうことは疑いなく、かくして小川家の経済は江戸時代末期が最盛期だったと考えられる由である（魚屋は現在は廃業)。

小川家と、当該書状の充所たる「巧賢」(越中願海寺第六代)との間には、親戚関係や坊主・門徒という帰属関係があるわけではない。けれども小川家がこれを後世に入手した可能性は少なく、すでに蓮如時代から同家所蔵になっていたと推測すべきであろう。とするならば、いかなる経緯によって当該書状は小川家所有に帰したのか、この点についての整合性ある説明を行うことも不可欠の課題と言わねばならない。

この書状の存在はかなり早くから知られていて、千葉乗隆・堅田修氏編著『蓮如上人御文』[2]には第八五号として写真掲載されているほか、『真宗史料集成』第二巻[3](堅田修氏編)にも「諸文集」第二八七号として釈文が掲載されている。

またこれを分析した研究業績として、北西弘氏「蓮如上人書状―巧賢宛」[4]がすでに公表されているが、しかしその論旨には不十分な点がいくつか見られる。よって以下で詳細な検討を加えて、存如時代末期の本願寺の情勢を明らかにしたいと思う。

一　史料の提示とその解釈

取り上げるべき蓮如書状は次のものである。

誠今度、是まて上洛候之處ニ、あまりニ所存外候。乍去、先可然了簡尓て候。いま多此方之事も、無治定候之間、何様目出候ハヽ、其時風度可有上洛候。志ハ同事(時)候へく候。就其、門徒中より四十弐之分、慥請取候。返々芳志至、あり加多く候。よく〳〵門徒中へ、披露あるへく候。京都之儀、治定候ハヽ、重而可申下候。

恐々謹言。

（康正二年）三月三日　　蓮如（花押）（B型＝ムスビ試行型）

巧賢御房

右の言うところは、「今度」（ここでは先度の意と解すべき）、巧賢がこれ（東山大谷本願寺）まで上洛されたが、余りに事態が混乱していて適切に対応できなかった点は、申し訳ないことであった。けれども、ある程度の「了簡」＝見通しはすでに立っている。この方の状況はまだ「治定」していないが、やがて確定して「目出」となった際には改めて上洛して頂きたく、懇志についてはその時に進上して頂ければよい。ところで門徒中からの「四十弐之分」が届けられ、確かに受領した。芳志の至りと感謝しており、門徒中へはこの旨を披露して頂きたい。「京都」＝大谷本願寺の情勢が「治定」＝確定となったならば、改めて申し下すこととしたい、と述べられているのである。

これの紀年を解明するには「四十弐之分」が手掛かりとなり、北西氏も指摘されたように、これは蓮如の四二歳の厄年が平穏であることを祈念するための懇志上納である。蓮如は応永二十二年（一四一五）に誕生し、明応八年（一四九九）三月二十五日に八五歳で死去する人物であるから、四二歳に達するのは康正二年（一四五六）のことである。よって右の書状は康正二年三月の発給と推断してよく、この点については従来の説もすべて一致している。なおここに据えられた花押は別掲図に示した通りで、これを筆者はB型（＝ムスビ試行型）と仮称したいと思う。[5]

康正２年（1456）
３月３日
越前「小川利兵衛家文書」

ところで北西氏は、このとき巧賢自身が上洛して右を拝受したと想定しておられるが、この理解は当たらない。その根拠は充所が「巧賢御房」と記されている点にあり、こうした表記は使者（名代）が書状を拝受して国許に持

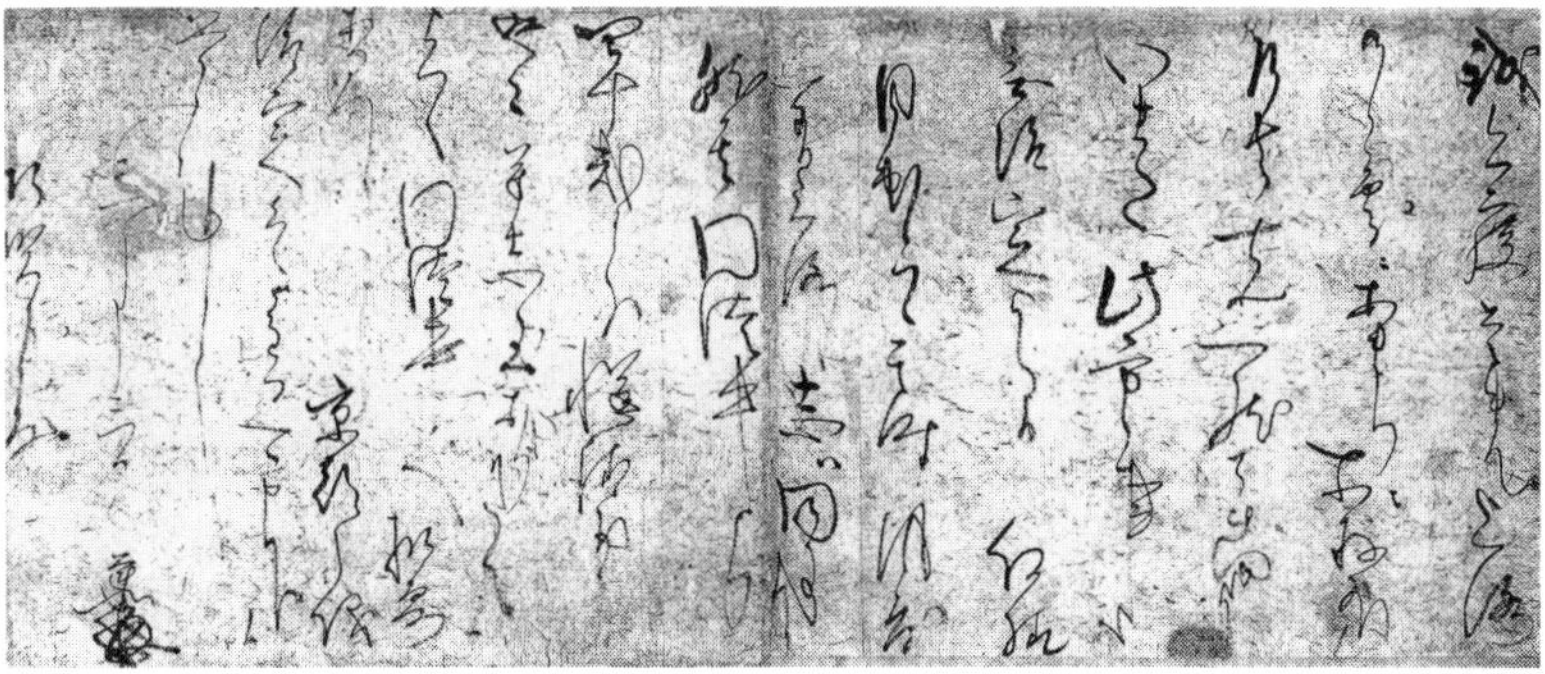

康正２年（1456）３月３日、蓮如書状—越前「小川利兵衛家文書」

ち帰った場合に用いられ、巧賢自身は在国しているのである。もし巧賢が上洛して蓮如に拝謁している場合には、その充所は「門徒衆中」と表記されるのが通例であった。とするならば、冒頭の「今度」との文言は誤りで、正しくは「先度」と記されねばならないのであって、巧賢が上洛したのは右の書状の約四ヶ月前、康正元年十一月のことであった（第三節で詳論）。そしてその際、蓮如は「所存」に追われて十分な応接ができなかったとして、その非礼を詫びているのである。

二　充所の巧賢について

北西氏の指摘によれば、右の充所「巧賢」とは、かつて越中新川郡小出村に所在（現在は富山市清水町に移転）した願海寺（浄土真宗本願寺派＝西派）の第六代に該当するとのことである。

「官職得度申者留」[6]という史料によると、願海寺は、願海坊信清を開祖として、

①信清—②清寿—③清尊—④信教—⑤信誓—⑥巧賢—⑦巧専

と継承された寺院である。そして⑤信誓の時代に至り、その娘と思しき「岩井」と本願寺巧如玄康との間に男子（⑥巧賢）が誕生したので、これを後継

者にして道場を継承させ、やがて寺号「願海寺」が免許されたとされている。巧賢の法名に「巧」が付されているのは、父巧如からの一字賜与であったとして間違いないであろう。

そこでこの点を手掛かりにして、彼の誕生年を推測してみよう。巧如から法名の下付を受けるためには、巧如の存命中に巧賢が一五歳に達して得度しなければならない。巧如の死去は永享十二年（一四四〇）十月十四日であるから（六五歳）、これよりも一四年前、つまり応永三十三年（一四二六）以前に巧賢が誕生していることが必須なのである。

次に、巧賢が下付された絵像の裏書に基づいて、さらに誕生年を追究してみよう。

一、御開山様御影　　永享七年卯六月八日

巧如様御筆御判　　願主　巧賢(7)

右は願海寺拝領物一覧にまとめられた絵像に関する記述であって、それによれば巧賢は永享七年（一四三五）六月八日に、父たる巧如から親鸞絵像を下付されていたことが知られる。こうした手続きを受けるためには、この時点ですでに巧賢が一五歳になって得度していたことが確実であって、おそらく得度はこれより数ヶ月前の永享七年春のことだったであろう。そして彼はそれと同時に父に対し、親鸞絵像の下付を申し出ていたのではあるまいか。かくして数ヶ月の制作期間を経て絵像は完成し、右のごとくに巧如裏書を添えて下付されたのであって、彼はそれまで本願寺における各種法要に参列して修学に努めていたことであろう。しかりとするならば、巧賢の誕生は応永二十八年（一四二一）のことと推測すべきであり（前述の必須条件には合致している）、またその前年応永二十七年（一四二〇）に父巧如が越中にあって、「岩井」を懐妊させていたことも確実としなければならないのである。

以上によって、前引の書状が発せられた康正二年（一四五六）三月には巧賢は三六歳だったと計算でき、蓮如

（甥）よりも六歳年少の「叔父」ということが判明するのである。

三　康正元年〜二年の蓮如の動静

右の書状の冒頭には「今度（＝先度）、是まて上洛候之處ニ、あまりニ所存外候」とあって、巧賢の上洛した前年康正元年（一四五五）に、蓮如の身辺には極めて多忙な状況が生じていたことが知られる。このため蓮如は巧賢に十分な対応を行うことができず、この点をまず詫びているのであるが、それではどのような事件が起きていたのであろうか。

康正元年に生じた蓮如にとっての重大事としては、まず妻如了尼（伊勢下総守貞房の娘）との間に、第七子（四男）蓮誓康兼が誕生したことを指摘しなければならない。「日野一流系図」(8)によると、蓮誓は大永元年（一五二一）八月七日に六七歳で死去したと記されているから、これによって彼は康正元年の誕生と計算できるのである。

しかるに如了尼は、蓮誓を産んでまもなくの康正元年十一月下旬に死去してしまう(9)。産後の肥立ちが不調であったことが、その原因だったに違いない。

そしておそらくはその直後、つまり死去した当日かその翌日頃に、蓮如のもとへ巧賢がやって来たのではあるまいか。しかしながら蓮如としては、例年通りの報恩講厳修と並行して、如了尼の葬儀以下の法要も執行しなければならず、また生後まもない蓮誓に対しては乳母（養母）を探すなどの配慮も行わねばならなかったから、かなり忙繁な状況にあったことは疑いない。その結果、上洛してきた巧賢に十分な対応を行うことができないと考えられたため、蓮如はやむなく彼に対してそのままの帰国を求めたのである。

一旦帰国した巧賢は、それから約四ヶ月後の康正二年三月、今度は使者に書状と懇志を託して蓮如のもとへ派遣した。これに対して蓮如は前掲の書状（返信）を発し、かつての不十分な対応について詫びたのであって、ここまでの経緯が「今度、是まて上洛候之處ニ、あまりニ所存外候」との文言の意味するところである。

次いで、「乍去、先可然了簡尓て候。いま多此方之事も、無治定候之間、何様目出候ハ、、其時風度可有上洛候。志ハ同事（時）候へく候」について考えてみよう。

蓮如にとってまず必要なのは、生まれたばかりの蓮誓を養育する乳母（養母）を探すことであるが、この懸案は母乳の出る女性が見つかれば解決であるから、さほどの重大事とは言えない。問題なのは、蓮如の身辺の世話をする新たな女性（妻）を見つけることであって、選ばれたのが、死去した如了尼の妹たる蓮祐尼である。その婚姻がいつなのかは判然としないが、蓮如・蓮祐尼の間に第一子実如光兼（蓮如の第八子で五男に当たる）が誕生するのは長禄二年（一四五八）八月十日[10]のことであるから、二六六日間の懐胎期間（妊娠から出産までの厳密な日数）[11]を遡った長禄元年（＝康正三年、一四五七）十二月九日には、蓮祐尼がすでに懐妊していたことは確実である。しかるにこの時期には最重要の仏事として報恩講（十一月二十一日〜二十八日）が予定されており、婚儀は当然この期間を避けて計画されたに違いない。とするならば、その結願後の十二月上旬こそは、両人の婚儀にとって最も適切な時期だったとすべきであろう。かくして蓮如は、如了尼が死去して約二年後（つまり三回忌法要の終了後）、また右の書状を基点とすればその約一年九ヶ月後に、二番目の妻たる蓮祐尼を迎えていたのである。

以上のごとき日程が想定されるならば、書状中の「先可然了簡尓て候」と記された箇所は、早くも再婚の相手として蓮祐尼が候補に上がっていて、蓮如もそのつもりになっていたことを示唆するものであろう。けれどもその婚儀について、「いま多此方之事も、無治定候間」と、まだ正式決定ではないと述べるとともに、「何様目出候ハ、、其時風度可有上洛候」と、婚儀の挙行後には必ずや上洛してほしいとしているのである。そして「志ハ同事《（時）》候へく候」ともあって、その時に懇志を進上してくれたならば喜んで受け取ると述べていたのである。

四　存如から蓮如への継承

続いて、末尾に見える「京都之儀、治定候ハヽ、重而可申下候」という文言について分析を加えねばならない。

この書状が発せられた康正二年三月の時点で、蓮如の父たる存如はまだ存命であったから、本来は存如こそが、巧賢書状に適切に対応（返信執筆）すべきであったと思われる。しかし実際には蓮如が返信を作成しているのであるから、存如の身には対応できない事情があったと想定しなければなるまい。それとともに当然、存如の動静は蓮如返信中に記述されていなければならず、右の文言こそはこの動静を伝えた箇所と推測すべきであろう。

ところで存如が死去するのは、右の書状の翌年、康正三年（＝長禄元年、一四五七）六月十八日のことである（六二歳）。いま本願寺には存如譲状が残されていないから[12]、存如はそれを作成せずに死去してしまったものと考えられる。その結果、存如の死後まもなくして、蓮如（このとき四三歳）と、蓮照応玄（蓮如とは母親違いの弟、永享五年〈一四三三〉誕生～文亀三年〈一五〇三〉三月二十六日死去、七一歳、このとき二五歳）とは、本願寺住持の地位をめぐって対立することとなった。当時の通例では、母親の家格の上下に従って後継者が決定されたから、蓮照を後継者とする旨の一族の合意が一旦は成立したらしい（蓮如のごとき立場は庶兄と呼ばれた）。

ところがそれに異を唱えたのが、存如の弟たる如乗宣祐（越中瑞泉寺住持、また加賀本泉寺開基、応永十九年〈一四一二〉誕生～寛正元年〈一四六〇〉正月二十六日死去、四九歳、このとき四六歳）である。彼は、存如の意向としては蓮如に相続させるつもりだったと主張し、一族の合意を変更せしめて、蓮如を後継者にするという逆転劇を演出したのである。(13) この経緯を語る「日野一流系図」の記事中には、存如の「命」＝意向という文言が登場するから、存如譲状の非存在は史料上に明示されていると言わねばならない。かくして逆転劇を経て住持に就いた蓮如は、それ以降、如乗の恩義に報いるべく、瑞泉寺・本泉寺の経営に最大限の配慮を示すのであって、その第一歩が二男蓮乗兼鎮を寛正元年（如乗死去の直後）に、如乗・勝如尼夫婦の「養子」として現地に派遣し、さらに如乗の女如秀尼の成長を待って、文明二年（一四七〇）に蓮乗・如秀尼両人の婚儀を挙行させることであった。両人の間には翌文明三年（一四七一）、女如了尼が誕生しており、(14) 蓮如にとってはこれが初めての内孫であった。

そこで考えるべきは、存如譲状の作成されなかった理由であるが、もしかして存如は晩年に、かなり長期間の病臥（例えば中風などの脳内疾患によって）を経た後、ついに死去するという経緯があったのではあるまいか。このように推測すべき根拠としては、加賀金沢別院（西派）に所蔵される存如絵像の裏書が、存如死去の当日たる康正三年六月十八日に、蓮如によって染筆されている事実を指摘することができる。(15) 死去当日の裏書染筆ということは、絵像自体はそれ以前に完成していたことを意味するから、死去が予想された時点で直ちに絵師によって、病床にある存如の表情を観察しつつ、その寿像（生前に制作された絵像のこと）として当該絵像が描かれたことは疑いないのである。

かくして長期間の病臥後に存如が死去したと推測されるならば、もしかしてその一年三ヶ月前の蓮如書状に、存如の病臥を窺わせる文言が含まれているのではあるまいか。こうした観点でいま一度読み直してみると、末尾の「京都之儀、治定候ハヽ、重而可申下候」という文言に注意が及ぶのであって、これこそが存如病臥を示唆する記述なのであろう。つまり「京都之儀」というのが本願寺の相続を意味し、蓮如はもしみずからが寺務職を継承することとなったならば、その詳細を改めて申し伝えたいと述べていたのではなかろうか。父存如がもし健康体であったならば、こうした表現が登場することは決してあり得ないと思われるのである。

しかりとするならば、病臥する存如を最期まで看取ったのは蓮如であったと想定しなければならない。そしてこうした蓮如の様子を、もしかして如乗は見ていたのではなかったか。その結果、蓮如の方が本願寺住持に相応しいと如乗は判断するに至り、前述のごとき逆転劇を演出したのではなかろうか。筆者にはそのように考えられるのである。なお右の文言からは、蓮如に本願寺相続の意思があるように読み取れるとともに、相続できるかどうかを不安視しているような語感も看取されて、注目すべきところである。

それでは、存如はいつから病臥することとなったのであろうか。これを考える手掛かりも、「京都之儀、治定候ハヽ、重而可申下候」との文言に潜んでいるように思われ、もしかすると右の書状の康正二年三月の時点で、巧賢はすでに存如病臥の経緯を詳細に承知していたのではあるまいか。少なくともこの文言からは、存如にもはや回復の見込みがない旨を感じ取ることができ、しかもそうした病状を蓮如は巧賢に対して説明しようとはしていないのである。とするならば、巧賢が前年康正元年十一月に上洛したとき、存如の病状の詳細とその見通しについて、すでに彼は適切な理解に達していたと想定しなければならず、このことは換言すれば、そもそも彼が上洛を企てた発端（契機）が、存如病臥の第一報を得たことであった点を示唆するものであろう。

東山大谷から越中願海寺までは、道程約三〇〇㎞、徒歩で約八日間であるから、巧賢が十一月下旬（如了尼死去の当日またはその直後）に大谷に到着するには、国許を十一月中旬に出発していなければならない。そしてさらに八日間を遡った十一月上旬（そのうちでも後半）には、存如病臥の第一報が大谷を出発していたことは疑いないであろう。かくして、存如の病臥は康正元年十一月上旬のことだったと考えられ、巧賢にとっては長兄の危篤状態であるから、何はともあれ枕元に駆けつけねばならなかったのである。

ところが実際に駆けつけて存如を見舞ったところ、予期せぬ如了尼（蓮如妻）の死去という新事態に遭遇したのであって、そのため巧賢に対する蓮如の応接は不十分とならざるを得ず、そこでやむなく巧賢にはそのままの帰国を求めたのである。

以上のごとき推移を踏まえるならば、康正二年三月に巧賢の進上した懇志が「四十弐之分」、すなわち四二歳の厄年が平穏無事に過ぎることを祈念したものである点は、すこぶる切実な意義を託されていたと言わねばならないのである。

五　小川利兵衛家へ蓮如書状が譲渡された理由

最後に、この書状がいかなる経緯で小川利兵衛家の所有するところとなったかを考えておかねばならない。筆者はこれが、蓮如時代からすでに小川家の所有に帰していたと推測しており、そのためには次のような経緯があったのではないかと想像している。
まず文言中に、「其時風度可有上洛候。志ハ同事（時）候へく候」とある点に留意しよう。つまり蓮如は巧賢に対して、蓮祐尼との婚儀が行われた後に改めて上洛して懇志を進上してほしいと求めていたのであるが、しかしこれに対応する蓮如書状がいま願海寺には残されていない。とするならば、巧賢は、
仮定①……長禄元年（一四五七）十二月上旬の蓮如の再婚を知らなかったか、
仮定②……知っていたにも拘わらず無視したか、

仮定③……そもそもこの時点まで巧賢は存命していなかったか、

この三選択肢の、いずれかに該当するとしなければならない。けれども、前二者（仮定①・仮定②）の可能性はそもそもあり得ないとすべきであって、仮定③の、巧賢は長禄三年十二月以前にすでに死去していた、との可能性しか残らないと思われる。よって、この点を踏まえて事態の推移を考えてみよう。

当該書状から判明したごとく、巧賢は康正元年（一四五五）十一月にみずから上洛したのであるが、あいにくと蓮如にゆっくり面謁することはできなかった。そこで彼は翌二年（一四五六）二月下旬、再び上洛を試みて越前府中にまで達していたと思われる。彼が宿所としたのは、小川利兵衛家の帰属先たる円徳寺だったに違いない。

ところが彼は、ここに達するまでに病魔に襲われ、宿所で病臥を余儀なくされたのではなかろうか。二月下旬にはまだ残雪があるから、風邪をこじらせて肺炎などを発病した可能性が少なくないであろう。そこで巧賢はやむなく、ここから名代（使者）を仕立てることとし、その旨を宿所の円徳寺に依頼したのである。この結果、円徳寺の配下たる小川利兵衛家の人物（以下では「利兵衛」と仮称する）が手配されたのであって、利兵衛は巧賢のしたためた書状と懇志を所持して、東山大谷に向かって出発したのである。

東山大谷までは約一三〇㎞、約四日間の行程であるから、利兵衛は所期の目的を達して蓮如返信を受領し、旬日を過ぎずして越前府中に戻ってきたことであろう。しかしながら不幸にして巧賢はそれを待つことなく、三月上旬に死去してしまっていたのではあるまいか。蓮如の厄年平穏を祈念するはずの巧賢が、あたかも厄が乗り移ったごとくに、先んじて死去するという皮肉な事態になったのである。巧賢の誕生は応永二十八年（一四二一）と推測されたから、享年は三六歳だったと思われる。

巧賢が再上洛を試みなければ、かかる不幸な事態に陥ることはなかったのであるから、利兵衛によって持ち帰られた蓮如返信を、巧賢の遺族が嫌悪して受け取る気にならなかったとしても、無理からぬ心情と言わねばなるまい。かくして利兵衛には遺族から、往復の路銀とともに蓮如返信も譲渡され、その結果、当該書状はいま小川家に所有されることとなったのであろう。なお願海寺の由緒では、⑥巧賢の後継者として⑦巧専が確認でき、その通字「巧」から考えて親子と判断されるので、巧賢の死去でその血縁が断絶したわけではない。

以上の検討により、願海寺第六代巧賢は康正二年三月上旬に、越前府中の宿所＝円徳寺で死去したと考えられること（三六歳か）、またこれを契機にして蓮如書状は小川利兵衛家（円徳寺門徒）の所有に転じたと思われること、これらの点を明らかにすることができた。

おわりに

本稿の検討で判明した点を、最後に簡単にまとめておきたい。

越前「小川利兵衛家文書」の蓮如書状は、康正二年（一四五六）三月三日に巧賢（越中願海寺の第六代）に充てて発せられたものである。寺伝では巧賢は、本願寺巧如と、願海寺第五代信誓の娘「岩井」との間に生まれた子とされるから、蓮如にとっては叔父に当たるが、しかし年齢的には蓮如の方が六歳年長だったと思われる（巧賢は応永二十八年〈一四二一〉誕生か、蓮如は応永二十二年〈一四一五〉誕生）。

書状の言うところは、前年康正元年（一四五五）の十一月下旬に巧賢が、東山大谷本願寺の蓮如のもとにやって来た際、蓮如の妻如了尼（伊勢下総守貞房の娘）が死去したことに伴う葬送儀礼の執行に追われて、十分な対応もできないままで帰国してもらわねばならなかったので、この点をまず詫びたい。その後、蓮祐尼（如了尼の妹）を妻に迎える話が進められているが、康正二年三月の時点ではまだ確定的でないので、婚儀が終わった段階で上洛して頂きたく、懇志もその時に進上して頂ければよい。今回は門徒中から、四二歳の厄年の平穏を祈念する懇志が届けられたので、謝意を披露しておいて頂きたい。なお父存如が最期を迎えて、自分（蓮如）が本願寺の後継者となったならば、改めて一報を下すこととする、と述べられているのである。この書状は蓮如から名代（使者）に手交されて持ち帰られたものである。

ところで、巧賢はなぜ前年に上洛を企てたのかであるが、その理由はおそらく本願寺住持たる存如が、康正元年十一月上旬（このうちの後半）に突然に病臥する事態となり（中風などの脳内疾患を発症したか）、その第一報を国許で得たためであろう。巧賢にとって存如は長兄に当たるから、即刻の見舞いは当然の行動だったのである。ところが上洛してみると、偶然のことながら、蓮如妻たる如了尼の死去という新事態に遭遇したのである。そこで蓮如は応接不十分となることを危惧して、巧賢にそのままの帰国を求めたのであった。

翌康正二年二月になって、巧賢は再び上洛することとした。目的は、蓮如の四二歳厄年の平穏を祈念する懇志を進上することである。ところが越前府中の宿所＝円徳寺に達したところで、巧賢は病臥を余儀なくされてしまう。そこで彼はここから名代（使者）を仕立てて派遣することにし、円徳寺の門徒たる利兵衛に書状と懇志を託したのである。

利兵衛は無事に目的を果たし、蓮如返信を携えてやがて府中に戻って来るのであるが、しかし不幸なことに巧賢は、それを待つことなく三月上旬に死去してしまっていたと考えられる（三六歳か）。かくして持ち帰られた蓮如返信は、それからまもなくに巧賢の遺族から小川利兵衛家に譲渡され、この結果、現在まで同家に所蔵されることとなったのであろう。

ところで、巧賢充ての蓮如返信からは、この時点ですでに存如が病臥している状況を明瞭に読み取ることができる。突然の病臥であったと思しく、その結果、彼の譲状はいま本願寺に残されてはいない。このため存如が康正三年（＝長禄元年、一四五七）六月十八日に六二歳で死去した時、後継者の地位をめぐって蓮如と蓮照応玄（母親違いの弟）とが対立する状況になったのである。

通常ならば母親の家格の高い蓮照が相続することとなり、一旦はそのように合意されたのであるが、しかし存如の弟たる如乗宣祐は、存如の「命」＝意向を重視すべきと強く主張して合意を変更させ、庶兄たる蓮如が継承することを一族に了解させたのであった。おそらく如乗は、存如との同住期間が長かった点、およびその最期を蓮如が看取った点を重んじて、蓮如こそは後継者に相応しいとして逆転劇を演出したのであろう。その後の蓮如が、如乗の恩義に報いようと努めたことは言うまでもあるまい。また蓮如自身がこの康正二年三月の時点（父存如が死去する一年三ヶ月前）で、本願寺継承の意向を抱いていた節が窺われるとともに、それが実現するかどうかを不安視している印象も感ぜられて、注目すべきところである。

なお、存如の満中陰法要（四十九日法要）は康正三年（＝長禄元年）八月上旬までに実施され、また同年十一月下旬までには如了尼三回忌法要も執行されたことが確実である。かくして同年十二月上旬（九日か）に至り、蓮如はようやく二番目の妻たる蓮祐尼と再婚を果たすのである。

注

（1）小川利兵衛家の現当主利男氏の談話による。同氏からは当該文書の閲覧・撮影と掲載について、平成二十四年

（二〇一二）四月二十六日に許諾を与えられたので、ここに謝意を表しておきたい。
（2）千葉乗隆・堅田修氏編著『蓮如上人御文』二〇六ページ（同朋舎出版、一九八二年）。なお大喜直彦氏（本願寺史料研究所）の御教示に従い、一部の訓みを変更した。
（3）堅田修氏編『真宗史料集成』第二巻、三二六ページ（同朋舎、一九七七年）。
（4）北西弘氏「蓮如上人書状―巧賢宛」（同氏『蓮如上人筆跡の研究』第一部第九章、春秋社、一九九九年）。
（5）拙稿「蓮如の生涯とその花押」（本書第二十一章）参照。
（6）越中「浄誓寺文書」官職得度申者留（土井了宗・金龍教英氏編『越中真宗史料』六七六ページ―『越中資料集成』別巻一、桂書房、一九九七年）。
（7）越中「浄誓寺文書」官職得度申者留（前注6）。
（8）「日野一流系図」（『真宗史料集成』第七巻、五二五ページ、同朋舎、一九七五年）。
（9）如了尼の死去が康正元年十一月下旬であることは、「光闡百首」（『真宗史料集成』第二巻、七三三ページ）による。なお拙稿「光闡坊蓮誓の生涯と蓮如書状」（本書第十四章）参照。
（10）「大谷嫡流実記」実如の項（『真宗史料集成』第七巻、六三三ページ）。
（11）正確な懐胎日数が二六六日間であることは、中林正雄氏監修『はじめての妊娠出産百科』四七ページ（主婦の友社、一九九八年）による。
（12）金龍静氏『蓮如』三六ページ（『歴史文化ライブラリー』二一、吉川弘文館、一九九七年）、および千葉乗隆氏『蓮如上人ものがたり』六一ページ（本願寺出版社、一九九八年）の指摘による。
（13）「日野一流系図」存如の項の注記（『真宗史料集成』第七巻、五二三ページ）。
（14）拙稿「光闡坊蓮誓の生涯と蓮如書状」（本書第十四章）参照。
（15）拙稿「金沢別院所蔵の絵像三点」（本書第二章）参照。

【付記】

本稿は、「小川利兵衛家所蔵の蓮如書状」（『越前市史編纂だより』第八号、二〇一三年）と題して公表した旧稿に、一部加筆を行って改題したものである。

第五章　専修寺真恵の坂本移動と蓮如

はじめに

蓮如の発した御文の文言から、彼が文明三年（一四七一）に越前に下向して以降、高田派（専修寺派）に対して強い敵対意識を示していたことは周知のところであろう。けれども蓮如が、初めからこうした意識を抱いていたわけでは決してなく、最初はごく親密な関係を維持していたらしい。この時代の専修寺住持は第十代真恵であって、蓮如から彼に充てられた書状五点（A～E）が、いま伊勢「専修寺文書」[1]に残されているので、これを子細に分析することによって、両人の関係悪化の原因が摑めるのではなかろうか[2]。

こうした観点に立って、本稿では専修寺真恵に充てられた蓮如書状五点を検討してみたいと思う。

一　真恵の坂本移動の概略

専修寺真恵が下野国高田から伊勢国一身田へと移動した経緯については、江戸時代中期の高田派の歴史家たる五天良空が、その著作『正統伝後集』に次のようにまとめている（中略箇所は「……」で表示する）。

第十祖　真恵上人

大僧都法印真恵ハ、定顕ノ真弟也。永享六年甲寅誕生ス。……

長禄二年戊寅四月五日夜五更、野州高田祖師影前ニ於テ、定顕上人ヨリ唯授一人口訣相承シ、親鸞位ニ昇進ス。……

真恵師ニ至テ、中国弘法ノ大願ヲ発シ、生年二十六歳、長禄三年己卯、初テ高田ヲ出テヽ、諸国ヲ化導シタマフ。先ツ加賀国江沼郡ニ、暫ノ間マシマシテ、教化ヲ布ク。其ヨリ、越前・近江等ヲ巡化シ、江州坂本十津浜、妙林院ニ掛錫シ、竊ニ天台ノ教観ヲ修学シタマフ。

二十七歳、寛正元年庚辰、初テ伊勢国ニ入テ、マツ勢北ヲ化度ス。最初、朝明郡大矢知村ニ於テ、一寺ヲ草創シ、光明寺ト号セラル。……ソレヨリ後、三重郡小松村中山ト云所ニ、寺院ヲ建立シ、住居シタマフ。……ソレヨリ亦、同国鈴鹿郡峰原吉尾ニ、一寺ヲ取立ラレ、両所ニカヨヒテ勧化シタマフ。……

コ、ニ同国奄芸郡一身田村ノ地頭、シキリニ招請ス。因テ一身田村ニ移タマフ。于時、寛正五年甲申、上人三十一歳也。……是歳五月、定顕上人、下野ニ於テ御遷化ナリ。

同六年乙酉、真恵上人三十二歳、下野国高田専修寺ヲ、勢州奄芸郡一身田ニ移シ、紺宇ヲ中興シテ、……是ヨリ一身田ヲ本寺トシ、野州高田ヲ旧墓霊地トシテ、御掛所トス。(3)

右によれば、専修寺第十代たる真恵は、大僧都・法印に叙任され、第九代定顕の「真弟」（実子でかつ弟子の意）である。誕生したのは永享六年（一四三四）で、長禄二年（一四五八）四月五日夜に、下野国高田の親鸞影（木像か）の前で、父定顕から「唯授一人口訣」の手続きを受けて法義を相承し、「親鸞位」に昇進した。真恵に至って初めて、中国（ここでは近畿地方の意）における法義拡大の大願を起こし、二六歳となった長禄三年（一四五九）に高田を離れて、諸国への布教活動を開始した。まず加賀国江沼郡に赴いて教化を行い、次いで越前・近江などを巡化して坂本十津浜の妙林院に達した。ここに滞在する間に彼は天台宗の教観も修学した。[4]

翌寛正元年（一四六〇）に二七歳となった真恵は、初めて伊勢国へ入り、まず朝明郡大矢知村に一寺を草創して光明寺と命名した。次いで三重郡小松村の中山という在所に寺院を建立して居住した。さらに鈴鹿郡峰原村の吉尾へ移動して一寺を建立し、そして奄芸郡一身田村の「地頭」[5]の招請に従って一身田村へ移ったのであって、時に寛正五年（一四六四）、真恵が三一歳のことである。なおこの年五月に、父たる定顕が下野国において遷化している。翌寛正六年（一四六五）に真恵は三二歳となって、専修寺の寺基を一身田村に移すこととして堂舎を建立したので、これ以後は一身田が本寺とされ、高田は旧墓霊地として掛所の扱いになった、と述べられている。

この『正統伝後集』に関する注目点は、真恵が下野国高田を離れて加賀国江沼郡→越前→近江国坂本妙林院と移動したのが長禄三年（一四五九）のこととされ、さらに翌寛正元年（一四六〇）からは、伊勢国朝明郡大矢知村→三重郡小松村→鈴鹿郡峰原村→奄芸郡一身田村と移動して、ついに寛正六年（一四六五）に一身田村に堂舎を建立し、高田専修寺派の本寺にしたとされている点である。

ところが、この『正統伝後集』に述べられる真恵の坂本移動長禄三年説は、残念ながら誤りである。詳細は本章第八節において論ずるが、この移動直後に真恵に充てて発せられた蓮如書状五点（A～E）には、筆者の花押形状による分類でC型（形状による仮称は「三本足後期型」）に属するものが据えられているのに対し、長禄三年に実際に蓮如が使用していた花押はD型（「二本足前期型」）の形状なのである。つまり蓮如の花押形状の変化と、『正統伝後集』が語る真恵の動向とには、重大な乖離が見られるのであって、当然、花押形状に基づいた紀年の結論を採用すべきであろう。なお、真恵をはじめとする高田派門主の花押形状に関する研究成果があるならば、これと対照して本稿叙述の正否が判別できるから、こうした比較検討は研究の進展に大きな意義を持つことと思われる。

以上に述べたところにより、本稿では『正統伝後集』の語る坂本移動長禄三年説には従わず、それより三年遡った康正二年説を提起することとしたい。ただし坂本移動と一身田移動の経緯そのものについては、おおむね妥当な叙述と思われるから参照することにし、紀年についてのみ当面は「某年」として保留したうえで、その検討は第八節においてまとめて行うこととする。

二　蓮如書状五点の概括的理解

本節ではまず、真恵が坂本へ移動した「某年」のその翌年二月に、真恵が発給した次の書状を取り上げて、坂本に転じた真恵が堂舎（妙林院）建立事業に取り組んだことを明らかにしておきたいと思う。このことは、蓮如書状五点の内容を理解する前提として、極めて有効な見通しを与えてくれるであろう。

（包紙カ、異筆）「高田専修寺　（黒印）（方形、印文「豈」）」

就在国、種々之煩等、于今忝候。仍真俗之時宜、不断床敷計候。次、仏殿、如形令修造候。定而可被存大慶候。

将亦奉加、同供銭、無沙汰なく、顕尋房之方へ、可被済候。北庄へ宰荷（割符カ）上候。恐々謹言。

（康正三年）二月廿八日　真恵（花押）

折立北坊

稱名寺御房(6)

右は越前「稱名寺文書」に遺存する真恵書状であって、これによって真恵の越前における逗留先が、大野郡折立

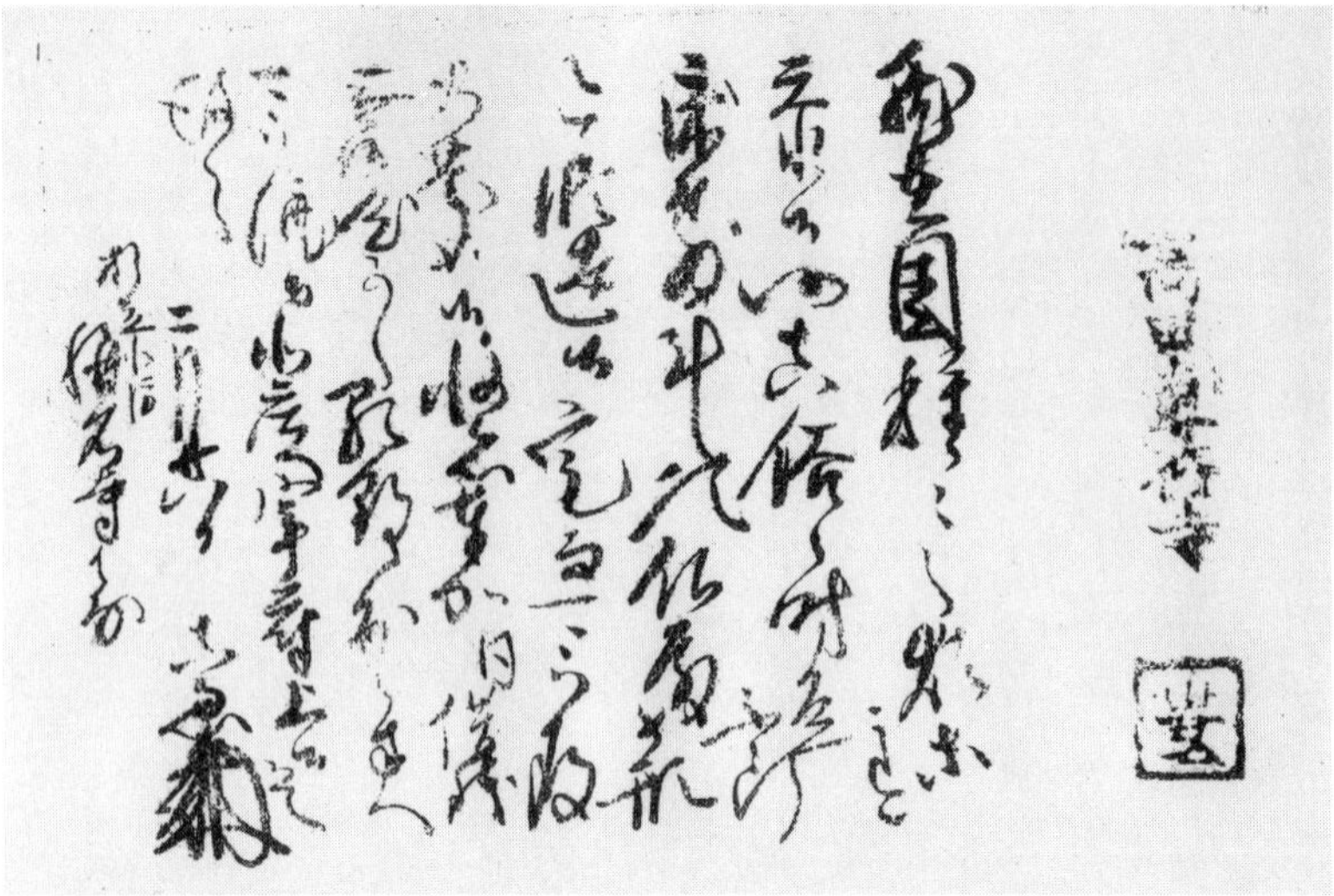

康正３年（1457）２月28日、専修寺真恵書状—越前「稱名寺文書」

村の称名寺であったことが判明する。すなわち、この度の在国（称名寺に逗留したの意）に際しては、種々の煩いを掛けることとなったが、今に忝なく思っている。真俗両面における配慮、まことに感謝に堪えないところである。坂本妙林院の「仏殿」については、修造を加えることができたので喜んで頂きたい。なお奉加銭や供銭は無沙汰なく顕尋房へ届けて頂きたく、越前北庄に割符が届けられるであろう（北庄に到達する顕尋房が割符＝約束手形を持つので、これを称名寺からの奉加銭・供銭などで決済＝処理すべしとの意か）、と述べられているのである。

右の真恵書状は、彼が坂本へ移動した「某年」のその翌年二月に、折立称名寺から書状と懇志とが坂本に届けられたので、その礼状として発せられたものである（紀年の検討は第八節）。ここで注目すべきは、「仏殿、如形令修造候」と、坂本妙林院が真恵の入寺に伴って「修造」されたことが知られる点であって、おそらくはこの段階で建物のすべてが新築（旧建物を取り壊したうえでの新築）されたのであろう。そして本稿で検討すべき蓮如書状五点においては、「門」の建設に関するやり取りが述べられているから、真恵は本願寺に対しては妙林院の「門」建設を割り当てていたものと考えられる。

そこで次に蓮如書状五点を概観して、大まかな概括的理解をまず得ておくこととしよう。

A・Bにおいて蓮如は、妙林院の「門」（史料Dに登場する）の建設について、大工にかなり特殊な設計仕様の「口入」＝申し入れを行ったが、あいにく実現してはいないと語っている。つまり、まだ「門」建設の工事には着手されておらず、しかも大工はその特殊な設計仕様を了承するに至っていなかったことが判明する。次いでCで蓮如は、「大柱」（門の資材）の運搬に「車」を使用すべきと述べ、Dでは「門」の建設予定日と、「石」（門の礎石）の手配について了承したと語り、そしてEでは「戸ひら」（門扉は別注されたか）ができた旨を聞いたと述べている。よってC〜Eの三点では、真恵の働きかけで大工が特殊な設計仕様について承諾した結果、建設の準備作業がようやく開始されて柱材・礎石・門扉が調達され、そしてEに至って「明日より御入工」と見えるように、翌七月二十八日から門建設工事に着手する段取りとなったことが知られる。完成までには一ヶ月ほどの工期を要したであろうが、あいにくとこれ以降の状況を語る史料は遺存していない。

そこで日付に注目すると、Aは七月三日付け、最後のEは七月二十七日付けとなっている。つまりAからEまでの約一ヶ月間で、真恵は蓮如の担当すべき業務を肩代わりして、大工と特殊な設計仕様に関する交渉を行い、柱材や礎石を準備させ、別注の門扉を届けさせ、そして七月二十八日から門建設を開始する手筈に達したということである。よって、五点の書状はすべて、真恵が坂本へ移動した「某年」七月の一ヶ月間の発給と解して差し支えないであろう。

肝心の「仏殿」そのものに関する史料は得られないが、当然、「門」に先立って建設されていたことは疑いなく、それを担当したのは蓮如以外の高田派系親鸞門流であったに違いない。「仏殿」が比較的小規模であれば、その工期は四ヶ月ほどだったと思われるから、「某年」の三月頃に建設工事に着手して、その年の六月頃には完成していたことであろう。そして直ちに付属工事の「門」建設に着手し、七月中には門を完成させて竣工式と落慶供養法要を迎える計画だったに違いない。けれども次節以下で述べるように、この計画は蓮如の不手際で狂いが生じ、一ヶ月ほどの遅れを生じて八月末頃にようやく門も完成し、かくして全堂舎の竣工に至ったのではないかと考えられる。

そして真恵はその翌年まで坂本妙林院に滞在した後、さらに伊勢へと移動するのである。

A：
康正２年（1456）
７月３日
伊勢「専修寺文書」

B：
康正２年（1456）
７月４日
伊勢「専修寺文書」

C：
康正２年（1456）
７月12日
伊勢「専修寺文書」

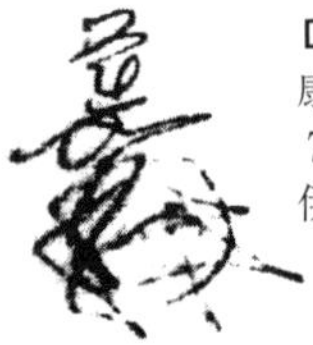
D：
康正２年（1456）
７月18日
伊勢「専修寺文書」

E：
康正２年（1456）
７月27日
伊勢「専修寺文書」

三　門建設の準備が遅延していたことの弁明

前節で述べた概括的理解を踏まえて、本節以下では個々の史料を詳細に検討しよう。まず日付が最も早いのは次のAである。

A（封紙ウワ書）「専修寺　御返報　本願寺　蓮如」

尚々、よき程も候ハヽ、以無為之儀、両大工ニさせられ候へく候。万事憑入候。

誠昨日者、雑談申候条、千万悦喜申候。仍大工之事、我等も一向、其儀を大切ニ存候之間、大工ニ口入仕候處、両大工分、不可叶候由、申候間、我等も迷惑候。於是非、堂とい失一命候共、不可承引由、申候。可然も候ハヽ、せめて両大工ニ仰付られ候ハヽ、猶々叶候者ぬまても、申候て、見候へく候。如仰、送日候へ共、御在京大切候間、それ之お本しめしよりも、我等ハたらす存候。委細之儀ハ、御使申され候へく候。恐々敬白。

（康正二年）七月三日　蓮如（花押）（C型＝三本足後期型）

（充所欠ク）

右の七月三日付け蓮如書状Aによれば、昨日（七月二日）に雑談ができたことは喜ばしき限りであった。ところで「大工」（ここでは門の設計の意か）に関しては、我々も「其儀」（特殊な設計仕様の意か）を大切と考えるので、大工に「口入」＝申し入れを行ったところ、大工両人としては実現困難との返答であったから、我らとしても「迷惑」＝困ったことだと思っている。工事に当たって一命を失う事態になろうとも、その指示を承引するわけにはいかないと大工は申している。せめて真恵から大工両人に指示を行われ、もし要望が実現しない事態となっても止むを得ないと考えられて、申し入れして結果を見るべきであろう。仰られるごとくに時間の経過はあまりにも早く、在京されることは大切な経験と存ぜられるので、「それ」＝貴方がお考えになられる以上に、我らとしては時間不足だと思っている。なお委細については使者が申されるであろう、と述べたうえで、さらに尚々書では、十分に配慮してくれる可能性もあるから、「無為之儀」＝望ましいあり方を目指して、大工両人に全面的に依頼されるのがよいであろう。万事を貴方に憑むところである、としているのである。

このAの封紙ウワ書には「専修寺御返報」と見えているから、真恵からもたらされた書状に対して、蓮如が返信Aを発しているのである。真恵書状の内容は、前日の雑談で話し合われた事柄、すなわちなにゆえに門建設が指示通りに準備されていないのかを、改めて詰問するものだったに違いあるまい。

ところで、ここで確認しておくべきは真恵・蓮如両人の身分的な上下関係であって、真恵の極官が法印・大僧都であるのに対し、蓮如のそれは法印・権大僧都である。(7) つまり真恵が上位、蓮如が下位であることは明白なのである。蓮如はAの書止文言を「恐々敬白」として、みずからが真恵の下位にあることを明示しており、さらに文言中では「御使申され候へく候」と表記して、使者の行為に対しても尊敬の助動詞を付しているのである。

とするならば、上位者たる真恵は、下位者たる蓮如に対して、事前に坂本妙林院の門建設の準備を調えておくように命じていたと想定しなければなるまい。前節引用の真恵書状では、「仏殿、如形令修造候」と見えていたから、弟子たちに割り振ってすべての堂舎を新築させたものと考えられ、その一部として「門」の工事は蓮如に命ぜられたのであろう。そして真恵はその際、門の仕様を、通常設計とはかなり異なる特殊な形状とするよう指示していたと考えられる。

かくしてこの推測に基づくならば、真恵の希望通りの設計仕様を実現することが重要と考えて、蓮如も大工両人に申し入れを行っていたが、それにも拘わらず大工は承諾しなかったから、我らとしては困惑するばかりであった、と嘆いた表現と解することができる。そして施工主たる真恵から、改めて大工両人に厳しく命じたならば、もしかして実現できるかもしれないので試みてほしい、と述べたものであろう。しかしながら、尚々書に見える「万事憑入候」との文言は、下位者が上位者に向かって用いるべき表現とは到底考えられず、これが真恵の神経を「逆撫で」した可能性は高いとしなければなるまい。

四　翌日の弁明追加

蓮如はその翌日七月四日に、追いかけて次のBを発している。前日のAでは言い足りなかった点を補足するためと考えられ、側近の「丹後」＝下間玄英にこれを持参させたらしい。

B　返々、それの御儀をそむき申候て候。已前より御座候大工加、承引なきニより多る事尓て候間、無力候。
抑及毎度、委細承候。昨日も如申入候、大工之事、涯分口入仕候へ共、不承引候間、我等等閑之儀ニ、お本しめし候らん。一身迷惑、此事候。乍去、猶々致了簡、口入仕候へく候。まつ木屋なとも、御用意候へく候と存候。内々自是も、人可進存候之間、御使、返々悦喜申候。委細之儀、以丹後(下間玄英)可申入候。恐々敬白。

(康正二年)七月四日　蓮如(花押)(C型＝三本足後期型)

(充所欠ク)


右の言うところは、昨日申し上げた通り、大工に対して門の設計仕様を懸命に「口入」＝申し入れていたが、承諾してもらえなかった点を、貴方は我らの「等閑」＝怠慢のごとくに考えておられるに違いない。まことに「一身」＝私にとっては、「迷惑」＝不本意なことである。けれども一層「了簡」＝才覚を働かせて、「口入」を行うつもりである。まずは「木屋」＝材木問屋などにも、「御用意」＝働きかけを行うべきと存ずるところである。内々に「是」＝蓮如からも、「人」＝使者を遣わす所存なので、真恵からも「御使」を派遣していただけるならば、まことに喜ばしい限りである。なお委細については「丹後」＝下間玄英が申し入れるであろう、と述べ、さらに尚々書では、「それ」＝貴方の「御儀」＝計画に背いている点は残念なところであって、古くから付き合いのある大工が承引しないための事態で、私としては「無力」＝対策の立てようがないところである、としているのである。

このBにおける眼目は、門建設の準備が調っていないのは、蓮如の怠慢が理由ではなくして、大工に原因があると強調する点にある。蓮如としてはこれで自分の責任が軽減されたつもりだったに違いなく、また真恵の指示そのものに無理があると示唆したものかもしれない。しかしながら真恵にとっては、みずからの指示が遅延のそもそもの原因と指摘されたのであるから、著しく不快な思いを抱かされたことは疑いないところであろう。しかも蓮如は「無力」と述べて、指示実現の努力を放棄してしまったから、蓮如の担当すべき業務を真恵がみずから肩代わりしなければならなくなったのである。真恵の心中たるや、「腑が煮えくり返る」思いだったに違いない。

五　門の設計仕様に関する決着

それから八日後の七月十二日、真恵からまた蓮如のもとに書状が届けられ、それに対して発せられた蓮如返信が次のCである。

C「（封紙ウワ書）
専修寺御坊　　本願寺
　　御返報　　蓮如」

大工之事、無為候間、一身大慶此事候。者や造作させせられ候歟。無御心元候。大柱事、車入候へく候。指圖させられ候ハヽ、一見申度候。相構〳〵、たとひ二三年、半作候て、お可れ候共、略々尓てハ、為当寺、それさ満の御多め、不可然候。御心得之まへ尓て候へ共、大工尓も結構せよと仰付られ候へく候。返々、今度者如此次第、出来候間、至于今、於我等、一身迷惑候。乍去、無子細候間、自何〳〵目出度、祝着至候。委細之旨、以面談之時、可申述候。恐々敬白。
（康正二年）七月十二日　　蓮如（花押）（C型＝三本足後期型）
（充所欠ク）

右のCによれば、「大工」＝門の設計仕様に関して、「無為」＝指示通りの仕様が実現することとなった由で、「一身」＝蓮如にとっても大慶の至りである。早くも「造作」＝建設作業に着手されるつもりなのであろうか。ご心配な点が多いことと存ずる。「大柱」の運搬については「車」を使用されるのがよいであろう。もしそのように「指圖」されるのであれば、私としても「一見」したいと考えている。たとえ「二三年」にわたって「半作」＝建設途中の状態で放置されることとなろうとも、「略々尓てハ」＝設計仕様に関する希望が実現しないままという事態は、「当寺」＝本願寺蓮如にとっても、「それさ満」＝真恵にとっても、望ましいことではない。心得ておられることと存ずるが、大工にも「結構せよ」＝十分に配慮を働かすようにと仰せ付けられるべきである。この度の「次第」＝顚末は、「一身」＝蓮如にとっても迷惑な事柄であったが、問題なく決着がついてなによりめでたく、祝着の至りと存ずる。なお委細については、お目にかかったときに申し上げることとしたい、と述べられているのである。

このCで判明するように、真恵が希望していた門の設計仕様に関する指示は、蓮如からの働きかけでは実現しなかったが、真恵による直接指示でようやく実現する見通しとなったのである。とすれば、この時点における真恵の蓮如に対する評価は、この程度の特殊仕様をなにゆえに大工に承諾させられなかったのか、真恵の意思を尊重しようとの配慮が蓮如には乏しく、そのために大工に対する働きかけがぞんざいだったのではないか、というものだったに違いない。そしてその結果、門建設の準備が遅延していたのであるから（仏殿完成後の七月初旬に直ちに門建設に着手する予定だったか）、蓮如に対する真恵の評価は一気に悪化して、強い不興の念を持つに至ったことは疑いないと思われるのである。

しかも蓮如の文書中には、真恵を立腹させる文言が散見している。前引Aの「万事憑入候」という主客転倒したごとき文言に続いて、Bでは「無力候」と述べて、指示実現の努力を放棄してしまったごとき表現になっている。そして右のCにおいては、「大柱事、車入候へく候。指圖させられ候ハヽ、一見申度候」と、蓮如はあたかも傍観者のごとき表現を用いているが、そもそもこの大柱を車で運搬する段取りは、蓮如が取り仕切るべき業務だったはずである。さらにまた「於我等、一身迷惑候」とも述べて、真恵からの指示が自分にとっては迷惑と断言しているのである。こうした文言が真恵の神経を「逆撫で」したであろうことは間違いないから、その後に「目出度、祝着至候」と述べても、真恵がそれを文字通りの祝辞として受け取ることはありえないと思われる。

以上のごとくに、蓮如書状には不用意な表現が散見されているから、これに基づいて蓮如の性格を考えるならば、彼にはみずからを下位者と自覚して、上位者（真恵）の指示による業務を忠実に遂行することが不得手であったとしなければなるまい。そしてこうした性格が禍いした結果、寛正六年（一四六五）正月になって延暦寺衆徒による大谷本願寺破却事件（いわゆる寛正の法難）が引き起こされるのではあるまいか。また真恵と蓮如との間には一九歳の年齢差があったが（蓮如が年長）、これが蓮如のとるべき姿勢を誤らせた可能性も指摘しておかねばならないであろう。

六　門建設の着工予定日と礎石手配

それから五日後の七月十七日、真恵はまた大谷本願寺の蓮如のもとを訪れたらしい。そこで蓮如はその翌日十八日に、その来訪を感謝する内容の書状Dを発している。

D誠、昨日者、雖無指之儀候、御出候之間、悦喜申候。門事、廿五日可立之由、承候。目出存候。石之事、御心安可被思召候。則可申付候。恐々敬白。

（康正二年）七月十八日　蓮如（C型＝三本足後期型）（花押）

（充所欠ク）

右の言うところは、昨日さしたる儀（特別な用件）もなくしておいで下さり、まことに感謝している。門（妙林院の門）を二十五日に建設するとの由、承った。まことにめでたい限りである。所要の石（礎石）については、安心していて頂きたい。直ちに指示して用意させる所存である、と述べられているのである。

このDにおける眼目は、真恵が直接指揮して門建設に着手しようとしたところ、肝心の石（礎石）がまだ準備されていないことが判明したという点であろう。事前にこれを手配すべきは当然、蓮如の責任であったから、真恵はその不手際に立腹して蓮如のもとに赴き、面と向かってこれを詰ったに違いない。蓮如はDで真恵の来訪を「悦喜申候」と述べているが、そもそもその目的は蓮如の不手際を叱責することだったと考えられるから、それを「無指之儀」と表現した蓮如には、明らかに感受性の不足があったと言わねばならず（ただし照れ隠しの表記かもしれないが）、この点にこそ、この問題の一層こじれる真因があったとしなければなるまい。

七　門建設の着工と蓮如に関する「雑説」

続いてさらに九日後の七月二十七日、蓮如は真恵に充ててEを発している。真恵から翌二十八日にいよいよ門建設に着手する旨の通知があったので、これに対して発せられた返信であろう。

E「（封紙ウワ書）
　進覧之候　　本願寺
専修寺　　　　　蓮如」

さむくなり候て、早々北国へ御下候へく候。京ハ事外さむく候て、御かんにん（堪忍）、あり可多く候。又直々早々、今夏之やう尓、くわうけん候へく候。

此方之儀共、先雑説之分尓て候。乍去、ゆ多んなく候。御心ニ入候て、承候。千万悦喜申候。次、御新發意在京事、前住（巧如）之時より、約束と申、於我等、無余儀事候。但かく〳〵のしき（仕儀）尓て、御い多玉しく存候。それ多尓も、御かんにん（堪忍）候て候へく候。先目出候。明日より御入工（カ）と承候。心得申候。又戸ひら出来候へき由、承候。目出候。諸事期面謁候。恐々敬白。

（康正二年）
七月廿七日　　蓮如（花押）（C型＝三本足後期型）
（充所欠ク）

Eの言うところは、この方に関して色々と取り沙汰されているが、すべて「雑説」＝虚報である。けれども「ゆ多ん《（油断）》」＝隔心の意を構える所存はなく、この旨を了解されたと承ったので喜んでいる。次に「御新發意」＝後継者（ここでは真恵を指す、父定顕はまだ高田で存命中）が在京される際の支援のあり方については、「前住」＝巧如（現住たる存如は康正三年六月まで存命）の時代から「約束」があるとのことで、我らにおいてもそれに「余儀」＝異存があるわけではない。けれども困難な状況があるから、「御い多王しく」＝痛々しい限りと存ずるが、しかし「御かんにん《（堪忍）》」＝辛抱して修学されることが必要であって、まずはめでたく存ずる。明日から「御入工」＝門建設に着手される由を承ったので、心得ておく。また「戸ひら」（Dに見える門の扉だけを別注したか）が出来した由も承り、めでたく存ずる、と述べたうえで、さらに尚々書では、向寒の候であるから、早々に北国（高田のこと）に下向されるのがよいであろう。京都はことのほか寒い土地柄で、「御かんにん」＝我慢することが「ありかたく」＝困難なところである。また近いうちに今夏のように、「くわうけん」（「合見」＝お会いすることの意か）することがあるであろう、としているのである。

Eに関して特に注意すべきところは、「此方之儀共、先雑説之分尓て候」と見えて、蓮如の真恵に対する応接が不十分であるのは、なんらかの反感や遺恨が原因との世評があることが窺える点で、しかも真恵はこれを直截的に書状で尋ねたのであろう。けれども蓮如はこれを「雑説」（虚報、デタラメ）と退けたうえ、「ゆ多んなく候。御心尓入候て、承候」と続けて、真恵に対して隔心の思いを抱くことは決してなく、誠心誠意をもって真恵の意向を承るつもりである、と述べているのである。

しかしながら、妙林院の門建設に対する蓮如の対応の仕方は余りにもぞんざいで、不誠実と評されてもやむを得ない点が見られたから、真恵とその周囲の者たちが、蓮如に反感・遺恨の思いありと誤解することも、あながち不自然ではなかったと思われる。

そもそもこれまでの蓮如は、本願寺門徒たる坊主衆が京都において修学する際、手許に所蔵される親鸞著作などを書写・下付して便宜を図ることはあったが、しかし上位者の指示に従って堂舎建設を手配するなどは、初めてのことだったと思われる。しかも両人の間に一九歳という年齢差があった点も、不十分な対応姿勢に繋がった可能性は否定できないように思われる。かくして真恵の心情には、蓮如が粗雑な対応しか示さないとの不快の念が芽生え、やがてそれは隔心の思い（ひいては敵対的意識）を抱いているとの確信に変化してしまったのではなかろうか。

これに加えて、Eで蓮如は「さむくなり候て、早々北国へ御下候へく候」と追記しているが、これが決定的な反発を生んだ可能性がある。真恵は畿内へ移動するに当たり、もはや高田へ帰国する意思は捨て去っていたに違いなく、そして実際のところ彼はその後、伊勢へと移動する。よって、右の文言を見た真恵としては、蓮如が真恵の京都滞在を忌避して帰国を勧めていると曲解しても、決して無理からぬものがあったとすべきであろう。妙林院の門建設で蓮如の姿勢に不誠実さを感じていた真恵の心情には、さらに「火に油を注ぐ」がごとき効果が生じたに違いないのである。

以上のごとくにして真恵は、坂本妙林院に滞在した約一年間、しかもそのうち門建設が予定されていた七月の一ヶ月間で、蓮如に対する感情を決定的に悪化させてしまったのである。その根本原因としては、蓮如が示すべき下位者としての応接の態度に配慮不足があったからである。この点は、伊勢国の高田派門徒衆の対応に比較すれば明らかであって、彼らは真恵の指示した道場新築を次々と忠実に実行しており、物議を醸すような事態には決して立ち至っていないのである。

八　紀年の推測と蓮如の多忙状況

さてそこで最後に、蓮如書状五点（A～E）の紀年について検討するとともに、なにゆえに蓮如がかくも配慮不足の態度を示したか、換言すれば、この時点の蓮如が多忙の極致とも言うべき状況にあった理由はなにか、を説明することとしたい。

そもそも専修寺真恵の指示による妙林院建設事業は、親鸞門流に属する者にとっては最重要の案件であるから、これに対応すべきは当然、本願寺門主（住持）の地位にある者だったとしなければならない。蓮如が本願寺門主の地位を継承するのは、父存如が康正三年（一四五七）六月十八日に死去した時点のことであるから、書状五点（A～E）の紀年がもしこれ以降に位置付けられたならば、『正統伝後集』の語る坂本移動長禄三年（一四五九）説と合致することになり、紀年の問題はこれで解決ということになる。

しかるに、拙稿「蓮如の生涯とその花押」(8)における分析によれば、長禄三年に蓮如が押捺した花押の形状はD型（「二本足前期型」）であった。この形状の確実な初見は康正三年（一四五七）六月十八日（父存如が死去した当日）で、上限としてはさらに康正二年（一四五六）九月まで遡る可能性がある。他方、その下限としては、寛正五年（一四六四）五月までの使用が認められる。つまり蓮如はD型（「二本足前期型」）花押を、康正二年（一四五六）九月～寛正五年（一四六四）五月の間に押捺していたのである。

ところがこれに対し、書状五点（A～E）にはC型（「二本足後期型」）の花押が見えている。つまりこの五点が、右の期間内に発せられた可能性は皆無なのであって、真恵の坂本移動長禄三年説は否定せざるを得ない。C型

（「三本足後期型」）の花押が見えるA～E五点は、D型（「二本足前期型」）の花押が出現する康正二年九月よりも、さらに早い時点の発給と推測しなければならないのである。

ところで、A～E五点を康正二年九月以前のものと限定するならば、その頃の本願寺住持たる存如は、なにゆえに妙林院建設事業（そのうちの門建設工事）という重要案件に関与することなく、子蓮如の対応に任せていたのであろうか。もしかして存如には、これに対応できない事情が伏在しているのであろうか。

存如はその晩年、かなりの長期間にわたって病臥した可能性がある。詳細は別稿に委ねるが[9]、康正元年（一四五五）十一月上旬には早くも病臥したと思しく（中風などの脳内疾患を発病したか）、遅くとも康正二年（一四五六）三月には彼は確実に病臥していた。そこで蓮如は父存如の絵像（寿像）制作を思いついたらしく、その結果、康正三年（一四五七）六月十八日の存如死去と同時に、蓮如はその絵像に裏書を染筆することができたのである[10]。

こうした事情を踏まえるならば、康正元年十一月上旬～康正三年六月十八日の間には、本願寺門主の権限は蓮如によって代行されていたと想定しなければならず、もし妙林院建設事業がこの期間内の案件だったならば、蓮如の立場についての矛盾は生じないこととなるであろう。かくしてA～E五点が集中的に発せられた七月というのは、右の期間内では康正二年七月だけがこれに該当すると推断してよいのである[11]。

そこでこの坂本移動康正二年説に立って、この時点の蓮如（四二歳）が種々の問題に忙殺されていた状況を述べることとしよう。

まず家庭内の問題としては、前述したごとくに康正元年（一四五五）十一月上旬以来、父存如が病臥する事態となっていた。そこで越中にあった願海寺巧賢（本願寺巧如の第五子）は、長兄の病臥という第一報を得て直ちに東山大谷に駆けつけ、彼を見舞うこととしたのである。

ところが巧賢が同月下旬に京着したところ、たまたまその当日（もしくはその前日頃）、蓮如の妻如了尼（伊勢下総守貞房女）が死去するという新事態が突発していたのである。彼女はその直前に蓮如第七子（四男）の蓮誓康兼を生んでいたが、産後の肥立ちが芳しくなく、ついに十一月下旬に死去してしまったのである。[12]かくして蓮如は、父存如の看護に当たるとともに、その代理として本願寺門主の通常業務（法名状下付、絵像裏書執筆、聖教類書写、懇志請取状執筆など）をこなし、また報恩講を厳修することと並行して、妻如了尼の葬送儀礼をも執行しなければならなかった。そして蓮誓を養育するためには乳母を探し、さらにみずからの新たな妻も求めねばならなかったのである。

これに加えて緊急を要する問題として、近江長沢福田寺の新住持選任が懸案になっていた。[13]これは前年康正元年に福田寺住持の琮俊が死去して、住持職断絶の危機に直面していたからである。門徒衆はやむなく蓮如に適当な人物の選任を要請したのであるが、蓮如としても寺務は多忙を極めており、また前述のごとき種々の家庭内問題にも頭を悩ましていたから、翌康正二年になっても新住持は見つからなかったのである。

以上のごとき状況に喘いでいた蓮如に、康正二年七月、さらに新たな難問が追加されたのであって、それが専修寺真恵の坂本移動に伴って課せられた、妙林院新築事業（そのうち門建設工事の割当）なのである。かくして、蓮如の真恵に対する対応は不十分とならざるを得ず、ついに前節で述べたごとく、真恵は蓮如に対する感情を決定的に悪化させて、蓮如には隔心の思い（ひいては敵対的意識）があるとの疑いを抱くに至ったのである。

むろん真恵には、蓮如の家庭内事情を顧慮する必要はなかったであろうが（蓮如がその義務を門徒に代行させればよい）、しかし内情を承知する我々としては、いささか残念な思いを禁じ得ないところではある。この康正二年は、たまたま蓮如の四二歳の「厄年」に相当しているが、皮肉にもそれに照応したごとき家庭内状況であり、また宗門内状況であり、さらには対専修寺真恵の状況だったのである。そしてその後、真恵と蓮如との関係が修復される機会はついに得られないのである。

なお、その後の本願寺における推移であるが、翌康正三年（一四五七）六月十八日になって父存如が死去する。そして一連の葬送儀礼が終了した六月二十八日、本願寺を蓮照応玄（存如二男）が相続するとの合意が、一族内で一旦は形成されたらしい。しかし如乗宣祐の異議によってこれは覆り、蓮如の相続へと変更されたのである。そこで蓮如は、福田寺後継者問題について尾張国津嶋村出身の頓乗に就任を承諾させるとともに、十二月上旬（九日頃か）には、二番目の妻たる蓮祐尼との婚儀を挙行することができたのである。(14)

おわりに

伊勢「専修寺文書」に残された五点の蓮如書状（専修寺真恵充て）の文言から、以下の点が明らかになった。

下野国高田専修寺にあった真恵が、ここを離れて近江坂本へ移動するのは、『正統伝後集』によれば長禄三年（一四五九）のこととされるが、これは誤りであって、それより三年前の康正二年（一四五六）のことだったと考えられる。その根拠は、移動直後の真恵充て蓮如書状五点に、筆者の区分によるC型（「三本足後期型」）の花押が押捺されているからである。蓮如が長禄三年に実際に押捺している花押はD型（「二本足前期型」）の形状であるから、当然、花押形状に基づいた結論を優先しなければならない。

真恵は坂本へ移動する直前に、妙林院の「仏殿」を建立する旨の指示を各地門徒衆に発していたらしく、そのうち「門」の建設を命ぜられたのが本願寺であった。そして康正二年に坂本に転じて建設事業を推進した真恵は、いよいよ七月から門建設に着手しようとした時、資材などが未調達であることを知ったのである。そこで七月二日、真恵は東山大谷に赴いて蓮如を詰問したところ、大工が特殊な設計仕様を了承しないために遅延しているとの弁明を、蓮如は行ったのである。

翌三日、真恵は改めて書状を蓮如に発して、門建設に着手できない理由を問い質すが、大工両人が特殊設計を承知しないためという蓮如の返答（書状A）は変わるところがなかった。そして蓮如は、真恵からの直接指示であれば特殊設計を大工は承知するかもしれないとして、大工との交渉義務を真恵に返上してしまったのである。

翌四日、蓮如は前日の書状Aで言い足りなかった点を補足するために、書状Bを執筆して側近下間丹後玄英に持参させる。その内容は、大工に特殊設計を承諾させられなかったのはみずからの怠慢ではないと強調し（指示自体に無理があると示唆したか）、そして真恵から使者を派遣して厳命したならば承諾が得られるかもしれないとして、設計に関する交渉を回避する姿勢を、蓮如は改めて示したのである。

そこで真恵は大工と直接交渉し、やがて特殊な設計仕様の了解を得ることができたらしい。この旨を通知された蓮如は、そこで十二日に返信Cを発して、希望通りの仕様が実現することとなって大慶に存ずるとしたうえで、直ちに建設作業に着手されるのであるならば、大柱の運搬は車を使用するのがよく、蓮如としても一見したいと語り、建設途中の状態が二、三年続くこととなっても、希望通りの設計で完成した方が望ましく、決着がついてめでたい限りである、と述べているのである。

ところが、いよいよ真恵の直接指揮で門建設に着手しようとしたところ、肝心の礎石がまだ準備されていないことが判明する。そこで真恵は七月十七日に大谷本願寺の蓮如のもとを再び訪れて、未調達であることの不手際を面と向かって叱責したうえで、二十五日の着工予定に必ず間に合わせるように厳命する。蓮如はそこで礎石準備を約束してその場を収め、翌十八日に書状Dを執筆して真恵のわざわざの来訪を感謝するとともに、必ず礎石を用意しておくと述べたのである。

しかしながら実際の着工は七月二十八日であった。前日の二十七日にその通知を受けた蓮如は返信Eを真恵に発して、蓮如が真恵に対して反感・遺恨など隔心の思いを抱いているとの世評に関し、すべて「雑説」=虚報であって、断じてそのような意思は持っていないと述べている。そしてかつて巧如（蓮如の祖父）は、専修寺の後継者=真恵が在京する際には支援を行う旨を約束していたが、蓮如としてもこれに異存はなく、困難な状況があっても辛抱して修学されるべきである。明日二十八日から門建設に着工される由、心得ておく。なおこれから寒さを迎えるが、京都は寒くて耐え難いので、早々に北国（=高田）へ帰国されるのが望ましく、近いうちに再び今夏のごとくにお会いしたい、と述べているのである。

このEでは、真恵に対して蓮如は隔心の思いを抱いているとの世評があることが知られるとともに、蓮如の対応の姿勢について真恵が著しく不愉快に感じていることが窺える。蓮如はこれを「雑説」として退け、真恵に対して隔心の思いを抱いたりは決してせず、その意向を誠心誠意をもって承るつもりだと述べている。けれども蓮如は、門建設の事前準備を怠っていたうえ、その後の対応にも決して十分とは言えない点があったのである。

蓮如の姿勢が不十分であった理由としては、家庭内に困難な問題が相次いで起きていたことが指摘できる。第一には、この前年の康正元年（一四五五）十一月上旬に、父存如が病臥する事態（中風などの脳内疾患を発症したか）となっていたことであって、蓮如は本願寺住持としての職務をすべて代行しなければならなくなっていた。

次いで第二には、妻如了尼が第七子蓮誓康兼を生んだ後、産後の肥立ちが不調だったために、十一月下旬に死去してしまったことである。

そして第三には、康正元年以来の懸案である長沢福田寺後継者問題の解決が迫られていたが、新住持は容易に見つかりそうになかった。

こうした多忙な状況に喘いでいた蓮如に、さらに新たに妙林院の門建設が真恵から割り当てられて、康正二年七月から着工すべしと指示されたのである。けれども蓮如はこれを果たせず、またその後の対応姿勢も不十分であったため、ついに真恵は蓮如に対する感情を決定的に悪化させて、蓮如は隔心の思い（ひいては敵対的意識）を抱いているに違いないと思い込んでしまう。しかも蓮如は書状で、真恵に速やかな帰国を勧めたから、真恵はこれを誤解して京都滞在が忌避されていると考えた可能性がある。かくして両人の関係は、ついに修復不可能な状況になってしまったのである。

なお本願寺では、存如がその翌年の康正三年（一四五七）六月十八日に死去する。そして一連の葬送儀礼が終了した六月二十八日、本願寺の相続権が蓮照応玄（存如二男）に認められる事態と一旦はなったらしい。けれども如乗宣祐がこれに異議を唱えて、蓮如の相続へと変更させたのであった。かくして蓮如は門主権限を行使して、懸案となっていた福田寺新住持問題の解決をまず図り、尾張国津嶋村出身の頓乗から就任承諾を得ることができた。さらに十二月上旬（九日か）には蓮如は、二番目の妻たる蓮祐尼との婚儀を挙行するに至ったのである。

注

（1）伊勢「専修寺文書」の写真版は、千葉乗隆・堅田修氏編著『蓮如上人御文』（同朋舎出版、一九八二年）の一七二ページ以下で、第五四号〜第五八号として掲載されている。また釈文のみは、『真宗史料集成』第二巻（同朋舎、一九七七年）の三一八ページ以下で、「諸文集」第二五九号〜第二六三号として掲載されるほか、『真宗史料集成』第四巻（同朋舎出版、一九八二年）の一六八ページ以下にも、「専修寺文書」第三五号（1〜5）として掲げられている。以下では出典注記を省略することとし、また写真版によって一部の訓みを変更したが、その注記も省略しておく。なお、真恵の花押複写を転載することについては、真宗高田派本山専修寺（宗務院主任梅林清香氏）から許諾を与えられたので（平成二十六年〈二〇一四〉一月二十一日付け）、ここに謝意を表しておきたい。

（2）両人の関係悪化については、谷下一夢氏「中世に於ける本願寺と専修寺との不和に就いて」（同氏『増補真宗史の諸研究』二〇四ページ、同朋舎、一九七七年）に論ぜられているが、その検討は不十分と言わざるを得ない。

（3）『正統伝後集』巻二（『真宗史料集成』第七巻、同朋舎、一九七五年。または『真宗全書』第六六巻、国書刊行会、一九一四年初版、一九七六年復刻）。なお、ほぼ同様の経緯が「専修寺門室系譜」（『真宗史料集成』第七巻、七三〇ページ）にも見えているから、『正統伝後集』と「専修寺門室系譜」とは密接な関連のもとで成立しているのであろう。なお本文で論ずるごとく、真恵が下野国高田から近江国坂本に移動したのが長禄三年だったという『正統伝後集』の説は、残念ながら誤っているから、五天良空の依拠した史料は必ずしも信頼度が高いものではなかったとしなければならない。

（4）真恵がなぜ途中で加賀江沼郡に立ち寄ったのかについて、『正統伝後集』にはなにも理由が語られていない。けれども「専修寺門室系譜」（『真宗史料集成』第七巻、七三四ページ）を見てみると、真恵は富樫政親の子たる「応真」を養子に迎えていることが知られ、専修寺と富樫家との間には緊密な親戚関係があったことが判明する。こうした関係は、真恵や政親の時代になって初めて成立したとは考えにくく、もう少し早い段階から見られたのではあるまいか。例えば、真恵の母が富樫家出身であるとか、あるいは政親の母が専修寺出身である、などといった関係である。筆者の想像では、真恵の母が富樫家出身で、その実家が江沼郡にあった可能性が高いように思われ、上洛を目指す真恵はわざわざここに立ち寄ったのではないかと考えられる（ただし一般的にも高田から京都に向かう旅程では、北陸経由の方が短距離かつ安全・容易だったと思われる）。もしこの想定が妥当だったならば、こうした親戚関係を踏まえて高田派（専修寺派）は、政親方に対して加勢するに至ったものであろう。

（5）真恵を一身田村に招いた人物に関して、『真宗史料集成』の記述では、「コ、ニ同国奄芸郡一身田村ノ地頭、シキリニ招請ス」と見えているが、『真宗全書』の記述では、「コ、ニ同国奄芸郡北黒田村ノ誓祐、シキリニ招請ス」とされている。つまり招請者とその居住地に相違が見られるのであって、おそらくは前者（「地頭」）を改変して後者（「誓祐」）の記述が登場したものであろう。

（6）越前「稱名寺文書」（『福井県史』資料編七・中近世五、八九八ページ、福井県、一九九二年。または『真宗史料集成』第四巻、七五ページ）。これの存在を早くに指摘されたのは井上鋭夫氏『本願寺』第三章、九九ページ（至文堂、一九六六年。のち『講談社学術文庫』に収録、二〇〇八年）である。これの紀年が康正三年であることは、本章第八節の検討によっている。なお福井県文書館の写真版「稱名寺文書」から複写を転載することについては、住持佐々木實凌氏から平成二十八年（二〇一六）五月十一日に許諾を与えられたので、ここに謝意を表しておきたい。

（7）真恵（真慧）の僧位・僧官については「専修寺門室系譜」（『真宗史料集成』第七巻、七三四ページ）、蓮如のそれについては「日野一流系図」（『真宗史料集成』第七巻、五二二ページ）による。

（8）拙稿「蓮如の生涯とその花押」（本書第二十一章）参照。

（9）拙稿「巧賢充ての蓮如書状」（本書第四章）参照。

（10）拙稿「金沢別院所蔵の絵像三点」（本書第二章）参照。

（11）真恵の坂本移動長禄三年説が誤りとなったことにより、この結論はさらに波及して、真恵が父定顕から長禄二年（一四五八）四月五日夜に法義相承して「親鸞位」に昇進したとされる点も、当然に再検討が迫られることとなる。筆者としては、本文の結論に対応させて三年遡らせ、康正元年（一四五五）四月に法義相承が行われた可能性を指摘しておきたいと思う。またこれ以降の、寛正五年（一四六四）に伊勢国奄芸郡一身田村の堂舎を創建したことや、翌寛正六年（一四六五）に専修寺寺基を一身田村へ移転させたことについても、同様に再検討が必要なのかもしれないが、本稿ではその余裕がないので別の機会を得たいと思う。

（12）拙稿「光闡坊蓮誓の生涯と蓮如書状」（本書第十四章）参照。

（13）拙稿「長沢福田寺の後継者問題と蓮如」（本書第六章）参照。

（14）拙稿「巧賢充ての蓮如書状」（本書第四章）参照。

第六章　長沢福田寺の後継者問題と蓮如

はじめに

近江国坂田郡長沢村（滋賀県米原市長沢町）に所在する福田寺（フクデンジ）は、山号を「布施山」と称し、浄土真宗本願寺派（西派）に属する。寺伝[1]によれば、もとは坂田郡布施村に所在して息長寺（オキナガジ）と称し、初めは三論宗、次いで法相宗、さらに天台宗に属したが、住持覚乗の時代に本願寺覚如（文永七年〈一二七〇〉誕生～観応二年〈一三五一〉正月十九日死去、八二歳）に帰依して転宗し、新寺号「福田寺」を付与されるとともに、暦応二年（一三三九）には寺地を現在地に移したとされる。転宗後の住持は、①覚乗―②頓了―③性善―④覚寿―⑤理観―⑥頓乗―⑦琮俊、と続いたとされるが、しかし後述するごとく、第六代・第七代については再検討の必要があるから、この寺伝をすべて信頼することはできないようである。

いま福田寺には、本願寺蓮如から付与された書状二点（A・B）が残されており、十五世紀中期の福田寺が住持断絶の危機を迎えていたことが知られる。またこの頃の本願寺では門主存如が死去した後、その継承権をめぐって蓮如と蓮照応玄との対立が起きるが、この経緯についても「福田寺文書」は新たな知見を与えてくれるであろう。

なお当寺文書を分析した先行研究として北西弘氏「蓮如上人と継母如円尼」[2]があり、氏は九月十日付けのAを康正三年（＝長禄元年、一四五七）の発給と推測しておられる。けれども私見では、同史料はその前年康正二年（一四五六）九月のもの、そしてもう一点のBは康正三年六月のものと考えられるので、以下でその根拠を示しつつ検討を加えて、福田寺史の解明に資したいと思う。

一　琮俊と頓乗

寺伝では第六代を頓乗、第七代を琮俊としているが、しかし筆者にはこの順序は逆だったと思われ、第六代が琮俊、第七代が頓乗だったとすべきであろう。その理由は、琮俊に関連する史料の方が、頓乗の在職を示す史料よりも先行して登場するからである。

まず琮俊に関わる史料三点（①～③）を提示する。

①（『口伝鈔』下巻ノ奥書）「于時永亨第十之天、大呂（十二月）仲旬第三日、至午時、奉書写訖。依而江州長沢福田寺（之内）○琮俊坊、為所望之間、不顧悪筆、所令予書写之也云々。

右筆蓮如廿三（四カ）歳（花押）（A型＝三本足前期型）」[3]

②（『安心決定鈔』ノ奥書）「時也文安第四之天、初春（正月）下旬之比、終筆功訖。仍斯鈔者、江州長沢福田寺之琮俊房、依所望、雖為悪筆、令書写処也。

右筆釈蓮如

（花押）（A型＝三本足前期型）」（4）

右筆釈蓮如（ママ）（5）」

③「本云、（「御伝鈔」下巻ノ奥書）

時也宝徳第二之天、江州長沢福田寺宗俊房、依所望、奉染紫毫也。

右の三点は聖教類の奥書であって、いずれも琮俊の所望によって作成されたと見えている。すなわち、①は永享十年（一四三八）十二月十三日に蓮如が書写した「口伝鈔」下巻の奥書であって、琮俊の所望に従って悪筆を顧みず書写したと記されている。なお現在は、この①は「本願寺文書（西派）」の所有に帰している。次いで②は、文安四年（一四四七）正月下旬に蓮如が書写した「安心決定鈔」の奥書で、ここにも琮俊の所望に基づいてと記されている。さらに③は、宝徳二年（一四五〇）に蓮如が書写した「御伝鈔」下巻の写本（大和本善寺所蔵）の奥書であって、福田寺宗俊（琮俊）が付与されたものを、さらに大和本善寺の住持が転写したものである。いま原本は福田寺に残されておらず、また転写本であるから当然、蓮如の花押は欠けている。

右の三点の史料によって、福田寺琮俊は永享十年（一四三八）～宝徳二年（一四五〇）の間に、修学のために蓮如から各種文献の下付を受けていたことが知られる。おそらくそれは彼の青年時代のことであろうから、仮に永享十年が得度直後の一五歳であったと想定してよいならば、琮俊の誕生は応永三十一年（一四二四）だったと計算できる。

これに対して、頓乗の名が登場する史料は、次の二点の絵像裏書（④・⑤）である。

④「（蓮如寿像ノ裏書）

釈蓮如（花押）（G型＝ムスビ逆三角型）

文明六季甲午八月十二日
江州坂田南郡長沢福田寺常住也。(物脱カ)
願主釈頓乗
」(6)

⑤「(親鸞絵像ノ裏書)
大谷本願寺親鸞聖人御影像
釈蓮如(花押)
文明七歳乙未三月廿八日
江州坂田南郡長沢
福田寺常住物也。
願主釈頓乗
」(7)

右の④によれば、文明六年(一四七四)八月十二日付けで蓮如が、みずからの寿像を頓乗に下付すると見えている。続いて⑤によって、その翌年の文明七年(一四七五)三月二十八日に頓乗は、親鸞絵像も下付されていることが知られる。これらによって文明初年こそは、頓乗の生涯における最盛期だったと考えられ、年齢は壮年期に達していたとしてよいであろう。

次節以下では「福田寺文書」二点(A・B)を検討するが、その結論をここに先んじて述べておくと、康正元年(一四五五)になって福田寺住持の血縁が断絶し、これを嗣ぐべき後継住持が選任されるのは、翌々年の康正三年(=長禄元年、一四五七)になってのことである。本節で判明した住持名を当てはめるならば、康正元年に死去したのが琮俊、康正三年に選任されるのが頓乗ということになる。かくして、寺伝の語る系譜と死去年をそのまま採用することは、残念ながらできないのである。

なお蓮如は、文明三年～文明七年八月の間には越前吉崎に滞在していたから、右に引用した④・⑤二点は、ともに吉崎で染筆されたものである。けれども表面の絵像そのものが吉崎で描かれたかどうかは不明であって、常識的には京都居住の絵師が描いたものを頓乗が入手し、これを吉崎に持参して蓮如の観覧に供したうえで、蓮如から裏書を下付されていたとすべきであろう。

二　福田寺琮俊の死去と蓮如書状A

「福田寺文書」の蓮如書状二点のうち、先行して発給されたAをまず取り上げよう。

A福田寺住持之事、自京都可下候之由、去年門徒中、被申定候之処、于今延引、無勿体候。乍去、此秋中、我等先下向候て、可居住之由、雖申候、別而隙入子細候之間、只今人を下候。何様、住持之事、追而可申付候。其分、門徒中可被心得候者也。恐々謹言。

（康正二年カ）九月十日　蓮如（花押）（D型＝二本足前期型）

福田寺 門徒中（9）

右の蓮如書状Aによれば、福田寺住持に関して、「京都」＝大谷本願寺から新たな人物を下してもらいたいとの旨が、「去年」、門徒中で申し定められて言上されたが、いまだに延引しているのはまことに「無勿体」＝申し訳ない事態である。今年の「秋中」（七月～九月）には我らがまず現地に下向し、「居住」するつもりだとの旨を申し下していたが、しかし突然に「別而隙入子細」、すなわちどうしても手の放せない事態が突発してしまったため、や

A：
康正２年？（1456？）
９月10日
近江「福田寺文書」

むなく「人」＝代理人（例えば側近の下間玄英など）をいま下向させるところである。福田寺住持については追って適切なる人物を申し付ける予定でいるから、門徒中としてもこの旨を了解して、いましばらく待って頂きたい、と述べられている。文言中では代理人が現地へ下向すると見えているから、この代理人が右の書状Aを持参して門徒衆に披露し、さらに口頭による説明と指示とを加えるのである。

このAによって、福田寺では「去年」、住持不在という事態に直面したことが知られる。前節の検討で、永享十年（一四三八）～宝徳二年（一四五〇）の間に福田寺琮俊が、大谷本願寺で修学に努めていることが知られたから、おそらくはこの琮俊が「去年」に死去してしまったのであろう。琮俊にはまだ後継者が得られていなかったらしく、しかもその親類縁者にも住持に相応しい人物は見当たらなかったのである。そこで門徒中はやむなく本願寺にこの旨を言上して、新住持を選任・派遣してほしいと申し入れたが、しかし蓮如にも適任の人物の心当たりがなかったため、福田寺後継者問題は未解決のままで棚上げとされていたのである。そこで蓮如は一年経ったこの年の秋（七月か）に、このAに先行する書状を発して（ただし書状は残されていない）、「此秋中、我等先下向候て、可居住之由」、すなわち「秋中」（具体的には九月末日までの意か）には、蓮如がみずから福田寺に下って「居住」し、経営態勢の立て直しを図るつもりなので、いましばらくの猶予がほしいと伝えていたのである。ところが九月になるや、さらに新たな「隙入子細」＝事件が突発して、蓮如の下向は到底不可能な状況となってしまった。そこで蓮如は「人」＝代理人を派遣して当面の経営に当たらせることとし、その代理人に右の書状Aを託して現地に赴かせたのである。

そこでAの発せられた紀年であるが、北西氏の見解(10)によれば、「隙入子細」との文言が存如死去（康正三年〈一四五七〉六月十八日のこと）に該当するとして、Aを康正三年九月のものと結論付けておられる。けれども筆者には、この推測には無理があるように思われる。

その理由であるが、存如の一連の葬送儀礼は一〇日間ほどで終了したであろうから、遅くとも七月上旬には蓮如は、福田寺後継者問題の解決に取り組むことができたはずである。しかるに北西氏の見解に従うと、蓮如はそれから二ヶ月間この問題を放置しており、九月の新事態発生によって、あわてて蓮如は**A**を発したと想定せざるを得なくなる。つまり、二ヶ月もの空白期間が存在するのはなぜかという疑問と、九月になって生じた新事態はなにかという疑問とが、ともに解決できなくなるのである。

そこで筆者の考えであるが、北西氏の推測よりもさらに一年前の、康正二年（一四五六）九月こそが、**A**の発給時期として相応しいのではないかと思われる。

その根拠として指摘できるのが蓮如の花押形状の変化であって[11]、**A**に見えるD型（二本足前期型）の花押は、これ以降、寛正五年（一四六四）五月まで継続して使用されたことが確認でき、そのなかには後掲の書状**B**も含まれている。他方で、これ以前に使用されていた花押は三区分（A型～C型）の形状を示し、

A型（三本足前期型）……永享十年（一四三八）十二月～宝徳元年（一四四九）八月

B型（ムスビ試行型）……宝徳二年（一四五〇）八月～康正二年（一四五六）三月

C型（三本足後期型）……康正二年（一四五六）七月

以上のごとき登場時期が判明しているのである。

ところで、当該書状に見えるD型（二本足前期型）の花押に関して、紀年が判明する最初のものは、康正三年（一四五七）六月十八日の存如絵像裏書に据えられたものである（加賀「金沢別院文書（西派）[12]」）。これを基点にして、これより九ヶ月前の康正二年九月十日に**A**が発せられ、またこれより一〇日後の康正三年六月二十八日に**B**が

発せられたと想定しても、花押形状に関する分析結果に重大な齟齬が生ずる恐れはない。よって、断言はできないものの、Aは康正二年九月のもの、Bは康正三年六月のものと推測しておきたいと思う。

そこでこれを踏まえて、福田寺後継者問題の経過を再考するならば、事態は次のように推移していたと思われる。すなわち、それまで福田寺住持を務めていた琮俊は、康正元年（一四五五）になって突然に死去してしまったのである。享年は三二歳だったと思しく、後継者をまだ得るには至っていなかったのであろう。門徒衆はそこで、まず親類縁者から新住持の確保を図ったが果たせなかったため、やむなくこの旨を本願寺に言上して、適当なる新住持の選任と派遣を要請することにしたのである。

ところで、この康正元年の段階で本願寺存如はまだ存命であった。けれども彼は同年十一月上旬、突然に病臥を余儀なくされたらしく（中風などの脳内疾患が突発したか）、遅くとも康正二年（一四五六）三月の蓮如書状[13]においては、彼の病臥を文面から明瞭に読み取ることができる。この存如病臥に続いて、康正元年十一月下旬になると今度は、蓮如の妻たる如了尼（伊勢下総守貞房女）が死去してしまう。その原因は、第七子として蓮誓康兼を生んだ後の、いわゆる産後の肥立ちが不調だったためと思われる[14]。かくして蓮如は、父存如の看病に追われつつ本願寺住持職を代行し、また如了尼死去後の一連の葬送儀礼と、報恩講法要（十一月二十一日〜二十八日）とを並行して執行し、さらに新生児蓮誓の乳母（養母）を手配するとともに、みずからの再婚相手も探さねばならなくなったのである。

こうして福田寺後継者問題は当分の間、棚上げとせざるを得ない状況のままで、一年経った康正二年七月、新たに専修寺真恵から坂本妙林院建設事業が命ぜられたのである[15]。これは真恵が下野国高田から近江坂本へ移動するに伴い、妙林院改築工事を配下の坊主衆・門徒衆に課したものであって、本願寺に対しては「門」の建設が割り当てられていた。ところが蓮如は、前述したごとき忙繁の事情によってその準備が遅れ、七月からの門建設着工には間に合わなくなってしまう。そこで蓮如はまず福田寺門徒衆に書状（Aの文面から知られる先行の書状）を発して、この年の秋中（九月末日まで）にはみずから福田寺に下向して経営態勢の立て直しを図るので、いましばらくの猶予を得たいと述べたのである。

ところが九月になるとさらに新たな事態が突発し、ついに蓮如は福田寺下向を断念しなければならなくなってしまった。その原因として推測されるのが、父存如の病状の重篤化（昏睡状態に陥るなど）であって、やむなく蓮如は書状Aを代理人（側近の下間玄英など）に託して福田寺に下向させ、当面の経営を行わせることとしたのである。存如が死去するのは、それから九ヶ月後の康正三年六月のことである。

周知のごとく、本願寺には存如譲状が残されていない[16]。後世の言行録たる「山科御坊事并其時代事[17]」・「拾塵記[18]」・「蓮如上人塵拾鈔[19]」などでは、蓮如充ての存如譲状が作成されていると語られるが、これらはすべて虚偽の叙述と言わなければならない。右に述べた通り、存如は康正元年十一月上旬にはすでに病臥していた可能性が高く、遅くとも康正二年三月には病臥を史料文言によって確認できる。そして同二年九月に至って症状は一気に重篤化したと考えられるから、存如譲状が執筆されていないのはむしろ当然とすべきなのである。

存如の余命が長くないことを見た蓮如は、そこで存如絵像（寿像）の制作を発注する。やがてそれは完成して蓮如の手許に届けられ、その結果、存如死去の当日たる康正三年六月十八日に、蓮如はその裏書を染筆することができた。それがすなわち、加賀「金沢別院文書（西派）」に残される存如絵像（蓮如裏書が貼付されている）なのである[20]。

三　蓮如の本願寺継職と蓮如書状B

存如が康正三年（一四五七）六月十八日に死去（六二歳）したことにより、蓮如は直ちに葬儀・荼毘・収骨・納骨といった一連の葬送儀礼を手配したと考えられる。そしてそれが一段落した段階で、本願寺後継者を誰とすべきかの協議が行われたらしく、一族は存如二男の蓮照応玄（このとき二五歳、これが本来の嫡男）に相続させるとの合意に一応達したらしい。その根拠となったのは母親の家柄であって、蓮如（このとき四三歳）の母は「化人」とされる出身未詳の人物であるのに対し、蓮照の母如円尼は海老名氏出身だったからである。

ところがこの決定に異を唱えたのが、存如弟たる如乗宣祐（応永十九年〈一四一二〉誕生～寛正元年〈一四六〇〉正月二十六日死去、四九歳、このとき四六歳）であって、存如の意向としては蓮如に相続させるつもりだったと主張して合意を変更させ、蓮如を後継者に据えるという逆転劇を演出したのである。

この経緯を語るのが、「日野一流系図」に引用された次の「宣祐伝」という史料である。

宣祐伝。
円兼《（存如）》法印入滅之砌、兼寿《（蓮如）》法印雖有相続之儀、継母如円禅尼為謀、応玄《（蓮照）》法印可為付弟之由、結構頻及其沙汰。而当権各諸人、以同心之儀、既無別条之処、宣祐《（如乗）》上人、可被任故法印《（存如）》之命之旨、強而被申達。依此一人所存、各又同心之儀也。依之、兼寿《（蓮如）》法印、付弟定之云々。然者、別而宣祐《（如乗）》・兼寿《（蓮如）》法印、有芳契之筋目。仍本泉寺者、可異于他之旨、兼寿《（蓮如）》法印之命、証文有之。猶又光兼《（実如）》法印、以其旨、不可順他寺之由、堅約条々子細在之。(21)

右によれば、存如が死去したので蓮如が本願寺を相続しようとしたところ、継母たる如円尼が「謀」をめぐらして、その子蓮照応玄を「付弟」＝後継者に据えるべく立ち回り、一族衆の同心を得るに至った。ところが如乗がひとりこれに反対して、存如の「命」＝意向としては蓮如に継承させるつもりだったと主張し、その結果、一族衆は翻心してこれに同意することとなった。かくして蓮如は後継者の地位を確保することができたので、如乗と蓮如とは特別な関係に立つことになり、如乗の本泉寺に対しては特段の配慮を行う旨の蓮如の意向が示されるとともに、証文も作成された。さらに蓮如後継者たる実如も同様に、本泉寺を他寺と同列に扱うことはしないとの意向を約束された、と記されているのである。この史料には存如の「命」との文言があるから、存如譲状の非存在がこれによって明示されているとしなければなるまい。

蓮照応玄を後継者とする旨に合意した一族とは、具体的には常楽台空覚光宗（存如の弟）と吉田摂受庵見秀尼（存如の妹）を指している。ところがもうひとりの弟たる如乗がこれに同意せず、蓮如の相続を強く主張した結果、常楽台空覚・摂受庵見秀尼らも翻心するに至ったのである。かくして蓮如はその後、如乗の恩義に報いるべく、様々な厚遇を彼に与えたことは周知のところであり、また同様に常楽台空覚・摂受庵見秀尼に対しても、懇切で丁寧なる対応を示したであろうことは疑いないところである。

かくして本願寺の新体制は、存如の葬送儀礼が終了した段階でようやく確定するに至ったのであるが、その当日に発せられたのが、次の六月二十八日付け蓮如書状**B**なのではあるまいか。

B今度者、自津嶋、請候方候之間、風度下向候。定而不可有存知候。仍百疋、慥請取申候。如此候者、中〳〵それへも可立寄候哉。返々、態人の本せられ候。御志至、為悦候。又

B：
康正３年？（1457？）
６月28日
近江「福田寺文書」

公事（カ）、心得候由、申候。無心元候。毎事期後信候。恐々謹言。

（康正三年カ）六月廿八日　蓮如（花押）（D型＝二本足前期型）

福田寺
門徒中
御返事（22）

右のBによれば、この度「津嶋」（尾張国海部郡津島村か）の某寺から、福田寺の新住持就任を「請」けてくれる「方」（つまり頓乗を指す）が見つかり、いまその者がこの書状Bを所持して下向するところである。知らせるのが遅れていたために存知するところではないと思われるが、了承して頂きたい。ところで懇志（存如葬儀に対する香奠に当たる）として一〇〇疋が届けられ、確かに受け取った。本願寺ではこのような事態が続いていたから、「それ」＝福田寺へ蓮如が下向して立ち寄ることはできなかったのである。使者によって懇志を届けられたことを感謝している。また「公事」（カ）＝本願寺番衆勤務について心得ている由を言上されたが、心許ない限りであるから期待しているところである。なお後信を期したいと思う、と述べられているのである。

使者の口頭伝達による補足が前提とされているため、表現は抽象的・省略的になっていて判然としないが、右のごとき意訳がもし正しいとするならば、このBにおける眼目は、福田寺の新住持就任を承諾した津嶋の人物（＝頓乗）が、このBを所持して使者（懇志を届けた福田寺門徒）とともに下向すること、また本願寺に生じた重大事によって蓮如の福田寺下向が不可能となった点を詫びること、そして懇志一〇〇疋の礼辞と「公事」（カ）＝本願寺番衆勤務に対する期待を述べること、これらの点だったと考えられるのである。

ところで、この書状Bで問題とすべきは、別掲図によって明らかなごとく、蓮如の花押形状（D型＝二本足前期型）が著しく歪んでいる点である。蓮如の花押中では、これが最もいびつな姿を見せていると評して差し支えない。

花押形状が歪んだ主因は、署名「蓮如」の下方に、花押記入に十分な余白が確保されていなかったためであって、上下の位置関係に十分な注意を払っていたならば、こうした歪みは防げたと思われる。けれども蓮如は余白不足を承知しつつ無理に花押を据えてしまい、その結果、いびつな形状を見せることとなったのである。とすれば、この日の蓮如にはそうした心理的余裕が失われていたとしなければならず、こうした観点でBの紀年を推測するならば、存如の葬送儀礼が終了した段階の、本願寺新体制をめぐる対立に決着がついた直後こそは、心理的重圧による歪みが生ずる唯一の機会だったとすべきではなかろうか。

かくしてこれを踏まえるならば、Bの「如此候者」との文言は、存如の病臥から死去に至るまでの一連の経緯を指していると解すべきであろう。すなわち蓮如は康正元年に、福田寺の無住化に伴って新住持選任を門徒衆から要請されたが、それからまもなくの同年十一月上旬、突然に父存如が病臥する事態となり、また同月下旬には妻如了尼の死去という不幸にも見舞われる。翌康正二年七月になると蓮如は、専修寺真恵の指示に基づいて坂本妙林院の門建設に着手しなければならなかったが、彼はその準備に取り組むことなく放置していたのであった。こうした状況下の蓮如にとって、福田寺後継者問題が後回しとなるのはやむを得ないところであろう。そして九月になるや、存如の容態が急変して重篤化し、蓮如の近江下向は全く困難となってしまったから、彼は代理人に書状Aを持参させて、もうしばらくの猶予を求めたのである。こうして翌康正三年六月を迎えて、存如はついに死去するに至り、その葬送儀礼が終了した六月二十八日、本願寺の後継者を蓮如と決定する逆転劇が、如乗によって演出されたのである。ここまでが、Bの「如此候者」の意味するところであって、その間に蓮如は「それへも可立寄候哉」と、福田寺に立ち寄ることができなかった点を詫びるとともに、その了承を求めているのである。

そして事態の推移がこのようであったならば、六月二十八日の逆転劇で蓮如の味わった緊張感（ストレス）がいかほどであったかは、容易に想像できるところであろう。その心理的安定が十分に戻らないうちに、蓮如は本願寺門主としての最初の権限行使として、頓乗が福田寺住持就任を承諾してくれた旨を、Bによって伝達しようとしたのである。けれども最後の署名を記入する際、余白の十分な確保を失念して著しく下方に書き入れてしまい、しかもその余白不足を無視するごとくに花押を押捺した結果、ひどく歪んだ形状のものになってしまったのである。蓮如のその日の不安定な心理を考えれば、決して無理からぬ事態と言わねばなるまい。

なお、このとき福田寺に新住持として派遣された頓乗は、この康正三年（一四五七）の時点ですでに得度（一五歳）していたことが確実であるから、彼の誕生は嘉吉三年（一四四三）頃だったと計算してよいであろう。頓乗が文明六年（一四七四）八月に④蓮如寿像を下付されていることは第一節で指摘したが、このときの彼は三二歳前後の壮年期に達していたに違いなく、これによっても右の誕生年に関する推測はほぼ妥当と考えられるのである。

おわりに

本稿の検討で明らかにできた福田寺の歴史について、最後にまとめを行っておく。

近江国坂田郡長沢村の福田寺（山号「布施山」、浄土真宗本願寺派）は、もとは坂田郡布施村に所在して息長寺と称し、初めは三論宗、次いで法相宗、さらに天台宗に属したが、覚乗時代になって本願寺覚如に帰依して転宗し、「福田寺」と改称したと伝えられる。また暦応二年（一三三九）に現在地に移転したとされる。

第六代住持が琮俊であって、彼は永享十年（一四三八）に蓮如書写の「口伝鈔」下巻、文安四年（一四四七）に蓮如書写の「安心決定鈔」、宝徳二年（一四五〇）に蓮如書写の「御伝鈔」下巻を付与されていたことが知られる。

つまり琮俊はおそらく永享十年に得度（一五歳）を遂げ、宝徳二年に至るまで断続的に本願寺で修学に努めていたのであって、これに基づき計算すれば、彼は応永三十一年（一四二四）の誕生だったと思われる。

ところが琮俊は、康正元年（一四五五）になって突然に死去したと思しく（三二歳か）、その結果、福田寺の住持系統は断絶してしまった。そこで門徒衆は後継住持の確保に努めたが実現できず、やむなく本願寺に適当な人物の選任を要請したのである。

けれども本願寺でも、この康正年間は忙繁の極みにあった。すなわち、康正元年十一月上旬にまず存如が病臥するに至り（中風などの脳内疾患によるか）、蓮如はすべての寺務を代行しなければならなかった。次いでほぼ同じ頃、蓮如第七子として蓮誓康兼が誕生するが、その母如了尼（伊勢下総守貞房女）は、産後の不調が原因で十一月下旬に死去してしまう。こうした状況に加えて、専修寺真恵からは翌康正二年（一四五六）七月に坂本妙林院の門建設に着手すべしと命ぜられるのであるが、しかし蓮如は準備不足のままで放置していたため、真恵に対して著しい不興の念を与える結果となってしまった。

そして康正二年九月になるや、存如の病状は一段と重篤化したらしい（昏睡状態になったか）。蓮如はそこで九月十日、書状Aを代理人に持たせて近江長沢へ派遣し、新住持の選任にいましばらくの猶予がほしい、と伝えねばならなかったのである。

翌康正三年（一四五七）六月十八日、ついに存如が死去する。一連の葬送儀礼は蓮如の主導で実施されたと思われるが、それの終了した六月二十八日、本願寺の継承に関する一族衆の合議が行われ、蓮照応玄が相続するとの合意が一旦は成立する。ところが如乗宣祐はこれに異議を唱え、存如の「命」＝意向としては蓮如に継承させるつもりだったとして、ついに蓮如の相続に変更させたのである。

かかる結論が出た段階で、蓮如は懸案であった福田寺新住持の選任作業を行い、尾張津嶋村の出身の人物＝頓乗に、新住持就任を承諾させることができた。そこで蓮如は書状Bを頓乗に付与して、直ちに現地へ下向するよう指示したのである。

ところが書状Bを執筆する際、据えられた花押の形状は著しく歪んだものになってしまう。その理由は、一族の合議中の緊張と重圧（ストレス）とで心理的安定さを失った蓮如が、日付の下の署名を著しく下方に記入し、しかもその余白不足を無視して花押を押捺した結果、いびつな形状を見せることとなったものであろう。

なお頓乗は、この康正三年に得度（一五歳）した人物と推測されるから、その誕生は嘉吉三年（一四四三）のことであろう。そして文明六年（一四七四）八月に蓮如から寿像の下付を受ける時点で、彼は三二歳前後となっていたに違いなく、さらに翌文明七年三月には親鸞絵像の下付も受けているのである。

注

（1）「福田寺」（『滋賀県の地名』八八四ページ―『日本歴史地名大系』第二五巻、平凡社、一九九一年）、および「福田寺由緒記」（同寺）による。なお現在地においては隣接して熊野神社が所在するから、天台宗時代の同寺はこの熊野神社の別当（管掌者）であった可能性を考えねばならないと思われる。

（2）北西弘氏「蓮如上人と継母如円尼」（蓮如上人研究会編『蓮如上人研究』、思文閣出版、一九九八年）。

（3）山城「本願寺文書（西派）」（蓮如上人五百回遠忌法要記念『図録蓮如上人余芳』第三三号、五五ページ、本願寺出版社、一九九八年）。同史料の伝存については『真宗史料集成』第一巻、一〇八七ページ（同朋舎、一九七四年）でも指摘されているが、奥書の収録は省略されている。なお蓮如はこの奥書で「二三歳」と追記しているが、正しくは二四歳であるから（応永二十二年〈一四一五〉の誕生）、蓮如にはやや注意力の欠如した（と言うより細部にあまり頓着しない）ところがあったと解さねばならず、この点を指して「日野一流系図」（『真宗史料集成』第七巻、五二二ページ、同朋舎、一九七五年）では、「奇瑞多」と注記されているのであろう。蓮如の得度が一七歳になるまで遅れたのも（一般的には一五歳か）、こうした性格もしくは能力に起因しているのかもしれない。
（4）摂津「慧光寺文書」（蓮如上人五百回忌記念『蓮如上人展』図録第二二号、四五ページ、共同通信社、一九九七年）。なお『真宗史料集成』第一巻、一一一四ページでは、本史料を「岸部武利家文書」として収録している。
（5）大和「本善寺文書」（親鸞聖人七五〇回大遠忌記念『本願寺展』図録第二二号、六七ページ、朝日新聞社編集・発行、二〇〇八年）。また『真宗史料集成』第一巻、一〇七三ページ、にも収録される。
（6）近江「福田寺文書」（『図録蓮如上人余芳』第三号、一五ページ。または前注4の『蓮如上人展』図録第一五号、三九ページ）。また「蓮如裏書集」第五九号（『真宗史料集成』第二巻、三九四ページ、同朋舎、一九七七年）、としても収録されている。なお花押の複写転載については、福田寺住持大谷照典氏から平成二十六年（二〇一四）一月二十五日に許諾を与えられたので、ここに謝意を表しておきたい。
（7）近江「福田寺文書」（「蓮如裏書集」第六二号―『真宗史料集成』第二巻、三九五ページ）。
（8）拙稿「蓮如の生涯とその花押」（本書第二十一章）参照。
（9）「諸文集」第二八五号（『真宗史料集成』第二巻、三三六ページ）。写真版は千葉乗隆・堅田修氏編著『蓮如上人御文』第七八号、二〇二ページ（同朋舎出版、一九八二年）、または親鸞聖人七百五十回忌記念展示事業『湖北真宗の至宝と文化』図録第一〇〇号、一六二ページ（長浜市長浜城歴史博物館、二〇一一年）、に掲載される。なお写真版によって訓みの一部を変更した。
（10）北西弘氏「蓮如上人と継母如円尼」（前注2）。
（11）拙稿「蓮如の生涯とその花押」（本書第二十一章）参照。
（12）拙稿「金沢別院所蔵の絵像三点」（本書第二章）参照。
（13）拙稿「巧賢充ての蓮如書状」（本書第四章）参照。
（14）拙稿「光闡坊蓮誓の生涯と蓮如書状」（本書第十四章）参照。
（15）拙稿「専修寺真恵の坂本移動と蓮如」（本書第五章）参照。
（16）金龍静氏『蓮如』三六ページ（『歴史文化ライブラリー』二一、吉川弘文館、一九九七年）。また千葉乗隆氏『蓮如上人ものがたり』六一ページ（本願寺出版社、一九九八年）。
（17）「山科御坊事幷其時代事」（『真宗史料集成』第二巻、五五一ページ）。

(18)「拾塵記」(『真宗史料集成』第二巻、五九九ページ)。
(19)「蓮如上人塵拾鈔」(『真宗史料集成』第二巻、六一九ページ)。同書には、「存如上人御往生ありては、すでに蓮如上人へ御ゆつり状、最前に有つる……既に舎兄と申、御譲状歴然の事に候に」と見えており、この記述から考えると、執筆者の実悟は存如譲状が存在しない事実を知らなかったか、さもなければ、その非存在を隠匿する意図を抱いていた可能性がある。筆者としては、後者の隠匿説が妥当と考えている。
(20)拙稿「金沢別院所蔵の絵像三点」(本書第二章)参照。
(21)「日野一流系図」(『真宗史料集成』第七巻、五二二ページ)。
(22)「諸文集」第二八六号(『真宗史料集成』第二巻、三二六ページ)。写真版は『蓮如上人御文』第七九号、二〇二ページ、または『湖北真宗の至宝と文化』図録第一〇一号、一六二ページ、に掲載される。なお写真版によって訓みの一部を変更した。

第七章　加賀善性寺所蔵の蓮如書状と白山河大洪水

はじめに

加賀国石川郡四十万村（シジマムラ、石川県金沢市四十万町）に所在する霊宝山善性寺（ゼンショウジ、真宗大谷派＝東派）には、七月十日付けの蓮如書状[1]が所蔵されている。その内容には極めて注目すべき点があるが、しかし紀年が判然とせず、充所も欠失しているなどの理由によって、その意義が十分には理解されてこなかった。いま幸いにこれは寛正三年（一四六二）のものと推測できたので、その根拠などを示しつつ、以下で詳細な検討を行うこととしたい。

一　善性寺（法慶坊）の来歴

まず初めに、本稿の主題からはやや外れるものの、室町〜戦国時代における善性寺史について、判明するところをまとめておく。加賀に所在する寺院のうちでは、この時代の推移が詳細に追跡できる数少ない事例の一つである。

善性寺は、古くには法慶坊（ホウキョウボウ）と称されていた。史料によっては法敬坊とも表記されるが、本稿では原則として法慶坊の表記を使用することにする。寺伝[2]によれば、天台宗（異説では真言宗）の僧として大仙寺にあった敬授なる人物が、応永三十四年（一四二七）六月十日に本願寺巧如（第六代）に帰依して改宗したと伝えられ、これをもって法慶坊の創建の日時とされている。その所在地は、いまの善性寺敷地よりも北方に隔たった字「寺屋敷」であって、ここから現在地の「中四十万（ナカシジマ）」に移転するのは江戸時代になってのこととされている。

歴代住持は、

敬授―敬円―順誓―教勝―順勝―敬順

と次第したと伝えられる。けれども、通字の見られない親子関係においては、娘に婿養子を迎えている可能性があり、また年月の経過が不自然な相続関係の場合には、子の方が先に死去して代襲相続となっていることも想定しな

法慶坊の系譜（推定）（数字は法慶坊歴代順）

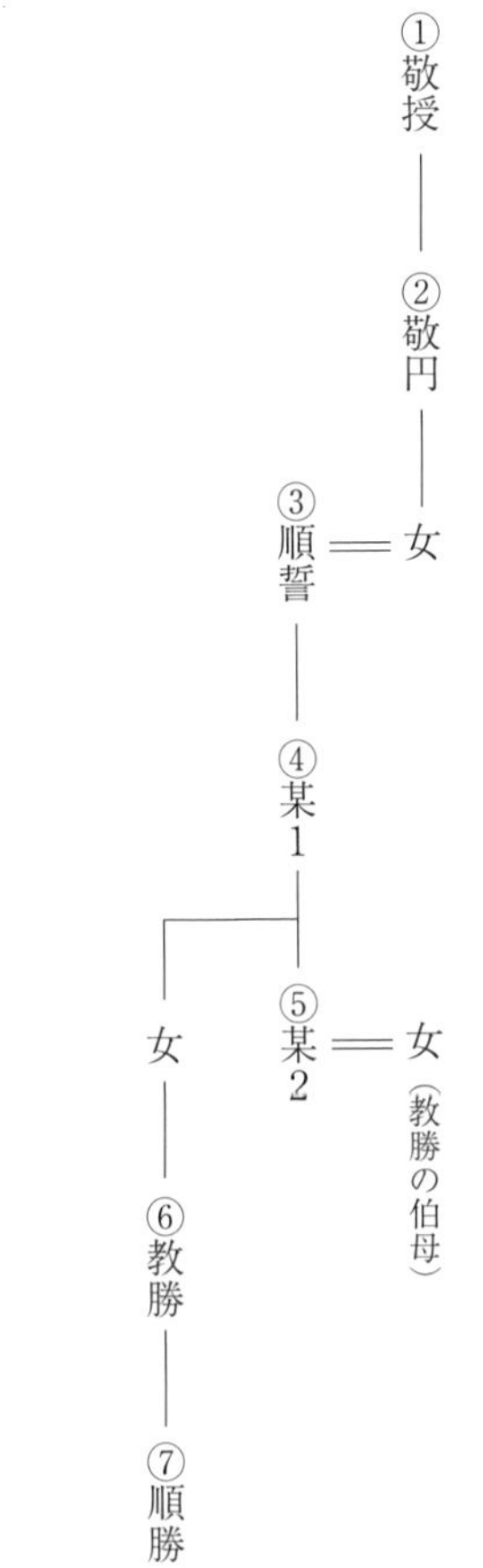

けれぱならない。こうした点を勘案して訂正した結果、別掲図のごとき系譜が得られるのである。

さて、文明三年（一四七一）七月になって蓮如は、越前吉崎において坊創建事業に着手する。堂舎は文明五年（一四七三）八月に竣工、九月十一日には落慶法要が執行されたと考えられるが、これに付随した門内多屋（宿坊）九坊のうちの一つに「法敬房《坊》」があり、近江「照西寺文書」の吉崎御坊古絵図にそれが描写されている[3]。立地する箇所は、南大門から参道＝馬場大路を登って行った右側（北側）の最上部であって、本坊の敷地に隣接している。本坊に近い位置の方が上席であろうから、多屋「法敬房《坊》」は九坊のうちでは上位だったと思われるが、この地位は多屋建設の資金拠出者（加賀吉藤専光寺か）のそれを反映した配置なのかもしれない。四十万村法慶坊と同名を称しているので、その分家であったか、さもなければ掛所として経営されていたのであろう。

吉崎坊はその後、文明六年（一四七四）三月二十八日に多屋の失火が原因となって、本坊一棟（付設の庫裏・書

法敬房（法慶坊）

吉崎御坊古絵図に見える「法敬房」
—近江「照西寺文書」

院を含む）、門内多屋九棟、計十棟が灰燼に帰してしまう。蓮如は直ちに再建を図り、翌文明七年（一四七五）二月下旬に着工して七月十五日に本坊（第二次）は完成する。ところが加賀守護富樫政親との抗争により、同七年八月二十一日夜、吉崎坊は焼き討ちを受けてしまい、本坊・門内多屋はもちろん、門外多屋も多数が焼失したらしい。その後、政親が長享二年（一四八八）六月に加賀一向一揆によって滅ぼされるので、吉崎坊（第三次）の再建が企図され、延徳元年（一四八九）秋には本坊が完成、翌二年（一四九〇）十月には伽藍全体が完成して落慶法要が厳修されたと推測される。多屋「法敬房（坊）」についても、やがて再建されたと思われるが、詳細は不明である。なおこの吉崎坊（第三次）は、永正三年（一五〇六）八月までは存続・繁栄していたが、この年に蜂起した一向一揆が越前侵攻に失敗した結果、朝倉氏は領国内の一向宗道場をすべて破却してしまうのである。

ところで、法慶坊住持のうちで史料上に所見があるのは、第三代順誓からである。順誓は、晩年の蓮如（明応八年〈一四九九〉三月に死去、八五歳）に随逐したことが知られ、その言行録たる「蓮如上人一語記」[4]、「蓮如上人仰条々」[5]、「蓮如上人御一期記」[6]などに、名前が頻繁に登場している。これらの史料中では「法敬坊」順誓と表記されているが、これは口頭による呼称を記録したことで生じた当て字とすべきであろう。

このうち特に注目すべきが、「蓮如上人仰条々」第九二項である。

一、法敬坊順誓、物語アリシヲ、愚老（願得寺実悟兼俊）タシカニ聞侍リシ。蓮如上人ノ仰ニ云、法敬ハ開山ノ御歳マテ生ヘシ、ト仰ラル。（如脱カ）何カ、ソレマテハ勿体ナク、ト被申シカハ、イヨ〳〵生ヘシ、生ヘシ、ト被仰ケル。当年八十四歳マテ、存命ツカマツリ候、ト被申ケル。如仰、満九十歳マテ存命アリテ、永正七年七月廿七日ニ往生トケラレキ。蓮如上人御往生後、十一年存命也。[7]

右によると、法敬坊（法慶坊）順誓が物語るところを、「愚老」＝願得寺実悟兼俊が聞き取ってここに書き留めるものである。順誓が言うには、蓮如は順誓に向かってしきりと、開山＝親鸞の享年（九〇歳）まで長生きするようにと仰っておられた。順誓はこれに対し、それほどの長生きは到底困難であると申し上げたが、蓮如は、長生きしろ、長生きしろと、何度も仰せられたものであった。以上の順誓の話を実悟が聞いた時、彼は八四歳とのことであったが、結局、順誓は九〇歳まで存命して永正七年（一五一〇）七月二十七日に往生した。これは蓮如が死去して一一年後のことであった、と記されているのである。

右の記述に基づいて計算すれば、順誓は応永二十八年（一四二一）の誕生で、この「蓮如上人仰条々」の記事が書き留められたのは、彼が八四歳であった永正元年（一五〇四）のことと判明する。また本稿で検討する蓮如書状は寛正三年（一四六二）の発給と思われ、順誓はこの年に四二歳であるから、これの受取人が順誓であったことは間違いあるまい。もし先代敬円が存命していたとしても六〇歳過ぎだったであろうから、すでに順誓に寺務が譲られていたことは疑いないと思われる。

明応八年（一四九九）九月になって順誓は、富樫泰高から次のごとき寄進状を得ている。

(富樫泰高)
（花押）

本庄(石川郡富樫本庄)四十萬村之内、大仙寺分之屋敷、并山林之事、本庄□(内カ)同村法慶道場(順誓)江、所寄附也。然上者、可全知行之状、如件。

明應八年九月晦日(8)

右の富樫泰高寄進状によれば、富樫本庄に属する四十万村の旧大仙寺の屋敷地と山林とを、明応八年（一四九九）九月晦日付けで富樫泰高から、「法慶道場」＝法慶坊に充てて寄進すると記されている。この時点で順誓は七九歳であるから、寄進申請の手続きなどはその子（法名未詳なので「某1」と仮称する）が行ったものと思われる。

この寄進状に関して注目すべき第一は、これによって法慶坊が初めて寺領（旧大仙寺の屋敷地・山林で、字「寺屋敷」とその周辺に所在か）を得たと考えられる点であって、換言すれば、これ以前の法慶坊は寺領を持たなかったに違いない。前述した吉崎坊の門内多屋の一つ「法敬房（坊）」が、もしも法慶坊の前身であったならば、多屋の経営という実績を踏まえた上での寄進であることは疑いなく、もしかすると多屋設置の資金拠出者と思しき吉藤専光寺からも、寺領寄進について支持を得ていた可能性は高いであろう。

注目すべき第二としては、大仙寺なる寺号が「富樫系図」の富樫成春の注記にも登場する点であって、

成春　大仙寺殿ト号、舎弟、智定院。(9)

と見えている。この注記のうち「智定院」とは、成春の死去後に与えられた追号であろうから、これと異なる「大仙寺殿」という呼称は、隠居後の成春が大仙寺に居住したことを意味しているのであろう。そして彼の死去後にそれは当然、菩提寺として維持されたに違いない。泰高寄進状と「富樫系図」の両史料に見える大仙寺が、同一寺院である可能性は高いと思われるので、順誓は明応八年九月に泰高から、成春の隠居寺＝菩提寺である大仙寺の屋敷地・山林の寄進を受け、その維持管理を委任されたとしなければならない。

なお善性寺の寺伝では、大仙寺はすでに応永年間に存在し、初代の敬授はここに属していたとされていた。そして成春が隠居後にここに入寺したものの、彼はまもなくに死去し、そのため大仙寺も廃寺となったのではあるまいか。成春の死去年が不明なので廃寺になった時日も判らないが、遅くとも加賀一向一揆が富樫政親を打倒した長享二年（一四八八）六月には、成春も滅ぼされていたに違いない。なぜならば、成春は政親の父に当たるからであって、たとえ出家の身分だったとしても、成春がこの事件を無事に乗り切れたと想定することは難しい。

ここで時代を遡って、成春とその子孫による加賀支配の経緯をまとめ、大仙寺と成春との関係をもう少し詳しく

追ってみよう。

富樫成春は、永享五年（一四三三）に誕生して幼名を亀童丸と称した。一〇歳になった嘉吉二年（一四四二）に成春は、加賀北半二郡（石川・河北郡）の守護に任ぜられている[10]。やがて元服して成春と称するが、その実名に見える「成」は将軍足利義成（のち享徳二年〈一四五三〉に義政と改名）から与えられた偏諱であろう。文安四年（一四四七）五月の段階では、加賀北半（石川・河北二郡）の守護を成春（この時一五歳）が務め、叔父泰高が加賀南半（江沼・能美二郡）の守護を務めていたことが知られる[11]。

富樫氏系図（前田育徳会尊経閣文庫所蔵「富樫系図」に一部加筆）

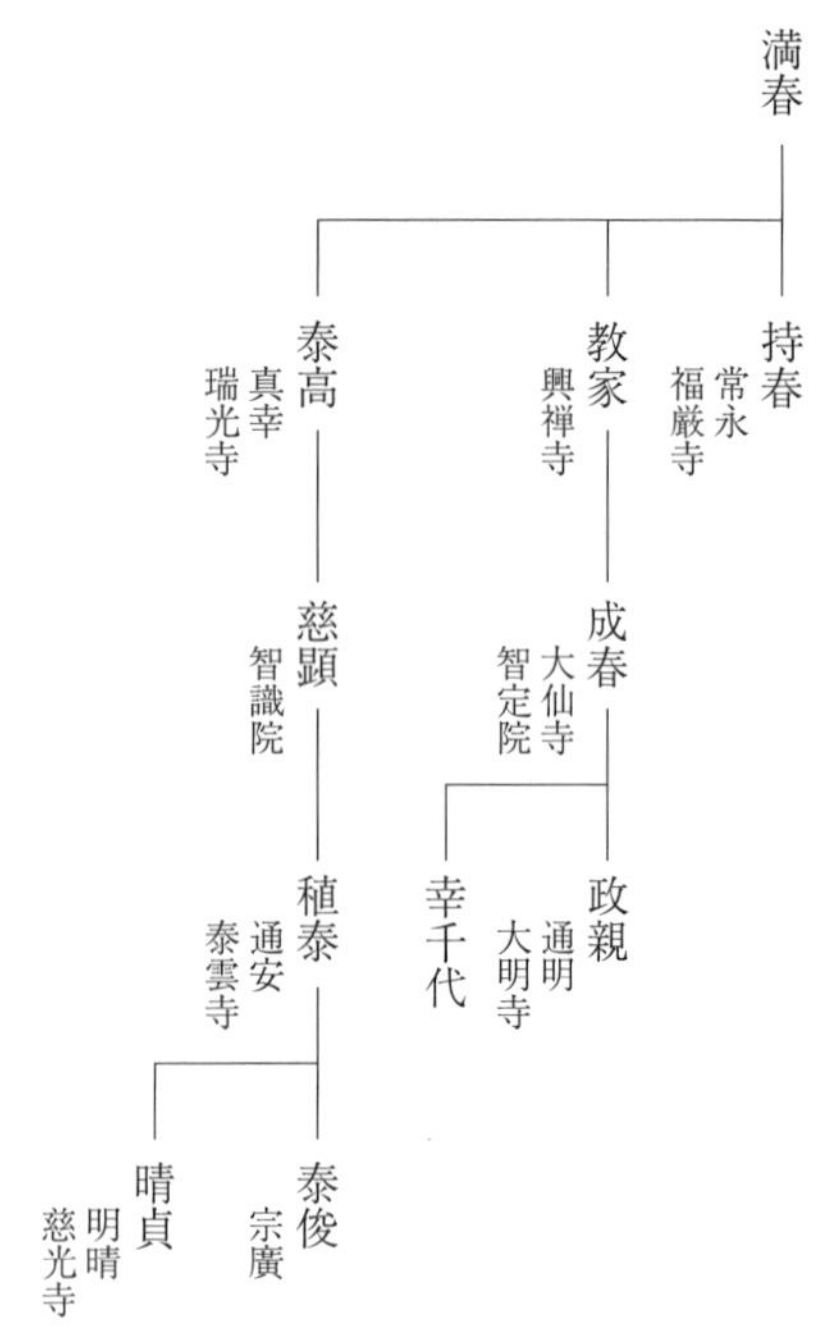

ところが長禄二年（一四五八）八月、成春はこの北半守護職を赤松政則に奪われてしまう[12]。そこで彼はしきりと幕府に働きかけ、長禄四年（＝寛正元年、一四六〇）十月になって南半守護職を獲得することができたので[13]、それまで南半守護職だった叔父泰高はまもなくの寛正五年（一四六四）八月に隠居することとなった[14]。そして寛正六年（一四六五）十一月、南半守護職は成春の子政親（幼名鶴童丸）に安堵され[15]、さらに応仁二年（一四六八）には赤松政則が播磨守護職に転じたので、北半守護職も政親に与えられる[16]。つまりこの時点で、加賀一円は政親の支配下に属したのである。しかしながら、北半の在地領主（国人＝国民）らはこの政親（東軍）に従おうとせず、弟幸千代を擁立して西軍に投ずることとしたので、南半＝政親勢（東軍）、北半＝幸千代勢（西軍）という対立構図が生じ、かくして加賀は応仁の乱へと突入したのである。

そこで成春に立ち戻るならば、寛正六年（一四六五）十一月に子政親が南半守護職を安堵された時点で、彼は隠居したと思しく（このとき三三歳）、富樫氏の苗字の地たる富樫本庄（高尾山の麓に所在）の「大仙寺」に入寺して、ここに居住したのではなかろうか。彼の死去年についてては不明で、隠居後まもなくに死去した可能性もあるが、遅くとも長享二年（一四八八）六月の一向一揆蜂起に際しては、その巻き添えで成春が殺害された可能性は高いであろう。もしこの時点の死去だったならば、享年は五六歳と計算できる。

しかしながら、一向一揆後に順誓が直ちに、無住化した旧大仙寺の寄進を受けることはできなかった。なぜならば、蓮如が明応八年（一四九九）三月まで存命するからであって、仇敵政親の父たる成春の菩提寺＝大仙寺を、本願寺門徒たる順誓が管理するという事態は、とうてい蓮如の容認を得ることはできなかったであろう。けれども、蓮如の死去後にはこうした配慮は無用であって、それから半年後の明応八年（一四九九）九月、順誓は旧大仙寺が先々代の敬授と関連の深い点を強調して、その屋敷地・山林の寄進を泰高から受けることに成功したのであろう。

それから五年後の永正元年（一五〇四）、順誓は新たに次のような富樫稙泰安堵状と姓未詳高次遵行状を得ている。

本庄（石川郡富樫本庄）四十萬村之内、大仙寺敷地・同山林等之事、□法慶道場（順誓）江、任真幸（富樫泰高）御寄進状之旨、永不可有相違者也。仍状如件。

永正元年三月五日　（富樫稙泰）（花押）(17)

大仙寺分、山・屋敷之事、為御屋形（富樫稙泰）被仰付上者、更不可有相違者也。仍執達如件。

永正貳

五月十五日　高次（花押）

法慶（順誓）入道殿(18)

右のうち前者は、永正元年三月五日に発せられた富樫稙泰安堵状であって、これによれば旧大仙寺の屋敷地・山林の管掌が、富樫泰高（法名真幸）の寄進状を根拠にして、その孫稙泰（泰高の子の智識院慈顕が出家もしくは死去していたため、孫稙泰が代襲相続した）から、法慶道場に対して安堵されている。

続いて後者は、翌永正二年（一五〇五）五月十五日付けで姓未詳高次なる人物が添えた遵行状であって、「御屋形」稙泰の安堵状に基づいて相違あるべからずと述べられている。稙泰の地位が加賀守護であるならば、この高次は守護代と解すべきであろう。なお前者と後者との間には一年以上の隔たりがあるが、その理由は前者の稙泰が在京していたのに対し、後者の高次は在国していたと思しく、そのため手続きに時間を要したからであろう。

ところで、前者のごとき安堵状は、通例では守護の交代によって下付されるものである。とするならば、永正元年三月をやや遡った時点で守護泰高（法名真幸）は死去しており、孫稙泰が継職していたことは確実としてよい。

そしてこの時点でも順誓はまだ存命であったが、寺務はすでにその子の第四代「某1」が管掌していたことは確実で、彼は五五歳前後になっていたことであろう。さらに孫の第五代「某2」も三〇歳前後に達していたに違いないが、しかしこの「某2」は後継男子に恵まれなかったと思しく、甥に当たる「教勝」が第六代を継承したらしい。

第六代の教勝については、「天文日記」天文五年（一五三六）八月十八日条に次のように記されている。

一、今日之斎、加州四十萬教勝伯母、為志、令執沙汰候。一堂也。汁三ツ、菜十一、菓子七種也。布施、愚身ヘハ五百疋、…（中略）…、又四十萬村教勝も来候。布施如常。願人も相伴ニ出候。尼公也。[19]

右によれば、四十万村の教勝の伯母が、この日の本願寺証如の「斎」を準備したことが知られ、その終了後には教勝や「願人」＝伯母も列席して「布施」が行われた、と見えているのである。また翌々日の二十日にも、教勝は証如の「斎」に参列したとされている。[20]

第三代順誓と第六代教勝の法名には通字が見られないから、彼らは直系ではなかったのであろう。しかも第四代・第五代と次第する間に、順誓に先んじて死去する者がいた可能性は否定できず、また男子を得られなかった可能性も少なくない。よって、右の記事中に見える教勝の「伯母」とは、第五代「某2」の配偶者だったと推測され、彼女は「某2」がこの直前に死去したこと、および第六代には甥の教勝が就任したこと、これらを報ずるべく同道して本願寺にやって来たのであろう。

それから七年経った天文十二年（一五四三）四月、法慶坊は寺号「善性寺」を拝受することとなった。「天文日記」天文十二年四月十八日条を見てみると、

一、就當番之儀、四十萬善性寺、極持参[21]第四。

とあって、寺号「善性寺」が初めて登場しているのである。住持は当然、前述した教勝と考えられ、彼はこの日、

寺号を拝受して、そのまま「当番」＝三十日番衆に従事したものであろう。「極持参第四」ともあって、教勝から門主証如への酒樽進上はこれが四回目であること、つまり教勝による三十日番衆の勤務は四回目であることが知られる。そして教勝のこれまでの忠節の姿勢が奏功して寺号を下付されたことは疑いないから、「善性寺」への改称は天文十二年四月十八日だったとしてまず間違いないと思われる。

この教勝の後継者となる第七代順勝については、まだ関係する史料が得られていない。さらに下って石山合戦においては、順勝の後継者たる第八代敬順は主戦派に属し、教如による籠城戦継続を支援したらしい。その結果、本願寺の東西分裂に際して、善性寺は東派（真宗大谷派）に属することとなったが、彼の名にも先代との通字「勝」が見えないので、敬順は順勝の娘婿であった可能性が高いとすべきであろう。

二　検討すべき蓮如書状

さてそこで、本稿の主題たる蓮如書状の検討を行うこととしよう。

尚々、毎度音信煩、返々痛入候。

其後、何事候哉と、床しく候之處、音信、返々悦入候。丹後（下間玄英）をそれへ下候。さ多めて物語とも、申候へく候。又鳥目五十疋分、慥請取申候。又當年世間、物忩候。無何事候由、申候間、目出候。何様、ふと鎮候時分、上洛候へく候。謹言。

（寛正三年）七月十日　　蓮如（花押）（D型＝二本足前期型）

（充所欠ク、「法慶坊御房」＝順誓カ）(22)

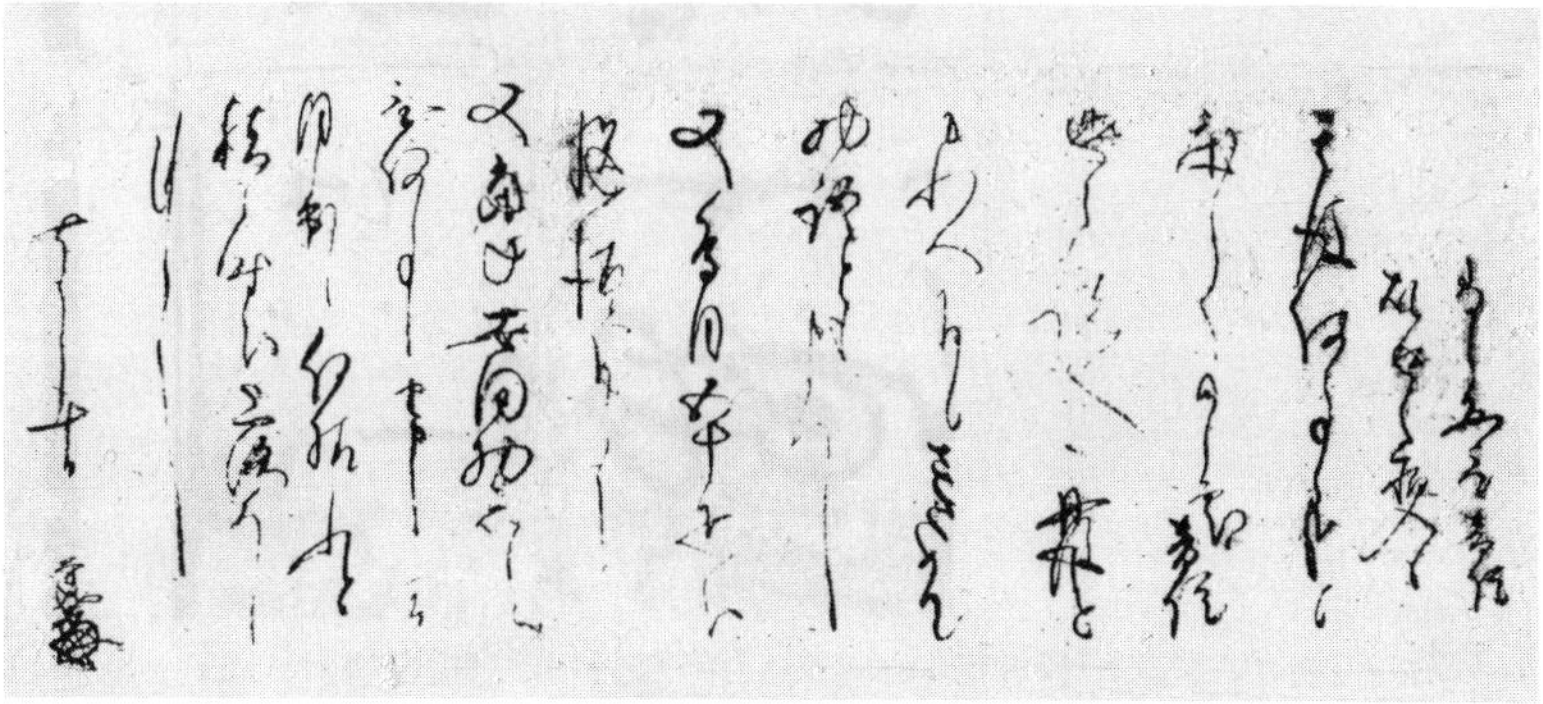

寛正３年（1462）７月10日、蓮如書状—加賀「善性寺文書」

右は七月十日付けの蓮如書状であって、それによると、その後連絡がないのは不都合な事柄が生じたためかと懸念していたが、いま音信が届けられ喜んでいる。「それ」＝法慶坊の国許の状況を見聞させるために、「丹後」＝下間玄英を下向させるので、積もる話を聞かせてやってほしい。使者によって届けられた鳥目五〇疋、確かに受領した。当年は「世間」が「物忩」＝物騒な状況となっているが、しかし法慶坊においては何事もない由で結構なことである。状況が鎮静化したならば「上洛」して頂きたい、と述べたうえで、さらに尚々書では、毎度の音信がさぞや煩わしいことと痛み入るところである、としているのである。

寛正３年（1462）
７月10日
加賀「善性寺文書」

三　発給の期間の限定

まずこの書状の紀年として相当しうる、大まかな期間を考えてみよう。その第一の手掛かりとなるのは、「上洛」との文言が見えている点である。

蓮如が京都（山科を含む）に居住していた期間は、

ア：応永二十二年（一四一五）の誕生から、寛正の法難（寛正六年正月〜

三月）で堂舎を破却されて京都市中に潜伏し、次いで近江安養寺村に移転する文正元年（一四六六）二月まで、

イ：京都（山科）本願寺の創建に着手する文明十年（一四七八）正月から、大和吉野郡に移動して下市願行寺・飯貝本善寺の創建に着手する明応四年（一四九五）春まで、

以上の二期間であるから、右の書状はア・イのどちらかの期間に属するものとしてよい。

次に、ここに据えられた蓮如の花押形状が「二本足型」である点を、第二の手掛かりとして指摘できる。蓮如の花押に関する筆者の分析によると、その形状変化と使用時期には一八区分（A型〜R型）の分類ができ[23]、当該の書状にはこのうち「二本足型」花押と分類すべきものが据えられているので、その発給時期としては、

D型（二本足前期型）……康正二年（一四五六）九月〜寛正五年（一四六四）五月

M型（二本足後期型）……文明十年（一四七八）正月

の二期間のうちの、いずれかであったと限定してよい。

しかしながら、M型という花押形状の使用事例はまだ一点にすぎず、ごく短期間の使用だった可能性が高いので、これから導かれる文明十年正月という発給時期は、該当しないとした方が無難であろう。

かくして、「上洛」との文言から判明する二期間（ア・イ）のいずれかで、かつ花押の「二本足型」（そのうちのD型）という形状から限定される期間を総合するならば、当該書状の紀年は、

康正二年（一四五六）九月〜寛正五年（一四六四）五月

という約八年間に含まれていると考えられるのである。

四　欠失の充所について

次に、欠失している充所が何と書かれていたのかを推測しなければならない。その手掛かりとなりうるのが「謹言」という薄礼の書止文言である。

蓮如書状における書止文言を分類すると、次の四種類を区別して使用していたことが指摘できる。(24)

○恐々敬白……高田派専修寺真恵充て

○恐々謹言……加賀（越中）光闡坊（蓮誓）充て、加賀二俣本泉寺（蓮悟）充て、越中（願海寺）巧賢充て、某充て（蓮誓か、加賀上宮寺所蔵）

……以上は一族充て

信濃長沼浄興寺充て、加賀木越光徳寺充て、加賀粟津本蓮寺充て、加賀浄教坊充て、越前和田本覚寺充て、近江長沢福田寺充て

……以上は大坊主充て

○謹言……………加賀四十万「法慶坊」充て、加賀吉藤専光寺充て、加賀木越光徳寺充て、近江長沢福田寺充て

……以上はその他の坊主充て

○穴賢・あなかしこ（あなかしく）……加賀（越中）光闡坊充て、加賀四講中充て、加賀六日講中充て、信濃長沼（浄興寺）三位充て、三河「八郎左衛門入道」（青野真慶）充て、三河「さゝき」（上宮寺）充て、河原講中充て

……使用原則は不明

こうした区別が、充所の人物の身分・格式に基づくものであることは疑いないところであるが、このうち「謹言」という薄礼の書止文言を持つ書状が注目すべきものであって、加賀四十万「法慶坊」、加賀吉藤専光寺、加賀木越光徳寺、近江長沢福田寺、以上の四ヶ寺に充てられたものをその類例として指摘できるのである。ここには本願寺一族は含まれず、また「大坊主」と通称された歴史的・伝統的格式を持つ寺院住持も含まれてはいない（木越光徳寺・長沢福田寺が二項に重複出現するが、これは内容に基づいた区別と考えられる）。法慶坊の身分・格式は、本願寺門下の寺坊のうちでは必ずしも高いとは言えず、当該書状を得た時代にはまだ寺号（善性寺）を拝受してはいなかった。けれどもこのことは却って、「謹言」という薄礼の書止文言を持つ当該書状が、当初から法慶坊に所有されるものであったことを示唆しているとすべきなのである。

以上によって、この書状は他寺から流入したものでは決してなく、当初から法慶坊に所有されてきたものである点が確実となった。よって、欠失している充所には「法慶坊御房（＝順誓）」と記されていたとしてまず間違いないのである。

五　「世間物忩」について

次に、右の書状は、順誓の使者（名代）が届けた音信に対する返信である点に留意しよう。蓮如はこの書状で、「丹後をそれへ下候」と述べて、使者に随行して側近下間丹後玄英を加賀に下向させるとしているが、この対応のそもそもの発端は、音信に述べられている内容に刺激されたためであることが確実である。

とするならば、文言中に見える「當年世間、物忩候……ふと鎮候時分」との状況は、音信によって知らされた加賀のそれを語ったものとしなければならず、社会一般（とくに京都周辺）の情勢を述べたものと想定してはならないと思われる。つまり、「世間」＝加賀においていま「物忩」＝物騒なる状況が生じているのであり、この状況は速やかに「鎮」＝鎮静化することが期待されているのである。

しかるに他方、右の充てられた法慶坊においては、「無何事候由」とあって、幸いにも不都合な事態には陥っていないことが知られる。よって、この加賀の「世間」に生じた「物忩」と、法慶坊における「無何事」との状況の落差（差違）について、いかにして整合的な説明を与えるかが、この書状の内容理解には不可欠な観点なのである。しかもこの事態は、「ふと鎮候時分」とあるように、速やかな鎮静化が望ましい一方で、鎮静化にはかなりの時間が必要とされるごとくにも看取できるであろう。

六　寛正三年の白山河大洪水

そこで次に、第三節で判明した康正二年（一四五六）九月～寛正五年（一四六四）五月という発給期間内に、注目すべき事態（事件）が加賀で生じていないかを探してみなければならない。

『加能史料』によって当該時期の項目を検索してみると、寛正三年（一四六二）六月八日条に、加賀では白山河が大洪水を引き起こしたとの事項に目が止まる。当該書状の日付「七月十日」にも接近しているから、もしかするとこれが探し求めている事態（事件）なのではあるまいか。

「蔭涼軒日録」（臨済宗相国寺鹿苑院蔭涼軒の軒主季瓊真蘂の記録）には、次のように記載されている。

八日《（寛正三年六月）》、…（中略）…賀州安国寺、依濃《（能）》美河與白山河流合、寺将崩。仍被成御奉書、以水道、如元可修之由、被
命于西郡《（筑前入道）》并守護富樫《（成春）》之由、被仰《（足利義政）》付同左衛門《（飯尾之種）》大夫也。(25)

これによれば、寛正三年六月に加賀の安国寺から幕府に注進があって、「濃《（能）》美河」と「白山河」との流水が合わさって大洪水となり、濁流が安国寺の敷地に押し寄せて来た結果、堂舎は崩壊寸前の状況に陥っている。そこで御奉書（幕府奉行人連署奉書のことか）を下して、「水道」（流路）を元のごとくに修復するよう、西郡筑前入道および守護富樫成春に命ずべしとの指示が、将軍足利義政から奉行人飯尾之種に対して六月八日に出された、と見えているのである。

洪水の一報が加賀から京都に達するには、徒歩によるならば少なくとも五日間を必要としたであろう（加賀石川郡四十万村の辺りから京都までは約二二〇km、約五日間）。よって、洪水が起きたのは右の記事よりも五日以上遡った、おそらくは寛正三年五月末のことと考えられ、梅雨末期に降った集中豪雨がその原因だったに違いない。

ここに語られる「濃《（能）》美河」とは、能美郡から流れ出る川の意であろうから、いまの大日川に当たりそうである。もう一つの「白山河」とは、白山山系から流れ出る川の意に違いないので、いまの手取川を指していると解してよいであろう。この両川は能美郡河合村あたりで合流し、石川郡鶴来村あたりで渓谷部から平坦部に出て左折し、扇状地を形成しつつ西へ流れ下って日本海に入っている。当時の安国寺は、その濁流が氾濫して影響を与える位置にあったのであるから、合流地点の河合村あたりから、平坦部に出る鶴来村にかけての流域沿いに立地していた可能性がある。さもなければ、平坦部に出てすぐの左岸の能美郡和佐谷（ワサダニ）村・岩本村あたり、あるいは右岸の石川郡月橋（ツキハシ）村あたりに所在していた可能性もある。

現地においては、「白山河」＝手取川の古い河道はかなり北方まで直流したのち、月橋村あたりに達して左へ彎

曲していたとの所伝がある。けれどもある時代の洪水により、左岸が抉られて流路が南西方向へ大きく移動した結果、和佐谷村や岩本村に立地していた白山系（天台系）の堂舎の多数が崩壊したらしい。とするならば、おそらく安国寺はこうした流失堂舎の一つだったと考えるべきであろう。現地に臨んだ印象では、和佐谷村の地籍内の北端（現在では手取川の流路内）に位置していたと想定するのが、無理が少ないように思われる。

七　音信の内容および法慶坊の立場について

当該の蓮如書状は、寛正三年（一四六二）七月十日の発給で、充所たる法慶坊住持は順誓（このとき四二歳）だったのではないか。これが筆者の推測なのであるが、もしこれが妥当ならば、その内容はどう解釈できるであろうか。

この年五月末に加賀では集中豪雨が降り、白山河（手取川）と濃美河（能美川＝大日川）とが合流して流れる区間では大洪水が発生し、能美郡と石川郡との郡境付近に立地する集落では、濁流が押し寄せて「物忩」、つまり著しい被害が発生するに及んだ。加賀安国寺は、この流路に沿った能美郡和佐谷村に立地する臨済宗寺院だったと考えられ、不運にも濁流が境内に押し寄せて来たため、堂舎崩壊の危機に直面してしまったのである。

この事態を見聞した石川郡四十万村の法慶坊順誓は、幸いに河道から北へ約五㎞離れていたために被害が生ずることはなく、降雨が一段落した七月にこの状況を書状にしたため、使者に託して東山大谷本願寺の蓮如に報じたのである。

知らせを受けた蓮如は、そこで返信を執筆して使者に手交するとともに、側近下間玄英に指示して加賀の状況を実見させることとした。そして順誓への返信では、詳細な話を聞かせてやってほしいと述べ、法慶坊の坊舎が無事だったことを慶賀するとともに、事態が鎮静化したならば「上洛」して顔を見せてほしい、と記したのである。

以上のごとく、蓮如書状の紀年を寛正三年と想定した場合、その内容は加賀で発生した白山河大洪水の状況によく対応しているから、この推測はほぼ間違いないであろう。

ところで、いまひとつ考えておくべき点として、なぜ法慶坊順誓がこうした事態を本願寺蓮如に通報したのか、換言すれば、連絡を行った順誓の立場はいかなるものだったのか、このことを検討する必要があるであろう。

当時の加賀には、すでに本願寺別院（掛所とも呼ばれる）として尾山坊が立地していた[26]。これは現在の金沢別院の前身に当たり、立地箇所は旧金沢城本丸跡であった。これを創建する事業は、本願寺巧如が永享十二年（一四四〇）十月十四日に死去（六五歳）したことを契機にして、その追悼のために企画されたらしい。と言うのは、巧如は永享八年（一四三六）三月から越中に下向して約半年間滞在し、越中〜加賀において大谷本願寺改築のための奉加（資金提供）を呼びかけており、その結果、多数の信者を新たに獲得していたからである。尾山坊創建事業は、死去の翌々年の嘉吉二年（一四四二）晩春から建設が開始されたと思しく、同年晩秋には竣工していたと推測される。そこで後継者の存如は嘉吉三年（一四四三）正月、ここに安置すべき巧如絵像の裏書を染筆して下付したのである[27]。

この尾山坊は最初から別院の位置付けであったので、住持職は本願寺門主が兼帯し、その管理は現地の坊主・門徒に託されていたに相違ない。彼らはおそらく輪番（交代制管理責任者）を決めてその業務に当たったと思われ、在地で生じた種々の問題についてはその都度、輪番から門主に充てて通報されていたことであろう。

とするならば、寛正三年の段階で輪番を務めていたのが法慶坊順誓だった可能性は高く、彼はみずからの業務の一部として、白山河大洪水という事態（事件）を門主蓮如に通報したと考えられる。つまり、その通報のうちの主眼点は、別院たる尾山坊の無事を報ずることだったとしてまず間違いないのである。

八　加賀安国寺について

白山河大洪水によって甚大なる被害を被った加賀安国寺は、本来は萬松山崇聖寺と称される臨済宗寺院であって[28]、南北朝時代以来、幕府から安国寺の格式を付与されて存続してきたものである。前掲した記事の直前の長禄三年（一四五九）九月二十八日に、将軍足利義政は加賀安国寺住持に昌藝なる人物を任じているから[29]、右の大洪水が発生した寛正三年（一四六二）六月には、これが住持として在寺していたのであろう。けれども将軍義政は、それからまもなくの寛正三年十二月十八日に興雲なる人物を安国寺住持に任命し[30]、さらに寛正六年（一四六五）六月三日には周明なる人物を安国寺住持に充てているから[31]、堂舎再建に彼らの力量が期待されたものと考えられる。いずれにもせよ、加賀安国寺の住持職は将軍から直接任命されるという、極めて重要な地位を占める寺院だったのである。

加賀安国寺が直面した窮状に対して、将軍義政は飯尾之種に指示し、現地の西郡筑前入道および守護富樫成春に命じて、「水道」＝流路の改修を行わせることとしたのであるが、しかし余りにも大きな被害であったために、工事の進捗は容易なことではなかった。

「蔭涼軒日録」の翌寛正四年（一四六三）四月二十七日条[32]によれば、加賀安国寺の門前が濁流によって抉り取られてしまった事態が再び将軍義政に訴えられ、将軍は適切なる措置をとるべしと飯尾之種に命じたことが知られるが、この記事からは、状況が一向に改善していないことを読み取るべきであろう。

さらにその翌年、寛正五年（一四六四）六月に安国寺はまた提訴しており[33]、改修工事を担当する西郡筑前入道の計画案に対して、安国寺は承諾せず、別の土地に河道を移動させてほしいとの要望を提出している。おそらく西郡氏は、濁流によって生じた新河道を、そのまま流路として固定する計画案を立てたに違いなく、この結果、安国寺の敷地や門前の道路は、大幅な変更もしくは減少を甘受しなければならなくなったことであろう。こうした改修案を安国寺として容認できないことは当然であるから、この点を安国寺は将軍に提訴し、元の位置にまで流路を移動させてほしいと要望したのではないかと想像される。

この問題がその後どう展開したかは不明であるが、しかし河道を付け替えるなどの工事が容易でないことは言うまでもなく、当時の技術力では到底困難なことだったであろう。よって、安国寺の要望は結局実現することなく、その結果、門前の道路や敷地の形状変更を、安国寺は受忍せざるを得なかったのではあるまいか。そしてもしこれが我慢の限度を越えている場合には、敷地移転などの措置もやむを得ないことだったに違いない。

けれども安国寺は、廃寺に至ることはなかったらしい。と言うのは、文明十六年（一四八四）八月二十五日になると「清越首座」なる人物が、将軍足利義政によって加賀安国寺の「坐公文」＝住持に選任されており[34]、また文亀元年（一五〇一）十二月十日には、将軍足利義高（義澄）が「源的」なる人物を、加賀安国寺の住持に任命していることが知られるからである[35]。さらに下って天文八年（一五三九）三月二十七日になると、足利幕府は加賀安国寺の「月蝕御料所」として、石川郡米光村の萬福寺に対する支配権を安堵しているので[36]、この頃まで加賀安国寺が存続していたことは確実としなければならないのである。

おわりに

本稿の検討で判明した点を、最後に簡単にまとめておこう。

加賀国石川郡四十万村の善性寺（東派、旧坊号は法慶坊）に伝えられる七月十日付けの蓮如書状は、寛正三年（一四六二）の発給ではないかと思われる。この推測は、「上洛」との文言、および蓮如の花押形状（D型＝二本足前期型）に基づいて限定された期間内から、文言の内容に相応しい加賀国内の状況を検索して得られたものである。

この年の加賀では五月末頃、梅雨末期の集中豪雨のために白山河（現在の手取川）が大洪水を起こし、流路が大きく左岸方向へ弯曲＝移動する事態となった可能性がある。それ以前の流路は北方へ直流して石川郡月橋村あたりまで達していたが、この大洪水によって左岸が抉り取られ、その結果、左岸の能美郡に属する集落には甚大な被害が生じたらしい。安国寺（臨済宗）は、この左岸集落のうちの能美郡和佐谷村に立地していた可能性が高く、濁流が敷地に押し寄せて来て、堂舎崩壊の危機に直面したのである。

この年にたまたま尾山坊（現在の金沢別院の前身で、旧金沢城本丸跡に所在、嘉吉三年〈一四四三〉正月に完成か）の輪番（管理責任者）を務めていたのが、四十万村の法慶坊順誓（第三代、このとき四二歳）だったと推測される。彼の道場は河道から約五km離れていたために被害に遭わなかったが、その立場上、尾山坊の安否を確認して本願寺蓮如に知らせる責務があった。そこで降雨が一段落ついた七月上旬、使者を派遣して尾山坊が無事だったことを報じ、合わせて懇志五〇疋を届けたのである。

知らせを受け取った蓮如は、返信を作成して懇志進上に謝意を表し、加賀において大洪水という物騒な状況となっている由なので、様子を見聞させるために側近下間玄英を派遣すると述べ、法慶坊の坊舎が無事だったことを慶賀するとともに、事態が鎮静化したならば上洛してほしいと伝えたのである。これが当該書状の内容であった。

なお、甚大な被害を被った加賀安国寺のその後であるが、将軍足利義政は現地の西郡筑前入道と守護富樫成春に命じて、流路を元のごとくに修復すべしと指示している。しかし翌寛正四年（一四六三）四月になっても、状況は一向に改善していないことが知られる。しかも西郡筑前入道は、濁流によって生じた新河道をそのまま流路として固定する計画案を立てたらしく、安国寺は強く反発して、元の位置にまで河道を移動させてほしいとの要望を将軍に提出している。しかし当時の技術力によれば、こうした計画案となるのもやむを得ないところであって、安国寺の要望はついに実現せず、門前の道路や敷地が大幅に形状変更した事態を受忍せざるを得なかったことであろう。けれども安国寺は、廃寺に追い込まれることはなかったらしく、その住持の選任記録は文明十六年（一四八四）八月～文亀元年（一五〇一）十二月において確認することができる。さらに天文八年（一五三九）三月には、加賀安国寺の「月蝕御料所」として、石川郡米光村の萬福寺に対する支配権が幕府から安堵されているので、この頃までは確実に加賀安国寺は存続していたのである。

最後に、善性寺の来歴についても判明した点をまとめておこう。善性寺はもとは法慶坊（法敬坊とも表記される）と称し、応永三十四年（一四二七）六月十日に敬授が本願寺巧如に帰依・改宗して創建されたと伝えられる。彼は富樫本庄四十万村の字「寺屋敷」に所在した大仙寺（天台宗、異説では真言宗）の僧であった。

蓮如が越前に下向して吉崎坊を創建すると、その周囲の多屋（宿坊）の一つに「法敬房（坊）」が建てられており、四十万村法慶坊の分家もしくは掛所として経営された可能性がある。この頃の法慶坊住持は第三代順誓であって、彼の名は「蓮如上人一語記」・「蓮如上人仰条々」・「蓮如上人御一期記」などに登場し、晩年の蓮如に仕えていたことが知られる。順誓は応永二十八年（一四二一）の誕生で、永正七年（一五一〇）七月二十七日に九〇歳で死去した人物である。

明応八年（一四九九）九月になって順誓は、富樫泰高から富樫本庄四十万村の旧大仙寺の屋敷地と山林の寄進を受けている。ただしこの年、彼は七九歳であるから、寄進申請の手続きなど実務を担当したのは子の「某1」（第四代）だったに違いない。この大仙寺とは、加賀の守護を務めた富樫成春の隠居寺であり、また菩提寺でもあったと思われる。成春は守護を子政親に交代した寛正六年（一四六五）十一月に隠居したと考えられ、そしてまもなく死去した可能性がある。もし存命していたとしても、長享二年（一四八八）六月の一向一揆蜂起（子政親が滅ぼされる）に際しては、父成春も巻き添えで滅ぼされていたことであろう（享年は五六歳もしくはそれ未満）。この結果、大仙寺は廃寺となったので、順誓はかつて祖父敬授が大仙寺僧であったことを根拠にして、富樫泰高にその屋敷地・山林の寄進を受けたい旨を申し入れ、これが認められたのであろう。それは蓮如が死去（明応八年三月）して半年後のことであった。

永正元年（一五〇四）三月になって順誓は富樫稙泰から、旧大仙寺の屋敷地と山林に対する安堵状を得ており、またそれを下達する姓未詳高次（守護代か）の遵行状は翌永正二年（一五〇五）五月に発せられている。泰高が永正元年三月をやや遡った時点で死去し、孫稙泰がその地位を継承したことから、新守護稙泰による寺領安堵の手続きは不可欠だったのである。

第六代住持として「天文日記」に登場するのが「教勝」である。彼は天文五年（一五三六）八月十八日に本願寺に上って、門主証如のために「斎」を準備している。これには教勝の伯母も同席していたが、彼女は第五代「某2」の配偶者だったに違いなく、この直前に「某2」が死去したこと、および第六代に教勝（甥）が就任したこと、これらを報ずるために両人は本願寺へやって来たのであろう。

それからまもなくの天文十二年（一五四三）四月十八日、法慶坊には寺号「善性寺」が与えられる。この時、住持教勝は四回目の三十日番衆勤務に就く予定であったが、これに際して門主証如は、教勝の忠節の姿勢を褒賞すべく寺号を与えたのである。

その後の善性寺は、⑥教勝―⑦順勝―⑧敬順（教如派＝東派）と継承され、石山合戦においては⑧敬順が、主戦派に属して教如の籠城戦継続を支援したらしい。こうした経緯があったために、現在の善性寺は真宗大谷派（東派）に属しているのである。

注

（1）加賀「善性寺文書」。千葉乗隆・堅田修氏編著『蓮如上人御文』第八三号、二〇六ページ（同朋舎出版、一九八二年）に写真版が掲載され、『真宗史料集成』第二巻、三二四ページ（同朋舎、一九七七年）には、「諸文集」第二七九号として釈文が掲載されている。筆者は平成二十六年（二〇一四）一月二十日に、善性寺住持冨光英（トミ・コウエイ）氏の御厚意により閲覧・撮影と写真掲載が許されたので、ここに謝意を表しておきたい。

（2）『長享二年寺社由緒書上』（『加越能寺社由来』上巻五三九ページ―『日本海文化叢書』第一巻、石川県図書館協会、一九七四年）、および『石川県寺院明細帳』（『加越能寺社由来』下巻、五二六ページ）による。そのほか「善性寺」（『石川県の地名』四九六ページ―『日本歴史地名大系』第一七巻、平凡社、一九九一年）も参考になる。なお「善性寺文書」に残される家系図では、

敬授―法円（異説では敬円）―順誓―法勝（異説では教勝）―順勝―敬順、

と次第したと見えているが、この家系図がまとめられたのは近年のことであって、むしろ括弧内の異説の人名の方が信頼度は高いように思われる。よって本稿では、

敬授―敬円―順誓―教勝―順勝―敬順、

という系譜を採用したうえで、本文においてこの一部に手直しを加えることとする。
（3）近江「照西寺文書」吉崎御坊古絵図。現在これは京都国立博物館に保管されており、筆者は、照西寺寺務代行たる西願寺（多賀町栗栖）住持の堂正史氏から与えられた掲載許諾（二〇一〇年十二月十日付け）に基づき、京都国立博物館から写真提供（観第二〇一〇―〇六五六号、二〇一〇年十二月二十七日付け）を受けて掲載している。なお写真版を掲載する文献としては、蓮如上人五百回遠忌法要記念『図録蓮如上人余芳』七六ページ（浄土真宗本願寺派、一九九八年）、大阪市立博物館『中世大阪の都市機能と構造に関する調査研究―越前吉崎「寺内」の調査研究―』一ページ（大阪市立博物館、一九九九年）、小学館ウィークリーブック『新説加賀一向一揆』五ページ（『週刊新説戦乱の日本史』第三五回配本、小学館、二〇〇八年）、平成二十五年度愛荘町立歴史文化博物館夏季特別展『真宗の美―愛荘町の信仰と文化―』図録二四ページ（滋賀県愛荘町立歴史文化博物館編集・発行、二〇一三年）、などがある。拙稿「蓮如の越前滞在と吉崎坊創建」（本書第九章）参照。
（4）「蓮如上人一語記」（『真宗史料集成』第二巻、四四四ページ）。
（5）「蓮如上人仰条々」（『真宗史料集成』第二巻、四七〇ページ）。
（6）「蓮如上人御一期記」（『真宗史料集成』第二巻、五一〇ページ）。
（7）「蓮如上人仰条々」第九二項（『真宗史料集成』第二巻、四八七ページ）。
（8）加賀「善性寺文書」（『加能史料』戦国五、六七ページ、石川史書刊行会、二〇〇六年）。
（9）前田育徳会尊経閣文庫所蔵「富樫系図」（『加能史料』戦国三、七ページ）。
（10）「建内記」嘉吉三年正月三十日条（『加能史料』室町三、一〇八ページ）。
（11）「康富記」文安四年五月十七日条（『加能史料』室町三、二一八ページ）。
（12）「上月文書」（『加能史料』室町四、八三ページ）。
（13）「長禄四年記」・「政所方御奉書引付」（『加能史料』室町四、一七六・一七七ページ）。
（14）「蔭凉軒日録」寛正五年八月七日条（『加能史料』室町四、二八八ページ）。
（15）「斎藤親基日記」寛正六年十一月十日条（『加能史料』室町四、三七六ページ）。富樫政親の享年については、三二歳説（「官知論」―『日本思想大系十七―蓮如・一向一揆』二六六ページ、岩波書店、一九七二年）と、三四歳説（「官知論」異本―『加能史料』戦国三、二九ページ）とがあるので、誕生は長禄元年（一四五七）、もしくは康正元年（一四五五）と計算でき、そして南半守護職を安堵された寛正六年（一四六五）には、彼は九歳もしくは一一歳だったこととなる。なお『誰でも読める日本中世史年表』三九〇ページ（吉川弘文館、二〇〇七年）では五六歳死去とされているが、これは誤説である。
(16)「祇陀寺文書」（『加能史料』戦国一、七四ページ）。
(17)加賀「善性寺文書」（『加能史料』戦国五、二二二ページ）。
(18)加賀「善性寺文書」（『加能史料』戦国五、二六七ページ）。
(19)「天文日記」天文五年八月十八日条（『加能史料』戦国九、九七ページ）。
(20)「天文日記」天文五年八月二十日条（『加能史料』戦国九、九七ページ）。
(21)「天文日記」天文十二年四月十八日条（『加能史料』戦国十一、一八三ページ）。
(22)前注1史料。従来の釈文には書止文言に錯誤があり、注意が必要である。また一部の訓みにも変更を加えた。
(23)拙稿「蓮如の生涯とその花押」（本書第二十一章）参照。
(24)検討する史料は、いずれも「諸文集」（『真宗史料集成』第二巻）にまとめられた蓮如書状によっている。
(25)「蔭涼軒日録」寛正三年六月八日条（『加能史料』室町四、二三一ページ）。
(26)拙稿「金沢別院所蔵の絵像三点」（本書第二章）参照。
(27)加賀「金沢別院文書（西派）」（親鸞聖人七百五十回忌記念事業『真宗の教え　北陸布教の道』調査報告書、巻頭グラビアおよび一三二ページ、浄土真宗本願寺派・真宗大谷派・北國新聞社・富山新聞社、二〇一二年）。
(28)「不二遺稿」（『加能史料』室町一、一二六ページ）には、「往董加州安国山崇聖禅寺」と記されており、また「在先有禅師疏」（『加能史料』室町一、一二七ページ）には、「住賀州萬松山安国」と見えている。
(29)「蔭涼軒日録」長禄三年九月二十八日条（『加能史料』室町四、一三六ページ）。
(30)「蔭涼軒日録」寛正三年十二月十八日条（『加能史料』室町四、二五一ページ）。
(31)「蔭涼軒日録」寛正六年六月三日条（『加能史料』室町四、三三六ページ）。
(32)「蔭涼軒日録」寛正四年四月二十七日条（『加能史料』室町四、二三一ページ）。
(33)「蔭涼軒日録」寛正五年六月九日条・十月八日条・十月二十一日条（『加能史料』室町四、二八四～二八五ページ）。

(34)「蔭凉軒日録」文明十六年八月二十五日条(『加能史料』戦国二、一五一ページ)。
(35)「鹿苑院公文帳」諸山位次簿(『加能史料』戦国五、一六一ページ)。
(36)「大館記」披露事記録(『加能史料』戦国一〇、一三九ページ)。

第八章　寛正の法難と蓮如の応仁譲状

はじめに

寛正六年（一四六五）正月および三月、東山大谷の本願寺蓮如は二度にわたって延暦寺衆徒の襲撃を受ける。この事件は「寛正の法難」と称され、これ以後、蓮如は各地を転々と移動して危難を避けねばならなかった。近世の史書たる「大谷嫡流実記」には次のように記されている。

寛正六年乙酉正月十日、山門ノ悪徒蜂起シテ、東山大谷ノ御本廟ヲ一時ニ焼亡ス。其張本ハ、南谷ノ阿闍梨覚融、西塔院ノ執行慶純等トナリ《ママ》。…（中略）…大谷御炎上ノ後ハ、蓮師、江州堅田ニ御移住アリ。翌文正元丙戌年二月、同国ノ住人蒲生不閑ト云モノ、御招請申ニヨリ、江州日野ノ辺ニ御寓居アリシガ、爰ニ亦、浅井又六郎ト云モノ、偏執ニテ、翌応仁元丁亥年春、堅田ニ帰住シ給ヘリ。其翌々文明元己丑年二月十二日、大津三井寺ニ御移転アリ。(1)

すなわち、寛正六年正月十日に「山門」＝延暦寺の悪徒が蜂起し、東山大谷の本願寺を襲って「焼亡」させた。その張本人は、南谷の覚融、西塔院の慶純らであった。大谷本願寺が「炎上」したので、蓮如はまず近江「堅田」

へ逃れ、次いで文正元年（一四六六）二月には蒲生不閑の招きによって近江「日野」に転じた。けれどもまもなくに浅井又六郎から圧迫を受けるに至ったので、応仁元年（一四六七）春に堅田へ帰住し、さらに文明元年（一四六九）「二月十二日」に大津三井寺へ移転した、というのである。

右の叙述のうち、事件の経過についてはおおむね妥当と思われるが、焼亡・炎上という表現は正しくなく、実際には「破却」＝解体・撤去処分であって、持ち去られた材木類や法宝物類は売り払われて換金されたことであろう。また事件初期の寛正六年に「堅田」へ逃れたとの記述も正しくなく、実際には親鸞木像とともに京都市中に潜伏していたらしい（短期的に各地を訪れることはあったか）。そしてその後、文正元年二月に親鸞木像とともに近江安養寺村へ移動し、次いで五月には赤野井へ転じ、同年十一月の報恩講は金森で執行するが、終了後には赤野井へ戻っている。文正二年（＝応仁元年）二月になって蓮如は、木像を赤野井から堅田本福寺へ舟で移すものの、翌応仁二年（一四六八）三月十二日には「堅田大責め」を避けるべく木像を金森へ移動させている。その後はまた堅田へ戻り、十一月の報恩講は再び金森で実施して、終了後には堅田へ戻る。そして応仁三年（＝文明元年）二月に木像は堅田から大津浜名道覚道場へ移され、さらにまもなくして三井寺南別所（近松）へと移される（「二月十二日」は誤り）のである。

ところで、本願寺が襲撃された直後には、高田派専修寺に対しても同様の攻撃を加えられる恐れがあったらしい。そこで門主真恵は直ちに対応策を講じて事なきを得ている。両者の対応には大きな違いが見られるから、それを比較して検討するならば、本願寺の指弾された理由がより明確になることであろう。

なお、寛正の法難に関する先学の研究としては、井上鋭夫氏「寛正法難と堅田衆」(2)、神田千里氏「寛正の破却と吉崎留錫」(3)、草野顕之氏「「寛正の法難」の背景」・「「無碍光宗」について」(4)、などがあり、また『増補改訂本願寺史』第一巻でも「宗派の誕生と寛正の法難」[5]が立項されて概説的に論述されており、法難の経過についてはほぼ明らかになっているとしてよい。けれどもこれらの研究では、法難の結果として蓮如が応仁二年（一四六八）三月二十八日に執筆する譲状P（五男光養丸＝実如充て、以下では「応仁譲状」と称する、図2参照）[6]に関して、十分な検討が加えられているとは言い難く、蓮如・長男順如・五男光養丸（実如）らの動静において、この譲状がどう位置付けられるのかは重要な検討課題である。

ところで、吉田一彦氏「本願寺住持としての順如―再評価の試み―」[7]では、順如について詳細な分析が加えられている。それによれば、隠居後の蓮如に代わって順如は本願寺住持としての職務を果たし、文明二年（一四七〇）十二月〜文明十五年（一四八三）三月の間に、合計一四点の本尊絵像（阿弥陀如来絵像で、通常は方便法身尊像・方便法身尊形などと称される）に、裏書を染筆して下付していること、および文明十三年（一四八一）二月には順如は法名状も下付していること、これらの点が指摘されている。こうした行為を吉田氏は本願寺住持としての権限行使とされたうえで、蓮如の応仁譲状Pに対しては強い疑義を呈せられ、偽文書の可能性もあると述べておられるのである。もしこの見解が妥当であったならば、本願寺史の一部を書き換えるべき重大事としなければならず、等閑視していてよい問題などとは決して言えないであろう。

そこで本稿では、寛正の法難の経緯について再検討を行うとともに、それに続く蓮如の応仁譲状Pに対しても分析を加えてみたいと思う。

一　延暦寺衆徒による本願寺破却事件（第一次襲撃事件）

寛正六年（一四六五）正月八日、延暦寺西塔院（＝西塔宝幢院）の勅願不断経衆は集会を行い、合意に達した内容を次のごとき衆議状Aにまとめて、東山大谷の本願寺蓮如に通告した。これが一般には「叡山牒状」などと呼ばれる弾劾状である。

A寛正六年正月八日、西塔院（西塔宝幢院）勅願不断経衆集会、可早被相触東山本願寺事。

議曰、

右、天台四明之月光、耀翻邪向正之空、顕密両宗之花匂、播遮悪持善之苑。爰当寺者、興一向専修之張行、堕三宝誹謗之僻見之間、任上古軌範、可令停廃之条、勿論也。就中、号無礙光、建立一宗、勧愚昧之男女、示卑賤老若之間、在々所々、村里閭巷、成群結党、或焼失仏像経巻、軽蔑神明和光、邪路之振舞遮眼、放逸之悪行盈耳。且仏敵也、且神敵也。為正法、為国土、不可不誡。然間、去年閉籠之時節、可令切断之処、依門跡御口入、捧陳状之間、暫閣之畢。雖然、尚以不事息、弥倍増上者、重犯更難遁之所也。所詮、放公人・犬神人等、可令撤却寺舎之由、衆議偪同而已。

右本願寺江（ママ）(8)

右の衆議状Aによれば、正月八日に行われた西塔宝幢院の勅願不断経衆の集会において、次の事柄が決定されたので東山本願寺蓮如に速やかに通告されるべきである。すなわち、「当寺」＝本願寺は「一向専修」の言説と行動を標榜し、三宝を誹謗する「僻見」に陥っているので、従来の軌範に基づいてこれを「停廃」させねばならない。

とりわけ「無礙光」宗と号する一宗を組織して、愚昧の男女、卑賤の老若を勧誘しており、各地の在所や村里では門徒集団が相次いで成立して、他宗派の仏像経巻を焼いたり「神明和光」＝御神体を軽蔑するなど、その無軌道な振る舞いは眼に余るものがあり、放逸なる悪行に対しての非難が耳に満ちている。彼らは仏敵・神敵であること疑いなく、正法（あるべき姿）のため国土のために断固として誡めを加えねばならない。そこで「去年」＝寛正五年（一四六四）、西塔宝幢院に閉籠して弾劾の行動に決起しようとしたところ、「門跡」＝青蓮院からの御口入があって本願寺は陳状を捧げるに至り、これによって一旦、弾劾は停止された。ところが未だに本願寺の姿勢は変わらず、その門徒は倍増する勢いであって、重犯たる点は遁れがたきところである。よって「公人・犬神人」を発向せしめ、「寺舎」＝大谷本願寺の堂舎を「撤却」＝破却すべしとの衆議に一決したので、ここに本願寺に対して通告するところである、と述べられている。

この衆議状Aに関しては、去年＝寛正五年にすでに西塔宝幢院の衆徒が閉籠・決起する直前にまで達していたこと、けれども青蓮院門跡の口入に従って蓮如が陳状を捧げた結果、衆徒による弾劾は停止されたこと、これらの点について注目しておきたい。

右に見た西塔宝幢院の衆徒による衆議状に基づき、翌々日の正月十日、延暦寺配下の「公人・犬神人」に対して動員令が発せられる。その状況については「安位寺殿御自記（経覚私要鈔）」寛正六年正月十二日条に詳しい。

一、山門馬借、去十日閉籠祇園、槌早鐘以下畢。昨日十一日、押寄本願院（寺）之間、迷惑言語道断云々。然而、自青蓮院色々被誘（要）之間、三千疋出用脚、落居云々。無㝵講（光）衆事故也。[9]

右の記事によれば、「山門」＝延暦寺の「馬借」＝犬神人が、正月十日に祇園社に閉籠して早鐘を槌くなどの手続きを経たうえ、翌十一日に「本願院（寺）」に押し寄せて破壊行為に及んだ。迷惑なること言語道断の仕儀であったが、青蓮院からの「誘」＝指示に基づき、三〇〇〇疋（三〇貫文）の要脚（一献料）を進上して落居するに至った。この事件の原因は「無㝵（光）講衆」の活動を放置していたからである、と述べられている。この記事からは、犬神人の内実が馬借であること、また彼らを管轄したのは祇園社であって、ここに閉籠して早鐘を槌くなどの手続きが蜂起のためには必要だったこと、などが知られる。そして青蓮院の指示により、蓮如は要脚三〇〇〇疋（三〇貫文）を進上して落着させようとしたのである。

　ところで、蓮如の避難先については諸書の記述が錯綜していて判然としないが、本願寺伝来の親鸞木像の移動・安置場所については、「本福寺由来記」の次の記事が詳細かつ正確だと思われる。

一、御本寺様之生身之御影像、本福寺へ御下向之事。
寛正六歳、大簇（正月）中旬ノ比、京都室町ニ御座アリテ、ソレヨリ今法寺（金宝寺）へ御移リナリ。其後、御座、ミフ（壬生）ヘカヘサセラレ、ヤカテ（文正元年二月カ）江州栗本（太）ノ郡安養寺、カウシ（幸子）坊ノ道場へ御下向アリテ、七十日ハカリ（文正元年五月カ）御座候ナリ。サテ、赤野井ヨリ御ウシロサマニ、オイタテマツリ、ソノ浦ヨリ御船ニメサレ、応仁元ノ暦、交鏡（夾鐘、二月）上旬ノ比、当所（堅田）下ハヽ、カラサキノハマヘ、御船ヲツケ申サレ、馬場本福寺道場へ、御光臨ヲハシマシ、ソノ年ノ霜月廿一日ノ夜ヨリ、蓮如上人様、御下向アリテ、廿八日マテノ七昼夜ノ、智恩報徳ノ御仏事ノ御ツトメ、スル〳〵ト、ナンナクワタラセ、オハシマストコロ、…（下略）…(10)

すなわち「生身之御影像」＝親鸞木像については、襲撃直後の寛正六年「大簇」（タイゾク＝正月）の中旬に、まず京都室町へ移動させ、次いで「今法寺」＝金宝寺へ移し、さらに壬生へと移動させる。それからしばらく経って近江栗太郡安養寺村の「カウシ坊」＝幸子坊へと移し、さらに七〇日余り後に赤野井へと移動させた。そして応仁元年の「交鏡」（夾鐘の誤り、キヨウシヨウ＝二月）の上旬になって、赤野井から舟に乗せて堅田唐崎浜へ達し、陸揚げして本福寺へと移動させたので、その年の報恩講は蓮如が臨席して本福寺で執行された、と見えているのである。

この記事では御影像の移動方法について、「御ウシロサマニ、オイタテマツリ」とあって、御影像を後ろ向きにして背負ったことが知られる。つまり御影像とは、絵像ではなくして立体的な木像なのであって、運搬者は当然、蓮如自身だったに違いない。

それと同時に、本願寺にとって最重要の崇拝対象は、阿弥陀如来像ではなくして親鸞木像であることが判明する。とするならば、これを移動する際には常に蓮如が随伴していたことは疑いなく、換言するならば、親鸞木像の所在地の移動とは、寺基移転に等しい重大事だったと解すべきなのである。これに対して、危難を避けるための蓮如の潜伏先は、旅行目的地と同じく移動は容易であるから、さほど重要な事柄とは言えまい。よって、親鸞木像の所在地こそが蓮如の滞在地(と言うより本願寺の寺基所在地と解すべきか)だったとして、詳細に追究しておく必要があるであろう。

そこで、右の「本福寺由来記」の記事に、その他の史料から判明する点を付け加えるならば、蓮如の逃避行は次のようであったと思われる。

すなわち、寛正六年(一四六五)正月にまず京都室町へ親鸞木像とともに逃れ、次いで同年三月の再襲撃(次節で検討)の際には、金宝寺へ木像を移動させたのであろう。そして状況が落ち着いた後、さらに壬生へ移動させたと考えられる。続いて近江安養寺村(幸子坊)へ移したとされているが、これは「大谷嫡流実記」に語られる寛正七年(=文正元年、一四六六)二月の近江日野移動に相当するに違いない。それから七〇日余が経って赤野井へ移動させているから、これは同年五月のことと計算できる。十一月の報恩講は、「金森日記秡」(11)によれば金森で執行されたと述べられ、その後また赤野井へ戻ったらしい。そして翌文正二年（＝応仁元年、一四六七）二月上旬になって、親鸞木像は赤野井から堅田本福寺へと舟で運ばれるのである（これ以後は第七節で検討）。

第一次襲撃事件からまもなくして、蓮如は次のごとき書状Bを発している。この時の彼は京都室町にいたのであろう。

B誠に当年者、可然無便宜候間、自是も申さす候。所存外候て、依御音信、悦入候。就其、当年正月十日、自山門出入候て、一宗を可亡候由、申候処に、先色々申候て、一献を遣候て、道断候。雖然、為向後之儀、公方様へ申入候。於国、定而色々可申候。此分にても、御心へ候へく候。又百疋、慥に給候。何様七月は、以面可申候。恐々謹言。

（寛正六年）二月四日　蓮如御判

本蓮寺御房　御返事(12)

すなわち、加賀本蓮寺からの音信を喜んでいるとしたうえで、正月十日に「山門」＝延暦寺との間で「出入」＝対立抗争があって、一宗を滅亡させるべしとの言い分であったが、様々に弁明したうえ「一献」＝銭三〇〇〇疋（三〇貫文）を遣わしたところ、ようやく解決するに至った。けれども今後のためと考えて、「公方様」には経緯を説明しておいた。「国」＝加賀国においても同様に各方面に説明しておいて頂きたい。なお懇志一〇〇疋については感謝しており、七月には必ずや上洛して頂きたい、と述べられているのである。

この書状案Bで語られた内容のうち、特に留意すべきは「公方様」に経過を申し入れたと見えている点である。この公方様とは、通常では将軍足利義政を指しているが、実はこの当時、後花園天皇が寛正五年（一四六四）七月十九日に皇子たる後土御門天皇に譲位した後、上皇は左大臣足利義政を院執事として院政を行っており、その体制は上皇死去の文明二年十二月二十七日まで続くのである（五二歳）[13]。よって、蓮如の行った経過報告が後花園上皇にまで達していたことは疑いなく、むしろこの点にこそ、蓮如の真の狙いがあったとすべきであろう（朝廷との関係については後述）。

二　延暦寺衆徒による本願寺再破却事件（第二次襲撃事件）

西塔宝幢院の衆徒が引き起こした本願寺破却事件は、しかしながらこれで完全に落着したわけではなかった。三月になって延暦寺の「閉籠衆」から再び次のような衆議状**C**が発せられ、本願寺はまた襲撃を受けるのである。

C無碍光本願寺房舎之事、為本院（東塔止観院）政所衆議、今度犬神人粉骨分、被宛行処也。然上者、狼藉人等在之者、為社中致警固、犬神人可被取之由、依衆議之旨、執達如件。

（寛正六年）三月廿日　　閉籠衆（黒印）

祇園執行[14]

右の**C**は、寛正六年三月二十日付けで祇園社執行に発せられた、「本院」＝東塔止観院の政所の「閉籠衆」の通達状である。これによると、無碍光宗の本願寺坊舎については、東塔止観院政所の衆議によって今度、犬神人に「粉骨分」として宛行われることとなった。そこで発向を妨害する狼藉人が出現しないよう、祇園社中として警固を行い、犬神人が遅滞なく坊舎資材を解体・撤去できるよう配慮願いたく、衆議に基づいてここに通告するものである、と述べられている。充所が祇園社執行となっているのは、執行が犬神人に対する管轄権を保持していたからであろう。

このCによれば、今回の「閉籠衆」とは東塔止観院の政所に結集する者たちであって、前回の西塔宝幢院に属する者たちとは異なっていることが判明する。とすれば、今回の閉籠衆は、前回の正月襲撃事件で何らの利益も受けることができなかった者たちと思われ、その不満が原因になって今回、閉籠・決起することとなったのであろう。

かくして三月二十一日、本院＝東塔止観院の衆徒らは、東山大谷の本願寺に押し寄せたのである（第二次襲撃事件）。

一、（寛正六年三月）就無㝵（光）講衆事、自山門、東山本願院（寺）、悉令破却云々。不便次第也。自昨日（三月二十一日）、犬神人罷向、壊取云々。亡母之里也。歎而有余者哉。本人兼寿僧都（蓮如）、住摂州云々。先日雖音信、無返事、若不通歟。如何。(15)

右は「安位寺殿御自記（経覚私要鈔）」の記事であって、東山本願寺が「山門」＝延暦寺の衆徒によって破却されるに至り、誠に不憫な次第である。原因は「無㝵（光）講衆」を禁圧するためであって、昨日二十一日に犬神人が本願寺に向かい、堂舎を取り壊してしまった。ここは安位寺経覚の「亡母」の里＝実家に当たり、嘆いても余りある事態である。本願寺の当事者たる兼寿僧都（蓮如）は「摂州」に避難したとの由で、先日これに音信を遣わしたが未だに返事がない。もしかするとまだ音信が到達していないのかもしれない、と述べられている。

右の記事では蓮如の逃避先が「摂州」と見えていて、一時的に蓮如は摂津にまで足を伸ばしていたのかもしれない。けれども問題とすべきは親鸞木像の所在地なのであって、「本福寺由来記」に述べられるごとく、この時点では室町から金宝寺へ移動させていたと考えられ、移動に際しては当然、蓮如が随伴していたことであろう。そして状況が鎮静化するのを待って、さらに壬生へと移動させたのである。いずれにもせよ、親鸞木像とこれを守護する蓮如は、寛正六年段階では京都市中に潜伏していたと考えられるのである。

大谷本願寺を襲った衆徒は、さらに引き続いて三月二十三日には近江金森を攻撃し(16)、二十四日には赤野井へも攻撃を加えたことが知られる[17]。

ところで、この三月二十一日の東塔止観院衆徒（犬神人）による本願寺破却事件に際しては、二人の狼藉人が妨害を企てる事態となったらしく、衆徒はこれに決着をつけるため三日後の二十四日、さらに次の通達状Dを祇園社執行充てに発している。

D就無碍光衆対治（退）之事、本願寺令徹脚（撤却カ）、於住持者、堅罪科之処候。宝性寺・打栗屋兵庫、彼本願寺令同意、対山門致緩怠之間、為罪科、公人并犬神人を申付者也。宜可被致成敗之旨、依衆儀（議）、折紙如件。

（寛正六年）三月廿四日　　閉籠衆（黒印）

祇薗執行[18]

右のDによれば、無碍光衆を退治するため本願寺の堂舎を撤却し、また住持に対しては厳重なる罪科に処すべきである。しかるに宝性寺と打栗屋兵庫なる二人は、本願寺に加担して「山門」＝延暦寺衆徒に緩怠の働きをなしたので、罪科に処すべく公人・犬神人の発向を命ずるところである。祇園社執行としては、これらを適切に統率して処断して頂きたく、ここに衆議によって通告するものである、と述べられている。

ここに登場する宝性寺とは青蓮院門末の寺院とされているが、宝性寺・打栗屋兵庫の両人が捕縛された後、いかなる処罰を加えられたのかはあいにくと不明である。けれども、身体を毀損したり生命を奪うなどといった刑罰は考えにくく、おそらくは拘禁されたうえで財産没収などの措置が加えられたのではあるまいか。

三　本願寺破却事件を聞いた高田派専修寺真恵の対応策

寛正六年（一四六五）正月・三月に決行された二度にわたる本願寺襲撃事件の報は、直ちに伊勢一身田村にあった高田派専修寺の真恵にも達したであろう。専修寺と本願寺とは、ともに親鸞流の専修念仏を信奉する宗派であるから、延暦寺による弾圧の余波が専修寺に波及する可能性は決して少なくなかった。そこで真恵は直ちに対応策を講ずることとしたのであって、まず次のごとき門徒衆言上状Eを提出させている。

E　下野国大内庄専修寺之末寺、越前国門徒中、謹言上。

右門徒中者、源請法然上人末流、以三経一論五部九巻、為所学、于今、一向専修称名念仏、無退転之処、今度為山上、就無㝵光衆一類御対(退)治、被混乱、度々被付召文之条、歎存者也。惣而、無㝵光衆邪法御対(退)治事者、専修念仏門徒中者、令(実カ)悦耳之処、以何故、可被混彼等哉。所詮、以憲法議、下向上使并守護方(二脱カ)、可被停止其綺之旨、預御成敗者、参可畏入之由、粗謹言上、如件。

寛正六年乙酉六月　日[19]

右のEは、越前に居住する高田派門徒衆が延暦寺に提出した言上状の案文である。それによると、下野国大内庄専修寺（ただし真恵はすでに伊勢に移動していた）の末寺たる越前国門徒中が、謹んで言上するところである。専修寺はもとは法然の末流に属し、三経一論五部九巻の経典を学び、いまに一向専修称名念仏を怠りなく勤めているが、このたび延暦寺が無㝵光衆の一類を退治されたことに関連し、混乱を生じて度々、召文（召喚状）を発せられたことは嘆くべき事態である。そもそも無㝵光衆の唱える邪法を退治されることについては、専修念仏の門徒中としては悦ばしき事態であるにも拘わらず、なにゆえに我々は彼らと混同されるのであろうか。よって「憲法」（延暦寺の基本方針の意か）に基づき、各地へ下向する上使および守護方に対して、狼藉を加えることがないよう周知徹底を図って頂きたく、謹んで言上するところである、と述べられている。

右のごとき言上状を、真恵は少なくとも三通作成させていたと思しく、それを三人の雑掌が手分けして所持し、延暦寺の東塔止観院・西塔宝幢院・横川（横河とも）楞厳院にそれぞれ赴いて提出したらしい。と言うのは、次のような延暦寺三塔役者一覧**F**がいま専修寺に残されているからである。

F　寛正六年乙酉七月日　三塔役者達

東塔　止観院　執行代　宝明坊　春彦
　　　　　　　公文所　美濃法眼　春憲
西塔　宝幢院　執行代　西学坊　慶澄
　　　　　　　　又代　三位注記　慶純
　　　　　　　公文所　上総法眼　貞寿
　　　　　　　　子息　信濃行事
横河（川）　楞厳院　別当代　円蔵坊　延芸
　　　　　　　公文所　越後行事　幸全
高田専修寺雑掌「代」（擦消）
東塔雑掌　風尾　勝慢寺
西塔雑掌　新郷　専光寺
横河（川）雑掌　伊勢国三日市　如来寺[20]

この**F**によれば、寛正六年七月段階の延暦寺三塔の役者（責任者）に関して、東塔止観院の執行代は宝明坊春彦、公文所は美濃法眼春憲（春彦の子か）が務めていること、また西塔宝幢院の執行代は西学坊慶澄と三位注記慶純

（親子か）、公文所は上総法眼貞寿と子信濃行事が務めていること、さらに横川楞厳院の別当代は円蔵坊延芸、公文所は越後行事幸全が務めていることが知られる。そして三塔のそれぞれに対応する専修寺側の窓口としては、東塔に対応するのが越前風尾勝慢寺、西塔に対応するのが越前新郷専光寺、横川に対応するのが伊勢三日市如来寺、と担当者が決定されているのである。

このように真恵は、無导光衆弾圧の余波が及ばないよう慎重に対応を行った結果、まもなくの寛正六年七月に三塔からそれぞれ、次のような安堵状（G〜I）を下付されたのである。

G下野国大内庄高田専修寺之事、為一向専修念仏道場之本寺、自往古至于今、更於法流、無錯謬義之由、申披山上候之間、任憲法之沙汰、於彼門徒中者、混乱無导光愚類、不可有其退治者也。仍衆議之状、如件。

西塔院執行代
慶純　在判

寛正六
七月二日
専修寺雑章（掌カ）

「（紙背ノ裏書）西塔公文所法眼（貞寿カ）（花押）」　「（紙背ノ別筆押紙）上総法眼　貞寿」

「（紙背ノ裏書、異筆）中校真恵（花押）」(21)

H就今度無导光退治、下野国高田専修寺并門徒中事、非邪法之愚類之旨、依致非露（披カ）、不可有相違之由、下知如此。可被得其意之旨、衆議之折紙、如件。

横川別当代
延芸（花押）

寛正六
七月十八日
当門徒雑掌(22)
如来寺

I下野国大内庄専修寺事、為一向専修念仏道場之本寺、自往古至于今、不背祖師之掟、法流弘通之間、為一向衆之由、申披之間、任憲法之沙汰上者、混乱「号」（追筆）無㝵光之愚類、不可有退治者也。仍折紙如件。

本院執行代

春彦　在判

寛正六

七月廿四日

専修寺門徒中

（折紙下半部ニ別筆奥書）

「伊勢三ケ市

如来寺

（安濃津上宮寺）

太子寺　　真恵（花押）」(23)

右の寛正六年七月二日付けの安堵状Gによれば、下野国大内庄高田の専修寺は一向専修念仏道場の本寺として、往古より今に至るまで法流に錯謬が生ずることはなく、この由を延暦寺に申し出たところ、「憲法」に従ってこの門徒中を無㝵光衆の愚類と決して混乱することなく、退治を加えてはならないとの衆議が一決したので通達する、と述べられている。発したのは西塔宝幢院の執行代たる慶純（西学坊慶澄の子と思しく、「又代」から昇任したか）で、さらにその案文が作成されて紙背に公文所法眼貞寿が花押を押捺し、また受領した真恵も紙背に花押を据えて、原本から間違いなく写されたことを保証しているのである。

続いて七月十八日付けのHでも、専修寺は無㝵光衆の愚類とは異なるとして安堵され、その衆議の結論が通達されている。発したのは横川楞厳院の別当代たる円蔵坊延芸、また充所は専修寺側の窓口の伊勢如来寺である。さらに七月二十四日付けのIでも、専修寺は一向専修念仏道場の本寺として祖師親鸞の掟に背いてはおらず、「一向衆」である由を申し出たので、決して退治を加えたりしないとの旨が、本院（＝東塔止観院）の執行代たる宝明坊春彦

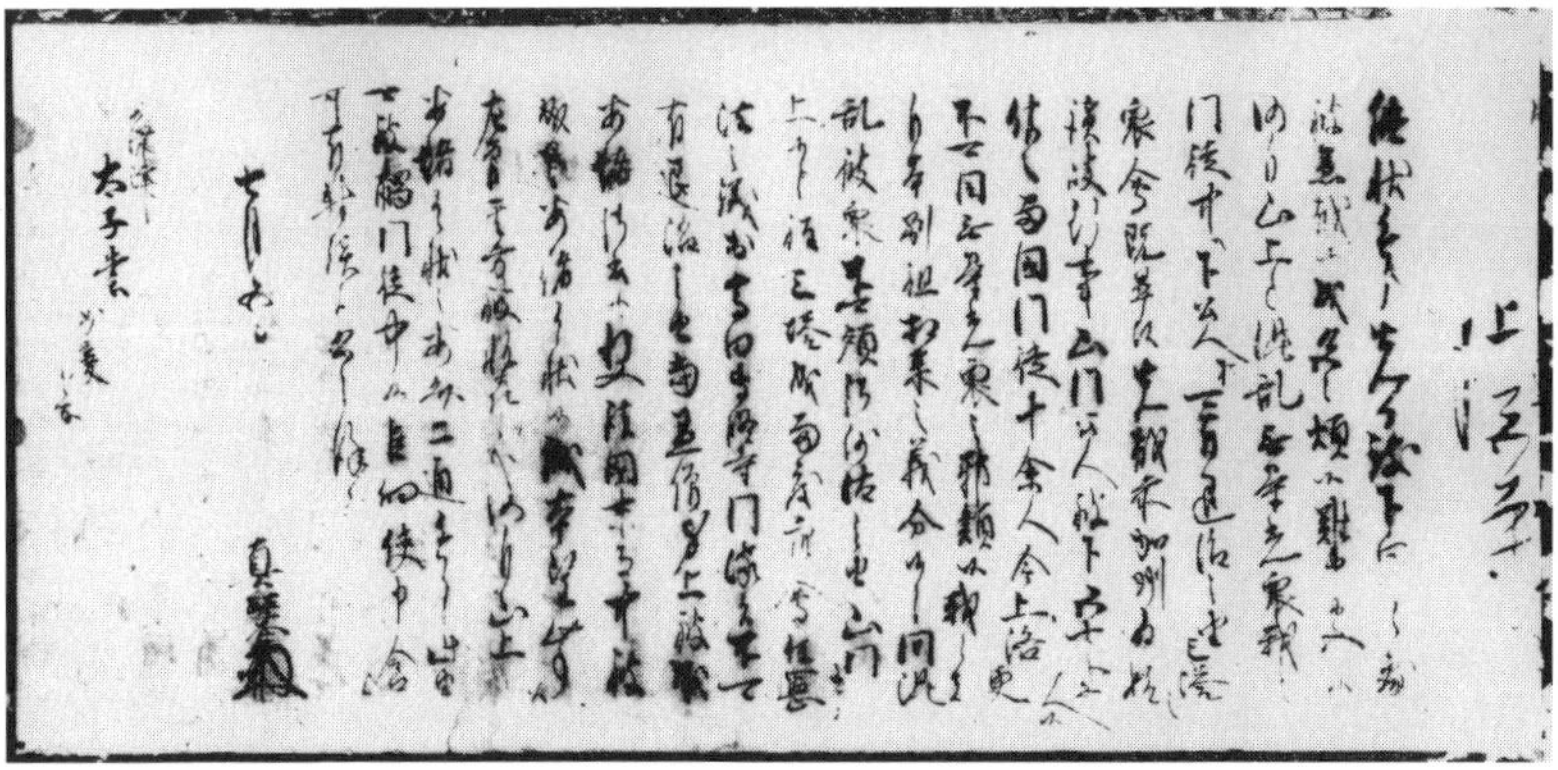

図1：寛正6年（1465）7月5日、専修寺真慧（真恵）書状—伊勢「山形泰一家文書」

によって通達されている。そしてその案文が作成されて真恵が花押を据え、伊勢三日市如来寺・太子寺（安濃津上宮寺）に充てて送達されているのである。

以上のごとくにして、真恵は延暦寺三塔から安堵状を得ることができたので、彼はそれらの案文を作成して各地門徒衆に通達し、心配には及ばない旨を伝えることとしたが、その際に添えられたのが次のごとき書状である（図1参照）。

J　（切封ウワ書）「上宮寺（墨引）」

能（態カ）状進候。先日致下向□之處、被急越候。成色々煩候。難申尽候。仍自山上、令混乱無㝵光衆、我々之門徒中へ、下公人於、可有退治之由、三塔之衆会、既畢候。先越前・加州為始、讃岐行事・山門公人、被下五十余人候。依之、両国門徒十余人令上洛、更不可同無㝵光衆之邪類候。我々者、自本、別祖相承之義、分候之間、混乱彼衆、不可預御沙汰之由、山門申上候之程、三塔成両度衆会、任憲法之議、於高田専修寺門流者、不可有退治之由、当愚僧身上、被成安堵御書候。将又諸国末寺中、被成下安堵御状候。誠本望此事候。左候間、其方被悦喜候哉。仍自山上安堵御状之安文二通、進之候。此由可被触門徒中候。巨細、使中含候。可有対談候。恐々謹言。
（寛正六年）七月五日　　真慧（花押）
安濃津
太子堂㉔
妙慶御房

右のJは、「安濃津太子堂」＝上宮寺の妙慶に充てられた七月五日付けの真恵書状であって、それによれば、先日下向してまもなくに急ぎ戻られ、色々の難題に対応されたこと、感謝の言葉もない。「山上」＝延暦寺からは、無导光衆と混乱して「我々」＝専修寺派の門徒中に対し、「公人」を派遣して退治すべしとの三塔衆会の決定が下される事態となり、まず越前・加賀に向けて、讃岐行事を中心とする山門公人が五〇余人派遣されることとなった。そこでこれの中止を求めるため、両国の門人一〇余人が上洛して言上した内容は、我々は無导光衆の邪類とは決して同じでなく、本来、別祖から相承しているのであるから、かの衆と混乱して退治される事態にならないよう、詳しく山門に言上した。その結果、三塔では改めて衆会が開催され、「憲法」に則って高田専修寺門流に対しては退治を加えてならず、また「愚僧」＝真恵の身上に関しても安堵すべしとの御書が発せられ、さらに諸国末寺中に充てた安堵状も下されるに至った。まことに本望の至りであって、その方にとっても悦喜すべき事柄である。そこで「山上」＝延暦寺からの安堵状の案文を二通作成して送達するので、この由を門徒中に周知徹底して頂きたい。詳細については使者に申し含めたので対談して頂きたい、と述べられているのである。

このJの日付けが七月五日となっている点から考えれば、前掲のG（七月二日付け）を得て一安心した真恵が、直ちにこのJを執筆していることが判明する。つまり真恵は、まず西塔宝幢院に働きかけて安堵を得ることができたので、それを足掛かりにして、次には横川楞厳院から七月十八日付けで安堵を受け、さらに本院（＝東塔止観院）からは七月二十四日付けで安堵を受けたのである。こうして専修寺真恵は、本願寺蓮如とは別派であるとの延暦寺の了解を得て、破却処分を免れることができたのであった。

四　寛正の法難が発生した時期について

「日野一流系図」によると、存如時代の本願寺は後花園天皇[25]から勅願寺に指定され、また蓮如時代には後土御門天皇[26]から勅願寺にされたと見えている。

このうち蓮如に関わる勅願寺指定の綸旨は、長禄四年（＝寛正元年、一四六〇）六月に発せられていたらしい。

東山本願寺、為勅願寺、方令擬無弐之丹誠、宜奉祈四海安全、者、
天気如此。仍執達如件。
延文二年七月五日　　左中弁　判（日野時光也）
謹上　大納言法印御房（従覚慈俊）
長禄四、六月、（「六、廿」カ）右中弁宣胤（中御門）
文明十四、八、四、右大弁政顕（勧修寺）[27]

右は後光厳天皇綸旨写であるが、これによると後光厳天皇は延文二年（一三五七）七月五日に、本願寺（従覚慈俊）を勅願寺に指定（奉者は日野時光）したと見え、さらに追記によって、長禄四年（＝寛正元年、一四六〇）六月二十日には後花園天皇から蓮如が勅願寺指定（奉者は中御門宣胤）を受け、また文明十四年（一四八二）八月四日には後土御門天皇から同様に勅願寺指定（奉者は勧修寺政顕）を受けたことが知られる。この文明十四年の段階

では実如（二五歳）が形式的な住持であったが、実質的には蓮如（六八歳）が住持を務めていたから、「日野一流系図」に語られる後土御門天皇から蓮如に対する勅願寺指定とは、この文明十四年の手続きを指しているのかもしれない。右の綸旨写の内容と「日野一流系図」の記事との間には若干の齟齬が見られるが、しかし本願寺が歴代の天皇から勅願寺として指定されていたことは事実として間違いあるまい。

ここで注目すべきは長禄四年（＝寛正元年、一四六〇）六月の勅願寺指定についてであって、この時点は蓮如が本願寺を継承して三年後に当たっており、後花園天皇は四二歳であった。ところがその後花園天皇が、四年後の寛正五年（一四六四）七月十九日、皇子（後土御門天皇）に譲位して院政を行うこととしたのである（なお後花園上皇の死去は文明二年〈一四七〇〉十二月二十七日、五二歳）。

本願寺の動向に強い批判を抱いていた延暦寺としても、勅願寺に指定した後花園天皇が在位する間においては、本願寺弾圧の行動に踏み出すことは困難であった。けれども寛正五年七月の退位後にはその庇護に隙が生じたに違いなく、延暦寺は弾圧行動に踏み切る好機と捉えたのであろう。

かくして、後花園天皇の譲位直後の寛正五年後半、西塔宝幢院の衆徒は「叡山牒状」を突きつけて決起しようとしたのである。けれどもこの段階では、青蓮院門跡の口入と蓮如の弁明によって弾圧は未遂に終わってしまった。しかしながらその後も状況に大きな変化はなかったから、翌寛正六年正月、西塔宝幢院の衆徒はついに本願寺破却の行動に踏み切ったのである。さらに東塔止観院の衆徒も本願寺には批判的であって、正月の破却事件において彼らには何らの受益もなかったので、三月二十一日、彼らも閉籠したうえで本願寺に押し寄せ、すべての堂舎を解体・撤去してしまったのである。

五　本願寺末子相続に対する延暦寺三塔からの安堵状

第一節で述べたように、大谷の堂舎を破却された蓮如は、親鸞木像を伴って京都室町へ避難し、次いで金宝寺へ、さらに壬生へと潜伏したらしい。翌寛正七年（＝文正元年、一四六六）二月、蓮如は近江安養寺村（幸子坊）へ転じ、さらに七〇日余の後に赤野井へ移動し、十一月の報恩講は金森で執行するものの、終了後には赤野井へ戻る。そして文正二年（＝応仁元年、一四六七）二月上旬、赤野井を去って親鸞木像を舟で堅田本福寺に移動させたのである。

この逃避行の間の「文正之比」[28]、蓮如は長男順如（嘉吉二年〈一四四二〉誕生、文明十五年〈一四八三〉五月二十九日死去、四二歳、このとき二六歳）に充てて、譲状（以下では「文正譲状」と仮称する）を作成したとされている。このことは応仁譲状Pの一節に記載されているのであるが、しかし該当の譲状は現在、本願寺に伝存していない。筆者は譲状の作成自体が疑わしいと考えているので、この点については次節で詳細に論ずることとする。

さて、延暦寺衆徒による襲撃事件を決着させるため、蓮如は延暦寺との間で種々の交渉を行ったであろう。その成果として得られるのが、応仁元年三月～六月の延暦寺三塔からの安堵状（K、L・M、N・Oの三組五点）である。

まず西塔院（宝幢院）では政所集会が開催され、本願寺末子相続を承認する旨の衆議が得られたので、応仁元年三月日付けで執行代および十学頭が連署して、次の衆議状Kが発せられた。

K　山門西塔院《西塔宝幢院》政所集会、議曰、右白河大谷本願寺者、可専弥陀悲願処、以凡情、僻執之宗為本之間、去寛正六年、京洛云辺里云、根本枝葉、皆以令刑罰処也。爰彼末孫光養丸(実如)、守根本、一向専宗置畢(マ マ)。新加当院之末寺、釈迦堂奉寄分、毎年参仟疋可奉献之由(候脱カ)。依為青蓮院境内之候仁、自御門跡、重々御籌策之間、被濃(相カ)談者也。雖然、背契約之旨、且興邪教、且返奉寄者、速可令追罰者也。仍為後証亀鏡、十学頭連暑(署)之状、如件。

応仁元年三月　日　　西塔院執行代法印慶隆

一学頭法印北谷叡運在判　　一学頭法印鏡運在判
一学頭法印東谷快運在判　　一学頭法印覚信在判
一学頭法印権大僧都木慶在判　　一学頭法印木厳在判
一学頭法印南尾頼誉在判　　一学頭法印権大僧都永隆在判
一学頭法印暹算在判　　一学頭法印祐秀在判

本願寺雑掌(29)

右の衆議状Kによれば、西塔院政所集会において協議が行われた結果、白河大谷の本願寺は弥陀の悲願に帰依すべきところながら、僻執の教えを本意としていたので、寛正六年に京洛の本寺と近郊の末寺に対して「刑罰」＝破却処分が加えられた。しかるに末孫（正しくは末子＝五男）の光養丸（実如）は、根本の教義を守って一向専修の姿勢に立ち戻ったので、新たに西塔院の末寺と位置付けられ、今後は西塔釈迦堂に毎年三〇〇〇疋（三〇貫文）を献上する由が言上された。本願寺は青蓮院門跡に伺候する立場で、門跡から再三申し入れがあったので協議したのであるが、今後もし契約の旨に違背して邪教を興したり、釈迦堂への上納金を怠ったりしたならば、直ちに厳罰が加えられるであろう、と述べられている。

右の衆議状Kに続き、これを通達するための西塔院執行代慶隆の奉書（後掲のM・Oに類似するか）も発せられていたと思われるが、残念ながら残されていないらしい。

次いでL・M二点は、本院（＝東塔止観院）が発した衆議状と執行代奉書である。

L本願寺末子（実如）安堵事、及度々、為青蓮院門跡、御口入候付、於向後者、停止邪法、可帰正法立之上者（ママ）、谷々令濃（相カ）談者也。然者、早本願寺幷諸国在々所々遺弟、如元、（以脱カ）三院寛宥之議（儀）、安堵等不可有相違処也。依衆儀（議）、執達如件。

応仁元年三月日

南谷　学頭代

同　学頭代

…（東谷・北谷・西谷ノ学頭代六名ノ連署ヲ略ス）…

本願寺雑掌[30]

M就本願寺末子（実如）安堵事、当院八学頭代、連暑（署）如此。然者、早諸国在々所々遺弟、如元不可有安堵相違者也。此旨、可被存知之由候也。仍執達如件。

応仁元

三月　同

本院執行代　弁成在判

本願寺雑掌[31]

前者Lは、応仁元年（一四六七）三月付けの本院（＝東塔止観院）衆議状であって、四谷（南谷・東谷・北谷・西谷）を代表する各二名の学頭代が連署し、本願寺雑掌に充てて末子相続安堵の旨が通達されている。すなわち、本願寺住持職を蓮如末子たる光養丸（実如）が継承することにつき、「安堵」＝了承するよう青蓮院門跡からたびたび口入があり、また今後は邪法を停止して正法に立ち返るとの蓮如の意向が示されたので、谷々において協議がなされて了承することと決した。よって速やかに本願寺と諸国の遺弟に対し、三院（東塔止観院・西塔宝幢院・横川楞厳院）の寛宥の態度によって、従来のごとくに安堵された旨を通達すべきである、と述べられている。

次いで後者**M**は、前者を受けて同月に本院執行代弁成が発した奉書であって、本願寺の末子相続を安堵する旨の衆議が成立し、これが当院の八人の学頭代の連署によって報告されたので、速やかに諸国の遺弟に安堵の旨を通達すべきである、と述べられている。

右の二点の史料により、本院＝東塔止観院においては、執行代のほか、南谷・東谷・北谷・西谷で選任された各二名の学頭代がいたことが判明し、この時代の延暦寺の組織を知るためには好都合な史料と評さねばならない。

さらに、横川楞厳院においても六月二十三日、同様に協議が行われて了承されるに至ったので、この旨が衆議状**N**にまとめられるとともに、楞厳院執行代が同月二十七日、これを奉書**O**によって本願寺に通達している。

N本願寺事、先年依邪法興行、令破却、雖及□、可帰（捨）邪捨（帰）正之由、以起請文記、及大望上者、身安堵事、不可有相違者也。但雖為何時、再興之儀在者、重而（可脱カ）処罪科之旨、依衆儀（議）、連署折紙、如件。

（応仁元年）
六月廿三日

楞厳院別当代
延□（芸） 在判
賢隆
…（十三名ノ連署ヲ略ス）…(32)

O就本願寺末子安堵之事、一衆連署折紙、如此候。然上者、諸国在々所々遺弟等、翻邪法帰正法者、不可有相違旨、依衆儀（議）、執達如件。

楞厳院別当代
延(芸)□在判

(応仁元年)
六月廿七日
本願寺雑掌(33)

前者の楞厳院衆議状Nによれば、本願寺は先年、邪法を興行したことで破却処分を受けて退転したが、いま正邪を正す旨の「起請文」が提出されたので、一身の安全を保証するところである。もし邪法を再興することがあれば、再び罪科に処せられるであろう。よって衆議に基づき連署するところである、と述べられている。このNによって、蓮如は「起請文」の提出を余儀なくされていたことが知られ、これまでの彼の活動を否定される屈辱感を味わっていたことは疑いあるまい。

続いて後者の楞厳院別当代奉書Oによれば、安堵の折紙は別紙の通りであるから、諸国の遺弟には邪法を翻して正法に帰するよう指示すべきで、以上の衆議を通達するところである、と述べられている。

以上のごとくにして蓮如は、応仁元年三月～六月にようやく延暦寺三塔から安堵の衆議とその通達を得て、事件は一段落ついたのである。

六　蓮如の応仁譲状作成とその問題点（その一）

延暦寺三塔から本願寺末子相続の安堵が得られたことにより、蓮如は光養丸（実如）に充てて応仁譲状P（図2参照）を執筆するのであるが、その日付は一年後の応仁二年（一四六八）三月二十八日となっている。

P　譲与

大谷本願寺御影堂御留守職事

右、件住持職者、去文正之比、俄光助《（順如）》律師仁申付、既譲状与之訖。雖然、其身無競望由申間、重而光養丸《（実如）》仁所譲与、実正也。但、就法流、無沙汰之子細在之者、於兄弟中、守其器用、可住持者也。次、兄弟為大勢之間、無等閑可有扶持者也。若此條々、相背其旨者、永可為不孝者也。仍譲状、如件。

応仁二年戊子三月廿八日　　蓮如（花押）
（充所欠ク）(34)

応仁２年（1468）３月28日
山城「本願寺文書（西派）」

右の**P**が、応仁二年三月二十八日付けで作成された蓮如の応仁譲状であって、本願寺御影堂の留守職を光養丸（実如）に譲与すると記されている。この住持職は、かつて文正頃に一旦、長男順如に譲与して譲状も執筆したが、順如はこの地位を希望しないと申したので、改めて光養丸に譲与するところである。もし法流について無沙汰の事態が生じたならば、兄弟中から「器用」＝能力のある者を選んで住持とすべきである。また兄弟は大勢いるから、「等閑」＝贔屓のないように扶持しなければならず、この条々に背いたならば「不孝者」との烙印が押されるであろう、と述べられている。

この応仁譲状**P**に関して考えるべき問題点は二つある。第一は、文言中に「去文正之比、俄光助《（順如）》律師仁申付、既譲状与之訖」と述べられているにも拘わらず、該当する順如充ての文正譲状が本願寺に現存しておらず、それはなぜか、という点である。

第二は、延暦寺の安堵状が応仁元年三月に発せられてから、実に一年間もの空白を経た後、ようやく**P**は執筆さ

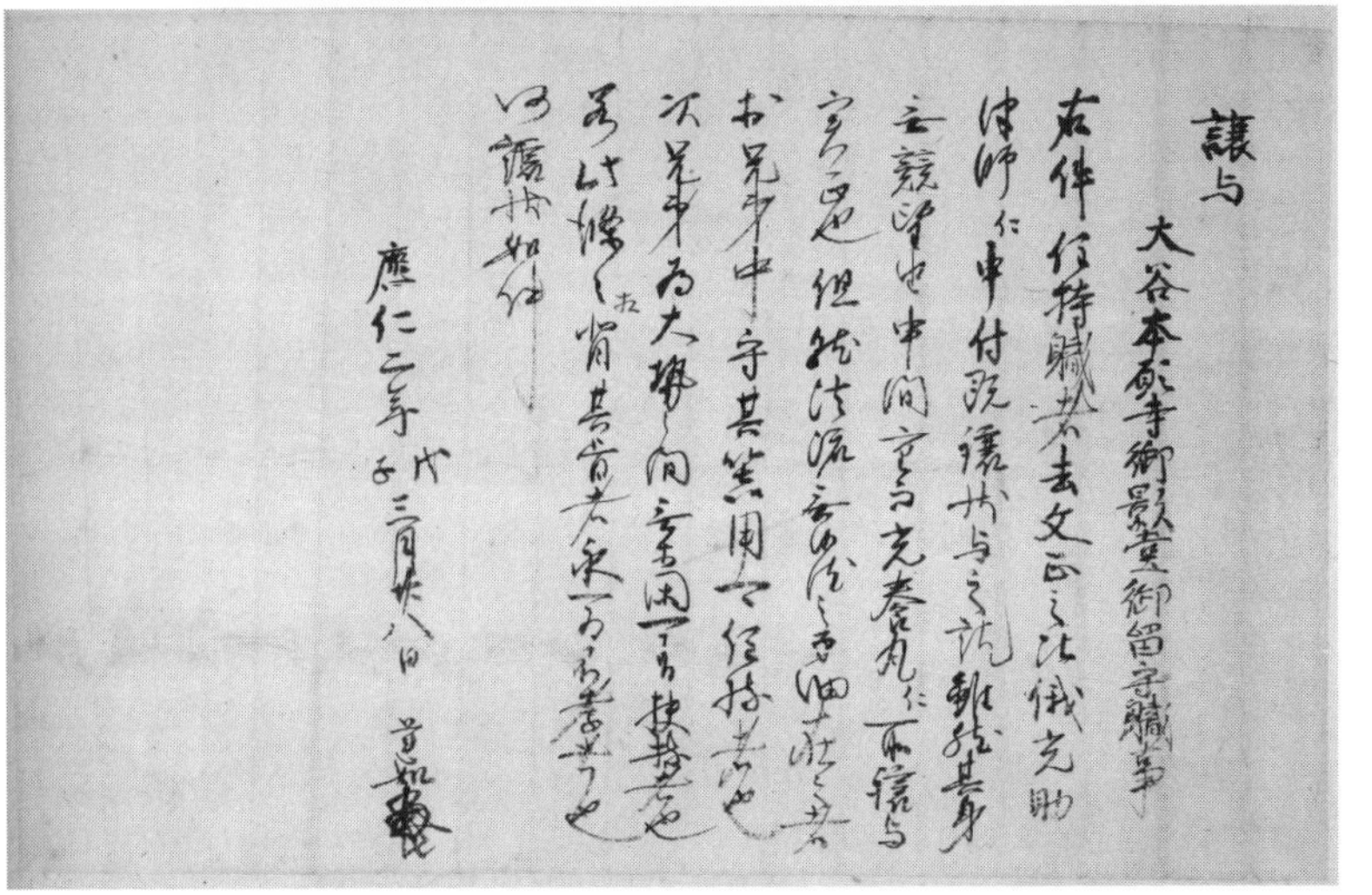

図２：応仁２年（1468）３月28日、蓮如譲状—山城「本願寺文書（西派）」

れているのであるが、かくも遅れた理由はそもそもなにか、という点である。

そこでまず第一の問題点、すなわち文正譲状はなぜ現存していないのかの理由を考えてみよう。

仮説①……文正譲状を長男順如に手交したが、順如はこれを紛失した。

紛失したために文正譲状が現存しないとの解釈は、最も無難なものであろう。しかしながら考えてみるに、蓮如が譲状を手交する場合、果たして文正譲状一点だけを与えたであろうか。つまり本願寺には歴代の譲状が多数伝存しているが、これらを手渡すことは一切せず、単に文正譲状だけを蓮如は手渡し、そして順如はそれを紛失したという状況を、この**仮説①**は想定しているのであるが、果たしてこうした事態はありうるのであろうか。

否である。寺務職の譲渡と言うからには、これまでの歴代譲状に文正譲状も加えて、すべてを手交していたと想定すべきであり、この結果、全点が失われていることこそ、当然の事態としなければなるまい。つまり、歴代譲状がそのまま伝存する一方で、文正譲状だけを紛失したと想定することは、極めて不自然なのである。

仮説②……文正譲状を順如に手交したが、応仁譲状を作成する際に、蓮如は文正譲状を回収して破棄した。

譲状の法的効力は最後のものが優先するから、先行の文正譲状の存在意義は乏しく、蓮如が応仁譲状を作成するに伴って、これを順如から回収して破棄したとの想定も、一応は成立すると思われる。

けれども歴代譲状を改めて眺めてみるならば、この想定も不自然である。なぜならば、綽如譲状が三点も伝存している事実があるからである。綽如は、みずからの身体状況や心理状況によって譲状を三度執筆しており（すべて長男光太麿＝巧如が充所、ただし三度目は側近の代筆本文に花押を押捺したもの）、しかもそれらはすべて現在、本願寺（西派）に残されている。つまり法的効力の強弱などは全く考慮されず、すべての譲状が重要証文として厳重に保管されているのである。よって、文正譲状を蓮如が回収・破棄したとの想定も、また極めて不自然としなければならないであろう。

さらに蓮如の性格としても、先行の文正譲状を破り捨てたとは考えにくい。この点は彼が作成・下付した御文に対する姿勢、つまりその案文を手許に保管して逐次推敲を重ねるという態度に鑑みるならば、十分に納得がいくであろう。ましてや譲状は、御文などの聖教類よりも格段に重要な証文であるから、たとえ効力を失った文正譲状であっても、それを捨て去るとの想定は、彼にとって全く似つかわしくないと言わねばならない。

そしてもう一つ指摘すべき点は、文正譲状と応仁譲状とが二年間しか隔たっていないにも拘わらず、蓮如は文正譲状の作成時日を「去文正之比」と曖昧に表記していて、ここに著しい違和感があることである。蓮如がこれを忘却したとは考えられず、もし忘却したとしても、順如から文正譲状を回収すれば直ちに正確な日付が判明するではないか。

では、日付を曖昧に表記すべき理由があったのであろうか。こうした考え方も当然成り立つが、しかしその理由はなにかと重ねて尋ねられたならば、回答に窮することは明らかである。

以上のごとくにして、蓮如の文正譲状が伝存しない状況を無理なく説明する術は、ついに失われてしまうのである。とするならば、もしかして蓮如は文正譲状を作成していなかったのではあるまいか。

仮説③……蓮如は文正譲状を作成していなかったが、応仁譲状を作成する段階で、文正譲状は存在するとの虚偽を記載した。

筆者がこの文正譲状非作成説に思い至った切っ掛けは、「去文正之比、俄光（順如）助律師仁申付、既譲状与之訖」との文言が、我々の失敗隠しの態度に通底する表現と思われたからである。つまりみずからの不手際を棚に上げて、最初から真摯で適切な対応をとっていたと言い逃れする際の我々の姿勢と、いかにもよく似ているではないか。よって蓮如は、実際には文正譲状を作成していなかったにも拘わらず、これを作成したと強弁することにより、自己の不都合または不利益な立場を回復できると考え、敢えて虚偽の記述を行ったに相違ないと思われるのである。

そこで次に、文正譲状非作成説に立ったうえで、「去文正之比、俄光（順如）助律師仁申付」と見えている「文正之比」が、果たして無意味な時日なのかどうかを考えてみよう。

その手掛かりとなるのが、蓮如の法難以後の避難先であって、彼は文正元年（一四六六）二月に京都市中（壬生）から近江安養寺村（幸子坊）へ転じていたことが判明している。この安養寺村移転こそは、彼にとって隠居に相当する行動だったと考えられ、またこれに伴って譲状が作成されていたと強弁しなければならない何らかの事情があったのではなかろうか。

そもそも蓮如が考える隠居とは、譲状を作成・公表して権限移譲すること（以下では「譲状隠居」と称する）ではなく、居住地を移転することにより権限移譲を表明するもの（以下では「移転隠居」と称する）であったと思われる。このことは延徳元年（一四八九）八月二十八日の隠居手続きによって判明するのであって、蓮如はこの日、五男実如に譲職して隠居するのであるが、それは山科本願寺から「南殿」へ移転するという行動で示されたもの（＝「移転隠居」）だったのである。当然、これ以降の彼の自署は「信証院」との院号に変化している。けれども譲状の作成は、それから一年後の延徳二年（一四九〇）十月二十八日まで遅れるのである。[35]

もしかすると蓮如は、口頭による意思表明だけでも隠居はできると考えていたのかもしれないが、しかしそれでは門徒衆に隠居を公然と示すことは難しい。そこで彼は居住地を移転するという行動により、隠居を公表する方法としたのであろう。かくして蓮如は「文正之比」＝文正元年二月、京都市中（壬生）から近江安養寺村へと移動したのであって、これにより彼は「移転隠居」を公表したつもりだったに相違あるまい。

それでは「移転隠居」はいつだったのか、もう少し明瞭な時日を推測する手掛かりはないであろうか。ここで注目すべきは、本願寺歴代の隠居と改元の発令とに、密接な関連を見出すことができる点である。[36]すなわち、蓮如の四代前の善如は、応安八年（＝永和元年、一三七五）二月二十八日に譲状を作成しているが、これに合わせて後円融天皇はその前日二十七日に「永和」改元を発令した事実が指摘できる。そしてこれを先例として、次代の綽如が至徳元年（一三八四）二月二十八日に譲状を作成するに際しても、後小松天皇は前日の永徳四年二月二十七日をもって「至徳」改元を命じている。しかも綽如は、譲状に「至徳改元二月廿八日」という違例な日付を記入することによって、改元と譲状作成とが密接に関連することを明示しているのである。さらに蓮如の隠居に際しても、彼がその意思を表明して南殿に移動するに当たり、後土御門天皇はその七日前の長享三年（一四八九）八月二十一日、「延徳」改元を発令しているのである。

以上の三事例を踏まえるならば、本願寺住持の交代（＝譲状作成）と天皇による改元発令とは、密接に関連していた可能性が高いとしなければならない。

しかりとすれば、蓮如が近江安養寺村へ移動して「移転隠居」したことと、後土御門天皇により寛正七年（一四六六）二月二十八日をもって「文正」と改元されたことも、密接な関連を持っていた可能性は高いと考えられる。つまり改元発令の翌日たる二月二十九日に、蓮如は京都市中（壬生）から近江安養寺村へ移動したのではないかと推測されるのであって、彼の認識によれば、これが「移転隠居」の公表にほかならなかったのである。

以上に述べたところが、応仁譲状Pについての第一の問題点（文正譲状はなぜ現存しないのか）に対する回答である。もう一度まとめるならば、順如充ての文正譲状はそもそも作成されていなかったために現存しないこと、けれども応仁譲状Pに見える「文正之比」という時日は無意味なものではなく、蓮如は文正元年二月二十九日に京都市中（壬生）から、近江安養寺村（幸子坊）へ移動して「移転隠居」を公表することとし、これに合わせて後土御門天皇は隠居に対する哀惜の念を表すべく、その前日二十八日に「文正」改元を発令したと考えられること、これらの点を明らかにすることができた。

なお、論述の途中の**仮説③**において、文正譲状を作成したとの虚偽を記述することで、蓮如は「自己の不都合または不利益な立場を回復」しようとしたと述べたが、これがいかなる意味なのかはまだ論じられていない。けれどもこの点はむしろ第二の問題点に関連するところが大きいから、次節において取り上げることとしよう。

七　蓮如の応仁譲状作成とその問題点（その二）

応仁譲状Pに関して考えるべき第二の問題点とは、応仁元年（一四六七）三月に延暦寺から末子相続安堵状が与えられたにも拘わらず、蓮如の譲状執筆がその一年後の応仁二年三月二十八日まで遅れるのはなぜか、である。遅れた理由としては、延暦寺の容認した末子相続という条件について、蓮如がこれを受諾したくなかったからと解するのが、無理のない考え方であろう。つまり末子光養丸による本願寺相続という案は、蓮如にとって著しく不本意な内容であったから、蓮如は応仁二年三月二十九日に「堅田大責め」が決行される直前まで、譲状執筆を渋っていたと解さねばならないのである。そしてこの点を踏まえるならば、末子相続案を提起したのは蓮如ではなかったということである。

ところで、「堅田大責め」に際して蓮如はどこへ避難したのであろうか。第一節では既に、文正二年（＝応仁元年、一四六七）二月に堅田本福寺へ移るまでの経緯を述べたから、それ以降の逗留先についてここで検討しておこう。関係する諸書の記述には大きな齟齬が見られ、「金森日記秡」の信頼度は高いと考えられるものの、「本福寺跡書」・「本福寺由来記」には重大な問題点があるので、これを指摘しておきたい。

まず「金森日記秡」の一節を取り上げる。

> 御本寺御開山様ノ御影様、再ヒ金森ニ御移之事。
> 応仁二年三月、堅田大責トアヒフレテ、二十九日ニハ、カタキ（敵）ノ武者、雄琴・苗鹿ノアタリヲ、追払フコトアリテ、シツカナラサレハ、御影像ノ御座ヲ、カヘ奉ラハヤト内談ス。金森ニハ用害、タヨリアルトコロナレハ、

カシコニ移、スヘ申サントテ、（約一行分ノ脱字アルカ）同初秋ノ頃、夜ニ入リテヨリ、船ニ乗セ、赤ノ井ノ浜ニ著岸シ、ソレヨリ金森ニ移シヌ。霜月ノ二十一日ヨリ、御仏事御イトナミ候テ、ホトナク堅田ニ御帰座アリヌ。応仁三改元文明元ノ二月十三日、堅田ヨリ大津ニ御移座ト云々。[37]

右の「金森日記抜」によると、応仁二年（一四六八）三月に「堅田大責」の事前通告があり、三月二十九日に「カタキ（敵）ノ武者」＝衆徒が襲いかかってきたので、門徒衆は結束して戦い、敵勢を雄琴・苗鹿あたりまで追い返して優勢であった。けれども木像については移動させるべしとの意見があり、金森が要害堅固なのでここに移すこととなり……（この箇所には約一行分の脱字があって判然としないが、木像は堅田から金森へ移されて襲撃を避けることができ、事件後にはまた堅田へ戻されたと推測される）……。初秋になって金森での報恩講執行が決められたので、某日夜、船で赤野井へ運び、さらに金森へ移して、十一月二十一日から仏事が行われた。終了後には直ちに堅田に戻された。なお、応仁三年（＝文明元年、一四六九）二月十三日になって、木像は堅田から大津（浜名道覚道場）へ移された、と述べられている。蓮如は当然、木像とともに移動していたであろうから、「堅田大責め」が決行された時、彼は金森にあって木像を守護していたと考えられる。

右の記事中には約一行分の脱字があるに違いない。もし脱字を想定しないならば、応仁二年三月の「堅田大責め」に対応した避難を、同年の「初秋ノ頃」に実行するという、全く辻褄の合わない経緯となってしまうであろう。「本福寺跡書」を執筆しようとした本福寺明誓は、この点に苦慮して打開策を考えた結果、応仁三年二月十三日の大津浜名道覚道場への移動を一年繰り上げてこの時点の事件に変更するとともに、月日にも変更を加えて（二月十三日を三月十二日に変更する）、叙述の一貫性を図るという改変を行うことにしたらしい。しかも彼はその作為が露呈しないよう、応仁三年二月十三日の大津移動に関しては、正確な月日と移動先を削除してしまっている。こうした脚色（虚構の創作）が加えられたため、「本福寺跡書」においては、大津浜名道覚道場へ移動して「堅田大責め」の危難を避けたという叙述になっているのである。[38]「本福寺由来記」でもほぼ同様の脚色が見られるから、この書も本福寺明誓の執筆とすべきであろう（ただし日付に若干の相違が見られる）。

　以上のごとき理由により、「本福寺跡書」・「本福寺由来記」に基づいて行われる「堅田大責め」の分析には、重大な錯誤が含まれることとなったのである。蓮如の動静を解明するという観点からは、執筆した本福寺明誓の編集態度は到底容認できるものではあるまい。なお、こうした史料の先後関係を踏まえるならば、明誓が「本福寺跡書」・「本福寺由来記」を編集する段階で、すでに典拠とした「金森日記秡」に約一行分の脱落が生じていたことは明らかであって、もしかすると直前に行われた史料収集のための転写に際して、この脱落が起きた可能性もありそうである。いずれにもせよ、蓮如の動静に関する記述は「金森日記秡」の方が正確と思われるのである。

　かくして、「堅田大責め」の際には蓮如は、木像とともに金森へ転じて危難を避けていることが判明した。よって、その前日の二十八日付け応仁譲状Pは、この金森で執筆されていたのである。彼の考えとしてはおそらく、衆徒に襲撃された場合に譲状Pを提示して、安堵された末子相続案に真摯に対応していると抗弁するつもりだったのであろう。けれども幸いにして、衆徒の手が金森にまで及ぶことはこの時にはなかったのである。

　さて、前述したごとく、末子相続案を提起したのが蓮如ではなかったとするならば、次には、延暦寺がそれを提起したのかどうかを考えねばならない。けれども、この設問についても、回答が否であることは明らかである。なぜならば、そもそも延暦寺の目的は、本願寺の率いる無㝵光衆を禁圧することであったから、その存続を前提とした提案を延暦寺が行うことはあり得ないとすべきであって、むしろ延暦寺には大きな譲歩が求められ、その結果、末子相続案になったと考えるべきであろう。

しかしながら、延暦寺が大きく譲歩したにも拘わらず、蓮如は一向に譲状を執筆しようとしない。そこで業を煮やした衆徒は三度目の襲撃、すなわち「堅田大責め」を通告・実行して、蓮如に脅しを掛けることとしたのではなかろうか。「金森日記秡」・「本福寺跡書」などの記事によれば、延暦寺衆徒六三人はまず応仁二年（一四六八）正月九日、「堅田大責め」の決行を衆議一決し、三月二十四日には事前通告し、そして三月二十九日に堅田を襲撃したのである。

事態の経過を以上のごとくに捉えるならば、本願寺の末子相続案を提起したのは、蓮如でもなく、延暦寺でもなく、第三の立場の者だったと推測しなければならない。ではそれは誰なのであろうか。

この設問の回答としては、朝廷（後花園上皇・後土御門天皇）を指摘すべきであろう。とりわけ後花園上皇にとっては、みずからの退位（寛正五年七月十九日）によって本願寺への庇護が手薄となり、ついには延暦寺衆徒による襲撃事件を招いてしまったのであるから、悔やむところは大きかったと思われる。朝廷はそこで問題解決に尽力したであろうが、しかし延暦寺衆徒の行動を全否定することもまた困難であったから、朝廷が提起する仲裁案は、いきおい延暦寺の主張を優先するものとならざるを得なかった。かくして、本願寺末子相続案が提起されたと考えられるのである。

朝廷はまず延暦寺に、この仲裁案を了承させることとしたであろう。その際、圧力を加える方法として採られたのが、「応仁」改元（文正二年〈一四六七〉三月五日をもって改元）だったのではなかろうか。「文正」改元からわずかに一年後のことであるから、煩瑣との誇りを受ける覚悟が朝廷には必要だったに相違なく、それを甘受しても解決に持ち込むとの強い意向が、この「応仁」改元には示されていると想定すべきであろう。かくして西塔院・東塔院は、直ちにこの「応仁」年号を用いた安堵状（衆議状・執行代奉書）を発したのであって、ここには朝廷の意向に従うとの延暦寺の意思が表されていると解さねばなるまい。

ところが蓮如は、末子相続という仲裁案に対して強い不満を持っていたから、受諾の意向を一応は表明したものの、譲状の作成についてそれから一年間も渋り続けるのである。朝廷による「応仁」改元は、一方では延暦寺に対する圧力であるとともに、他方では蓮如に対する圧力でもあったに相違なく、末子相続案の受諾を担保するという意味合いを含んでいたことは疑いあるまい。にも拘わらず、蓮如は一年間もそれを渋り続けるのであるから、我々はそこに彼の強い「反延暦寺」の思いを読み取らねばならず、と同時に、朝廷の意向にも容易に従わない彼の傲慢とも評すべき姿勢を看取すべきであろう。

以上に述べたところにより、応仁譲状**P**が持つ第二の問題点、すなわち延暦寺安堵状から一年も遅れて蓮如がそれを執筆している理由が明らかになった。

そこで、問題解決に朝廷（後花園上皇・後土御門天皇）が積極介入したという想定に立ち、前節で述べた**仮説③**（文正譲状非作成説）を踏まえたうえで、蓮如が「自己の不都合または不利益な立場を回復」するため文正譲状を作成したとの虚偽を記載しなければならなかった経緯を、改めてまとめておくことにする。

寛正六年正月に西塔宝幢院の衆徒に襲撃された蓮如は、京都室町に逃れて対応策を講ずる。けれども東塔止観院との関係について配慮しなかったため、三月になって東塔院衆徒にも襲撃されてしまう。蓮如はそこで金宝寺へ移動し、さらに壬生へと転じて潜伏した。そして翌寛正七年（＝文正元年）二月、本願寺管掌権を長男順如に譲って隠居することとしたのであって、それが京都市中（壬生）から近江安養寺村（幸子坊）への移動＝「移転隠居」だったのであろう。事前に彼はこの意向を朝廷に報じたから、朝廷は彼の隠居に対する哀惜の念を表すべく、二月二十八日に「文正」改元を発令する。蓮如はその改元の報を耳にして、翌二十九日、安養寺村へと移動したに相違あるまい。

それから七〇日余経った文正元年五月、彼は近江赤野井へと移動し、延暦寺に長男順如の継承を認めさせる交渉を行ったのであろう（ただし同年の報恩講は金森で執行）。けれども延暦寺側はこれを認めなかったから、翌文正二年（＝応仁元年）二月上旬、交渉の便宜を考えてさらに近江堅田（本福寺）へ移動したと考えられる(39)。

この段階に至って朝廷が積極的にこれに介入し、仲裁案として末子相続（五男光養丸＝実如による継承）が提起されたのではなかろうか。そして両者に受諾を迫るための圧力として、朝廷は文正二年三月五日をもって「応仁」改元を発令したに違いない。

この末子相続案は、延暦寺の意向に配慮したものであったから、西塔院・東塔院からは直ちに「応仁元年三月日」付けで安堵状（K～Mの三点）が発せられる。新元号を表記した安堵状は、朝廷が示した仲裁案に従うとの意思表明だったと解されよう。また横川楞厳院もやや遅れて六月、安堵状（N・O）を発するのである。

けれども、蓮如にとって末子相続案は著しく不本意なものであったため、彼はそれから一年間、譲状作成を渋り続けることとなった。この蓮如の姿勢に業を煮やした延暦寺衆徒は、そこで応仁二年正月九日に衆議して「堅田大責め」を一決し、三月二十四日に事前通告を行い、そして二十九日に決行したのである。蓮如はこの事態に対応して、それ以前の三月十二日に親鸞木像を堅田から金森へ移動させ、さらに前日二十八日には金森で応仁譲状Pを作成している。幸いに蓮如が「堅田大責め」に巻き込まれることはなかったが、もし襲撃を受けた場合には譲状Pを衆徒に提示して、仲裁案に真摯に対応していると主張するつもりだったのであろう。

この場合、蓮如が「自己の不都合または不利益な立場を回復」するため、順如充てに文正譲状を作成していたとの虚偽を記載することは、極めて効果的な方法であった(40)。また蓮如の自尊心という観点からも、末子相続案の受諾を「強要された」と記述することは避けたかったので、あくまでも順如からの管掌権返上が原因となって、光養丸（実如）へ再譲与したとの表現が用いられることになったのである。

なお、蓮如が光養丸（実如）充ての応仁譲状Pを執筆したとの報は、直ちに朝廷や延暦寺に通知されたことであろう。

八　順如による本尊絵像裏書の下付について

本節では、吉田一彦氏「本願寺住持としての順如―再評価の試み―」[41]で提起された問題点について、検討を加えることとしよう。

吉田氏の論ぜられた要点は、蓮如の長男順如は本願寺住持となっており、彼がその立場で本尊絵像（阿弥陀如来絵像）に裏書を染筆し始めるのは文明二年（一四七〇）十二月からであって、その地位は死去する文明十五年（一四八三）五月二十九日（四二歳）まで続く、というものである。

順如の住持在職を示す史料として氏が指摘されたのは、まず近江福田寺に所蔵される文明二年十二月二十七日付けの蓮如寿像（蓮如下付）があり、その銘（絵像中の注記）には「本願寺前住釈蓮如」と記されているから、蓮如がすでに隠居して「前住」になっていることは明らかとされる。そしてこれに続いて順如染筆の本尊裏書が出現するのであって、文明三年（一四七一）十一月二十八日付けの本尊絵像裏書（河内出口村本遇寺賢秀充て―越後「西厳寺文書」）をはじめとして、死去するまでに合計一四点の下付が確認されている由である。[42]また順如の法名状としては、文明十三年（一四八一）二月二十八日に近江願慶寺の新発意に充てて法名「空珎」を下付した事例があり

（近江「願慶寺文書」）、これについても吉田氏は本願寺住持としての権限行使と考えておられる。

他方で、これより前の文明二年十一月八日付け本尊絵像裏書（美濃草道島村「道宗」充て―美濃「長久寺文書」）は、蓮如によって染筆されているから、この時点までは蓮如が住持であったと解しておられるのである。

右に見た吉田氏の見解は、現存する史料に依拠された説得力ある結論ではあるが、しかし問題点がないわけでもない。それは、応仁譲状P（住持職を蓮如から光養丸＝実如に譲る）を、どのように位置付ければよいのかが、適切に示されていない点である。吉田氏はこの応仁譲状Pに対して強く疑義を呈せられ、偽文書の可能性もあると述べられるが、果たしてこうした見方でよいのであろうか。また襲撃事件を企てた延暦寺としても、長男順如による本願寺継承を認めず、末子光養丸による相続をようやく了承したはずだったのであるが、これとの整合性はどうなるのであろうか。

吉田氏の順如住持就任説に対し、筆者の考え方は住持非就任説である。蓮如としては文正元年（一四六六）二月二十九日の近江安養寺村（幸子坊）移動をもって、「移転隠居」（つまり順如を住持とする）を果たしたつもりだったのであろうが、そもそも延暦寺がこれを容認するはずはなかった。そこで朝廷がこれに介入して末子相続という仲裁案が提示され、応仁元年（一四六七）三月にまず延暦寺からこれが安堵され、また蓮如も受諾を渋ったものの、応仁二年（一四六八）三月についに応仁譲状Pを作成して受諾したのである。よって、対外的に公式の本願寺住持は、応仁譲状までは蓮如、それ以後は光養丸（実如）が務めたとすべきなのである。

では、長男順如の立場はどのように理解したらよいのであろうか。筆者はこれを、新住持光養丸（実如）の後見人（寺務代行人）と解すべきと考えている。つまり順如は、蓮如の認識上はともかくとして、対外的には正式住持となることなく、隠居の処遇になってしまったのである。そしてこのことを示唆する史料としては、文明五年（一四七三）八月五日付けの細川政元書状案[43]を指摘でき、その充所に「願成就院殿《（順如）》」との院号が見えている点から、この段階で明らかに順如が隠居していることを確認できるのである。よって、彼の行った絵像裏書染筆や法名状下付は、あくまでも住持権限の代行と解すべきなのであり、こうした行為が容認されるのは、現住持のほかには、隠居（前代住持）、および住持後見人だけだったと推測されよう。

　ところで、このように変則的な寺務態勢が採られた背景としては、当時、後花園上皇の行っていた院政に、その範を求めることができるのではなかろうか[44]。後花園天皇は寛正五年（一四六四）七月十九日、皇子たる後土御門天皇に譲位した後、左大臣足利義政を院執事として院政を敷き、その体制は上皇の死去（文明二年〈一四七〇〉十二月二十七日、五二歳）まで続いたのである。もし蓮如の地位を後花園上皇に擬し、光養丸（実如）の地位を後土御門天皇に擬するならば、両体制には類似点が少なくないのであって、ただ一つ異なる点は、順如が住持後見人（寺務代行人）としてこの態勢に介在していたことである。

　以上に述べたところにより、応仁譲状P以後における蓮如の行為は、すべて前代住持としてのものと解さねばならず、例えば文明二年十一月八日の本尊絵像裏書の染筆はこれに該当している。また同年十二月二十七日付けの蓮如寿像の銘に「本願寺前住釈蓮如」と見える点も、この段階においては当然の表記なのである。そして順如に関しては、彼の染筆による合計一四点の本尊絵像裏書も、文明十三年二月二十八日の法名状下付も、すべて住持後見人の立場においてなされたものとしなければならないのである。

九　その後の蓮如の動静

第七節で検討した「金森日記秡」の記述により、「堅田大責め」の直前の応仁二年（一四六八）三月十二日、蓮如は親鸞木像を堅田から金森へと移動させて、襲撃の余波を避けていたことが判明した。その後まもなくして蓮如は木像とともに堅田へ戻り、十一月には再び木像を金森に移して報恩講を執行し、終了後には直ちに堅田へ戻っている。そして翌応仁三年（＝文明元年、一四六九）二月十三日、木像は堅田から大津の浜名道覚道場へ移され、まもなくしてさらに三井寺南別所（近松）へ移動させられるのである（詳細は後述）。

この間の応仁二年十一月、報恩講が金森で執行されることとなったから、その直前の十月中旬に蓮如は「報恩講私記」を執筆している。この時点では彼は堅田に滞在していたと思われる。

報恩講私記

先惣礼　　次三礼

次如来唄　　次表白

敬白大恩教主釈迦如来、極楽能化弥陀、善逝称讃、浄土三部妙典八万十二、顕蜜（ママ）聖教、観音勢至、九品聖衆、念仏伝来諸大師等、惣仏眼所照徴（ママ）塵、…（中略）…

応仁二年十月仲旬

釋蓮如（花押）[45]

右の「報恩講私記」によると、報恩講に当たってはまず惣礼を行い、次いで三礼を行い、さらに如来唄を唱えた後、表白を行う手順とされている。そして表白の文言が次行以下に、「敬白大恩教主釈迦如来……」と記され、末尾には執筆の日付（応仁二年十月中旬）が記入されている。

これは、来たるべき報恩講に先立って、その実施要領として蓮如がまとめたものと思われる。蓮如はこの直後

（おそらくは右を執筆した翌日）に、紀伊高野山から大和吉野蔵王堂へと赴く旅行に出る計画であったから、報恩講のための事前打ち合わせが不十分となる恐れがあった。そこでこの「報恩講私記」を作成して、参列予定者に習熟しておくよう指示したのではなかろうか。

こうして準備を調えたうえで、蓮如は応仁二年（一四六八）の十月中旬、紀伊高野山と大和吉野蔵王堂への旅に出たのである。末子光養丸（実如）継職という仲裁案を受諾させられたことで、安心感とともに不満感も抱いていたから、心機一転を図るためには必要な行動であったと考えられる。

応仁二年孟冬仲旬之比ヨリ、江州志賀郡大津辺ヨリ忍出、紀伊国高野山一見ノツイテニ、和州吉野ノ奥、十津川ノナカセ、鬼カ城トイヒシ所へ、ユキハンヘリシ時、アマリニ道スカラ、難所ナリシ間、カナシカリシホトニ、カクソツ、ケ侍シナリ。

　高野山ヨリ、十津河・小田井ノ道ニテ、

奥吉野　キヒシキ山ノ　ソワツタヒ　十津河ヲツル　ノナカセノ水

十津河ノ　鬼スム山ト　キ、シカト　スキニシ人ノ　アト、オモヘハ

コレホトニ　ハケシキ山ノ　道スカラ　ノリノユカリニ　アフテヤハユク

　十津川ヨリ、小田井ノ道ニテ、

谷々ノ　サカリノ紅葉　三吉野ノ　山ノ（脱アルカ）　秋ソ物ウキ

山々ノ　サカシキ道ヲ　スキユケハ　河ニソツレテ　カヘル下淵

　下淵ヨリ、河ツラノ道ニテ、

三吉野ノ　河ツラツ、ク　イ、カヰノ　イモセノ山ハ　チカクコソミレ

河ツラヨリ、シ〔三カ〕吉野蔵王堂一見ノ時、一年ノウカリシ事ヲ、イマオモヒ出テ、

イニシヘノ　心ウカリシ　三吉野ノ　ケフハ紅葉モ　サカリトソミル

応仁二年孟冬仲旬　　信証院兼寿法印　御判有之(46)

右の御文によると、「孟冬」＝十月の中旬に、近江大津あたり（堅田）を出発して紀伊高野山を一見する旅に出た。その途中で大和吉野の十津川ノナカセの「鬼カ城」(47)に赴いたところ、その道中は余りの難所続きで苦労したから、悲しくなって和歌を詠むこととした。すなわち、高野山から十津川への途中で三首、十津川から小田井（大塔村小代か）への途中で二首、下淵から飯貝に向かう「河ツラノ道」で一首、さらに吉野蔵王堂を見た時に一首、以上の七首を詠んで、紅葉の盛りを満喫することができた、と述べられている。「河ツラノ道」とは、紀ノ川沿いの道の意ではなくして、川舟が往来する「河ツラ」＝水面、つまり紀ノ川そのものを指すと考えられるから、蓮如は河川舟運を利用して移動しているのであろう。

この御文では、高野山や吉野山に関して語るところがない。その理由は、感興を催さなかったためではなく、宗教上の対抗意識があるからであろう。またこの経路を地図上で追っても不明点が多いから、旅程通りの叙述となっているかは疑問であって、推敲に際して前後を入れ替えるなど、潤色を加えている可能性がある。また全行程が徒歩だったとは考えにくく、「河ツラノ道」＝河川舟運や、輿・馬なども使用したであろうが、御文にそれらの詳細が叙述されてはいないのである。

さて、旅先から堅田に戻った蓮如は、やがて報恩講を金森で執行し、その後また堅田に戻る。そして翌応仁三年（＝文明元年）になって、彼は大津へ移動することとした。

御本寺御影、大津ニ御移之事。

文明元年二月十三日夜半ノ頃ロ、堅田ニオワシマス御影像ヲ、白キ新ヒツニ移シ入テ、堅田ノ西浦ト云処ニテ、船ニツミ隠シ、大津ニ移ス。道覚浜名入道ノ座敷ニ、チヒサキ新作ノ殿、造《（リ）カ》シマヒラセテ、スヘ移シケル。其後、三井寺ノ万徳院ノ計ヒトシテ、南別所ノ近松寺ノ、藪原ヲハギ切リ、一宇ノ小坊ヲ造リ、御影様ヲ移シ奉ル。上様、御住持遊サレケル[48]。

右の「金森日記秡」の一節によれば、応仁三年（＝文明元年）二月十三日の夜半、堅田本福寺に安置していた「御影像」＝親鸞木像を白い櫃に入れ、堅田西浦で船に乗せて大津へ運び、浜名道覚道場の「殿」＝厨子に安置した。それからまもなくしてさらに、三井寺万徳院の提案に従い、南別所の近松寺の隣にある藪原を整地して小坊一棟を建て、この木像を安置して「上様」＝蓮如が住持を務められた、と述べられている。

南別所（近松）への移動については、「拾塵記」にも次のように記されている。

一、近松ハ、江州志賀郡大津三井寺ノ麓、南別所近松ノ里也。文明何比ヤランノ建立也。一度ハ本願寺ト被号シ所也。願成就院光助《（順如）》居住也。其後、山科へウツシ給ケル也。シハシ光助法印ノ居所トシテ侍リシ[49]。

これによれば、近江志賀郡大津三井寺の南別所近松に、文明某年に近松坊が建立された。ひと度は「本願寺」と号したところで、順如がここに居住された。その後、親鸞木像は山科へ移されるが、近松はその後もしばらく順如の居住地とされた、と述べられている。

この記述で注目すべきは、近松坊が一時期、「本願寺」と呼ばれたとされる点である。かつて本願寺の公式住持とされた光養丸（実如）は、左大臣日野勝光の猶子として養育されていたが、一七歳となった文明六年（一四七四）、青蓮院尊応のもとで得度するから、彼はその後は近松坊に入ったことであろう。つまり文明六年以降の近松坊には、本願寺住持たる実如と親鸞木像とがともに揃うことになったので、ここを本願寺と号することに不都合な点はなにもない。そしてこの状況は、文明十二年十一月に親鸞木像が新築の山科本願寺御影堂へ移されるまで続くのである。よって、文明六年〜文明十二年十一月に近松坊が本願寺と呼ばれたと推測しても、なんら差し支えはないのである。

なお右の「拾塵記」では、近松坊に順如が居住したとされるが、順如は後見人（寺務代行人）の立場であるから、実如が転入する以前（創建時〜文明六年）の近松坊で、順如が親鸞木像を守護するのは当然である（ただし順如は文明五年九月に越前吉崎へ下向して父と合流し、文明七年九月に父と共に河内出口へ転ずる）。また実如と木像が山科へ転出した文明十二年十一月以後には、順如が河内出口から近松坊へ転入したのかもしれない（ただし順如は文明十五年正月死去）。

そこで、親鸞木像が道覚道場から南別所近松へ移された日時について考えてみよう。その手掛かりとなるのが、後土御門天皇により応仁三年四月二十八日をもって「文明」と改元されている点である。親鸞木像が堅田より道覚道場へ移された二月十三日から数えると、この日は七五日目に当たっている。

七五日という期間は、小規模道場を建設する工期にほぼ一致している点を指摘しなければならない。例えば、越中土山坊は文明三年五月二日に着工して、七月十五日に完成しているので（翌十六日に蓮如は加賀山中の湯治場に移動している）、工期は七三日間だったと計算できる。また大和吉野郡で下市願行寺・飯貝本善寺を建設する際も、明応四年（一四九五）春に一つ目の願行寺に着工し、同年九月十八日には二つ目の本善寺が竣工していて、蓮如はこの日、早くも摂津富田へ移動している(50)。つまり、両寺の工期合計は六ヶ月程で、一ヶ寺当たりでは三ヶ月程（八五日前後）の工期なのである。

これらの事例を踏まえるならば、蓮如と親鸞木像が道覚道場に移った応仁三年（＝文明元年）二月十三日とは、おそらくは近松坊の建設着工日（立柱＝建て舞い）だったに違いなく、そして七五日後の四月二十八日、後土御門天皇は「文明」改元を発令するのであるから、その翌日の二十九日、蓮如は木像とともに道覚道場から、竣工したばかりの近松坊へ移動したのではあるまいか。これまでの元号「応仁」が、寛正の法難の解決に向けた朝廷の意思を表すためのものであってみれば、これを「文明」と改めることにより、事件の完全な幕引きが図られたと解すべきであろう。そしてこれを見届けた先帝の後花園上皇は、翌文明二年（一四七〇）十二月二十七日に死去するのである（五二歳）。

さて、文明二年（一四七〇）二月になって、蓮如は河内久宝寺村へ出かけたらしく、次のような和歌二首を詠んでいる。

くる春も　おなし木すゑを　なかむれは　いろもかわらぬ　やふかきの梅
年つもり　五十有余を　おくるまて　きくにかわらぬ　鐘や久宝寺
文明二歳二月廿八日　（蓮如）（花押）(51)

右のうち前者では、「春となって木の枝を眺めると、去年と変わらず梅の花が咲いていることよ」と詠み、後者では「年をとって五六歳となったが、久宝寺村の鐘はいまも変わらぬ音色であることよ」と詠んでいる。久宝寺村の鐘とは、この和歌懐紙を所有する慈願寺の鐘のことであるから、蓮如はこの日、小旅行を企てて慈願寺に達していたのであろう。

ところがそれからまもなくして、蓮如は不幸な事件二つに直面する。一つは、文明二年（一四七〇）十二月五日に、蓮如の二番目の妻たる蓮祐尼が死去した事件である。蓮如と蓮祐尼とは結婚して足掛け十四年が経っていたが、その間に一〇子を儲けており（最後の第一〇子は前年の文明元年生まれ）、これが著しい身体的負担を蓄積させた結果、ついに死去という事態に立ち至ったものであろう。彼女の享年は未詳であるが、もし結婚時に一五歳と仮定してよいならば、二八歳の死去と計算できる。

もう一つの不幸とは、翌文明三年（一四七一）二月六日、蓮如第二子で長女たる如慶尼が死去した事件である（二八歳）。彼女は三子を儲けていたが、産後の回復不調が死因となったらしく、父たる蓮如はもちろん、夫の常楽寺蓮覚光信にとっても落胆は大きかった。

そうしたなかで文明三年（一四七一）に届けられるのが、加賀二俣本泉寺（越中瑞泉寺も兼帯）にいる二男蓮乗兼鎮と如秀尼の夫婦に、女如了尼が生まれたとの一報である(52)。蓮如にとっては初めての内孫であるから、早速に加賀二俣へ下向して対面しようと望み、同じく愁傷の思いに沈んでいた常楽寺蓮覚を誘ったのである。なお、その名は蓮如の最初の妻と同じであるから、対面した蓮如からこれが与えられたことは間違いなく、蓮如にとってその喜びと期待感は大きかったのである。

おわりに

本稿の検討で明らかにできた点を、最後にまとめておこう。

寛正五年（一四六四）七月十九日に後花園天皇が退位し、後土御門天皇に譲位して院政を開始したことが契機となって、延暦寺西塔宝幢院の衆徒は大谷本願寺蓮如を弾圧するための蜂起を計画した。本願寺は後花園天皇から勅願寺指定を受けていたので、その在位中には弾圧行動に踏み切れなかったが、退位してその庇護に隙が生じた一瞬を捉えて、衆徒は決起しようとしたのである。しかしながら寛正五年の段階では、青蓮院門跡の口入と蓮如の弁明によって未遂に終わってしまう。けれども本願寺の状況にはその後も変化が見られなかったから、翌寛正六年（一四六五）正月、ついに西塔院衆徒は襲撃を決行したのである。

西塔院衆徒が掲げた寛正六年正月八日付けの「叡山牒状」（衆議状＝弾劾状）によれば、東山大谷の本願寺は一向専修を標榜して三宝誹謗の行動に走っている。住持蓮如は無礙光宗（無㝵光衆とも）と号する一宗を組織し、多数の門徒を集めて他宗派の仏像経巻を焼き、また神明和光（御神体）を軽蔑するなどの振る舞いに及んでおり、仏敵・神敵の行動と言わねばならない。去年＝寛正五年の決起に際しては、青蓮院門跡の介入により蓮如が陳状を提出したから弾圧行動は停止されたが、その後も改善は見られず、門徒は倍増の勢いである。よって、公人・犬神人を発向させて堂舎を破却すべしとの衆議に一決したので通告する、と述べられている。

蜂起した犬神人とは馬借を指し、彼らは正月十日に祇園社に閉籠して早鐘を槌き、翌十一日に本願寺に押し寄せて破壊行為に及んだ。蓮如は危難を避けるべく、親鸞木像を伴って京都室町に転じ、そして青蓮院の指示に従って三〇〇〇疋（三〇貫文）の一献料を進上し、一応の落着に達したのである（第一次襲撃事件）。

ところが三月になって、本願寺は再び延暦寺衆徒の襲撃を受ける。今度は東塔止観院の衆徒であって、政所に閉籠して衆議状を作成するなどの手続きを経た後、三月二十一日、本願寺に押し寄せてこれを破却してしまった（第二次襲撃事件）。彼らは前回の正月事件でなんらの受益もなかったから、本願寺の建物自体を粉骨分として宛行われることになり、解体して資材を撤去・売却してしまったのである。さらに衆徒は、三月二十三日には近江金森を攻撃し、二十四日には赤野井を襲ったのである。

この三月事件に際して、蓮如は親鸞木像とともに室町から金宝寺に転じて潜伏したと考えられる。摂津へ逃れたとの報が安位寺経覚にもたらされているから、蓮如自身は一時的にここまで逃避したのかもしれない。またこの時に宝性寺（青蓮院門末か）と打栗屋兵庫の二人が、衆徒の行動を妨害するに至ったらしく、彼らは捕縛されて成敗（財産没収などか）を加えられている。なお事態が鎮静化した後、蓮如はさらに壬生へと親鸞木像を移動させたらしい。

二度の本願寺襲撃事件を聞いた高田派専修寺（伊勢一身田村）の真恵は、そこで直ちに対応策を講ずる。それは門徒衆に言上状を作成させ、延暦寺三塔（東塔止観院・西塔宝幢院・横川楞厳院）のそれぞれに提出して弁明させることであった。その内容は、専修寺と本願寺とは別流であるから混同されることは迷惑で、無㝵光衆の邪法が退治されることは悦ばしい、と述べられている。彼らは三塔の役者（責任者）が誰かを調査し、また専修寺側の渉外担当者もそれぞれに決めて、万全の対応を図っているのである。かくしてその結果、寛正六年七月に三塔から真恵に対する安堵状が下付されて、無㝵光衆の愚類と混乱して退治を加えてはならないとの保証が与えられる。そこで真恵はその写しを作成して各地門徒衆に送達していることが知られた。

翌寛正七年（＝文正元年、一四六六）二月になって、蓮如は親鸞木像とともに京都壬生から近江安養寺村（幸子坊）へ移動することにした。これは彼の認識では「移転隠居」だったと考えられ、事前にこれを通告された朝廷（後花園上皇・後土御門天皇）は、そこで移動前日の二月二十八日、隠居に対する哀惜の念を表明すべく「文正」改元を発令し、これを聞いて蓮如は二十九日、安養寺村へ移動したと推測される。

なお、応仁譲状には「去文正之比、俄光助《(順如)》律師仁申付、既譲状与之訖」と記されているが、該当の文正譲状はいま本願寺に現存しておらず、おそらくこの一節は虚偽であろう。文正元年二月二十九日の安養寺村移動こそが、蓮如の認識では「移転隠居」だったと考えられる。

蓮如はその後、文正元年五月に親鸞木像とともに近江赤野井へ転じ、十一月の報恩講は金森に移して執行するが、終了後にはまた赤野井へ戻っている。そして翌文正二年（＝応仁元年、一四六七）二月上旬、赤野井から堅田本福寺へ転じて、延暦寺との交渉を本格的に行うこととした。けれども延暦寺は長男順如の継職案を容認しなかったので、朝廷がこれに介入して仲裁案を示す。その内容は、末子光養丸（実如）が本願寺住持を継承し、また今後は西塔宝幢院の末寺として西塔釈迦堂へ毎年三〇〇〇疋（三〇貫文）を上納する、というものであった。そして朝廷はこの仲裁案を延暦寺に受諾させるため、文正二年三月五日をもって「応仁」改元を発令するのである。連年の改元は煩瑣との非難を受ける覚悟を朝廷が示すことにより、その受諾を延暦寺に命じたのであろう。西塔宝幢院・東塔止観院は直ちにこれを受け入れて安堵状を発しているが、その安堵状に新元号が表記されているのは、朝廷の意向に従うとの意思表明だったたに相違あるまい。また横川楞厳院もやや遅れて六月、安堵状を発している。

ところが蓮如にとっては、この末子相続案は著しく不本意だったと思しく、彼は一年間受諾を渋り続け、翌応仁二年（一四六八）三月二十八日になってようやく光養丸（実如）充ての譲状を作成している。この日は延暦寺衆徒による「堅田大責め」の前日に当たるから、衆徒による三度目の襲撃を通告されたことで、蓮如はやむを得ず譲状を作成したのであろう。蓮如はその直前の三月十二日、「堅田大責め」を避けるべく木像を金森へ移しており、譲状はこの金森で執筆されたものと思われる。そしてもし襲撃を受けた場合には、この譲状を衆徒に提示して、仲裁案に真摯に対応していると主張するつもりだったたに違いない。こうした経過から、末子相続案が蓮如にとって著しく不本意だったことが推測できるとともに、一方では朝廷の意向にも容易に従わない彼の傲慢さを看取すべきであろうか。なお、蓮如が光養丸（実如）充ての応仁譲状を執筆したことは、直ちに朝廷や延暦寺に通知されたと考えられる。

かくして、蓮如の認識上では文正元年（一四六六）二月から長男順如が住持となったが、しかし公式には順如は住持と認められず、譲状の執筆された応仁二年（一四六八）三月二十八日に光養丸（実如）が新住持に就いたのである。またこれに対応して、順如は住持後見人（寺務代行人）になったと解されるのであって、その立場から順如は本尊絵像の裏書（合計一四点が現在確認されている）を染筆し、また法名状も下付しているのであろう。もし順如の地位をこのように解釈しないならば、彼の行為は延暦寺三塔の安堵状に違反することとなってしまうであろう。

こうして蓮如は、金森へ親鸞木像を避難させ、また応仁譲状を作成することによって、「堅田大責め」を乗り切ったのである。落着後まもなくして蓮如は金森から堅田へ戻っているが、応仁二年十一月の報恩講は金森で執行されることとなったので、これに備えて十月中旬、実施要領としての「報恩講私記」を執筆して手順を確認している。

その直後、蓮如は旅に出ることとした。目的地は紀伊高野山から大和吉野蔵王堂であって、途中の十津川～小田井では難路に苦労したと御文に叙述されている。紅葉の盛りを詠んだ和歌七首もこれには記されているから、心機一転の効果は得られたと思われる。

旅から堅田へ戻った蓮如は、予定通り報恩講を金森で執行し、終了後にはまた堅田に戻っている。そして翌応仁三年（＝文明元年、一四六九）二月十三日、蓮如は木像とともに堅田を去り、大津の浜名道覚道場へ移ったのである。

この二月十三日とは、もしかすると三井寺南別所（近松）で新坊建設に着手した日だった可能性があり、それが完成すると（工期は七五日）、蓮如は直ちに親鸞木像を移動・安置させている。後土御門天皇はこの南別所（近松）への移動をもって、「寛正の法難」の幕引きとする意向であったから、移動の前日の四月二十八日、これまでの元号「応仁」を廃して「文明」改元を命じたのではあるまいか。そしてこの改元を聞いた蓮如は翌二十九日、親鸞木像とともに南別所（近松）へ移動したと考えられるのである。

文明二年（一四七〇）二月、蓮如は河内久宝寺村の慈願寺に出かけて和歌二首を詠んでいる。ところがその後、不幸が二件、連続して起きる。一件は文明二年十二月五日に、蓮如の二番目の妻たる蓮祐尼が死去したこと、もう一件は文明三年（一四七一）二月六日、蓮如第二子の長女如慶尼が死去したことである。

けれどもまもなくして、この落胆を打ち消すように明るい一報が届けられる。それは加賀二俣本泉寺の二男蓮乗兼鎮に、女如了尼が誕生したとの知らせである。初めての内孫に対面したいと望んだ蓮如は、そこで同じく失意に落ち込んでいた常楽寺蓮覚光信（如慶尼の夫）を誘って、四月上旬、南別所（近松）を発って加賀へ下向することとしたのである。

注

（1）「大谷嫡流実記」（『真宗史料集成』第七巻、六二八ページ、同朋舎、一九七五年）。
（2）井上鋭夫氏「寛正法難と堅田衆」（同氏『一向一揆の研究』第四章第二節、吉川弘文館、一九六八年）。
（3）神田千里氏「寛正の破却と吉崎留錫」（同氏『一向一揆と真宗信仰』第三章第三節、吉川弘文館、一九九一年。のち『蓮如大系』第一巻にも収録、法藏館、一九九六年）。
（4）草野顕之氏「「寛正の法難」の背景」・「「無碍光宗」について」（同氏『戦国期本願寺教団史の研究』第一部第二章・第三章、法藏館、二〇〇四年）。
（5）金龍静氏「宗派の誕生と寛正の法難」（『増補改訂本願寺史』第一巻第五章第二節、本願寺出版社、二〇一〇年）。
（6）山城「本願寺文書（西派）」（蓮如上人五百回遠忌法要記念『図録蓮如上人余芳』第七一号、一〇六ページ、本願寺出版社、一九九八年）。本史料の写真版を掲載することに関して、平成二十七年（二〇一五）三月十三日付けで浄土真宗本願寺派本山本願寺内務室から許諾（内務室〈法宝物〉発第二三三号）が与えられたので、ここに謝意を表しておきたい。

（7）吉田一彦氏「本願寺住持としての順如―再評価の試み―」（同朋大学仏教文化研究所研究叢書Ⅶ『蓮如方便法身尊像の研究』二七二ページ、法藏館、二〇〇三年）。なお脊古真哉・吉田一彦・小島恵昭氏「本願寺流真宗と方便法身尊像」（『蓮如方便法身尊像の研究』一六七ページ）も、同内容の論述である。

（8）「叡山牒状」（『叢林集』巻九―『続真宗大系』第一〇巻、三三九ページ、国書刊行会、一九七六年。または「金森日記秡」―『真宗史料集成』第二巻、七〇一ページ、同朋舎、一九七七年。または真宗大谷派教学研究所編『蓮如上人行実』三三ページ、真宗大谷派宗務所出版部、一九九四年）。

（9）「安位寺殿御自記（経覚私要鈔）」寛正六年正月十二日条（『北国庄園史料』一三七ページ―『福井県郷土叢書』第十集、福井県郷土誌懇談会、一九六五年。または『蓮如上人行実』三八ページ）。

（10）「本福寺由来記」（『真宗史料集成』第二巻、六六一ページ。または千葉乗隆氏編著『本福寺史』史料編、一八七ページ、同朋舎出版、一九八〇年）。

（11）「金森日記秡」（『真宗史料集成』第二巻、七〇二ページ）。

（12）山城「大谷大学所蔵文書」（『蓮如上人行実』三七ページ）。

（13）益田宗氏「後花園天皇」（『国史大辞典』第五巻、九五七ページ、吉川弘文館、一九八五年）によると、後花園天皇は応永二十六年（一四一九）の誕生で、正長元年（一四二八）七月二十八日に一〇歳で践祚する。そして寛正五年（一四六四）七月十九日に至って四六歳で皇子たる後土御門天皇に譲位するが、その後、彼は左大臣足利義政を院執事として院政を敷き、この体制は文明二年（一四七〇）十二月二十七日の死去（五二歳）まで続いたとされている。

（14）「個人所蔵文書」（『蓮如上人行実』三九ページ）。

（15）「安位寺殿御自記（経覚私要鈔）」寛正六年三月二十二日条（『北国庄園史料』一三八ページ。または『蓮如上人行実』四〇ページ）。

（16）「東寺執行日記」寛正六年三月二十三日条（『蓮如上人行実』四一ページ）。

（17）「蔭凉軒日録」寛正六年三月二十四日条（『蓮如上人行実』四三ページ）。

（18）「個人所蔵文書」（『蓮如上人行実』四〇ページ）。

(19) 伊勢「専修寺文書」第一五号（『真宗史料集成』第四巻、一六三ページ）。
(20) 伊勢「専修寺文書」第一七号。
(21) 伊勢「専修寺文書」第一六号。なお伊勢「山形泰一家文書」（『三重県史』資料編中世二、三〇一ページ、三重県、二〇〇五年。または『真宗史料集成』第四巻、七二ページ）には、この安堵状の案文が残されており、その裏書には次のごとくに真恵が証判を据えている。

下野国大内庄高田専修寺之事、為一向専修念仏道場之本寺、自往古至于今、更於法流、無錯謬義之由、申披山上候之間、任憲法之沙汰、於彼門徒中者、混乱無㝵光愚類、不可有其退治者也。仍衆議之状、如件。

西塔院執行代
慶純　在判

寛正六
七月二日

（裏書）
「専修寺雑掌
真慧（花押）
西塔公文法眼（花押）」

(22) 伊勢「専修寺文書」第一八号。
(23) 伊勢「専修寺文書」第一九号。
(24) 伊勢「山形泰一家文書」（『三重県史』資料編中世二、三〇一ページ。または『真宗史料集成』第四巻、七二ページ）。本史料の写真版を掲載するに当たり、文書所蔵者山形和也氏（山形泰一氏の後継者）からの承諾（平成二十七年〈二〇一五〉五月七日付け）に基づき、三重県環境生活部文化振興課県史編纂班の撮影された写真版から複写を転載する許可（環生第一二一―五三六号、平成二十七年六月二日付け）が与えられたので、関係各位の御配慮について、ここに深く謝意を表しておきたい。
(25) 益田宗氏「後花園天皇」（前注13）。
(26) 後藤四郎氏「後土御門天皇」（『国史大辞典』第五巻、八九九ページ）によると、後土御門天皇は嘉吉二年（一四四二）に誕生し、寛正五年（一四六四）七月十九日に二三歳で践祚し、明応九年（一五〇〇）九月二十八日に五九歳で死去・退位したとされる。
(27) 『図書寮叢刊』砂巌五、文書類并消息等雑々、二五二ページ（宮内庁書陵部、一九九四年）。本史料は『大日本史

料』第六編之二十一、三一九ページにも、「柳原家記録」八十七・砂巌五と題して掲載される。

(28) 山城「本願寺文書（西派）」（前注6）。

(29) 大和「本善寺文書」（『蓮如上人行実』四九ページ）。

(30) 大和「本善寺文書」（『蓮如上人行実』四九ページ）。

(31) 大和「本善寺文書」（『蓮如上人行実』四九ページ）。

(32) 大和「本善寺文書」（『蓮如上人行実』五一～五二ページ）。

(33) 大和「本善寺文書」（『蓮如上人行実』五二～五三ページ）。

(34) 山城「本願寺文書（西派）」（前注6）。

(35) 拙稿「蓮如の生涯とその花押」（本書第二十一章）参照。

(36) 拙稿「蓮如の生涯とその花押」（本書第二十一章）のうち第一節参照。

(37) 「金森日記秡」（『真宗史料集成』第二巻、七〇二ページ）。

(38) なお「本福寺跡書」（『真宗史料集成』第二巻、六三九ページ。または『本福寺史』史料編、一五一ページ）では、延暦寺衆徒六三人による衆議は応仁二年正月九日に一決し、三月二十四日に事前通告がなされるが、それより前の三月十二日、蓮如は親鸞木像を移動させた、と述べられている。本文で指摘したように、「本福寺跡書」には「金森日記秡」の不足箇所を脚色している点が見られ、三月十二日の親鸞木像移動についても典拠は「本福寺跡書」だけなので、移動の日時について疑問符がついてしまう。けれども他に史料が得られないことから、ここではこの日付を採用しておくことにする。

(39) 文正二年（＝応仁元年、一四六七）二月に蓮如は「口伝鈔」の書写を行っており、その奥書には次のように見えている（摂津「浄照坊文書」『図録蓮如上人余芳』二四五ページ）。

（口伝鈔）ノ奥書
「右此口伝鈔三帖者、当流之肝要秘蔵書也。雖然、河内国渋河郡久宝寺法圓、依所望、予初一丁之分、染筆訖。
外見旁可有斟酌者也而已。
時也文正弐歳二月十六日
釈蓮如（花押）（E型＝ムスビ右撥型）」

すなわち「口伝鈔」三帖は、当流＝本願寺派にとって肝要秘蔵の書で、いま河内国渋河郡久宝寺村の法円（慈願寺住持、のち浄照坊を創建・移住）が下付を申し出たので、予＝蓮如が最初の一丁を染筆して法円に付与するものである、と述べられている。最初の一丁以外は子順如（このとき二六歳）の筆写とすべきであるから、これの書写は堅田において行われたと考えられ、おそらく蓮如はこれより旬日ほど前の二月上旬、赤野井から堅田本福寺へ移動していたことが確実であって、このことにより「本福寺由来記」の記事（「応仁元ノ暦、交鏡上旬ノ比」に移動）が正確である点が認められよう。なお、右を下付されている慈願寺法円は、身辺警固のために一貫して蓮如に随伴し、京都壬生↓近江安養寺村（幸子坊）↓赤野井（ただし報恩講は金森で実施）↓堅田本福寺、と移動していた可能性が高いであろう。

(40) 蓮如はその方針や希望が「人為」によって変更を余儀なくされた場合でも、それを正直に表現することはせず、自然現象などに原因をすり替えて叙述することがある。例えば「諸文集」第三八号（『真宗史料集成』第二巻、一六七ページ）では、「多屋面々、帰住スヘキ由シキリニ申間、マツ帰坊セシメオハリヌ。……冬ノ路次中、難義ナルウへ、命ヲカキリニ心ナラスニ当年中モ可越年歟」とあって、文明五年報恩講と越年を吉崎で迎えたのは、多屋衆による慰留が主原因であったものを、それに続く文章中では、路次中の難儀が主たる原因だったごとくに表現している。また「諸文集」第一〇七号（二二九ページ）では、「去文明七歳乙未八月下旬之比、……吉崎之弊坊ヲ、俄ニ便船之次ヲ悦テ、海路ハルカニ順風ヲマネキ、一日カケニト志テ、若狭之小浜ニ船ヲヨセ」と記していて、吉崎離脱は便船と順風を得たことで平穏裡に行われたごとくに述べているが、実際には文明七年八月二十一日夜半、富樫政親勢による焼き討ちをほうほうの体で逃れ、小舟で漕ぎ出して小浜を目指したものであった。

(41) 吉田一彦氏「本願寺住持としての順如―再評価の試み―」（前注7）。

(42) 吉田一彦氏が紹介された順如染筆の本尊絵像（方便法身尊像）裏書合計一四点とは、次のものである（前注7）。
①文明三年十一月二十八日、越後「西厳寺文書」、充所＝願主は「河内・出口村、本遇寺常住、賢秀」（以下同じ）。
②文明六年閏五月六日、近江「松橋誠一家文書」、「近江・伊部郷、福田寺門徒、□□」。
③文明六年八月二十八日、近江「西琳寺文書」、「近江・膳村、善妙」。
④文明十年十一月三日、近江「安明寺文書」、「近江・今村、福田寺門徒、［　］」。
⑤文明十二年□月□日、美濃「等覚坊文書」、「美濃・大井庄、源超」。

⑥文明十二年［　　］、越後「勝楽寺文書」、「［　　］」、［　］。
⑦文明十三年二月七日、三河「光恩寺文書」、「三河・重原庄・光恩寺、勝鬘寺門徒、慈通」。
⑧文明十三年六月二十五日、三河「万福寺文書」、「三河・重原本郷・上切漆江、乗晃」。
⑨文明十五年三月七日、越前「西岸寺文書」、「加賀・三ヶ庄、定地坊、［　］」。
⑩文明十五年三月二十一日、山城「大谷光道家文書」、「三河・吉良庄、勝鬘寺門徒、了頓」。
⑪［　　］、近江「蓮光寺南浜南講堂文書」、「江州・山前、濃州津布良称名寺門徒、［　］」。
⑫［　　］、美濃「浄性寺文書」、「美濃・西部、池尻慶祐門徒、［　］」。
⑬［　　］、近江「梅本一族（蓮光寺門徒）文書」、「［　］［　］」。
⑭［　　］、近江「真光寺文書」、「近江・中村、性善」。

(43)「細川政元朝臣家一冊」（『加能史料』戦国五、二六五ページ、石川史書刊行会、二〇〇六年）に収録される次のものである。なお充所が「願成就院殿」となっているのは、父蓮如に直接充てることを細川政元が憚ったためである。

一、就安富四郎右衛門尉知行郡家庄之事、連々無御等閑之由、申候。祝著候。仍賀州御下向之由、承候。於公儀者、涯分可申達候。国之事、此時節、事行候様、被仰付候者、可為本望候。恐々謹言。

（文明五年）八月五日　　　　　　（細川政元）政―

（順如）願成就院殿

(44)益田宗氏「後花園天皇」（前注13）。
(45)山城「本願寺文書（東派）」（宗祖親鸞聖人七百五十回御遠忌記念『東本願寺の至宝展―両堂再建の歴史』図録六九ページ、真宗大谷派・朝日新聞社編集、朝日新聞社発行、二〇〇九年）。
(46)「諸文集」第六号（『真宗史料集成』第二巻、一四〇ページ）。
(47)「蓮如裏書集」第四三号（『真宗史料集成』第二巻、二九三ページ）には、次のような阿弥陀絵像裏書が収録されている（「龍谷大学所蔵文書」）。

大谷本願寺釈蓮如（花押）

文明二歳庚寅二月十二日

和州吉野郡下淵円慶門徒

奉修覆方便法身尊形

同郡十津河野長瀬鍛冶屋道場本尊也。

願主釈浄妙

この絵像の充所たる「十津河野長瀬鍛冶屋道場」というのが、御文に登場する「十津川ノナカセ、鬼カ城」に該当するに違いない。つまり「鍛冶屋」とは、地名であるとともに生業をも意味していて、その作業現場の灼熱の光景や騒音が、御文では「鬼カ城」と比喩的に表現されているのであろう。右の願主浄妙とはおそらくこれの経営者で、本文引用の御文はこの浄妙に与えられたものであろう。なお五條市西吉野町城戸あたりが道場所在地ではなかろうか。

(48)「金森日記秡」(『真宗史料集成』第二巻、七〇二ページ)。

(49)「拾塵記」(『真宗史料集成』第二巻、六〇九ページ)。

(50)明応四年九月十八日に蓮如は、勝如尼(如乗宣祐の妻で、二男蓮乗兼鎮の義母)の死去を伝えた光闡坊蓮誓書状に対して返信を執筆しているから、この時点ですでに富田に移動していたことは確実である。拙稿「光闡坊蓮誓の生涯と蓮如書状」(本書第十四章)参照。

(51)河内「慈願寺文書」(蓮如上人五百回御遠忌・おおさか誕生五百年記念『大阪の町と本願寺』図録一六ページ、大阪市立博物館編集、毎日新聞社発行、一九九六年)。

(52)拙稿「蓮如の越前滞在と吉崎坊創建」(本書第九章)参照。

第九章　蓮如の越前滞在と吉崎坊創建

はじめに

蓮如の発した御文と書状、合計三三〇点が、『真宗史料集成』第二巻（蓮如とその教団）に「諸文集」[1]と題して収載されたことにより、研究には多大な便宜が与えられるようになった。以下でこの「諸文集」から史料を引用する際には、これの整理番号のみを掲げて、出典注記の煩雑さをできるだけ避けることとしたい。

この「諸文集」のうち**27**、および「拾塵記」[2]によって、吉崎坊（宗門内における位置付けは別院＝掛所であろう）の創建事業の開始が文明三年（一四七一）七月二十七日であったことは判明するが、しかしその後の経緯や完成を語った御文は残されておらず、また言行録・由緒書などでも適切な記述が見当たらないので、完成の日時などは一向に判然としない。他方、これが文明六年（一四七四）三月二十八日に焼失したことは、**66**および「拾塵記」に語られているから、この吉崎坊（第一次）が吉崎山山頂に所在したのは、文明三年七月～文明六年三月の間だったことは確実である。

吉崎坊を再建することは直ちに企図され、文明七年（一四七五）二月下旬に着工されて同年七月十五日には完成していたと推測される。これを本稿では第二次吉崎坊と称するが、しかし同年八月二十一日夜、富樫政親勢によって焼き討ちされて、第二次吉崎坊もまた失われてしまう。蓮如はこの時、捕縛・殺害される危機を避けるべく、直ちに越前を離脱しなければならなかった。

吉崎坊を三たび建立しようという試みは、和田本覚寺を中心とする越前・加賀門徒衆に委ねられる。富樫政親は長享二年（一四八八）六月八日に加賀門徒衆の一揆蜂起によって滅ぼされるから、その直後から再建計画は始動していたことであろう。おそらく翌延徳元年（一四八九）春には建設に着手され、年末までには本坊は完成していたに違いない。さらにその翌年、延徳二年（一四九〇）にはその他の付属堂舎も建設されて、同年末には全堂舎が完成していたと考えられる。本稿ではこれを第三次吉崎坊と呼ぶことにするが、しかしこの坊も、永正三年（一五〇六）八月二日の一向一揆敗北に伴って朝倉軍に破却されてしまい、以後は再建されることなく現代に至っているのである。

以上のごとき吉崎坊の歴史に関して、筆者はこれまでに先行業績として、谷下一夢氏「蓮如上人の吉崎占拠に就いて」(3)、笠原一男氏「蓮如の北陸進出」(4)、重松明久氏「蓮如の吉崎進出の経緯」・「北陸における蓮如の活動」(5)、西川幸治氏「寺内町の形成―吉崎と山科―」(6)、井上鋭夫氏「一向一揆の発生」(7)、川崎千鶴氏「加賀一向一揆の展開―内部構造の変質を中心に―」(8)、金龍静氏「加賀一向一揆の形成過程」(9)、遠藤一氏「加賀一向一揆の歴史的前提」・「蓮如と文明六、七一向一揆」・「民衆の中の蓮如」(10)、神田千里氏「加賀一向一揆の発生」・「加賀一向一揆の展開」・「蓮如の生涯」(11)、大桑斉氏「吉崎開創理念と文明五年九月御文群―『五帖御文』の思想序説―」(12)、大阪市立博物館『中世大阪の都市機能と構造に関する調査研究―越前吉崎「寺内」の調査研究―』(13)、木越祐馨氏「文明・長享期の加賀における「郡」について」・「政治権力と蓮如」(14)、などに触れることができた。しかしその創建の経緯については、多数の蓮如御文が残されているにも拘わらず、これを手掛かりとした分析は全く乏しいと言わざるを得ないのである。よって本稿では、御文の文言を子細に検討して、吉崎坊（とくに第一次）の創建事業について解明してみたいと思う。

一　吉崎坊創建事業の概略

吉崎坊（第一次）の創建事業の概略を知るために、まず「拾塵記」の記事を眺めてみよう。

又吉崎トイヘルハ、文明三年夏、江州ヨリ御下向後、越前国坂北郡細呂宜郷吉久名之内（久吉名カ）、吉崎ノ御坊ハ、七月廿七日ヨリ建立。然而、寺内寺外繁昌シテ、諸人群集、幾千万ト云不知数侍シカハ、加賀・越前両国ノ守護、并諸山寺ノ偏執モ、以外ノ事ナリキ。殊ニハ平泉寺・豊原寺、賀州ニハ白山寺・那多八院等ヲ始トシテ、シキリノモヨヲシアリテ、当寺ノ偏執（ヘカ）アリシカ共、仏法ノ不思議ニヤ、終ニ無別儀、イヨ〳〵繁昌シ侍リキ。其後、此寺ハ賀州・越前ノ取合出来テ、文亀（永正カ）三（二歟）年七月、回禄シケリ。敷地ハ、越前守護朝倉弾正左衛門尉（孝景）之入道恵林（英林）字一斎、寄進之地也。昔虎狼野干ノスミカ成シ大山ヲ、引タイラケテ、一宇ヲ建立アリテ、四ヶ年ヲヘテ、文明第六、三月廿八日酉刻ニ、南大門火出テ、北大門ニウツリテ、御坊焼失シケリ。其後、則又建立アリテ、文明七年マテ五ヶ年、居住シマシ〳〵キ。然、賀州錯乱ユヘ、当寺ヲ、守護富樫介（政親）以下可発向由、沙汰二・三年侍リキ。

右によれば、吉崎村は越前国坂北郡細呂宜郷に属し、文明三年（一四七一）夏に近江からここに下向[15]した蓮如は、このうち久吉名[16]に属する土地に七月二十七日から吉崎坊の建立に着手した。参詣の群集は幾千万にものぼり、寺内・寺外ともに繁昌した。加賀・越前両国の守護や諸寺院の偏執（妬みの意か）は非常なるものがあり、とりわけ越前では平泉寺・豊原寺、加賀では白山寺・那多寺などが、しきりに攻撃的な形勢を示したが、幸いに別儀なく一層の繁昌を見せていたのである。けれども永正三年（一五〇六）七月（正しくは八月）、ついに当寺は「回禄」＝焼失してしまう（正しくは破却＝解体処分）。ところで、その敷地は越前守護（正しくは守護代）の朝倉弾正左衛門尉孝景が寄進した土地であって、かつては虎狼・野干（ヤカン、狐）の栖であった大山を、引き平らげ整地して一宇を建立したのである。しかるに四年目の文明六年（一四七四）三月二十八日の酉刻（午後六時頃）、南大門（正しくは南大門付近の多屋―第八節参照）から出火して北大門に至るまで延焼し、ついに御坊も焼失してしまった。そこで直ちに再建が企てられて、程なく完成に至る。かくして蓮如は文明七年（一四七五）までの足かけ五年間、ここに居住したのであるが、しかしやがて賀州に錯乱が生じ、当寺に対して加賀守護富樫政親らが「発向」＝攻撃を加える恐れが二、三年にわたって続いた、と述べられているのである。

創建事業に着手したのが文明三年七月二十七日であったことについては、次の蓮如の御文に叙述されていて、これが「拾塵記」の記述のそもそもの典拠であろう。

27文明第三、初夏上旬ノコロヨリ、江州志賀郡大津三井寺南別所辺ヨリ、ナニトナク風度シノヒイテ、、越前・加賀諸所ヲ経廻セシメオハリヌ。ヨテ当国細呂宜郷内、吉崎トイフコノ在所、スクレテオモシロキアヒタ、年来虎狼ノスミナレシ、コノ山中ヲヒキタヒラケテ、七月廿七日ヨリ、カタノコトク一宇ヲ建立シテ、昨日今日トスキユクホトニ、ハヤ三年ノ春秋ハオクリケリ。サルホトニ、道俗男女、群集セシムトイヘトモ、サラニナニヘントモナキ体ナルアヒタ、当年《(文明五年)》ヨリ諸人ノ出入ヲト、ムル…（中略）…、念仏ノ信心ヲ決定シテ、極楽ノ往生ヲトケント、オモハサラン人々ハ、ナニシニコノ在所へ来集センコト、カナフヘカラサルヨシノ、成敗ヲクハエオハリヌ。コレヒトヘニ、名聞利養ヲ本トセス、タ、後生菩提ヲ、コト、スルカユヘナリ。シカレハ、見聞ノ諸人、偏執ヲナスコトナカレ。アナカシコ〳〵。
文明五年九月(十一日カ)日

右の27によれば、蓮如は文明三年の初夏（四月）上旬に近江志賀郡大津三井寺南別所を発って北陸に向かい、越前・加賀の諸所を経廻した後、細呂宜郷の吉崎に寺地を定めて、七月二十七日から坊舎創建の事業に取り組んだが、時間の経過は早くてすでに三年目の文明五年（一四七三）九月となっている。道俗男女は参詣のために群集しているが、余りにも多数なので、「当年」＝文明五年からしばらく「諸人ノ出入ヲト、ムル」との措置を命ずることにした。その理由は、念仏の信心を決定せず、極楽往生を遂げようと望まない者は、この「在所」＝吉崎へ来集することはできないとの「成敗」＝通告を行うためであり、ひとえに後生菩提を重視するがゆえである。「見聞」＝参詣を望む諸人は、この措置に対して「偏執」＝恨みがましい態度をとってはならない、と述べられているのである。

以上に引用した「拾塵記」と御文27とにより、吉崎坊の創建事業は文明三年七月二十七日に開始されたことが判明したから、この日おそらく敷地造成工事（普請）に着手するための地鎮祭などが執行されたのであろう。また下って文明六年三月二十八日の酉刻に、南大門付近から出火して北大門にまで延焼し、ついには吉崎坊が焼失してしまったことも確認することができた。よって吉崎坊（第一次）の創建事業に関しては、右の二時点を上限・下限に設定して検討しなければならないのである。

二　御文から知られる蓮如の動静

吉崎坊（第一次）の創建事業の経緯を明らかにするために、蓮如が越前にやって来た文明三年から、河内出口

（のちの光善寺）へ移動する文明七年までの間の動静を、御文（『諸文集』）から読み取ってみることとしよう。

まず発給日が判明する御文を選び出して、その整理番号と発給年月日を書き出す（年月日順としたために整理番号順とはならない）。次いで内容面に関し、蓮如の動静と吉崎坊創建事業に限って注目点を摘記する（法語のみの場合には書き出さない）。さらに感興を催して蓮如が和歌を詠んでいる場合には、その数も記しておこう。前節ですでに「拾塵記」と御文一点を引用したが、重複を厭わずこれらも列記しておくこととし、適宜省略した箇所は「……」で表示しておく。

7文明三年五月頃……「近比、加州片山里居住仕候」
8文明三年五月頃……「賀州加卜郡（江沼郡カ）五ヶ庄ノ内……片山辺」
9文明三年七月十五日……和歌一首
10文明三年七月仲旬（＝十六日）……「加州或山中辺」、和歌二首
11文明三年七月十八日……和歌一首
12文明三年九月十八日
13文明三年十二月十八日
14文明四年二月八日
15文明四年二月八日
16文明四年二月八日
19文明四年十一月二十七日
20文明五年二月一日……「去年冬ノコロ……坊主ヲミルニ、件ノ門徒ノカタヨリ物トリ信心ハカリヲ存知」

21文明五年二月八日……「当年ヨリ、コトノホカ両三国ノアヒタヨリ、道俗男女、群ヲナシテ、コノ吉崎ノ山中ニ参詣」、「コノ雪ノウチニ参詣」

22文明五年二月九日……「タ、他屋役ハカリ御ナウラヒ」

23文明五年卯月二十五日

25文明五年八月二日……「吉崎トヤラン……山アリ、ソノ頂上ヲ引クツシテ屋敷トナシテ一閣ヲ建立」、「門徒ノ面々、ヨリアヒテ、多屋ト号シテ、イラカヲナラヘテ、家ヲツクリシホトニ、今ハハヤ一二百間ノ棟カスモ、アリヌラン」、「馬場大路ヲトホシテ南大門・北大門」、「道俗男女ソノ数、幾千万トイフ事ナシ」

26文明五年八月十二日……「文明第四ノ暦、弥生中半」、「女性一二人、オトコナントアヒ具シ……コノヤマノコトヲ沙汰シマフシケル……吉崎ノ山上ニ一宇ノ坊舎ヲタテラレテ」、「コノ当山へ道俗男女参詣ヲイタシ群集」

真偽未定分14文明五年八月十三日……「吉崎ノ一宇ニシテ彼岸会ト申ス事」、「人民ノ往還タヤスク」、「右ハ於吉崎、一宇ヲ令建立、執行彼岸会者也」、「蓮如五十九歳」

17文明五年八月二十二日……「文明第二、十二月五日ニ、伯母(蓮祐尼)ニテアリシモノ死去」、「文明第三、二月六日ニ、アネ(如慶尼)ニテアリシモノ臨終」、「比丘尼見玉房ハ……当年(翌カ)五月十日ヨリ病ノ床ニフシテ、首尾九十四日ニアタリテ往生ス」、「ツキニ八月(文明四年)十四日ノ辰ノヲハリニ、頭北面西ニフシテ往生ヲトケニケリ」

18文明五年八月二十八日……「文明第四、十月四日、亡母(如円尼)十三廻ニアヒアタリ……三月ヒキアケ仏事」、和歌三首、「於吉崎ヨリ出タリ」

※文明五年秋（「拾塵記」）……「越前国坂北郡細呂宜郷内吉崎ノ坊ハ、文明三年七月廿七日、一宇建立。コレ又蓮―上人御建立也。文明五年ノ秋ハ、賀州錯乱ニヨリ、越前北庄へ御越。其後、各被申ニヨリ、吉崎へ雖御下

向、又御上洛（文明七年）。若州ヨリ河内出口御坊へ」

27文明五年九月　日（十一日カ）……「文明第三……七月廿七日ヨリ、カタノコトク一宇ヲ建立」、「道俗男女、群集セシム」、

「当年ヨリ諸人ノ出入ヲト、ムル」

29文明五年九月十一日……「内方教化」、「他（多）屋ノ坊主達ノ内方トナランヒトハ……信心ヲヨク〳〵トラルヘシ」

24文明五年九月　日

28文明五年九月　日

30文明五年九月中旬……「超勝寺ニテアソハス」

31文明五年九月二十二日……「賀州山中湯治之内」

32文明五年九月二十二日……「加州山中湯治之内」

37文明五年九月二十七日……「藤島郷ノ内、林之郷超勝寺ニオイテ……蓮崇所望……同廿七日申ノ剋ニイタリテ、

筆ヲソメオハリヌ」

34文明五年九月下旬……「超勝寺ニテ」

35文明五年九月下旬……「超勝寺ニテ」

33文明五年九月下旬

36文明五年九月下旬

38文明五年十月三日……「当年正月時分ヨリ……牢人出張ノ儀ニツイテ……或ハ要害、或ハ造作」、「藤島辺へ上

洛」、「多屋面々、帰住スヘキ由シキリト申間、マツ帰坊」、「今度藤島ヨリ、カヘリテノチ」

39文明五年十月　日（三日カ）……「為仏法、不可惜一命、可合戦」、「諸人一同、令評定之衆儀（議）」、「多屋衆」

40 文明五年十一月（七日カ）日……「定　於真宗行者中、可停止子細事」、「（十一ヶ条定書）」

41 文明五年霜月二十一日……「夫今月廿八日ハ、忝モ聖人毎年御正忌」

42 文明五年霜月二十一日……「当年文明第五ノ当月（十一月二十八日）ノ御正忌ニイタルマテ存命」、「今月廿一日ノヨルヨリ……御仏事」、「多屋ノ坊主達ノ沙汰トシテ勤仕」

43 文明五年十二月八日……「今度一七ヶ日報恩講」、「多屋内方モ其外ノ人モ、大略信心決定」、「コレヲカキテ、当山ノ多屋内方ヘマイラセ候」、和歌二首

44 文明五年十二月八日……「今度一七ヶ日報恩講」、「多屋内方もそのほかの人も、大略信心決定」、「当山多屋内方へまいらせ候」、和歌二首

45 文明五年十二月八日……「今度一七ヶ日報恩講」、「多屋内方もそのほかの人も、大略信心を決定」、「当山の多屋内方へまいらせ候」、和歌一首

46 文明五年十二月十二日

48 文明五年十二月十二日

51 文明五年十二月十三日

52 文明五年十二月中旬……「文明第四、初夏下旬之比」、「俗人・法師ナントアマタ同道シテ、此山中ノ為体ヲ一見」、「本ハ誠ニ虎狼・野干ノフシト……アラ不思議ヤ一都ニ今ハナリニケリ」

53 文明五年十二月十九日……「愚老コノ両三ヶ年ノ間、吉崎ノ山上ニオイテ一字ヲムスヒテ居住」、「荻生・福田ノ同行中へ」

54 文明五年十二月二十三日

55文明五年十二月　日……「文明四年（五カ）正月ノ時分ヨリ、諸人群集シカルヘカラサル由ノ成敗」、「去ヌル秋之比、暫時ニ藤島辺ヘ上洛……多屋面々、抑留アルニヨリテ、先ツ当年中ハ此方ニ居住」

191年月日不記載（文明六年正月十一日カ）……「（三ヶ条定書）」、「去文明第三之比ヨリ花洛ヲ出……北国中ノ同行達ニオイテ」

56文明六年正月十一日……「三ヶ条ノ篇目ヲモテ、コレヲ存知セシメ」

57文明六年正月二十日……「去年霜月……当山ヘ群集セシムル条、シカルヘカラサルヨシノ成敗」、「多屋坊主以下、ソノ承引ナシ」、「ヒトマネハカリニ、キタラントモカラハ、当山ノ経廻、シカルヘカラサルヨシ」、「予カマヘ、、キタリテ見参・対面」、和歌一首、「去年ノ霜月七日ノウチニ、カタノコトク人々ノ信心ヲトリテ」

59文明六年二月十五日

60文明六年二月十六日

61文明六年二月十七日……「他力信心ノトヲリヲ、ヨクコ、ロエタラン人々ハ……他宗・他人ニ対シ沙汰スヘカラス」、「路次・大道、我々ノ在所ナントニテモ……讃嘆スヘカラス」、「守護地頭ニムキテモ……疎略ノ儀ナク、イヨ〳〵公事ヲマタクスヘシ」、「諸神諸菩薩ヲモ、オロソカニスヘカラス」、「外ニハ王法ヲオモテトシ、内心ニハ他力ノ信心ヲフカクタクハヘ」、「世間ノ仁義ヲ本トスヘシ」

62文明六年二月十七日……61に同じ

63文明六年三月三日

64文明六年三月中旬

65文明六年三月十七日

66文明六年四月八日（高田本）……「当年文明第六、三月廿八日酉尅……南大門ノ多屋ヨリ火事イテ、、北大門ニウツリテ焼シホトニ、已上南北ノ多屋ハ九ナリ、本坊ヲクワエテハ、ソノカス十ナリ」、「吉崎ノ他屋（多）ニテ書之」

67文明六年五月十三日……「国ニアラハ守護方、トコロニアラハ地頭方ニヲイテ、……疎略ノ儀ユメ〳〵アルヘカラス」、「公事ヲモハラニスヘキモノナリ」

68文明六年五月十七日

69文明六年六月中ノ二日

70文明六年六月十九日

71文明六年六月廿五日……「参河国サカサキノ修理助入道浄光、青野八郎左衛門入道真慶……四月下旬比ヨリ吉崎ノ山上ニアリ」

72文明六年七月三日……「当流念仏者……他宗ヲコナシ、ヲトシメントオモヘリ、コレ言語道断」

73文明六年七月五日……「越前国ニヒロマルトコロノ秘事法門……仏法ニテハナシ」、「秘事ヲアリノマ、ニ懺悔シテ、人ニカタリアラハスヘキモノナリ」

74文明六年七月九日……「浄土宗……西山・鎮西・九品・長楽寺トテ、其外アマタニワカレタリ」、「コレヲ誹謗スル事アルヘカラス」、「我一宗ノ安心ヲ……自身モ決定シ、人ヲモ勧化スヘキハカリナリ」

75文明六年七月十四日

76文明六年八月五日

77文明六年八月六日……「河尻性光門徒ノ面々……仏法ノ信心……コ、ロモトナシ」

78文明六年八月十日……「北庄一里五十町ノ間、念仏同行ノ坊主達……当流一儀ノ趣ヲ、ウルハシク存知シタル体ハ、一人モ更ニナキ」、「銭貨ヲツナクヲモテ、一宗ノ本意……往生浄土ノタメトハカリオモヘリ、コレ大ニアヤマリナリ」

79文明六年八月十八日

66文明六年九月　日（真宗寺本）……前引66（高田本、文明六年四月八日付け）に同じ

80文明六年九月六日

193年月日不記載（文明六年十月十四日カ）……「加賀国之守護方(富樫幸千代)、早速ニ如此没落(文明六年十月十四日)」、「高田門徒ニ於テ、年ヲツミ日ヲカサネテ雖作法敵……此方有門徒於在所、或ハ殺害、或ハ放火等ノ種々西行(悪カ)」、「以数多之一□(類カ)、相語守護方(富樫幸千代)間、国方既彼等ト同心」、「今度(文明六年)加州一国之土一揆トナル」、「百性(姓)分ノ身トシテ守護(富樫幸千代)・地頭ヲ令対治(退)事、本意ニアラサル、前代未聞之次第也」、「如此ノムホンヲ、山内方(富樫政親)ト令同心、全之処也。是誠ニ道理至極ナリ」

81文明六年十月廿日

82文明六年十一月廿一日……「吉崎ノ当山ニヲイテ、此四ヶ年ノ月日ヲオクリシ」、「旧冬ノコロ……開山聖人遷化ノ御正忌ニマフアヒ奉ル」、「今月廿八日ハ聖人御正忌」、「今月廿一日ノ夜ヨリ一七ヶ日ノ勤行」、「米銭ニコ、ロヲツクシテ、コレヲモテ報恩謝徳ノ根源トモ、オモフヘカラス」

83文明六年霜月廿五日

84文明七年二月廿三日

85文明七年二月廿五日

86 文明七年三月二日

87 文明七年四月廿八日……「大津ヘツカハス」、「大津ニヒサシク居住セシムルトキハ、ヒトノ出入ニツケテモ、万事迷惑ノ次第コレオホキ」、「コノ四五年ノ堪忍ハ存ノホカノ次第」、「文明第七初夏上旬ノコロ、幸子房大津ノテイタラク、マコトニモテ正体ナキアヒタ、クハシクアヒタツヌルニ、コノ文ヲ所望」

88 文明七年五月七日……「コノ四五年ノアヒタハ、当国乱世ノアツカヒ」、「加州一国ノ武士(富樫政親勢)……雑説ヲ当山ニマフシカクル」、「ナニノ科ニヨリテカ加州一国ノ武士(富樫政親勢)等、无理ニ当山ヲ(「ニ」カ)発向スヘキヨシノ、沙汰ニオヨハンヤ」、「多屋衆一同ニ、アヒサ、エヘ(「ユ」カ)キヨシノ結構」、「門徒中面々ニヲイテ、十ノ篇目ヲサタム」、「(十ヶ条定書)」、「仍所定如件」

89 文明七年五月廿日……「京都東山粟田口青蓮院南ノホトリハ、ワカ古郷ソカシ」

90 文明七年五月廿八日

91 文明七年七月十五日……「六ヶ条ノ篇目」、「当流念仏者ニヲイテ、ワサト一流ノスカタヲ、他宗ニ対シテ、コレヲアラハスコト、モテノホカノアヤマリナリ」、「(六ヶ条定書)」

92 文明七年十一月廿一日……「コノ当国(河内国)ニコエ、ハシメテ今年、聖人御正忌ノ報恩講ニアヒタテマツル」、「本寺ヨリノ成敗ト号シテ人ヲタフロカシ、モノヲトリテ当流ノ一義ヲケカス」

94 文明八年六月二日……「河内国ニテ」、「去年北国ヨリ風度上洛シテ、思外ニ当国ニ居住」、「親(存如、長禄元年〈一四五七〉六月十八日死去、六二歳)ト同年ニアヒアタリ……今月十八日ハ正忌」

107 文明九年極月廿九日……「去文明七歳乙未八月下旬之比、予生年六十一ニシテ、越前国坂北郡細呂宜郷ノ内吉久名(久吉名カ)之内、吉崎之弊坊ヲ、俄ニ便船之次ヲ悦テ……若狭之小浜ニ船ヲヨセ、丹波ツタヒニ摂津国ヲトヲリ、此当国当所出口ノ草坊ニコエ」、「京都ニハ大内在国ニヨリテ、同土岐大夫ナントモ在国セル間、都ハ一円ニ公方（足利義尚）カタニナリヌ」

三　吉崎坊創建事業の経緯

前節で取り上げた御文の記事、および拙稿「光闡坊蓮誓の生涯と蓮如書状[17]」での分析で判明した蓮如の動静を踏まえて、本節では吉崎坊創建事業の経緯を詳述することとしよう。

文明三年（一四七一）四月上旬に近江大津三井寺を発った蓮如は、まず加賀二俣本泉寺へと向かったらしい。この本泉寺は、越中井波瑞泉寺（別院＝掛所の位置付けか）にあった如乗宣祐（応永十九年〈一四一二〉～寛正元年〈一四六〇〉正月二十六日、四九歳）が、勝如尼（正長元年〈一四二八〉～明応四年〈一四九五〉八月二日、六八歳）を妻に迎えるに当たって、嘉吉二年（一四四二）に創建した寺院と考えられる。如乗は両寺を兼帯して経営するとともに、やがて両人の間には女如秀尼（享徳三年〈一四五四〉～大永元年〈一五二一〉二月五日、六八歳）が誕生する。ところが寛正元年（一四六〇）正月に如乗が死去してしまうため、蓮如は二男蓮乗兼鎮を「養子」としてここに派遣し、経営に支障が生じないように配慮したのである。こうした措置をとったのは、かつて蓮如が如乗から多大なる恩義を受けていたためであって、もし如乗が介入して蓮照応玄の本願寺継承を阻止しなかったならば、庶兄の蓮如が本願寺を相続するのは到底困難なことであった。

派遣された蓮乗はこの年、南禅寺喝食としての修行を終えたばかりの一五歳で[18]、未亡人たる勝如尼を補佐して、本泉寺・瑞泉寺の経営に尽力したことと思われる[19]。そして如秀尼が長ずるのを待ち、文明二年（一四七〇）にようやく蓮乗はこれと婚儀を挙げて、翌三年に第一子如了尼（蓮如にとっては初めての内孫）を得る。そこで蓮如はみずからここに赴き、両人の結婚と長女誕生を祝福しようとしたのである。蓮如の娘婿たる常楽寺蓮覚光信（長女如慶尼の夫、如慶尼は文明三年二月六日に死去）も、これに随伴することとした[20]。

ところがこの頃の二俣本泉寺には、未亡人の勝如尼が同住していたことはもちろん、蓮如四男の蓮誓康兼も同住していたらしい。蓮誓は文明元年（一四六九）に浄土宗花開院喝食としての修行を終えた時点（一五歳）で、勝如尼によって招かれていたからである。けれどもこうした同住の状況は憂慮すべきであって、蓮如は近隣の越中土山村に新寺地を得て坊創建を企てる。文明三年五月二日に着工して七月十五日に完成したので（工期は七三日間[21]）、この土山坊に勝如尼・蓮誓の両人を移動せしめた後、ようやく蓮如は越前へ向かったのである。

その間の文明三年（一四七一）五月頃、蓮如は**7・8**「加卜郡五ヶ庄ノ内……片山辺」（所在地未詳、江沼郡片山津を指すか[22]）に赴いているから、土山坊が完成するまでの間に彼は、越中・加賀の各地を訪ね歩いていたことが知られる。河北郡横根村の乗光寺にも逗留したらしい[23]。こうした各地訪問の目的が、新坊建立地を選定するためであったことは疑いないであろう。

七月中旬（追記によれば七月十六日）になると、蓮如は**10**「山中」（江沼郡山中村か）に移動して和歌を制作しているので、この頃には心理的にかなり高揚した状態にあったことが判明する。おそらくこの七月十六日に、山中村の湯治場に越前・加賀門徒衆が集結する手筈となっており、ここに蓮如が赴いて吉崎坊創建事業に関する協議が行われ、合意に達したのであろう。そして**27**「七月廿七日」から吉崎坊創建事業は着手されるのであって、この日程は「拾塵記」にも、「文明三年七月廿七日、一宇建立」と記されている。おそらくこの日には地鎮祭が執行されて、敷地造成作業が開始されたのであろう。また同時に資材加工作業も開始されたことと思われる（手斧始め）。

他方、資金を調達するために門徒衆には、奉加を求める働き掛けが先行して行われていたことは疑いなく、こうして種々の準備が進められて文明三年は暮れたのである。

翌文明四年（一四七二）になると、いよいよ吉崎坊本坊の資材組立作業（作事、いわゆる建て舞い＝立柱）に着手したことであろうが、しかし御文にはこの資材組立作業の開始について記述されるところがない。けれども、時間の経過や季節の変化（降雪地帯において秋・冬に資材組立を開始することはまずあり得ない）を考慮するならば、この年の春こそは資材組立の開始時期と推測して間違いないのであって、蓮如がこの立柱（建て舞い）という盛儀をどこにも記録しなかったと想定することは困難である。

そこでこうした観点に立って、もう一度御文をながめてみると、**26**「文明第四、弥生中半」に「女性一二人、オトコナントアヒ具シ……コノヤマノコトヲ沙汰シマフシケル」と特筆されている箇所が注目される。ここに登場する文明四年弥生中半（＝半ば、十五日か）という日付は、全く意味のないものなのであろうか。筆者には、蓮如が無意味な日付を御文に登場させたとは到底考えられず、おそらくこの日こそが資材組立作業の開始日だったに違いない。しかりとすれば、ここに登場する「女性一二人」も「オトコ」も、いずれも蓮如の近親者である可能性が高いであろう。しかしながら、蓮如の妻蓮祐尼はすでに文明二年十二月五日に死去しており（**17**）、また長女如慶尼も文明三年二月六日に死去していたから(24)、この女性とは二女見玉尼と三女寿尊尼が該当しているのではなかろうか。とりわけ見玉尼は、それからまもなくの**17**文明四年八月十四日に死去し、しかも墓はいま吉崎山山頂部に所在しているから、「女性一二人」のうちに見玉尼が含まれることはまず間違いないであろう。また随行した「オトコ」とは、蓮如二男の蓮乗、三男の蓮綱、四男の蓮誓を指していると考えられる。つまり、この**26**の実質的な充所（受取人）は、文言中に記された「女性一二人」および「オトコ」であったとしなければならず、またそのため**26**は複数点が染筆されて、該当の各人に手交されていたに相違ないのである。

文明四年弥生中半（十五日か）が資材組立作業の開始日だったとの推測を、**18**も間接的に示唆しているように思われる。これによれば、「文明第四、十月四日、亡母《如円尼》十三廻ニアヒアタリ……三月ヒキアケ仏事」とあって、蓮如の継母たる如円尼（寛正元年〈一四六〇〉十月四日死去）の十三回忌が、三月に繰り上げて（＝取り越し）実施されたと語られているのである。前述したごとく、もし資材組立作業が三月中旬開始と予定されていたならば、それよりさらに十日ほど遡った上旬（おそらくは四日）に、如円尼十三回忌を計画する可能性は十分にありうることとすべきであろう。

さて、**26**「文明第四、弥生中半」に開始された本坊の資材組立作業が、それではいつ完成したのであろうか。常識的な作業工程（工期）に従えば、半年後の同四年秋～初冬には完成していたと推測されるが、こうした想定に合致する文言が、果たして御文に記載されているであろうか。

指摘すべきは**21**である。ここには「当年《文明五年二月》ヨリ、コトノホカ両三国ノアヒタヨリ道俗男女、群ヲナシテ、コノ吉崎ノ山中ニ参詣」、「コノ雪ノウチニ参詣」と記されている。つまり、文明五年（一四七三）二月の降雪のなかを、参詣の門徒衆が群をなしてやって来ると述べられていて、すでに本坊は完成していた節が窺われる。当然、その完成の日時は降雪以前、すなわち文明四年秋～初冬のことだったと考えられるのである[25]。

そこでこの推測を踏まえて、本坊竣工の時日が判明するこのほかの史料を探してみよう。すると、山城「本願寺文書（浄土真宗本願寺派＝西派）」に現在、次のような親鸞・蓮如連座絵像が保管されている点に気付く（**図1**・**図2**参照）。

図２：右の裏書

図１：親鸞・蓮如連座絵像
—山城「本願寺文書（西派）」
（顔貌の損傷がその後の転変の激しさを暗示している）

「（「親鸞・蓮如連座絵像」ノ裏書）

釋蓮如（花押）

文明四歳壬辰八月十六日

大谷本願寺親鸞聖人御影

（所在地・願主名ヲ欠ク）」(26)

右の裏書によれば、文明四年（一四七二）八月十六日付けで蓮如が、親鸞絵像を下付すると記されている。けれども充所の所在地・願主名欄には記入がないから、これが懸架される建物は本願寺の別院（掛所とも）に位置付けられていて、本願寺住持がその住持職を兼帯する予定だったとしなければならない。この時点の正式住持は五男光養丸（実如）であったから、この絵像裏書は先代住持（隠居）たる蓮如が、現住持たる五男光養丸（実如）に充てて下付したものなのである。なおこれと同様に、本願寺住持がみずからに充てた絵像の事例としては、金沢別院（西派）に所蔵される巧如絵像裏書（存如執筆）・存如絵像裏書（蓮如執筆）・蓮如絵像裏書（実如執筆）の、三点の裏書を指摘することができる(27)。この三点はいずれも尾山坊（のち金沢坊、別院＝掛所の位置付けであった）に下付されたものであって、その管掌権は本願寺住持が兼帯したから、所在地・願主名欄にはその記入が見られないのである。

また、右の主題部には「親鸞聖人御影」と記されているものの、表面の実際の絵像は親鸞・蓮如連座絵像である。つまり蓮如は、みずからを親鸞の正統な後継者と位置付け、この点を絵像＝視覚により主張しているのである。しかしながらこれを裏書文言に明記することは、まだ憚るべきとの心境だったとしなければなるまい。

問題とすべきは、その下付日の文明四年八月十六日である。この時点において蓮如が吉崎に滞在していたことは疑いなく、またこの日が一連の吉崎坊創建事業における式典日だったことも間違いあるまい。しかりとするならば、この絵像こそは、竣工した吉崎坊本坊に安置されたものと断言してよく、また下付された八月十六日とは、竣工式の当日を除いてはあり得ないであろう。前述のごとくに、資材組立開始＝立柱（建て舞い）は弥生中半（十五日か）であったから、これから数えると八月十六日は一四九日後（約五ヶ月後）のこととなり、堂舎の工事期間としては適切な日数と解してよい。

以上により、吉崎坊本坊が竣工したのは文明四年八月十六日であったこと、またこの竣工式に合わせて蓮如は親鸞・蓮如連座絵像の裏書を染筆したこと、これらの点を明らかにすることができた。筆者にとって、吉崎坊本坊に安置されていた連座絵像の現存が確認できたことは、大いなる驚きかつ喜びであるとともに、この絵像がその後くぐり抜ける危難と転変に思いを馳せるならば、感慨もひとしおと言わねばならない。

ところで、文明四年の状況を語った御文はもう一点ある。それが**52**であって、「文明第四、初夏（四月）下旬之比……俗人・法師ナントアマタ同道シテ、此山中ノ為体ヲ一見……本ハ誠ニ虎狼・野干ノフシト……アラ不思議ヤ一都ニ今ハナリニケリ」と述べられている。このうち末尾の「一都ニ今ハナリニケリ」との表現に注目するならば、これこそは吉崎坊を囲繞する多屋を眺めての表現にほかならない。よって文明四年四月下旬とは、多屋の建設作業が開始された日付だったのではないかと考えられる。

なお余談ながら、ここで多屋の構造について付言しておくと、御文**25**では、「イラカヲナラヘテ、家ヲツクリシホトニ、今ハハヤ、一二百間ノ棟カス」とあって、多屋の屋根が「イラカ」＝瓦で葺かれているごとくに表現されている。しかしながら、本坊が檜皮葺きであるのに対し、多屋が瓦葺きになっているという状況は、到底考えられないことである。この**25**の表現は、単に文飾に走ったものと解すべきであって、多屋の屋根は茅葺きだったとしておくのが無難であろう。蓮如の御文にはやや誇張した表現をとった事例があることに注意を払わねばならないと思われる。

さて、本坊が完成したことにより、門徒衆はやがて続々と参詣にやって来ることになる。けれどもそれが余りに多数となれば、建設作業には支障が生ずることとなるであろう。そこで蓮如は27により、「当年(文明五年)ヨリ諸人ノ出入ヲト、ムル」との規制を加えることとしたのである。55では、「文明四(五カ)年正月ノ時分ヨリ諸人群集、シカルヘカラサル由ノ成敗」と見えているが、これは文明五年の誤字と解すべきところである。[28]

なお出入り規制に関して付言しておくと、文明五年正月の吉崎坊には、参詣門徒衆が群集することとは別に、牢人衆が襲来する可能性も少なくなかったらしい。この点を示唆するのが、38「当年(文明五年)正月時分ヨリ……牢人出張ノ儀」との文言であって、文明五年正月頃から牢人衆が、加賀から国境を越えて越前へ乱入する気配のあったことが知られる。この牢人衆とは、旧越前守護代甲斐氏とその一派を指しており、[29]彼らは朝倉孝景が文明三年に西軍から東軍へ寝返り、次いで文明四年八月の越前府中の戦いで越前支配権を掌握したことに伴って、国外への没落を余儀なくされた者たちであった。越前での失地回復を目指す甲斐氏一派は、そこで加賀の西軍富樫幸千代勢の協力のもと、越前への侵入を企てることとなるが、その動きが文明五年正月頃から探知されたので、蓮如は38「或ハ要害、或ハ造作」と語っているように、吉崎坊の防御のための「要害」を築かせる必要に迫られ、また「造作」を急がせねばならなかったのである。つまり27「当年(文明五年)ヨリ諸人ノ出入ヲト、ムル」との出入り規制の指示は、単に参詣者の数量を制限するためだけではなくして、牢人衆が混在して不測の事態（占拠や放火など）が発生しないようにとの目的も含まれていたのである。

それでは、この文明五年に行われるべき作業は、そもそも何だったのであろうか。これを示唆するのが25であって、前節と重複するが全文をここに掲げておく。

25抑此両三ヶ年ノ間ニ於テ、或ハ官方、或ハ禅律ノ聖道等ニイタルマテ、申沙汰スル次第ハ、何事ソトイヘハ、所詮、越前国・加賀サカイ、長江・瀬越ノ近所ニ、細呂宜ノ郷ノ内、吉崎トヤランイヒテ、ヒトツノ、ソヒエタル山アリ。ソノ頂上ヲ引クツシテ、屋敷トナシテ、一閣ヲ建立スト、キコヘシカ、幾程ナクシテ打ツヽキ、加賀・越中・越前ノ三ヶ国ノ内ノ、カノ門徒ノ面々、ヨリアヒテ、多屋ト号シテ、イラカヲナラヘテ、家ヲツクリシホトニ、今ハハヤ、一二百間ノ棟カスモ、アリヌラントソ、オホヘケリ。或ハ馬場大路ヲトホシテ、南大門・北大門トテ、南北ノ其名アリ。サレハ、此両三ヶ国ノ内ニ於テ、オソラクハ、カヽル要害モヨク、オモシロキ在所、ヨモアラシトソ、オホヘハンヘリ。サルホトニ、此山中ニ経廻ノ道俗男女、ソノ数、幾千万トイフ事ナシ。然者、コレ偏ニ、末代・今ノ時ノ、罪フカキ老少男女ニヲヒテ、スヽメキカシムル、ヲモムキハ、ナニノワツラヒモナク、タヽ、一心一向ニ弥陀如来ヲ、ヒシトタノミタテマツリテ、念仏申スヘシト、スヽメシムルハカリナリ。コレサラニ諸人ノ、我慢偏執ヲナスヘキヤウナシ。アラ〳〵殊勝ノ本願ヤ。マコトニ、イマノ時ノ機ニカナヒタル、弥陀ノ願力ナレハ、イヨ〳〵タフトムヘシ、信スヘシ。アナカシコ〳〵。

文明五年八月二日

右によれば、ここ二、三年の間に、官方（朝廷の意か）・禅律宗（仏教各宗派の意か）などの各方面に「申沙汰」＝連絡して了承を得ていた理由は、細呂宜郷の吉崎にある山の頂上を引き崩して屋敷地とし、ここに一閣を建立するためであった。またこれに続いて加賀・越中・越前の門徒衆は多屋を建設し、すでに今は一〇〇〜二〇〇軒の棟数となっている。さらに馬場大路を整備して南大門・北大門を設けたから、北陸三ヶ国でかかる「要害」性に富んだ「オモシロキ在所」は他にあるまい。かくして参詣のために山中を経廻する道俗男女は幾千万にものぼっているが、これは偏に昨今の罪深き老少男女に対して、ひたすら阿弥陀如来に帰依して念仏を申すべしと勧めるためであって、決して他宗派の諸人に我慢を強いたり、「偏執」＝妬み心を覚えさせることが目的ではない。いまの時宜に適った阿弥陀如来の「願力」によるものであるから、一段と尊崇し信仰しなければならない、と述べられている。

この**25**から知られる通り、文明五年に実施すべき事業内容は、多屋を一〇〇～二〇〇棟建設すること、馬場大路を敷設・整備するとともに南大門・北大門を建設すること、これらが予定されていたのである。そのほか鐘楼・塀垣なども不可欠であるから、並行して建設されていたであろうことは疑いないと思われる。

ところで、ここで考えるべき問題として、そもそも吉崎坊本坊（第一次）にはいかなる付属建物が建設されていたのか、換言するならば、吉崎坊の構造はどのようなものであったのか、という点を取り上げねばならない。我々は現在、本願寺（西派・東派ともに）において阿弥陀堂・御影堂の並置された大規模伽藍を目にしているが、吉崎坊には両堂並置の構造はなかったのであろうか。あるいは一般の寺院では、本坊に並んで庫裏などの日常生活に必要な建物が併置されているが、吉崎坊においてはどうだったのであろうか。

こうした観点で御文を読んでみるならば、**25**には「頂上ヲ引クツシテ屋敷トナシテ一閣ヲ建立」と記され、**53**には「吉崎ノ山上ニオイテ一宇ヲムスヒテ居住」と述べられている。つまり**25**でも**53**でも、吉崎坊の敷地中央部には本坊一棟だけが建てられていて、別棟としての庫裏が付設されてはいなかったごとくに解されるのである。このように理解することは、果たして妥当なのであろうか。

同様の疑問点は、**66**においても指摘しなければならない。この御文は文明六年（一四七四）三月二十八日酉剋の火災について語ったものであるが、**66**「南大門ノ多屋ヨリ火事イテヽ、北大門ニウツリテ焼シホトニ、已上南北ノ多屋ハ九ナリ、本坊ヲクワエテハ、ソノカス十ナリ」と述べられている。すなわち、南大門の近くにあった多屋が出火箇所で、この火が南大門から北大門に至るまでの敷地内の多屋を焼き尽くし、やがて本坊にも飛び火して、九棟の多屋、一棟の本坊、以上合計一〇棟を焼いた、というのである。この文言からも、本坊は一棟だけだったと解されるのであって、両堂並置でなかったことはもちろん、庫裏が付設されることもなかったごとくに読み取れるのである（火災については第五節で詳論）。

しかしながら、近江「照西寺文書」に残された吉崎御坊古絵図（次節の図3参照）を見てみると、本坊に並んで庫裏・書院の二棟が併置されている。つまり、右に見た御文の文言とは大きな齟齬を来たしているのである。この重大な食い違いに対し、いかなる説明によって整合性が与えられることとなるであろうか。

一つの考え方として、吉崎御坊古絵図に描写されるのは第三次吉崎坊であって、これは蓮如時代の第一次吉崎坊とは異なり、構造上に著しい相違点があったと想定する方法がある。第三次吉崎坊とは、富樫政親の滅亡後に建立が立案され、和田本覚寺蓮光の主導によって長享三年（＝延徳元年、一四八九）春に着工して、翌延徳二年（一四九〇）十月二十八日に落慶法要が厳修されたと考えられる堂舎であるから、構造上に相違点が生じていたとしても無理からぬところではある。

しかしながら、再建を主導した和田本覚寺蓮光の立場で考えるならば、蓮如時代と異なる設計仕様とすることは、むしろ忌避された事柄と言うべきであろう。つまり門徒衆にとって、蓮如時代の建物と全く同じものを再建することこそ、第一の目標だったと想定すべきなのである。

しかりとするならば、蓮如の御文の表現においてこそ、正確性に欠ける箇所があると想定した方が、無理が少ないと思われる。そもそも蓮如は宗教者であるから、阿弥陀如来像（木仏または絵像）や親鸞絵像などの安置される「聖なる空間」＝本坊（阿弥陀堂）だけが重要であって、日常生活に必要な居住空間＝「世俗的空間」は、視野の外にあったとしなければならない。このことは「聖なる文書」＝御文においても同様であって、阿弥陀如来や極楽浄土に関する事柄のみが叙述されるべきであり、日常生活に関する内容はむしろ排除されるべきだったであろう。もしこうした認識のもとで御文が執筆されていたならば、みずからの生活に必要な庫裏・書院などの付属建物＝「世俗的空間」に関する記述が、御文から消去されるのはむしろ当然の作為と言わねばならず、この結果、御文においては付属建物（庫裏・書院など）に関する記述が登場しないのであろう。つまり、御文に見える本坊「一棟」との表現には、本坊のほかに付属の庫裏・書院も含まれていると解すべきなのである。

それでは蓮如は、門内多屋についてはどう認識していたであろうか。多屋とは宿坊のことで、多くの場合その一棟内には、阿弥陀如来像が安置された「聖なる空間」と、日常生活に必要な「世俗的空間」とが併設されていたに違いない。よって蓮如の認識に基づいても、それぞれを一棟と数えることに不都合は生じないと思われる。

以上のごとくに捉えるならば、吉崎坊の敷地中央部には本坊のほかに、庫裏・書院なども併設されていたと考えて差し支えなさそうである。とするならば、次には庫裏・書院の工期についても推測しておかねばならない。参考となるのが、前述した越中土山坊に関する工期であって、文明三年（一四七一）五月二日の着工、七月十五日の竣工であるから、工期は七三日間と計算できる。吉崎坊の庫裏・書院も、これと同様に小規模な建物だったであろうから、工期は七五日前後と推測して大過あるまい。よって、二棟の工期は合計して一五〇日程、つまり約五ヶ月間だったとして間違いないと考えられる。

そこでこれを踏まえて、再び右の**25**に関する分析に立ち戻ろう。これの発給日たる「文明五年八月二日」とは、そもそも一連の創建事業においていかなる位置を占める日なのであろうか。蓮如はここで、官方や禅律宗から承諾を得たうえで、吉崎山の山頂を引き崩して「一閣」を建立し、門徒衆はその周囲に多屋を建設し、さらに馬場大路・南大門・北大門を整備した結果、多数の参詣者がやって来るようになったと述べて、事業の一部始終を振り返り感慨に浸っているのである。事業の継続中にこうした高揚感に包まれることはありえない心理であるから、この八月二日こそは創建事業の成就した日と断言してよいであろう。つまりこの日は、吉崎坊（第一次）の堂舎すべてが完成した竣工式（完成式）の当日だったと考えられるのである（ただし門外多屋はその後も建設が続いたであろう）。しかりとすれば、この日から約五ヶ月を遡った三月上旬に、庫裏・書院のいずれかに着工していたことは疑いなく、このように想定しても日程的になんら無理は生じないのである。

さて、文明五年八月二日が全堂舎の竣工式であったならば、その一〇日後の八月十二日に**26**が発せられている理由も、合わせて考えねばならない。前述したごとく、筆者はこの**26**の文言によって、文明四年「弥生中半」を本坊の資材組立作業（立柱、いわゆる建て舞い）の開始日と推測し、またこの盛儀には蓮如の子女たる「女性一二人、オトコ」が参列していたと想定したのであるが、これらの子女は当然、吉崎坊の竣工式にも参列していたことが確実である。そしてそれから一〇日後の八月十二日には、この子女たちは吉崎を離れてそれぞれの国許へ戻る予定だったと考えられる。しかりとすれば、父たる蓮如は彼らに対し、この**26**を執筆して与えたのではあるまいか。子女たちが創建事業に多額の支援（建設資金提供）を行っていたことは疑いないから、それらに対する謝意を表すためにも蓮如は、参列した子女たちに**26**を執筆・付与しなければならない。よって、**26**と同内容の御文は、竣工式に参列した子女数に対応して複数点が執筆されていたことであろう。

なお、子女たちがそれぞれに帰国したその翌日の文明五年八月十三日には、吉崎坊では彼岸会が挙行されている（**真偽未定分14**）。

四　多屋の配置と遺跡の現状

次に、多屋について考えてみよう。多屋がどのように配置されていたかについては、「真宗懐古鈔」によって詳細な状況を知ることができる。

和田ノ本覚寺、田島ノ興宗寺、桂島ノ照護寺、荒川ノ興行寺、藤島超勝寺、横根ノ乗願寺（加賀河北郡横根村ノ乗光寺カ）、川島専勝寺（加賀江沼郡河崎村ノ専称寺カ）等ノ大坊主達、本山守護ノ為ニトテ、我モ〱多屋ト号シテ、吉崎ノ山上ニ屋宇ヲ立テナラヘテ、已ニ四十八ヶ寺ノ塔頭出来シ、其外、加賀・越前・越中三ヶ国ノ門徒ノ面々、我劣ラシト多屋ヲ立テ、甍ヲナラベテ、凡二百軒ノ軒数トナリ、或ハ馬場大路ヲ通シ、南ニ大門、北ニ大門ヲ立ラレ、[30]

右の記述は江戸時代のものであるから、蓮如時代の様子を正確に表現していると見なすわけにはいかないが、しかし全く根拠がないものとも言い難い。おそらくは、吉崎坊が三たび消滅（このときは破却）する永正三年（一五〇六）の直前の段階の、最盛期における情景が伝承されて、これが叙述されるに至ったものであろう。しかりとすれば、「山上」（ここでは吉崎山の南東側から東側にかけての傾斜面の意であって、山頂平坦面ではない）には四八棟、山麓には約一五〇棟、合計で約二〇〇棟の多屋が最盛期には立地していたことが判明する。またこの多屋の設置者（資金拠出者）として、和田本覚寺、田島興宗寺、桂島照護寺、荒川興行寺、藤島超勝寺、「横根乗願寺」（正しくは加賀河北郡横根村の乗光寺か）、「川島専勝寺」（正しくは加賀江沼郡河崎村の専称寺か）、などが上げられていて、これらが蓮如時代の越前・加賀における「大坊主」に相当するのであろう。

右の記事では、門内多屋九坊のうちの七坊まで、その設置者（資金拠出者）が書き上げられているものの、残る二坊の設置者については記載されていない。不明の設置者二名とは、おそらく越中赤尾行徳寺と加賀吉藤専光寺であろう。[31]

右の記述における問題点としては、多屋が「甍ヲナラベテ」建てられているとして、甍＝瓦葺きの屋根だったごとくに表現されている箇所を指摘しなければならない。この表記は、前節引用の御文25に倣ったものであろうが、しかしこれは単なる文飾と解すべきである。これまでの現地調査では、山頂平坦面からもこれに続く傾斜面からも、遺物として瓦が出土することはなかったから、本坊も多屋も瓦葺きの構造ではなかったと考えられるのである。

ところで吉崎坊の研究に不可欠の絵図が、近江「照西寺文書」に残された吉崎御坊古絵図[32]（**図3・図4**）である。筆者はこれの描かれた時期を、第三次吉崎坊が完成した延徳二年（一四九〇）から明応年間にかけてと想定し、またそこに描写される景観は、追想された第一次吉崎坊時代のものと考えているが、しかしすべての景観・堂舎が第一次吉崎坊時代のものとは言えず、一部に第三次吉崎坊時代のもの（例えば門屋敷など）も描写されているのではないかと思われる（第十三節参照）。けれども古絵図中の建物の屋根の葺き方に関しては、本坊は檜皮葺き、付属建物（庫裏・書院）は茅葺き、また門内多屋も茅葺きに描かれていて、御文25や「真宗懐古鈔」に見える「イラカ」・「甍」との表記よりも、よほど正確な描写と言わねばなるまい。

さて、このように問題点の少なくない「真宗懐古鈔」の叙述であるが、しかし初期の多屋の立地状況を知るためには、そのうちの吉崎坊焼失の箇所も参考としなければならない。

御門ノ内、超勝寺・興宗寺等ノ南北九箇所ノ多屋ヲ始、本堂トモニ十箇所ニ火ウツリテ、南大門ヨリ北大門迄、暫時ニ灰燼トナレリ。然トモ、門外多屋ハ風上ニテ、別条ナク見ヘケルカ、御門内計ニテ火納リケレハ、セメテノコトト、上人喜ヒ玉ヒ……

右によれば、文明六年（一四七四）三月二十八日に発生した火災によって、「御門ノ内」の超勝寺多屋・興宗寺多屋など「九箇所ノ多屋」と、本堂（本坊）、以上合計一〇棟の建物が焼失して、「南大門ヨリ北大門」に至るまでが灰燼となってしまった。しかしこれ以外の「門外多屋」は風上であったことが幸いして別条なく、「御門内」だけの焼失で鎮火したことを蓮如は喜んだ、と述べられている。つまり「御門ノ内」には本坊のほかに、「九箇所ノ多屋」も所在していたことが知られるのであって、この時代の多屋の配置方法として注意しておきたいと思う。

そこで次に、超勝寺などが設置した多屋を、実際に管理したのは誰だったのであろうか。この点を明示するのが吉崎御坊古絵図の描写であって、本坊へと登る参道（馬場大路）の右側（北側）には、上から順に、

法敬房《（坊、以下同ジ）》、空善房、法圓《（円）》房、順正房、

の多屋四坊が配置され、また参道の左側（南側）には、上から順に、

圓廣《（円広）》房、善性房、本覺《（覚）》房、本廣《（広）》房、敬聞房、

の多屋五坊が描かれているのである。前引の「真宗懐古鈔」に登場した超勝寺などを多屋設置者（資金拠出者）と解するならば、ここに描写される法敬坊などはそれの管理者と考えるべきであろう。そして設置者と管理者とは、それぞれに対応する帰属関係（本末関係）を持っていたと思われるが、残念ながらこうした関係を「真宗懐古鈔」や吉崎御坊古絵図から解明することは困難である。

なお最盛期には、「四十八ヶ寺ノ塔頭《（＝多屋）》」（「真宗懐古鈔」）と語られるごとく、傾斜面には四八坊の多屋が立地するに至るのであるが、この古絵図では門内多屋九坊しか描かれていない。この点を踏まえて筆者は、この古絵図が第一次吉崎坊時代を追想的に描いたものと推測するのであって、残りの多屋を描出することは省略されたのであろう。

ところで、**52**「俗人・法師ナントアマタ同道シテ、此山中ノ為体ヲ一見」とある記述に基づき、文明四年四月下

図３：吉崎御坊古絵図―近江「照西寺文書」（写真版は京都国立博物館提供）
（方位は図の上方が西、下方が東）

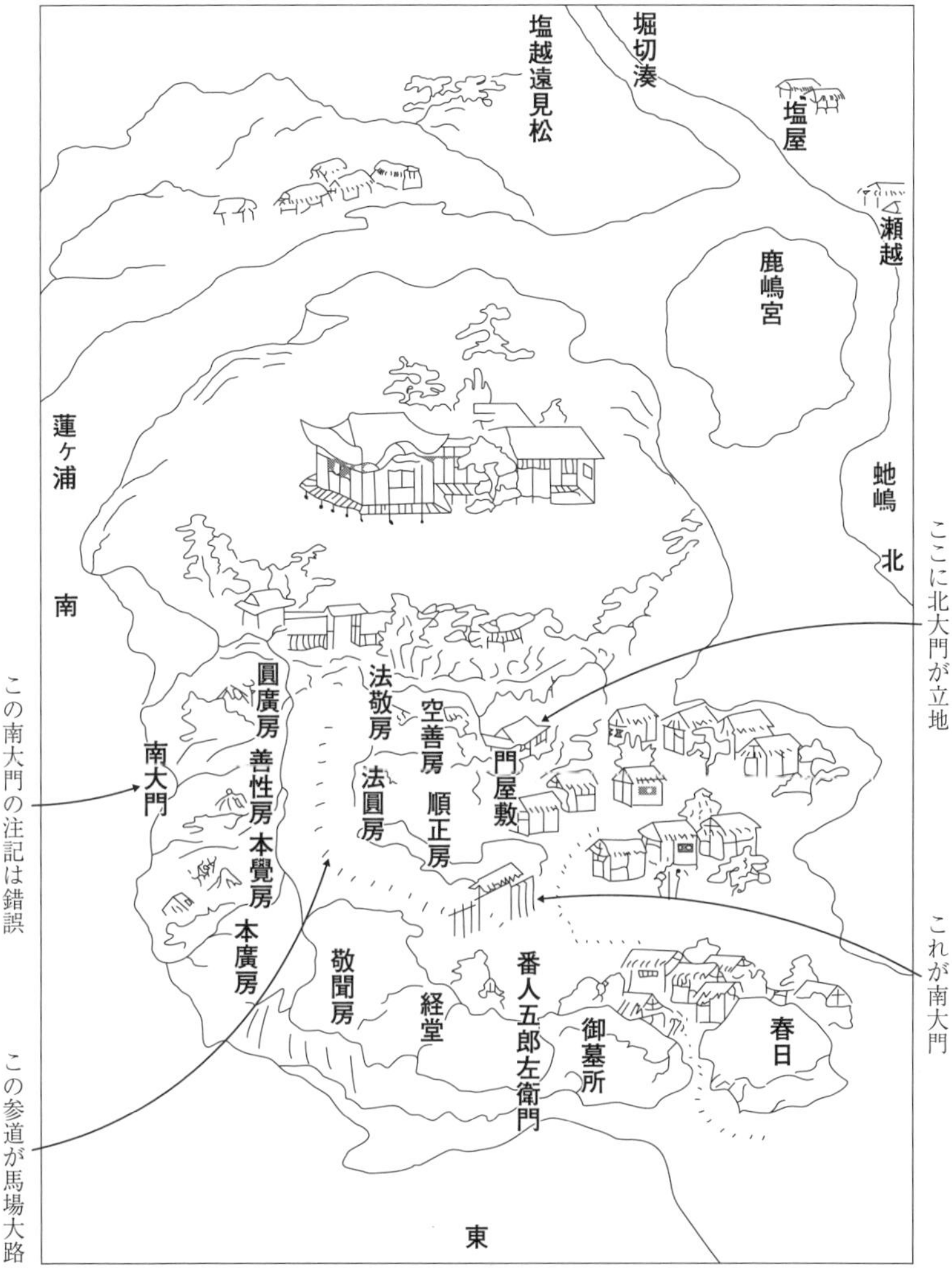

図４：吉崎御坊古絵図（解説図）—近江「照西寺文書」
（方位は図の上方が西、下方が東）

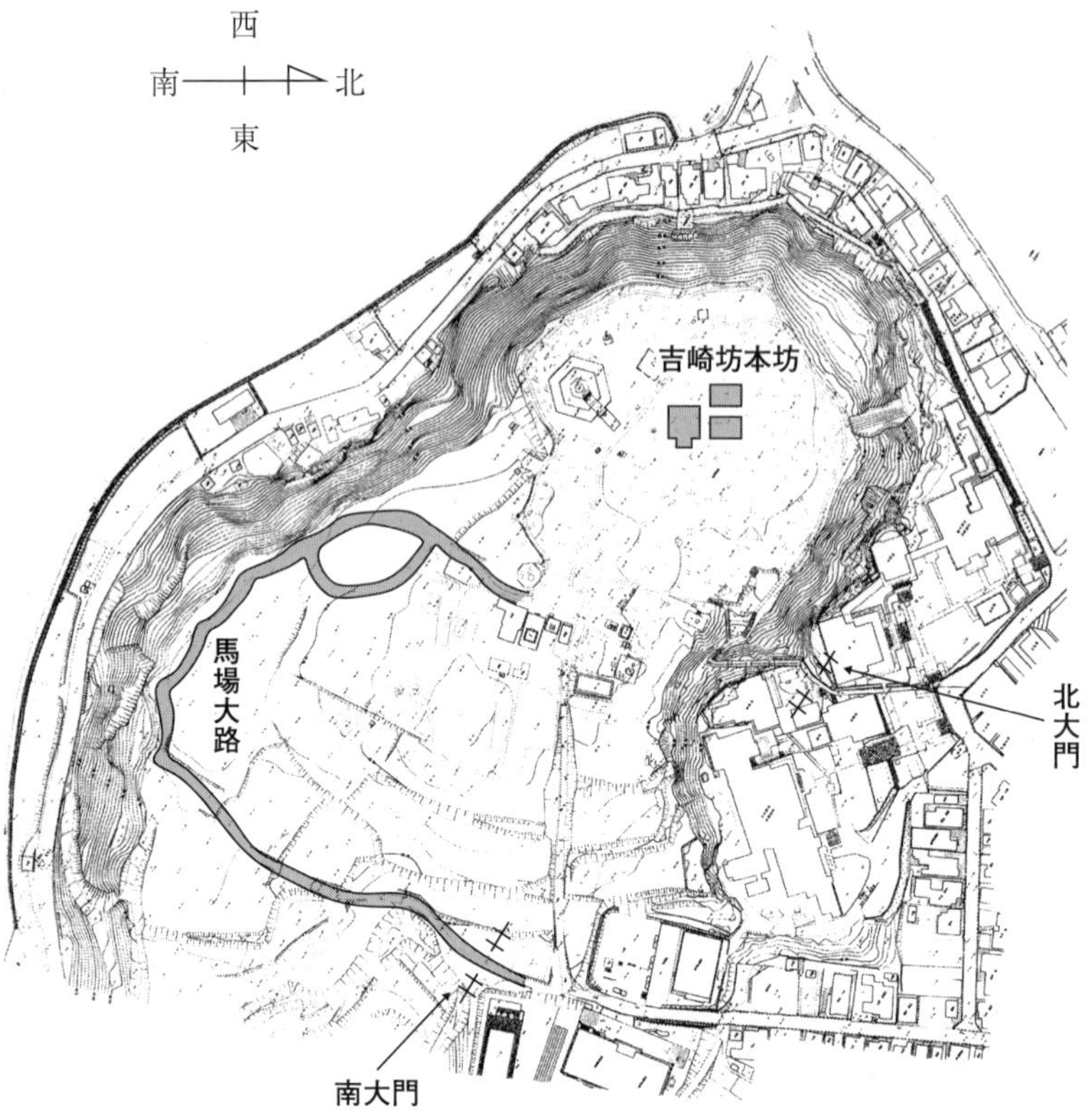

図５：吉崎坊跡とその周囲（馬場大路は目測による記入のため正確性に欠ける）

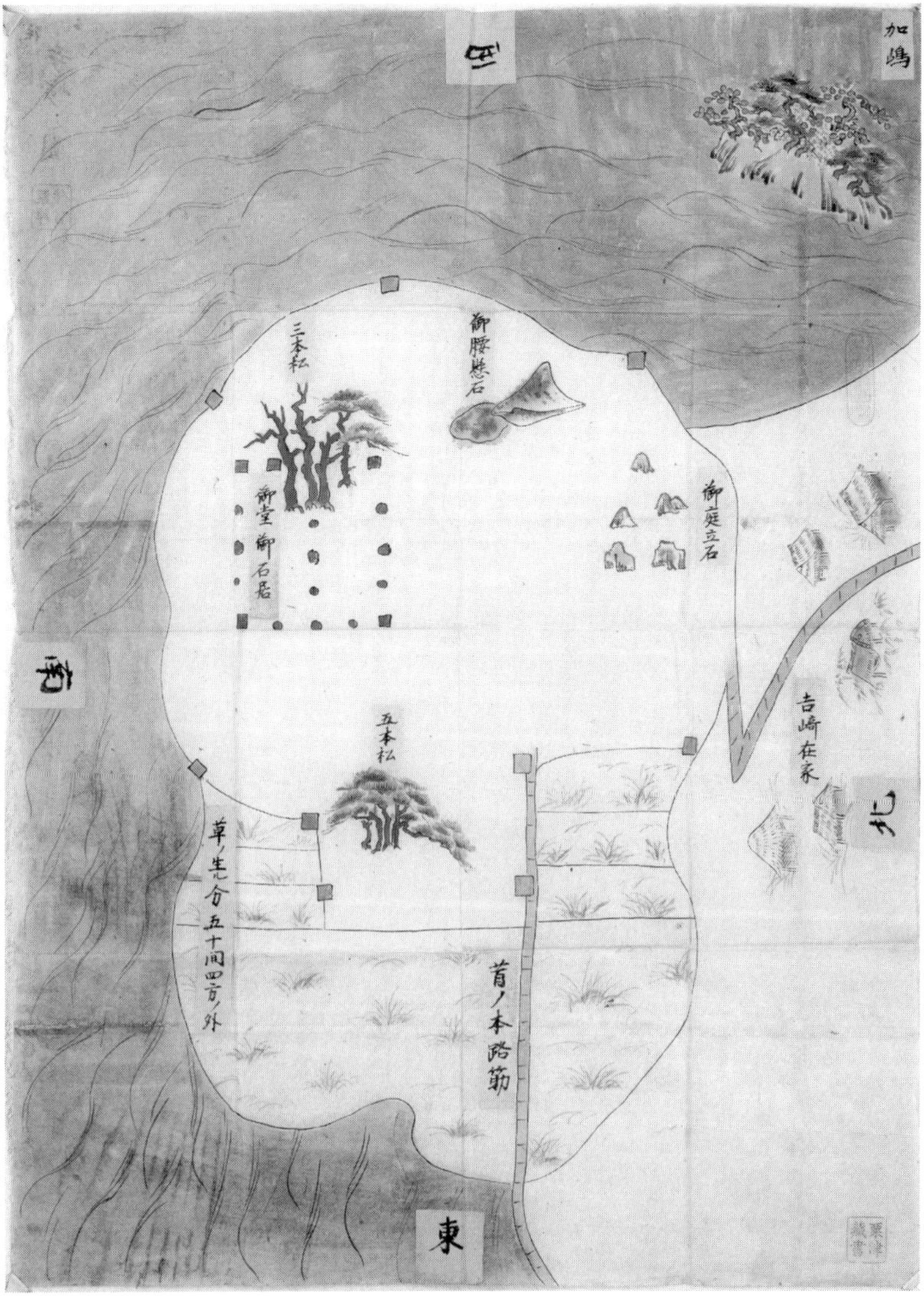

図６：吉崎之図―大谷大学博物館「粟津文庫文書」

旬から多屋の建設も開始されたのではないかと推測したが、もしこれが妥当だったならば、多屋の経営には法師のみならず俗人も関与していたこととなる。古絵図においては俗人としてただ一人「番人五郎左衛門」が、南大門の門外に注記されているから、これこそが52の「俗人」に該当するのであろう。つまり番人五郎左衛門は、南大門の警固役に従事するとともに、門外多屋を経営する一人だったと考えられるのである。

さてそこで、以上の叙述を踏まえて、現地の吉崎山に臨んで考えてみよう（**図5**）。

吉崎山の山塊は標高約三三mで、山頂の平坦面はややいびつな楕円形である。長径は北西～南東の方向で約一五〇m、短径は北東～南西の向きで約一〇〇m、そして平坦面のほぼ中央に本坊と付設の庫裏・書院が立地していたのであろう。本坊の向きは東向きであったと思われ、吉崎御坊古絵図の描写でも東向きと解して差し支えなさそうである(33)。なお現在は礎石が全く残されていないが、江戸時代末期まではこれが点在していたらしく、大谷大学博物館「粟津文庫文書」に残される「吉崎之図」（**図6**）を見てみると、敷地中央部の「三本松」の周囲に計一七個の礎石が描かれている(34)。現地では「三本松」と思しき巨大な松三本が生えており、これは敷地のほぼ中央部に位置しているから、この付近が本坊の立地点だったとして間違いないであろう。また本坊の北側には、隣接して庫裏・書院も建てられていたと思われる。なお現地には三本の巨大な松のほか、昭和初年に建てられた顕彰石碑や蓮如銅像、あるいは「蓮如上人御在世本堂址」との石柱もあるが、これらが本来の本坊立地点を指していると解するわけにはいかない。

坊敷地の南東（長径の南東端）の地点に出口（下り口）があり、ここから南向きに出た後、傾斜面を左曲線を描きながら下って行くと、山塊のほぼ東側で山麓平坦面に達する。現在の吉崎小学校南端のプール付近である。この左曲線の下り道こそが「馬場大路」と思われ（幅員約二m）、そのうちの上方半分は山林（藪）となっていたので歩むことが困難だったが、ごく最近に地元住民有志によって伐採と整備が行われ、徒歩で山頂から山麓まで進めるようになった。この馬場大路を地図上に記入したのが**図5**であって、これまでの現地調査報告書では、近年に舗装された自動車用登山道（幅員約二m）を誤って「馬場大路」に比定しているから、誤解しないように注意を払わねばならない[35]。そして下り道の左右には小規模な平坦地（現況は畑地または山林原野）が点在しているので、これがかつての多屋の立地箇所と考えられる。門内多屋は初期には九坊、最盛期には四八坊が並んでいたとあったが（吉崎御坊古絵図および「真宗懐古鈔」）、現地の地形・面積から考えれば決して不都合な数字とは言えないであろう。

　東側の山麓平坦地、すなわち現在の吉崎小学校南端のプール付近の地点に、かつては「南大門」が設置されていたのであろう。「南大門」という呼称とは相違して、実際には山塊の東側に位置し、しかも北向きに建てられていたと思しく、その結果、参詣者は南向きに門を潜って、坂道（「馬場大路」）を右曲線を描きつつ登ったのである。けれどもこの参道を登り切った地点は、坊敷地の南東端に当たるから、この呼称でもさしたる不都合は生じなかったと思われる。この「南大門」の北西方向には「北大門」が立地していたから、それとの対比でこの呼称が採用されたのであろう。「北大門」とは、坊敷地（山上平坦面）の北東（短径の北東端）の下り口から出て、急傾斜地を下った山麓地点（いまの願慶寺《がんけいじ》の脇の付近）に立地していたと考えられる門である。

　山塊の北西側から西側〜南側にかけては急峻な崖となっており、これは直接に北潟湖に沈み込んでいて山麓平坦地がなかったから、この方向に多屋などが立地することは不可能であった（現況では若干の家屋が立地している）。また吉崎山の東側では別の山塊（経塚山）に接続していて平坦地がないから、この方向にも多屋が展開することはあり得ない。よって約一五〇棟あったとされる門外多屋は、ほぼすべてが山塊の北東側〜北側に建設されていたに相違なく、現在の吉崎の集落もこの範囲に展開しているのである。

ところで、近江「照西寺文書」の吉崎御坊古絵図に関しては、「南大門」・「北大門」の注記がともに不適切であることを指摘しておかねばならない。

まず第一に「北大門」との注記が見えない点であって、代わりに「門屋敷」との注記が見えている。これは現在の願慶寺に継承される建物であって、その位置はほぼ妥当であるから、第三次吉崎坊においては、門番の居住家屋そのものが「北大門」に相当したのであろう。けれどもこの「門屋敷」が、第一次吉崎坊時代からすでに所在したとは考えにくいので、この箇所だけは第三次吉崎坊時代の建物が紛れ込んで描かれていると解さねばなるまい。

第二に「南大門」の注記であるが、これは山塊の南側の山麓箇所（北潟湖岸）に記されていて、全く無意味な注記と言うべきである。そもそも湖岸のこの位置には道路がなかったと思われ（現在は舗装路が敷設されている）、舟を利用しない限り近づくこともできなかったに違いない。「南大門」とは、参詣登山道の入口（画面中央のやや下部）に描かれたみすぼらしい門（材木を組み合わせて茅葺き屋根を備えた門で、両袖には柵が続く）を指すのであって、これを「南大門」と解さない限り、66「南大門ノ多屋ヨリ火事イテヽ、北大門ニウツリテ焼シホトニ、已上南北ノ多屋ハ九ナリ、本坊ヲクワエテハ、ソノカス十ナリ」との、火災に関する記述を理解することが困難になってしまう。古絵図を描いた画家（と言うより建物呼称を記入した人物）は、「南大門」についての正当な知識を持っていなかったと言わねばならず、おそらくはその呼称に惑わされて、山塊の南に位置すべきものと誤解していたのであろう。

最後に、なぜこの吉崎山が坊の建設地として選ばれたのか、その立地上の理由を述べておきたい。

まず第一の理由としては、若狭小浜（もしくは越前敦賀やそのほかの日本海沿岸の浦・津・湊）から船に乗った場合、大聖寺川を経て北潟湖に入ると、眼前に吉崎村および吉崎山が所在しているという、交通上の利便性が上げられるであろう。第二の理由としては、その吉崎山の周囲のほぼ三分の二が、北潟湖とそれに続く急峻な崖に囲まれているため、防御の点からは最適地であったことを上げねばなるまい。そして第三の理由としては、敷地の西側に隣接して人家を建設することができない地形だった点を指摘しておきたいと思う。

第三の理由をもう少し詳しく説明すると、吉崎山の山塊から西の方向には崖があり、しかもこれは直接に北潟湖に沈み込んでいるから、中間の傾斜地にも湖岸にも、住宅などを建てることは全く困難であったと思われる（現在は若干の人家が湖岸にある）。そのため吉崎坊の阿弥陀如来像を礼拝する者の視野には、その背後（西側）に人家とその人影が入ってくる事態には決してならなかったのである。こうした地形上の特徴は、山科本願寺の立地地点に関しても妥当するところであって、山科本願寺の故地の西側にはかつて低湿地帯（旧安祥寺川の流路による）が展開していたため、人家を建てることは全く不可能であった（現在は宅地化が進んでいる）[36]。つまり蓮如は、参拝者が吉崎坊や山科本願寺の敷地の東端から、本坊内（すなわち西方）にある阿弥陀如来像を礼拝した時、その背後に人間の姿が望見されるごとき事態にはならないよう配慮していたのであって、換言するならば、立地箇所選定の必須条件とは、「此岸」（吉崎坊や山科本願寺）にある阿弥陀如来像と、「彼岸」（極楽浄土）にいる阿弥陀如来とが直結していなければならなかった、ということなのである。

五　富樫政親の越前没落と吉崎坊の落慶法要

第三節の検討で明らかになったように、文明五年（一四七三）八月二日には吉崎坊の堂舎全体が完成して竣工式が実施されていたと思われるが、それに先立つ同年七月、加賀では重大な政治状況の変化が生じていた。それは加賀山内庄にいた東軍富樫政親（このとき一七歳か）[37]が、西軍富樫幸千代勢に追われて越前へ敗走していたことである。

加賀の守護職についてここで遡って述べておくと、文安四年（一四四七）五月の段階で南半の江沼・能美二郡は富樫泰高に、北半の石川・河北二郡は富樫成春（泰高の甥）に宛行われていた。ところが長禄二年（一四五八）八月、北半守護職が赤松政則に宛行われる事態となる。そこで成春はしきりと幕府に働きかけた結果、長禄四年（＝寛正元年、一四六〇）十月に成春は南半守護職に任ぜられ（これまでの守護泰高はまもなくに隠居）、さらに寛正六年（一四六五）十一月になって南半守護職は、成春に代わって子政親（幼名鶴童丸）が安堵されている。しかるに応仁二年（一四六八）、赤松政則は播磨守護職に転じ、北半守護職は政親に与えられる。この結果、加賀一円が政親の支配下に属することとなったのであるが、しかし北半の在地領主（国人＝国民）らはこの政親（東軍）に従おうとはせず、弟幸千代を擁立して西軍に投ずる。かくして、南半＝政親勢（東軍）、北半＝幸千代勢（西軍）、という対立構図が生まれたのである。

富樫氏の系譜[38]

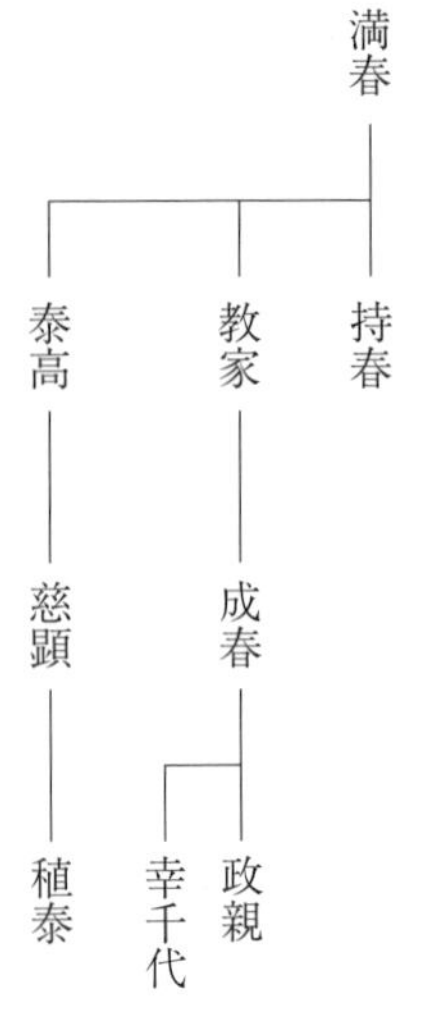

ところで越前では、守護代甲斐氏も朝倉孝景も当初は西軍に属していたが、文明三年（一四七一）に朝倉孝景は寝返って東軍に属し、翌文明四年八月の越前府中の戦いで甲斐氏を破って、ついに越前の「国一統」を実現していた。そこで加賀へ逃れた西軍甲斐氏は、西軍幸千代勢（北半）と合体して越前侵入を企てるとともに、文明五年七月には加賀山内庄の政親に攻撃を加えて追い落としたのである。

　加賀国勢（富樫幸千代勢）、富樫次郎殿政親居住、同国山内ニ責入去九日（文明五年七月）之間、越中勢可後攻之由、可有御下知之由事、富樫殿（政親）より朝倉（孝景）方へ注進案文有之。(39)

右によれば、加賀西軍幸千代勢が政親の居住する山内庄に攻め入ったので、越中勢に「後攻」（後詰め＝背後攻撃）を命じてほしいとの要請が、政親から朝倉孝景を通じて幕府（将軍足利義政）に届けられた、と見えている。けれどもこの山内の合戦の後、甲斐氏一派は越前侵攻戦を展開しているから、政親は敗北して越前に逃れたものと推測しなければならない。(40)

敗れた政親は、吉崎の蓮如のもとへやって来ていた。「天正三年記」によれば、

　一、去文正（文明）ノ比、富樫次郎政親、弟ノ幸千代ト取合テ（文明五年七月ノ事件）、次郎ハ越前ニ牢人シ、此吉崎ニ御座（蓮如）サフラフ比ナレハ、
　　イロ〳〵御扶持サフラヒキ。

とあって、弟幸千代との抗争で敗北した政親が、文明五年七月に越前に牢人としてやって来たので、吉崎にいた蓮如は「御扶持」を加えた、と語られているのである。かくして、吉崎坊の竣工式が文明五年八月二日に挙行された時、おそらく政親はこれに臨席して眼前に見ていた可能性が高いとしなければならない。

そこで続いて、通例ならば落慶法要の厳修ということになるので、吉崎坊のそれがいつ行われたのかを考えてみよう。

注目すべきは文明五年九月十一日付けの御文29（「内方教化御文」と通称される）であって、「多屋ノ坊主達ノ内方トナランヒトハ……信心ヲヨク〳〵トラルヘシ」と、多屋坊主の内方（妻女）は信心深く坊主（夫）を支えねばならないと述べられている。しかるに、多屋の経営に妻女の協力が不可欠なのは当然であるから、蓮如がその心得をわざわざ御文に叙述する目的は、むしろ別のところにあったとしなければなるまい。こうした観点で再考するならば、蓮如がこれを作成した目的は、これまでの彼女たちの献身的な寄与に対して謝意を示すことだったのではないかという点に想到する。つまり、この御文の実質的な充所は多屋内方であって、蓮如は落慶法要という盛儀を終えた感激に浸りつつ、彼女たちのこれまでの貢献を賞揚・慰労するために、これを執筆していると推測すべきなのではあるまいか。しかりとするならば、その作成日の九月十一日とは、落慶法要が厳修されたその当日以外にはあり得ないと思われるのである[41]。

そこでこの結論を踏まえ、御文27に立ち戻って再度これを分析してみよう（第一節に全文引用）。この27によって我々は、吉崎坊の創建事業が文明三年七月二十七日に着手されたことと、二年後（足かけ三年後）の文明五年九月には、群参する門徒衆に出入り制限が加えられる事態（厳密に言えば同年春以来の指示の継続）になっていることを知ったのであるが、ここで考えるべきは、蓮如に事業の全経過を振り返る心境を抱かしめた契機はなにか、という点であろう。そしてその回答としては、創建事業が最終段階に達していたからという推測が最も妥当と思われる。かくしてこの結果、この27は落慶法要の当日、すなわち文明五年九月十一日に執筆されていたとしてまず間違いなく、その欠落した日付は「文明五年九月十一日」だったと推測すべきであろう。つまり御文27は、「内方教化御文」29と同日で、しかもその直前の執筆だったのである。

さてそこでまた、「内方教化御文」29に立ち返ってその考察を続けよう。問題とすべきは、下付対象たる内方が一人ではなく、九人いた（初期の門内多屋は九棟であった）という点であって、29と同内容の御文は本来、計九点発せられていたはずなのである。こうした観点から改めて御文を読んでみると、同内容のものが他に三点（43・44・45）見つかるのであるが（残りは失われたか）、しかし日付はその約三ヶ月後の十二月八日となっている。この29と43・44・45三点との間にある約三ヶ月間の空白は、一体なにを意味しているのであろうか。

ここで指摘すべきが、「拾塵記」の次の一節である。

文明五年ノ秋ハ、(九月十一日)賀州錯乱ニヨリ、越前北庄へ御越。

すなわち文明五年秋に蓮如は、加賀における「錯乱」を避けるべく「北庄」へ退避したと語られている。しかるに蓮如は、それからまもなくの文明五年九月中旬の御文30を、「超勝寺ニテアソハス」と、藤島超勝寺において執筆しているから、彼は北庄を経てさらに藤島超勝寺へと達したことが知られる。移動の経路としてはいささか変則的であるが、しかし移動手段として舟を利用したと仮定するならば、なんら不自然なところはない。すなわち、吉崎坊を舟で離れた蓮如は、北潟湖から大聖寺川を経て日本海を南下し、三国湊から九頭龍川へ、さらに支流足羽川へと遡上し、北庄で上陸して徒歩で藤島超勝寺へ向かったのである。そして、29と同内容の御文を計九点作成しなければならなかったにも拘わらず、それを途中で打ち切って藤島超勝寺へ移動した理由こそは、この「賀州錯乱」を避けるためであったと推測しなければならないであろう。

しかりとするならば、蓮如が九月十一日に御文27を執筆し、次いで「内方教化御文」29を執筆した直後、加賀から旧越前守護代甲斐氏一派や、これを支援する西軍富樫幸千代勢の乱入する気配が探知されたに違いあるまい。蓮如はそこでこの危難を避けるため、直ちに舟で吉崎を離れて藤島超勝寺へと移動したものであろう。もしこの事件が発生していなければ、多屋内方充ての御文九点は、必ずや九月十一日付けで集中的に発せられていたことであろう。けれども幸いなことに乱入の気配は誤報であったらしく、十月三日になって蓮如は吉崎へ38「帰坊」する。そして報恩講などの仏事が終了した十二月八日になって、彼は残りの御文（43・44・45）を執筆したのであろう。以上のごとくに経過を想定することで、29と43・44・45三点との間にある約三ヶ月の空白期間は、ようやく説明できるように思われるのである。

なお、内方に充てられたこれら四点のうち、29・43は片仮名書き、44・45は平仮名書きとなっている理由についても考えておかねばならない[42]。そもそも当時の経典における用字は漢字であり、これに訓読のための片仮名が補助文字として付されていた。とするならば、漢字・片仮名交じりで執筆された29・43については、蓮如は経典に等しいものとして扱っていたとしなければなるまい。これに対して漢字・平仮名交じりで作成された44・45については、書状の延長上にあるものとして扱われていたと考えねばならないであろう。そしてこの点をさらに敷衍すれば、漢字・片仮名交じりの29・43を拝受した内方は、すでに得度して法名（僧籍）を得ていたに相違なく、これに対して漢字・平仮名交じりの44・45を拝受した内方は、まだ得度せず俗人のままだったからと考えるべきではあるまいか。つまり蓮如は御文における用字を、受領者の身分（僧籍を持つか俗人のままか）に基づいて使い分けていたと想定されるのである。

さて、落慶法要に関連しては、「天正三年記」の次の記事にも注目しなければならない。

一、其後、吉崎殿へ（順如）願成就院殿、御下向ノ事サフラヒテ、若狭ノ小浜へ御下向ノ事サフラヒテ、伊勢下総（貞頼カ）ヲ路次ノ間、徒然ノ条、若狭マテ同道スヘキト仰サフラヒテ、御ツレサフラフ…（中略）…。其後、下総ハ上洛ス。願成就院殿ハ舟ニテ、越前吉崎へ御下向サフラヒツル事也。文明五年ノ比也[43]。

これによると、文明五年に願成就院＝順如（蓮如の長男）が、若狭小浜を経由して吉崎に下向したと述べられ、途中の小浜までは伊勢下総守（順如の母如了尼は伊勢下総守貞房女であるから、これは貞房の孫貞頼と思しく、順如の従兄弟に当たる）[44]が身辺警固のために同道したと見えている。この順如の吉崎下向の目的が、完成した吉崎坊を一見するためであったことは疑いないから、彼は九月十一日の落慶法要に参列すべく吉崎にやって来たことが確実である。[45]また順如は、父蓮如が九月中旬（＝十一日）に**30**「超勝寺」へ避難した際、あるいは九月二十二日になって**31**・**32**「山中湯治」に出かけた際に、これに随行していたであろうこともまず間違いないと思われる。

ところで蓮如は、吉崎坊が完成したこの文明五年九月の時点で、帰洛する意向を持っていたらしい。と言うのは、吉崎から**30**「超勝寺」へ移動することや、加賀山中の湯治から**38**・**55**「藤島辺」に戻ってくることを「上洛」と表現しており、これこそは彼の帰洛の意思を明示する文言と考えねばならないからである。つまり、蓮如は子順如とともに加賀山中へ湯治に出かけ、まもなくして藤島超勝寺に戻った後、そのまま上洛するつもりだったに違いないのである。

しかしながら当然、門徒衆の慰留の働き掛けは強かったから、彼は結局、吉崎へ戻らねばならなくなってしまう（**37**九月二十七日までは超勝寺に滞在、**38**十月三日には吉崎帰坊）。おそらく蓮如としては吉崎坊の完成を一区切りとして、順如を「錯乱」から遠ざけたいとの思いもあったのであろうが、それはついに叶わず、文明七年八月まで順如は父とともに吉崎に留まることとなるのである（『天正三年記』—第十一節参照）。

かくして、**38**十月三日に吉崎坊に立ち戻った蓮如は、例年のごとくに**42**「文明第五ノ当月（十一月二十八日）ノ御正忌」を執行することとし、予定通りに**42**「今月廿一日ノヨルヨリ……御仏事」が開始されて無事に終了したことは、なにものにも代え難い喜びであった。そして十二月八日に蓮如は、懸案であった多屋内方充ての御文の残り（**43**・**44**・**45**）を執筆し、これまでの一連の行事を支えた彼女たちの貢献を賞揚して謝意を表したのである。和歌を添えている点からも、蓮如の感激と高揚感が極まっていた様子を看取しなければならないであろう。

六　多屋衆衆議状

門徒衆の慰留によって上洛の意図を翻した蓮如は、吉崎へ戻って来た文明五年十月三日の御文38に、「牢人出帳ノ儀ニツイテ……或ハ要害、或ハ造作」を行ったと述べて、戦乱に巻き込まれたくないとの心中を吐露している。しかしながら彼はそうした事情には余り触れず、38「冬ノ路次中、難義」であるために「心ナラスニ当年中モ可越年」と、自然条件によって滞在延長が決まったごとくに述べている。これが蓮如の御文執筆における基本姿勢であり、彼の感性と評すべきであろう。

けれども、上洛を諦めた蓮如にとって吉崎坊の警固強化は不可欠の条件であるから、彼は多屋衆に対して、次の衆議状39への連署を求めることとした。

39右斯(名塩本ニヨル)両三ヶ年之間、於此当山占居、于今令堪忍根元者、更不本名聞利養、不事栄花栄耀、只所願、為往生極楽之計也。而間、当国(越前)・加州・越中之内、於土民百姓已下等、其身一期、徒造罪業、修一善子細無之、而空可堕在三途之間、強依為不便(憫)、幸弥陀如来之本願者、誠以当時之(脱アルカ)、於今根機、為相応之要法上、偏勧念仏往生之安心之外、无他事之処、近比、就牢人(甲斐氏一派)出帳(張)之儀、自諸方(加賀西軍富樫幸千代勢)、種々雑説申之条、言語道断、迷惑之次第也。愚身、更於所領所帯、且不作其望之間、以何可処其罪咎哉。不運至、悲而猶有余者歟。依之、心静令念仏修行、於其在所、別而無其要害時者、一切之諸魔鬼神、令得其便故、深構要害者也。且又、為盗賊用心也。於其余者、無所用。雖然、於今時分、無理之子細等、令出来時之、於其儀者、誠此度念仏申、遂順次往生而、令死去、又逢非

分難苦、令死去、共以同篇之間、任前業之所感也。然上者、為仏法、不可惜一命、可合戦之由、兼日諸人一同、
令評定之衆儀（議）而已矣。
文明第五年十月（三カ）日　多屋衆

右は、文明五年十月付けで多屋衆が連署して作成した衆議状である。連署者名の書写しは省略して「多屋衆」なる一括呼称が表記されているが、初期の門内多屋九坊の管理者がここに署名していたであろうことは疑いない。その冒頭の「更不本名聞利養、不事栄花栄耀、只所願、為往生極楽之計也」という文言は、十月三日付けの御文**38**に、「偏ニ後生菩提ノ為ニシテ、サラニ名聞利養ヲノソマス、又栄花栄耀ヲモ事トセス」とある表現にほぼ一致しているから、両者はともに蓮如の執筆によるものと解される。つまり衆議状**39**は、多屋衆が自発的に作成・連署したものではなくして、蓮如が作成した衆議状案に、指示に従って多屋衆が署名していたのである[46]。とするならば、衆議状案の作成は御文**38**と同日の十月三日だったと考えられ、また多屋衆がこれに連署したのもこの日だったとすべきであろう。

そこで**39**の内容であるが、この両三年の間、吉崎山に多屋を構えて堪忍（＝居住）している理由は、名聞利養を求めたり栄花栄耀を望むためではなく、ただ往生極楽を願うためである。しかるに当国（越前）・加賀・越中の土民百姓らは、その一期（生涯）の間に罪業を造るばかりで、一善を行う機会さえない。その結果、むなしく三途の川に溺れるのは誠に不憫である。阿弥陀如来の本願に則って、念仏往生の安心を勧めるところである。ところで近頃、「牢人」（旧越前守護代甲斐氏一派）が出張する事態となっており、これに合わせるごとくに諸方（加賀西軍富樫幸千代勢）より種々の雑説が申し掛けられるが、誠に言語道断の迷惑な事態である。我らが所領所帯について望みを持つことはないのに、なにゆえに「罪咎」（加賀東軍富樫政親を匿ったという罪科）に処せられて、没収など

の処置を蒙るのであろうか。不運の至りであり、悲しんで余りありと言わねばならない。心静かに念仏修行を行うに当たり、その在所に要害が構築されていなければ、諸魔鬼神にとっては好都合であるから、これを避けるために要害を構えるのである。またこれは盗賊に対する用心のためでもあって、それ以外の目的があるわけではない。けれども今般、もし無理難題が懸けられたならば、念仏を唱えて往生を遂げることとなっても、あるいは非分の難苦によって死去することとなっても、いずれも「前業」の応報として甘受するしか術はあるまい。かくなるうえは、仏法のために一命を惜しむことなく「合戦」すべきであると、諸人一同はここに評定して衆議を一決するところである、と述べられているのである。

右に示したように、「牢人」の出張とは、文明五年正月頃から旧越前守護代甲斐氏一派（西軍）が、国境を越えて越前乱入の気配を示していることを意味している。またこれを支援する加賀西軍富樫幸千代勢は、蓮如が東軍富樫政親を匿ったことは「罪咎」だとして、吉崎坊とその周囲の所領を没収しようとしたのであろう。この段階の越前・加賀両国では東西両軍の勢力関係が著しく錯綜していたから、右の衆議状39を解釈するには十分な注意を払わねばならないのである。そして、蓮如が帰洛の意向を撤回して滞在延長に応じたのであってみれば、多屋衆としても直ちに衆議状に連署したであろうことは疑いない。よって衆議状39の性格は、決して合意文書などではなく、起請文もしくは誓詞の意味を帯びて作成されていたとしなければならないのである。

七　文明五年十一月定書と「信心」の徴集

多屋衆の連署が調った衆議状を受け取って、蓮如はその翌月に次の定書を制定する。

40　定

於真宗行者中、可停止子細事。

（第一条）一、諸神并（諸脱カ）仏菩薩等、不可軽之事。

（第二条）一、諸法諸宗、全不可誹謗之事。

（第三条）一、以我宗振舞、対他宗不可難之事。

（第四条）一、物忌事、就仏法之方雖無之、他宗并対公方、堅可忌事。

（第五条）一、於本宗、以無相承名言、恣仏法讃嘆、旁不可然間事。

（第六条）一、於念仏者、国可専守護地頭、不可軽之事。

（第七条）一、以無智之身、対他宗任雅意、我宗之法儀無其憚、令讃嘆、不可然事。

（第八条）一、於自身未安心決定、聞人詞・信心、法門讃嘆、不可然事。

（第九条）一、念仏会合之時、不可食魚鳥事。

（第一〇条）一、念仏集会之日、於酒失本性、不可呑之事。

（第一一条）一、於念仏者中、恣博奕、可停止之事。

右此十一ヶ条、於背此制法之儀者、堅衆中可退出者也。仍制法状、如件。

文明五年十一月（七日カ）日

右によれば、真宗の行者たる者は、以下の十一条を遵守すべしと規定されている。すなわち、

第一条……諸神・諸仏菩薩などを軽んじてはならない。

第二条……諸法・諸宗に対して決して誹謗を加えてはならない。

第三条……我が宗の振舞（仏事の作法か）を基準にして、他宗に対して非難を加えてはならない。

第四条……物忌というのは我が宗の仏法ではあり得ないが、他宗や公方（天皇や将軍・守護といった公的存在）はこれを重んじているから、物忌の態度を蔑ろにしてはならない。

第五条……我が宗において相承していない「名言」（宗教上の術語）を用いて、仏法を「讃嘆」（吹聴の意か）するようなことを行ってはならない。

第六条……念仏者は、国においては守護・地頭に敬意を払い、これを軽んずるような態度をとってはならない。

第七条……学識の乏しい者が他宗に対して、我が宗の「法儀」を、憚ることなく「讃嘆」することは、あってはならないことである。

第八条……自身がいまだに安心決定の境地に達していないにも拘わらず、他人の詞や信心のあり方を耳にしただけで、我が宗の法門（法儀）を「讃嘆」するようなことはしてはならない。

第九条……念仏の会合に参加した場合には、魚鳥の肉を食してはならない。

第十条……念仏集会の日に飲酒して本性を失うようなことはあってはならない。決して飲むべからず。

第十一条……念仏者が博奕に興ずることは、断じて停止しなければならない。

以上の十一ヶ条制法にもし背く者がいた場合には、「衆中」の交わりから退去させるものである。

以上のごとき内容の定書が制定されて、吉崎坊に集う坊主衆・門徒衆にその遵守が求められたのであるから、これは吉崎坊（第一次）の運営方針であったと解してまず間違いないであろう。

けれども重要なことは、それからまもなくに蓮如が、57「去年（文明五年）ノ霜月七日ノウチニ、カタノコトク人々ノ信心ヲトリテ」と述べているごとく、門徒衆に対して「信心」の提出を求めたことが知られる点である。この門徒としての「信心」とは、換言すれば、阿弥陀如来および蓮如に対する忠誠心の表明にほかならず、具体的には定書を遵守する旨の誓詞提出であったに違いない。そしてこの手続きが「カタノコトク」＝通常通りに厳重に実施され、しかもこれに応じた門徒衆に対してだけ、蓮如は57「予カマヘヽ、キタリテ見参・対面」を認めることにしたと述べられているから、門徒衆に対する蓮如の統制力は著しく強化され、彼の意向は末端の門徒衆にまで貫徹したことと考えられる。

なお、この57の文言を踏まえて考えるならば、前引した40定書の日付は十一月七日であったとしてまず間違いないであろう。

ところでここで、この時代に「一揆」が組織される場合の一般的な手続きについて想起してみよう。一揆を結成しようとする面々は、まず神前に参集して一味を誓約し、神水（御神酒）を酌み交わす。そして一揆契状（起請文）に署名して花押押捺（場合によっては血判）を行うという手順がとられた(47)。この手続きと、前述の57「信心ヲトリテ」、すなわち誓詞を蓮如に提出する手続きとを比較してみるならば、誓約の対象物が一方では御神体（および禰宜・神主）、他方では阿弥陀如来（および蓮如）という相違があるものの、行為の内容はほぼ等しいと言わねばならない。つまり文明五年十一月七日の時点で吉崎坊においては、阿弥陀如来と蓮如を中核とする「一揆」が成立したと解されるのである。と言うよりも、蓮如の指示によって十一月七日に「一揆」が組織されたと表現した方が、一層適切な実態理解であろう(48)。そしてこの結果、翌文明六年に加賀では193「加州一国之土一揆」が展開することとなるのである。

以上のごとくに考察するならば、この57「信心ヲトリテ」（文明五年十一月七日）という手続きこそは、193「加州一国之土一揆」（文明六年七月～十月）が成立する端緒と位置付けるべき事柄であるから、「加州一国之土一揆」

は文明五年十一月七日に結成されたとしなければならないのである。

八　吉崎坊の焼失

第三節および第五節の検討により、吉崎坊の堂舎は文明五年八月二日に竣工し、九月十一日には落慶法要が厳修されたと推測された。ところがそれからわずか半年後の文明六年（一四七四）三月二十八日、吉崎坊は火災によって焼失してしまう。これを語ったのが**66**で、その一部はすでに引用したが、ここにもう一度掲げておこう。

66…（上略）…文明第三ノ暦、夏ノコロヨリ当年マテハ、ステニ四年ナリ。シカレトモ、田舎ノコトナレハ、一年ニ一度ツ、ハ、小家ナントハ焼失ス。イマタコノ坊ニカキリテ、火難ノ義ナカリシカトモ、今度ハマコトニ時剋到来ナリケル歟、当年文明第六、三月廿八日酉刻トオホエシニ、南大門ノ多屋ヨリ火事イテ、、北大門ニウツリテ焼シホトニ、已上南北ノ多屋ハ九ナリ。本坊ヲクワヘテハ、ソノカス十ナリ。ミナミカゼニマカセテ、ヤケシホトニ、トキノマニ灰燼トナレリ。マコトニアサマシトイフモ、ナカ〳〵コトノハモナカリケリ。…

（中略）…

（高田本ニヨル）「文明第六暦甲午四月八日　吉崎ノ他《（多）》屋ニテ書之。」

（真宗寺本ニヨル）「文明六年九月　日」

右によれば、蓮如は文明三年夏に吉崎村にやって来て一宇を建立し、すでに四年の歳月が経ってしまった。田舎のこととて、一年に一度は火災で「小家」を失う事態が起きていたが、ついに今度は時剋到来と言うべきか、文明六年三月二十八日の酉刻（午後六時頃）に、南大門近くの多屋から「火事」が発生し、北大門に至るまでの多屋九棟が延焼するとともに、本坊にも飛び火して焼失し、合計一〇棟が失われてしまった。南風が強く吹いたことで一瞬のうちに灰燼となってしまい、無念のあまり言葉も出ない有り様であった、と述べられている。

いま一つの史料としては「真宗懐古鈔」が重要であって、これも重複を厭わずに引用しておく。

南大門ノ多屋本覚寺《（坊）》ヨリ出火シケルニ、元来山上ノ御坊ナレハ、水ハ不自由ナリ。折節、春風ツヨク吹キケレバ、御門ノ内、超勝寺・興宗寺等ノ南北九箇所ノ多屋ヲ始、本堂トモニ十箇所ニ火ウツリテ、南大門ヨリ北大門迄、暫時ニ灰燼トナレリ。然トモ、門外多屋ハ風上ニテ、別条ナク見ヘケルカ、御門内計ニテ火納リケレハ、セメテノコトト、上人喜ヒ玉ヒ、仏具・宝物等ヲ、悉ク門外ノ多屋ニ納メラレ、御自身モ其多屋ニ御移リ在シケル。

右によれば、火元は南大門近くの「多屋本覚寺《（坊）》」だったとされ、「山上」（ここは山頂平坦面ではなくして麓に至る傾斜面の意）に所在する「御門ノ内」の多屋九棟と本堂（本坊）との計一〇棟が焼失したが、幸いに「門外多屋」は風上であったために延焼を免れた。蓮如はそこで、搬出できた仏具や宝物類を「門外ノ多屋」に運び入れるとともに、自身もその多屋に移って住まうこととした、と述べられている。蓮如が多屋に居を移したことは、**66**（高田本）に「吉崎ノ他《（多）》屋ニテ書之」と注記されているところから間違いない。

この非常の事態を迎えて、蓮如と門徒衆は直ちに再建を計画したらしい。「拾塵記」では、「其後、則又建立アリテ、文明七年マテ五ヶ年、居住シマシ〳〵キ」と、ごく短く語られるばかりであるが、しかし資金の調達も資材の準備もすべてやり直しであるから、簡単に話が進んだ訳ではあるまい。越前・加賀をはじめとする各地門徒衆は、結束してこの難事に立ち向かったことと思われる。

しかしながら残念なことに、再建作業の経緯を明らかにする手掛かりは全く残されていない。そこで憶測を逞しくして一応の経過を想定してみよう。まず第一が焼け落ちた資材の撤去である。第二には焼けた礎石を撤去して地盤を固め直し、敷地を整えて新たな礎石を配置しなければならない。第三には新資材を調達して加工作業を行わねばならない。これらの作業に追われて、おそらく文明六年は暮れたことであろう。

なおここで再び66に立ち戻ると、高田本の日付「文明第六暦甲午四月八日」には意味があると考えられ、おそらくはこの日、門徒衆との会合で再建の方針が確定したのではなかろうか。その結果、蓮如の心理に前向きの変化が生じて、火災という不幸な事態を御文に叙述する余裕が生まれたのであろう。しかりとするならば、同内容のもう一点の御文（真宗寺本）が「文明六年九月　日」に発せられていることも、また有意義と解さねばなるまい。おそらくこの九月には、再建のための資金・資材などの目途がついたのであろう。その結果、蓮如はこれまでの失意・落胆の状態をほぼ完全に脱却して、再建に向けて一歩を踏み出したと考えられるのである。

九　富樫政親の加賀復帰と「加州一国之土一揆」

ところでこの再建準備の動きに先行して、加賀山内を追われて吉崎に来ていた富樫政親が、文明六年（一四七四）七月から加賀回復を目指して侵攻戦を展開することとした。その契機となったのは、この月に美濃斎藤妙椿が越前に来たり、朝倉孝景と旧守護代甲斐氏との間を仲介して和睦締結を実現し、その結果、西軍富樫幸千代勢の一翼から甲斐氏一派が離脱してしまったからである(49)。

この経緯を語った「天正三年記」には、次のように見えている。

一、去文正（文明）ノ比、富樫次郎政親、弟ノ幸千代ト取合テ、（文明五年七月ノ事件）次郎ハ越前ニ牢人シ、此吉崎ニ御座サフラフ比ナレハ、イロ〱御扶持サフラヒキ。然ハ、国へ帰サフラハ、、御門徒中ノ儀、于今疎略スヘカラスノ由、申タル旨(間カ)、次郎(政親)ヲ従越前、御門徒人ニ被仰付、加州山田(内カ)へ被入サフラフヨリ(文明六年七月ノ事件)、合戦、利ヲ得サフラヒテ、幸千代ヲ追払、次郎(政親)、国ヲ手ニ入(文明六年十月ノ事件)、安堵……

すなわち、富樫政親（東軍）は弟幸千代（西軍）と対立・抗争し、文明五年七月に敗北して越前吉崎に「牢人」としてやって来たので、蓮如は彼に「御扶持」＝援助を与えた。政親が言うには、加賀に復帰したならば門徒中を「疎略」に扱うことはしないとのことであった。そこで蓮如は門徒衆に政親支援を「被仰付」＝命じられたので、政親は文明六年七月から加州山内（「山田」と記されるのは誤字[50]）へと侵攻し、幸千代方を同年十月に没落させてついに加賀を回復した、と述べられている。

同じく政親の加賀侵攻戦の経緯を、「白山宮荘厳講中記録」は次のように語っている。

一、同年(文明六年)七月廿六日、念仏衆高田(専修寺)・本願寺国民諍之。於此砌、富樫次郎(政親)殿・幸千代殿御兄弟、時守護代額熊夜叉殿、与力沢井・阿曽・狩野伊賀入道、此面々ハ幸千代殿方高田之土民、同心也。次郎(政親)殿御方ハ、山川三州(高藤)・本折道祖福殿、以下国人、槻橋豊前守、山内ヨリ十月十六日夜、当山本院へ出張。仍長吏御房澄栄法印、并衆徒等、御方ニ参。蓮台寺城、十月十四日(文明六年)、落了。打ル、人不知数。(一脱カ)同廿四日(文明六年十月)、於小原山龍蔵寺白山拝殿、狩野入道・小杉、腹キリ畢。此前後、数ヶ度ノ合戦有之。不及注委細之。然者然而、翼年(文明七年)、国民等、本願寺威勢ニホコリ、寺社ノ領知、諸所免田年貢無沙汰。仍神事并勤行等、及退傳。先代未聞、言語道断之次第也。随而、武家ノ威勢モ如無。不思義(議)之時節、難計之。狩野伊賀入道ハ、米丸泉上坊ニシテ(於カ)、腹仕了云々[51]。

すなわち、文明六年七月二十六日に念仏衆のうちの高田派と本願寺派の国民（国人）同士が争った。その際、富樫政親・同幸千代の兄弟も争い、守護代額熊夜叉やこれに与力する沢井・阿曽・狩野伊賀入道らは幸千代方に同心して、高田派の土民方についたのである。対する政親方には、山川三河守高藤・本折道祖福・槻橋豊前守らが味方となり、山内から出陣して十月十六日夜に白山宮の本院へと出張して来たので、長吏澄栄法印や衆徒らは政親方になった。幸千代方の能美郡蓮台寺城はそれより先の十月十四日に落城して、幸千代方が多数戦死した。続いて十月二十四日には小原山龍蔵寺の白山拝殿において、幸千代方の狩野入道・小杉らが敗れて切腹した。そのほか数ヶ度の合戦があった。しかるに翌文明七年になって、国民（国人）らは本願寺の威勢を笠に着て、寺社領地や免田の年貢を無沙汰する事態を引き起こし、そのために神事や勤行が退転する仕儀となった。まことに言語道断の次第で、武家＝守護の威勢もなきがごとくであり、不思議の時節と言わねばならない。なお狩野伊賀入道は米丸泉上坊において切腹したとのことである、と見えている。

いまひとつ参照すべきが、『大乗院寺社雑事記』文明六年十一月朔日条である。

一、加賀国一向宗土民号無㝵光宗、与侍分(富樫幸千代)確執。侍分悉以、自土民方、(被脱カ)払国中。守護代(小杉)、侍方合力之(ママ)間、守護代こすき、被打了。一向宗方二千人計、被打了。国中焼失了。東方鶴童(富樫政親)ハ、国中へ雖打入、不得持云々。土民蜂起、希有事也。(52)

右の記事によれば、加賀国で一向宗の土民がみずからを無㝵光宗と号し、「侍分」＝富樫幸千代との間に確執を生じて、侍分はすべて土民方のために国中を追い払われた。守護代小杉は「侍方」＝幸千代勢に合力した結果、打ち倒されてしまった。一向宗方においても二〇〇〇人ほどが討たれたとのことである。国中が焼亡してしまった。しかるに、国中へ打ち入った東軍の「鶴童」＝富樫政親は、その勢力を維持できないだろうとの由である。土民が蜂起することは希有の事態である、と記されている。

この記事で注目すべき点は、まず一向宗土民によって追い出された「侍分」が富樫幸千代に当たること。またこれに合力して討たれた守護代小杉は「侍」ではなく「土民」に属するが、一向宗の「土民方」となるべきにも拘わらずそうしなかったこと。そして東方（東軍）の富樫政親が「鶴童」という幼名で呼ばれている点からは、彼がまだ元服していなかったか、もしくは元服していても日が浅かったこと、などが指摘できる。政親は長禄元年（一四五七）の誕生と推測され(53)、文明六年（一四七四）には一八歳だったと思われるから、執筆者尋尊がこれを幼名で記したのは、まだ実名を知らなかったためか、もしくは失念していたからであろう。文明五年七月の「蜷川親元日記」では「政親」と表記されているので(54)、彼がすでに元服していたことは確実としてよい。

さて、この政親勢による加賀侵攻戦に際し、蓮如は門徒衆に対して全面支援を命じたのであるが、このことを語った御文が**193**である。

193 正本超勝寺ニアリ。

夫加賀国之守護方(富樫幸千代)、早速ニ如此没落セシムル事(文明六年十月十四日ニ蓮台寺城ガ陥落)、更以非人間之所為、是併仏法王法之所令作也。而爰、高田門徒ニ於テ、年ヲツミ日ヲカサネテ雖作法敵、且以不承引候之処ニ、此方有門徒於在所、或ハ殺害、或ハ放火等ノ種々西行(悪)ヲイタシテ、以数多之一□(類カ)、相語守護方間、国方既彼等ト同心セシメオハリヌ。雖然、今度加州一国之土一揆トナル。同行中ニ於テ、各々心行ウヘキオモムキハ、既百性(姓)分ノ身トシテ、守護地頭ヲ令対治(退)事、本意ニアラサル前代未聞之次第也。然トモ、仏法ニ敵ヲナシ、又土民百性(姓)之身ナレハ、有限年貢所当等ヲ、キントウニ沙汰セシムルヒマニハ、後生ノ為ニ令念仏修行ヲ一端、憐愍コソナクトモ、結句罪咎ニシツメ、アマサヘチウハツ(誅伐)ニ行フヘキ、有其結構之間、無力如此ノムホン(謀叛)ヲ、山内方(富樫政親)ト令同心、全之処也。是誠ニ道理至極ナリ。而間、為上意(将軍足利義尚)、忝モ如此之旨ヲ聞召被ニヨリテ、既ニ百性(姓)中へ被成御奉書間、於身今者私ナラヌ次第也。

雖然、予カ心中ニオモフヤウハ、如此之子細ノソマサル処也。所詮、於自今已後ハ、堅如此之題目、コレヲ全ヘキニアラス。弥々仏法ニ心ヲ入テ、弥陀如来ノ本願ヲ信シ、信心決定シテ報土往生ヲ可遂モノナリ。然夫、猶々向後ハ守護地頭ニオイテハ、公事ヲマタクシテ、疎略之思ヲナスヘカラス。是則仏法王法マモル根源トシテ、念仏行者ノフルマヒノ正義ナルヘキ《タルヘキ》モノナリ。

（文明六年十月十四日カ）

右によると、加賀国の守護方＝富樫幸千代は早くも没落したが、これは人間のなせるところではなく、仏法王法のなさしむるところである。高田派門徒はこれまで法敵の態度をとり続けて改めようとはせず、この方＝本願寺派の門徒のいる在所で、殺害や放火などの悪行を行っており、多数の同行衆をもって守護方＝幸千代方に加担したために、国方（国人・国民）＝在地の侍衆は彼らと同心するに至った。しかるにこの方はこの度、「加州一国之土一揆」を結成することとなったが、百姓分の立場で守護地頭を「対治」＝退治する行動に出たことは、本意にあらざる前代未聞の事態である。しかし彼らは仏法に対して敵対姿勢をとり、また土民百姓の立場の我々が年貢所当を懈怠なく沙汰したうえで、後生のための念仏修行を行っているにすぎないのに、憐愍の態度を示すことすらなく、罪咎（罪科）に問うて「チウハツ」＝誅伐を加えようとの姿勢は、到底耐え難きところである。かくして「ムホン」＝謀叛の行動に、「山内方」＝政親と同心したうえで踏み出したのであって、道理至極の行動である。将軍足利義尚（将軍就任は文明五年十二月）も上意としてこうした状況を承知しておられ、百姓中に充てて「御奉書」（幕府奉行人連署奉書か）を下付されたことがあるから、[55]もはや「私ナラヌ」＝私的な軍事行動では決してない。けれども予＝蓮如の心中としてはこのような状況を望むものではないから、今後は二度とこのような事態になりたくないと思っている。仏法に専心し、阿弥陀如来の本願を信じて報土往生を遂げたいと思っているが、そのためにも今後は守護地頭（この場合は新守護たる政親）に対する公事（課役）を果たし、疎略の態度をとるべきではない。これこそが仏法王法を守る根源であって、念仏行者のとるべき正しい態度である、と述べている。日付が欠けているが、幸千代方が蓮台寺城から放逐されたのは文明六年十月十四日のことであるから、右の193はこの日に執筆されたものとしてまず間違いないであろう。

この御文には修辞が多いため不分明な箇所が若干あるが、要するに蓮如は、高田派門徒と守護幸千代方とを「法敵」と規定し、これに対抗して本願寺派門徒衆は「加州一国之土一揆」を組織して「対治」＝退治したが、これは「ムホン」＝謀叛にほかならない。しかし政親勢に同心したうえでの行動であるから「道理」があり、しかも将軍足利義尚の「御奉書」が百姓中に充てて下付されたこともあるので、「加州一国之土一揆」は公的な軍事行動である、としているのである。京都ではやがて東軍が幕府権力を掌握し、このことで応仁の乱は収束に至るから、こうした情勢転換を踏まえて蓮如は、みずからや百姓中の行動には大義があると述べていたのである。(56)

十　吉崎坊の再建（第二次吉崎坊）

こうして政親は本願寺派門徒衆の支援のもと、文明六年十月にようやく加賀を回復できたのであるが、しかし翌文明七年（一四七五）になって政親は方針を転換し、これまでの門徒衆との協力関係を破棄してしまう。この点はしかし次節で述べることとし、これに先立って本節では吉崎坊の再建（第二次吉崎坊）について検討を加えておかねばならない。

吉崎坊が焼失した文明六年三月から同年末までは、その後始末と敷地の再整備、資材の再調達と加工、および資金の再準備に追われたことであろう。そして翌文明七年、いよいよ再建のための資材組立作業が開始されたに違いない。この頃に発せられた御文としては、84文明七年二月二十三日付け、85同月二十五日付け、86三月二日付け、と集中的な発給が認められるから、二月下旬〜三月上旬に蓮如がかなりの高揚感に浸っていたことは確実であって、その理由こそは第二次吉崎坊の建立開始（建て舞い）だったとしなければならないであろう。

作業は急速に進捗したらしく、それから二ヶ月ほどで組立作業（棟上げ）が終わったのではないかと思われる。と言うのは、蓮如が五月七日付けで発する御文88に、次のごとき十ヶ条定書が記載されていて、再建事業にある程度の目途がついたことを窺わせるからである。

88…（上略）…ナニノ科ニヨリテカ、加州一国（富樫政親勢）ノ武士等、无理ニ当山ヲ発（「ニ」カ）向スヘキヨシノ、沙汰ニオヨハンヤ。ソレサラニ、イハレナキアヒタ、多屋衆一同ニ、アヒサ、エ（「ユ」カ）ヘキヨシノ結構ノミニテ、此三・四ヶ年ノ日月ヲ、オクリシハカリナリ。…（中略）…門徒中面々ニヲイテ、十ノ篇目ヲサタム。カタク末代ニヲヨフマテ、コノ旨ヲマモリテ、モハラ念仏ヲ勤修スヘキモノナリ。

一（第一条）、諸神・諸仏菩薩等ヲ、カロシムヘカラサルヨシノ事。

一（第二条）、外ニハ王法ヲモハラニシ、内ニハ仏法ヲ本トスヘキアヒタノ事。

一（第三条）、国ニアリテハ、守護・地頭方ニヲイテ、サラニ如在アルヘカラサルヨシノ事。

…（第四条〜第十条省略）…

右、コノ十ヶ条ノ篇目ヲモテ、自今已後ニヲイテハ、カタクコノ旨ヲ、マモルヘキナリ。…（中略）…仍所定、如件。

文明七年五月七日書之。

右によれば、加賀の武士たち（この段階では裏切った富樫政親を指す）は、いかなる「科」によって当山に無理難題を吹っかけ、「発向」＝攻撃を加える態度に出るのであろうか。これらの主張は全く根拠がないから、多屋衆一同は結束して防御のための結構（施設および態勢）を調え、この三、四年を過ごしてきたのである。そこで門徒中の面々に対して十ヶ条の定書を制定するので、末代に至るまでこの旨を遵守して念仏を勤修すべきであるとして、十ヶ条の規定（注釈は省略）を示したうえで、今後はこの十ヶ条を厳重に守らねばならないと述べているのである。

この御文に記載された十ヶ条定書では、御文が信仰上の媒介物である点が重視されて、宗教的姿勢に関する規定が増えている。しかし末尾にはその他の生活・行動上の規定も追記されているから、全体としては**40**十一ヶ条定書（文明五年十一月日付け）と同じものと見なしてよい。問題とすべきは、なぜこれが五月七日付けで作成・下付されているのかという点であって、その回答としては、吉崎坊の再建に一応の目途がついた時期だったからと想定するのが無理が少ないであろう。再建開始からわずかに二ヶ月余の時点であるから、骨格がようやく出来上がった棟上げ式の段階だったのであろう。かくして蓮如は、再建の目途がついたことを祝して御文**88**を発したに相違なく、これ以降は屋根葺きや外装・内装の工事に移るのである。

そこで、**88**に見える「加州一国ノ武士等《（富樫政親勢）》、无理ニ当山ヲ《（「ニ」カ）》発向スヘキヨシ」との文言に注目しよう。これは、かつて文明五年に懸念された**38**「牢人出張ノ儀《（甲斐氏一派）》」との文言とは、明らかに相違している。つまり「加州一国ノ武士」とは富樫政親とその一派を指しているのである。そして蓮如は、加賀へ復帰できた政親が態度を一変させ、吉崎坊に難題（課役や軍役の徴収であろう）を懸ける事態となったことに困惑して、「ナニノ科ニヨリテカ」と歎いているのである。けれども政親と決定的に対立したならば、やがては吉崎坊に軍勢が押し寄せて来るに違いなく、この事態だけはなんとしても避けねばならない。そこで定書において、「守護・地頭方」に如在の姿勢をとるべからずと指示しているのであろう。

このように吉崎坊を取り巻く政治状況が次第に悪化するなかで、再建事業は推し進められたのであるが、文明七年七月十五日になって蓮如は、御文**91**でまた定書（六ヶ条）を掲載している。

91抑当流門徒中ニヲイテ、コノ六ヶ条ノ篇目ノムネヲヨク存知シテ、仏法ヲ内心ニフカク信シテ、外相ニソノイロヲミセヌヤウニ、フルマフヘシ。…（中略）…モシコノムネヲ、ソムカントモカラハ、ナカク門徒中ノ一列タルヘカラサルモノナリ。

一、（第一条）神社ヲカロシムルコト、アルヘカラス。
一、（第二条）諸仏・菩薩、ナラヒニ諸堂ヲ、カロシムヘカラス。
一、（第三条）諸宗・諸法ヲ誹謗スヘカラス。
一、（第四条）守護地頭ヲ疎略ニスヘカラス。
一、（第五条）国ノ仏法ノ次第、非義タルアヒタ、正義ニオモムクヘキコト。
一、（第六条）当流ニタツルトコロノ、他力信心ヲハ、内心ニフカク決定スヘシ。

…（中略）…

文明七季七月十五日

右によれば、当流の門徒中においてはこの六ヶ条の定書を遵守し、仏法を内心に深く信じて外面的に表さぬように振る舞わねばならない。もしこれに違背する者があったならば、永く門徒中から排除するものであるとして、神社を重んじ（第一条）、他宗派の諸仏・菩薩・諸堂を尊重し（第二条）、諸宗・諸法を誹謗せず（第三条）、守護地頭に従い（第四条）、「仏法（念仏の意か）」の正しいあり方を目指し（第五条）、当流の他力信心を内心に確立して外部に喧伝しないこと（第六条）、以上を定めているのである。

ここに見える条文はいずれも、神社や他宗・他派の寺院勢力、あるいは政治勢力との対立を避けよとの規定であるから、それらによって吉崎坊（第二次）が攻撃を受ける事態を招かないようにとの配慮が根底にあるのであろう。とするならば、この**91**が発せられた文明七年七月十五日には吉崎坊再建はすでに完了していたと推測され、六ヶ条定書は第二次吉崎坊の運営方針として制定されたものとしなければならない。つまりこの日は、第二次吉崎坊の竣工式が行われた日なのであって、当然ながらこれ以降の御文に定書は登場しなくなるのである。

その翌日の文明七年七月十六日、蓮如は越中井波瑞泉寺を訪れることとした。瑞泉寺の由緒がまとめられた「賢心物語」（第六代住持賢心の執筆）には、次のように記されている。

> 蓮如上人、当寺（瑞泉寺）へ文明七年七月十六日、御下向ノ時、蓮乗、時ノ御住持也。河上ノ衆ヲ始トメ、当国ノ御門徒衆ウチヨリ、マカナイ申サレ候。順如ヲハシメ申、御兄弟衆男女トモニ、ミナ〳〵御下向候ツルヨシ、了如、御物カタリアリケリ。実如上人ハ御十九（十八歳）ノ御トシニテ御座候。国一黒ト申テ、ノリノスクレタル御馬ニメシテ、御下向候ツルヨシ、仰ラレ候ツル。…（中略）…御ハシリ衆サキノ人数ハ、ハヤ井波ヘツキ候ト、ミヘ申スノヨシ、仰ラレ候。御ハシリ衆ト申ハ、河上ノ御門徒衆、ワカキ衆、一ヤウニ、シロキカタヒラニ、カチン（褐カ）ノカタキヌ、ヨノ（夜カ）ハカマニテ、ハシリ申サレ候カ、トヲク御覧セラレ候ヘハ、白鷺ノトヒ候ヤウニ候ツルト、実如上人被仰候ツル。慶聞坊モ、タヒ〳〵コノトヲリ、物カタリ申サレ候ツル也。[57]

右の「賢心物語」の一節によると、蓮如が文明七年七月十六日に瑞泉寺に来られた時、住持は蓮乗兼鎮（蓮如二男）が務めていて、配下の「河上ノ衆」やその他の門徒衆が「マカナイ」＝馳走に努めた。長男順如をはじめとして兄弟衆男女が、そろって下向して来られたと、了如尼（蓮如女で、蓮乗の養子となって瑞泉寺を継承し、夫に蓮欽を迎えて、その子が賢心[58]が語っておられた。また実如もこのとき一八歳で同行され、国一黒という名の馬に乗って下向された。「御ハシリ衆」は河上門徒衆が務めたが、若者が白帷子に褐色の肩衣、「ヨ」（夜＝黒色の意か）の袴で先行する様子は、白鷺のごとくに遠望されたと実如が仰られた。慶聞坊も度々このときの様子を物語られた、と見えているのである。

この叙述の日付にまず注目すると、吉崎から越中井波までは一日行程だったことが知られるので、おそらく吉崎から舟に乗って加賀河北潟の岸辺に上陸し、その後は徒歩、または輿もしくは馬上で、越中福光を経て井波に達しているのであろう。また蓮如に同道する者としては、文明五年九月に吉崎に下向してそのまま滞在していた長男順如と、今回新たに近江から下向した五男実如の名が登場している。末尾の慶聞坊というのも、当然このとき随行していたことであろう。

そのほか、近在の加賀波佐谷坊（松岡寺）には三男蓮綱兼祐が居住し、また越中土山坊には四男蓮誓康兼がいたから、彼らも示し合わせて合流したであろうことは疑いない。よって、この七月十六日に井波瑞泉寺には、父蓮如と五人の子息たち（長男～五男）が勢揃いしていたことは確実であり、さらには「男女トモニ」と記されるごとく、娘のうちの何人かも随行していたようである。

では、蓮如はなぜ瑞泉寺蓮乗のもとを訪れたのであろうか。目的の一つとしては、蓮乗の瑞泉寺経営が順調かどうかを確認して激励することが上げられよう。けれどもこれ以上に重大で、かつ秘すべきものとしては、八月二十一日に決行する富樫政親攻撃の戦術について、事前に打ち合わせを行う目的があったと指摘しなければならない。子細については次節で述べるが、文明七年三月頃から政親は変心して敵対的姿勢を示すようになっていたため、機先を制すべく蓮如は門徒衆に政親攻撃を命ずるのであるが、その際に総大将格を務めるのが瑞泉寺蓮乗なのである。

そこで蓮如は蓮乗と面談して具体的な戦術を構想すること、これこそが瑞泉寺訪問の隠された第一の目的と考えられるのである。

十一　門徒衆による政親攻撃と越中敗走

さて、文明六年に加賀を回復できた政親であるが、彼はしかし翌七年になってこれまでの協力関係を破棄し、門徒衆に対して敵対的行動をとるようになる。前節引用の文明七年五月七日の御文[88]で、「加州一国ノ武士等(富樫政親勢)、无理ニ当山(「二」カ)ヲ発向スヘキヨシノ沙汰」と語られていたごとく、その対立は五月にはすでに公然たる状況になっていたらしい。

そこでその転機がいつなのかを検討してみると、「徳了袖日記」には、

シカルニ文明七年三月下旬ノコロ、当国ノ下司富樫助次郎(政親)ト、百姓トモト、不和ノコトイテキテ、ツヰニ百姓、一揆ニオヨフ。ソノ張本、ミナ〱吉崎ノ御門徒ナレハ、宗旨ヲオモフヒト〱、ミナ与力シテ富樫(政親)ヲセム。[59]

とあって、政親と「百姓」＝門徒衆との協力関係が破綻したのは文明七年三月下旬頃と語られている。かくしてこれ以降、次第に両者の対立関係は激化するに至り、「百姓」のうちの「張本」＝主要人物はみな蓮如の門徒であった結果、門徒衆はこぞって与力して政親攻撃に参加したとされているのである。

そこで次に、「天正三年記」の記述を見てみよう。

幸千代ヲ追払(文明六年十月ノ事件)、次郎(政親)、国ヲ手ニ入、安堵ノ処ニ、御恩ヲ忘レ、当流ノ衆ヲ嫌サフラフ事、槻橋ト申者、所行ニサフラフ間、国中ノ門人、槻橋嫌ニヨリ、国ノ乱ハ又出来、百姓等モ又仕損シ候テ(文明七年八月二十一日ノ事件)、越中マテ退タル事也。

これによれば、政親は門徒衆の支援のもと、文明六年十月に加賀に侵攻して支配権を回復したのであるが、やがてその御恩を忘れて「当流」＝本願寺派の門徒衆を嫌うようになった。これは側近たる槻橋の所行であるが、その結果、国中の門徒衆も槻橋を嫌うようになり、再び加賀では「国ノ乱」の状況となってしまった。そこで「百姓」＝門徒衆は政親に攻撃を加えたのであるが、「仕損シ」てしまって越中へ敗走せざるを得なくなった、と語られているのである。

問題とすべきは、門徒衆による政親攻撃と越中敗走がいつなのかという点である。あいにく「天正三年記」からはその日時は判明しないが、次の「闘諍記」の一節に基づくならば、これは文明七年八月二十一日の事件だったことが知られる。

> 文明七年八月廿一日夜、富樫政親カ下知ニ従へ《(ママ)》、能美・江沼ノ間於テ、高田専勝《(修カ)》寺之門葉坊主・百姓共、吉崎へ押寄、放火シテ、一宇も不残、焼亡ス。夫より本願寺の門葉共、一揆ヲ起シ、合戦暫クモ止時ナシ。然るに、石川・河北の二郡ニあル所ノ、本願寺之門葉坊主・百姓等之首を刎、其外一味セサル者ハ、国ヲ追放との聞へ故に、当御坊へ加州より逃来る坊主弐百余人、百姓町人男女とも、其数不知、越中へ逃来る。互に由縁リ《(ママ)》有ル在所ヲ頼ミ居ルモあり。先坊主分ハ大半、当寺へ寄集ケル[60]。

右によると、文明七年八月二十一日夜に富樫政親の下知に従って、能美郡・江沼郡の高田専修寺派の坊主衆・百姓衆が、吉崎に押し寄せて来て放火を行い、ついに一宇も残らず焼亡する事態となってしまった。それ以来、本願寺門徒衆は一揆を組織して合戦が続いている。政親は、石川郡・河北郡の本願寺門徒たる坊主衆・百姓衆を殺害し、また一味に属さない者を国外へ追放した。その結果、加賀から井波瑞泉寺へと逃げ来たった坊主衆は二〇〇余人にのぼり、百姓町人衆は無数であった。縁者がいる者はそれを頼ることにしたが、坊主分の大半は瑞泉寺に寄り集まっていた、と述べられている。

右によって、政親勢の吉崎坊攻撃は文明七年八月二十一日夜であったことが知られるから、これに先立つ門徒衆の政親攻撃は、同日早朝の事件だったと推測される[61]。この頃の政親がどこを根拠地にしていたかは判然としないが、かつての幸千代の拠点たる蓮台寺城にもし政親が滞在していたならば、吉崎から蓮台寺城まではわずかに約一五㎞という近距離である。二十一日早朝に門徒衆が政親陣に攻撃を加え、おそらく昼頃までには門徒衆敗北との形勢が明白になっていたであろうから、政親勢は直ちに反撃に出て彼らを追い、夕方までに吉崎に達して焼き討ちすることは、なんら困難な軍事行動ではなかったと思われる。もし敗れた門徒衆が吉崎坊に逃げ戻っていたならば、彼らはそのまま籠城して政親勢を食い止めることも可能であったが、しかし吉崎坊周囲には新たな敵勢たる朝倉経景勢が取り囲んでいたために逃げ込めず（朝倉経景勢の参戦については後述）、やむなく彼らは反対方向の越中瑞泉寺へと敗走を余儀なくされ、その結果、吉崎坊の警固は全く手薄になってしまったことが知られるのである。

ところで、「闘諍記」の記述によれば、瑞泉寺まで逃げ来たった坊主衆は二〇〇余人と語られていたが、これがもし門徒勢の総数であったならば、いかにも貧弱な軍勢と言わねばならない。仮にこれと同数の坊主衆が戦死していて、本来の総数はこの二倍を越えていたと仮定しても、やはり軍勢としては不足の誹りを免れないであろう。彼らには「百姓町人男女とも其数不知」が従軍していたと述べられるものの、これらが軍勢の主力とは所詮なり得ない。つまるところ門徒衆や蓮如は、政親勢を余りにも侮っていたと評さねばならないのである。

なお右の記事では、政親勢には能美郡・江沼郡（加賀南半）の高田専修寺派の坊主衆・百姓衆が味方していたとされ、彼らは石川郡・河北郡（加賀北半）の本願寺派の坊主衆・百姓衆を殺害・追放したと述べられていた。この記述から考えて、加賀北半はまだ政親の支配下に属してはいない領域だったことが知られ、それはかつて赤松政則がこの北半を支配し、その転出後に政親が守護職となったにも拘わらず、国人らは幸千代を推戴して西軍に投じたという経緯に規定された動向と解すべきなのであろう。つまり北半の国人らにはもともと反政親の姿勢が底流としてあり、蓮如から「加州一国之土一揆」蜂起が命ぜられた文明六年だけは、例外的に政親支援の行動に従ったものの、その一段落後には再び反政親の姿勢に戻ってしまったということなのであろう（ただし政親の態度転換が門徒衆のそれに先行していたことはまず間違いないが）。

かくして政親勢の攻撃により、吉崎坊（第二次）は八月二十一日夜、またもや焼け落ちてしまうのであるが、「大谷嫡流実記」の次の記事によるならば、攻撃軍は政親勢だけではなかったことが知られる。

　係ル処ニ、文明七乙未年八月五日（廿一カ）辰尅、（朱書）「一説下旬ノ事トス」同国大野城主朝倉三左エ門尉（与三右衛門尉）経景ト云モノ、吉崎ノ家臣安芸（蓮崇）ノ法眼ト遺恨アルニヨリ、平泉寺ノ衆徒ヲカタライ、御本坊ヘ攻寄、放火シケレバ、忽ニ焼失セリ。同月下旬、蓮師越前ヲ御退去ニテ、若州小浜ニ御着船アリ。夫ヨリ丹波路ヲ越テ、摂州富田、泉州堺、河州出口等ニ御移住アリ。(62)

右によると、文明七年八月「五日」（正しくは朱書のごとくに下旬すなわち二十一日である）の辰刻（午前八時頃）に、越前大野城主朝倉経景の軍勢が、蓮崇に対する遺恨を晴らすべく、平泉寺の衆徒を語らって吉崎坊に攻め寄せ、放火を行ったので焼失してしまった。そこで蓮如はここを去り、小浜を経て丹波路→摂津富田→和泉堺→河内出口へと移動した、と記されているのである。

右の記事の「八月五日」との日付は筆写の際の誤記と思われ、朱書が指摘するように八月二十一日と訂正しなければならない。しかりとすれば、この日の合戦は、一揆勢が政親陣（蓮台寺城か）へ攻撃に向かった隙に、朝倉経景勢・平泉寺勢が吉崎坊へ攻め寄せて来て、その周囲を取り囲んでしまっていたことが判明する。この結果、まもなくに一揆勢が政親攻撃に失敗して逃げ戻って来ても、もはや吉崎坊へ逃げ込むことができなくなっており、そこで彼らはやむなく越中瑞泉寺まで長駆（吉崎～越中瑞泉寺は約九〇㎞）、敗走することにしたものであろう。そしてその後、吉崎坊攻囲軍には政親勢も加わって、ついに同日夜に吉崎坊は焼き討ちされてしまうのである。以上のごとくに八月二十一日の合戦は推移したと考えられるから、この一揆勢の蜂起に関しては、明らかに情報遺漏があったと想定せざるを得ないであろう。

続いて「鎌倉大日記」の記事にも注目しよう。ここに見える日付には、もしかして錯誤が含まれているのではあるまいか。

七（文明）、乙未、六月（八カ）、加賀国土民、一揆起。寺社等、為兵火炎上(63)。

右によれば、文明七年に加賀国の土民が一揆を組織して蜂起した結果、兵火によって「寺社等」が炎上する事態となったが、それは「六月」のことだったと述べられている。

しかしながらここには誤字または誤読があると思われ、正しくは「八月」とすべきではあるまいか。そしてもしこの推測が妥当だったならば、ここで炎上した「寺社等」とは、ほかならぬ吉崎坊とそれを囲繞する多屋（ただし前年に焼失した門内多屋九坊がどれだけ再建されていたかは不明、門外多屋は類焼せずに残っていた）を指していることとなるであろう。かくしてこの史料によって、遙かに遠隔の鎌倉でも吉崎坊をめぐる対立抗争が注目を集めていたことが判明するから、「鎌倉大日記」の日付に錯誤が含まれている可能性は頗る高いと思われるのである。

そこで最後に、敗走する門徒軍がなぜ約九〇㎞もの逃避行を経て、越中瑞泉寺に逃げ込んだのかの理由を考えてみよう。この点を示唆するのが「蓮如上人塵拾鈔」の次の一節である。

如乗御往生（寛正元年正月二十六日死去、四九歳）の年は、兼鎮蓮乗は十五歳也。然に其砌より猶子（養子カ）の事と云々。其後文明七年の比、兼鎮は落馬候てより、所労候し事也(64)。

すなわち、越中瑞泉寺の如乗宣祐が死去（寛正元年〈一四六〇〉正月二十六日、四九歳）した際に、蓮如二男の蓮乗兼鎮（このとき一五歳）が「猶子」（正しくは養子）として派遣されて瑞泉寺を継承する。ところがこの蓮乗は、文明七年（一四七五）頃に「落馬」が原因で「所労」（骨折や脊髄損傷などの大怪我であろう）に陥った、と語られているのである。

通常の乗馬では馬子が必ず随伴するから、ほとんど落馬事故は発生しない。右のごとくに落馬で「所労」の事態になったというのは、馬子による制御ができない状況下で発生したと考えざるを得ず、おそらくその落馬事故は同年八月二十一日の戦乱中に起きていたに違いない。そしてもしこの推測が妥当だったならば、蓮乗の立場から考えて当然、彼は門徒勢の総大将として行動していたと思われるのである。

しかりとするならば、彼の指揮による八月二十一日の軍事行動は、重大な敗北を喫したうえに吉崎坊へ逃げ戻ることもできず、そして彼自身は落馬で重傷を負うという、八方塞がりの状況に陥ってしまっていたことが判明するのである。かくなる上は、蓮乗の自陣たる越中瑞泉寺へ総退却すること、これ以外の方途はあり得ないであろう。かくして門徒勢は、重傷の総大将に従って加賀から越中へと敗走したのである。

十二　蓮如の吉崎離脱

さて、吉崎坊にいた蓮如（および順如）の動きであるが、彼は軍勢の手によって捕縛・殺害される事態を避けるべく、直ちに対岸の苫屋などに身を隠したことであろう。「闘諍記」によれば、「一宇も不残、焼亡ス」と見えているから、本坊・門内多屋はもちろん、門外多屋もかなり多数が焼失してしまったごとくである。蓮如にとって、押し寄せた軍勢が恐怖であったことは言うまでもないが、しかしそれ以上に、第二次吉崎坊を失った悔恨の方がより深刻な思いだったのではあるまいか。

勝敗がついてまもなくの二十一日深夜、越中に敗走した門徒勢から使者両人がやって来て、側近下間蓮崇を通じて蓮如に、戦況報告と今後の作戦協議を申し入れようとした。その時の状況を語ったのが「天正三年記」の次の一節である。

安芸法眼事　法名蓮宗（崇）

……蓮如上人ノ御意ニ叶、玄英丹後ハ傍ヘ成テ、安芸々々トソ、メサレケル。……加州ノ守護人ノ富樫介（政親）ト、百姓トノ取合ニ成ケル。百姓衆ト申ハ、御門徒衆・坊主衆也。仕損シテ（八月二十一日ノ事件）越中ヘ退テ、吉崎殿ヘ忍テ、惣中ヨリ使ヒヲ上申候。此度ノ軍ノ様、百姓中難叶サフラフ間、調和与、無事ニ可還住扱サフラフ間、其趣、吉崎殿ヘ両使洲崎藤右衛門入道慶覚・湯涌次良右衛門入道行法、上リサフラヒテ、安芸ヲ以テ申入処ニ、両使申入サフラフ段ヲハ、一向ニ不被申入……涯分可致合戦ノ由、申入サフラフト、蓮如上人ヘ申入事サフラフト被披露。……両使ハ、今ノ分ハ難成サフラフ由、申候ヘトモ、如何様トモ各可致馳走ノ由、御意サフラフト、両使ニ被申付サフラフ。……富樫ヲ可令成敗ノ由、御意ヲ直ニ承度心、出来、何様ニ直ニ御目ニカ、リ度サフラフ由、両使申シ候ヘハ、無用トサ、ヘラレサフラフ間、……両使是非ナク、御意ト心得テ、……越中ニ帰リ、各内談申……[65]

右は下間安芸蓮崇の動静を述べた箇所であって、それによると、蓮崇は蓮如の意に適った門徒であったから、下間丹後玄英が側近として仕えているにも拘わらず、蓮如は頻繁に蓮崇に対して指示を下した。加賀守護富樫政親と百姓衆（坊主衆・門徒衆）とが「取合」＝合戦になった際、百姓衆による八月二十一日の攻撃が「仕損シテ」しまい、越中へと敗走を余儀なくされる。そこで「惣中」から使者両人（洲崎慶覚・湯涌行法）を蓮如のもとに派遣し、この度の合戦に百姓衆は敗北してしまったが、蓮如からの働きかけで「和与」が結ばれて、無事に「還住」できるようにしてほしい旨を申し入れることとした。ところが取次を行うべき蓮崇は、一向にこれを伝えようとしない。それどころか逆に、門徒衆としてはあくまでも合戦する所存だとの虚偽の申し入れを、蓮如に披露するあり様であった。両使はこのままでは合戦の継続は困難であると言上しているにも拘わらず、蓮崇から両使に対しては、各人はあらゆる努力を払って「馳走」＝合戦すべしとの御意であると下達されるばかりであった。そこで両使は、富樫政親を成敗すべしとの命令を蓮如からじかに承りたいので、直接に御目にかかりたいと申し出たのであるが、蓮崇からの返答は、蓮如は「無用」＝拝謁不可と仰った、というものであった。やむなく両使は合戦継続を蓮如の意思と心得て越中に帰国し、門徒衆と内談することにした、と述べられているのである。

右の記事では、蓮崇の取次が不適切であったため、門徒衆の意向が蓮如には達していなかった旨が強調されており、また他方で、蓮如の意思がどうであったかを門徒衆は知ることができなかったと語られている。「天正三年記」の執筆者実悟兼俊は、この合戦に加わった門徒衆（例えば使者両人など）の子孫から、その情勢の推移を聞いて記述したに相違なく、その視点は門徒衆の立場に立っている。けれども、門徒衆敗北と吉崎坊焼失という戦況が明らかになった段階で、敗軍の将たる蓮如が政親に和与を申し入れるということは、敗北を公然と認めることであるから、蓮如自身が自害に追い込まれることはまず間違いなく、また領地没収などの著しい不利益を強要されることも疑いないところである。とすれば、蓮如が使者と面謁すらしなかったのはむしろ当然の態度であって、彼に残された唯一の選択肢は、直ちにその場から逃走することだけだったのである。加えて、みずからの攻撃命令が裏目に出てこうした結果を招いたのであるから、攻撃を決断したことについての悔恨の思い、あるいは決断を促した側近蓮崇や門徒衆に対する憤懣、さらには敗北した門徒衆の不甲斐なさに対する失望、そして和睦締結を要請してきた使者の厚かましさに対する鬱憤、これらの感情が綯い交ぜになって腑は煮え繰り返っていたに違いなく、もはや錯乱に等しい心理状態であったと解すべきところであろう。

とすれば、側近蓮崇としては蓮如の吉崎離脱を実現するため、門徒衆に対して後方攪乱のための合戦継続を命じなければならず、また一方で、脱出するための舟を確保して蓮如の潜伏地点へ回航させねばならない。使者と善後策を協議する時間的余裕など、蓮如にも蓮崇にも残されてはいなかったから、「天正三年記」に記述される蓮崇の態度は、むしろ妥当であったと評価しなければならないのである。執筆者実悟には残念ながら、合戦の大将の立場がいかなるものだったかが理解できてはおらず、将兵の立場においてその叙述を行っているにすぎない。蓮崇に対する実悟の口吻が厳しいのは、もしかすると敗戦と吉崎坊焼失の責任を、すべて蓮崇に帰することを目的として執筆しているからかもしれない。

かくして蓮如は舟を得て吉崎を離れ、北潟湖から大聖寺川を経て日本海に漕ぎ出したのである。その際の情景が「天正三年記」では、次のように語られている。

> 願成就院殿（順如）……大津ヨリ御下向サフラヒテ、吉崎殿へ御出サフラヒテ、蓮如上人、船ニテ御上洛ノ時キ（ママ）、安芸、万曲言ノ由ヲ被仰サフラヒテ、船ニ暁（八月二十二日未明）メサレサフラフニ、安芸法眼（下間蓮崇）モ、御船ニ被乗候ヲ、願成就院殿、爰成ハ何者ソト被仰セ、引立サセタマヒ、船ニカ、ミ居ラレサフラフヲ、取テ陸ヘナケイタサレ候ヘハ、礒キハニ伏沈ミ、御影ノ見ユルマテ、平臥泣被居サフラヒツルカ、御船モ見ヘス成リサフラヘハ、ヲキアカリ、御坊ニ帰リ、ソノ儘、越前・加賀ノ御門徒中ニ勧化セラレ、人々尊敬、無限サフラフ。[66]

すなわち、願成就院殿＝順如は大津より下向（文明五年九月のこと）して、吉崎坊に滞在しておられたが、蓮如が文明七年八月に舟で上洛されるとき、蓮崇の言動は許し難いと仰せられて、同行させない意向であった。ところが「暁」に舟に乗り込まれた際、蓮崇も舟に乗り込んでいたのである。そこで順如は、ここにいるのは何者かと問い詰めて引き立てられ、舟に屈んで乗っていた蓮崇を陸へ追い上げられたのである。かくして蓮崇は磯辺に伏したまま、舟影が見えなくなるまで泣き続けていた。しかし舟が見えなくなると起き上がって吉崎坊に立ち帰り、その後は越前・加賀の門徒中において「勧化」＝布教活動を続けたので、多くの人々から尊敬の眼差しを受けた、と述べられている。

右の記事では離脱が「暁」のことと語られているから、吉崎坊が富樫政親勢や朝倉経景勢によって焼き討ちされたその翌日二十二日の未明に、蓮如はここを脱出したのである。太陰暦二十一夜の「月の出」は午後一〇時頃であるが、水路や島影を判別できる十分な高度に達するのは二十二日午前0時頃であるから、それまでは近隣の苫屋などに潜み、月明かりが得られたところで、舟に乗って北潟湖へ漕ぎ出したのである。蓮崇がその舟に乗っていた理由は、蓮如の潜伏先をただ一人知る彼が、船頭に指示を与えて舟を回航させねばならなかったからであって、同乗して離脱するつもりだったというのは誤解であろう。そもそも蓮崇のごとき側近が現地に留まって「殿（シンガリ）」を勤めるのは当然の行動であり、それを蓮崇が知らなかったとは到底考えられない。順如の目には、蓮崇こそが敗戦と吉崎坊焼失の責任者と映っていたであろうから、こうした悪評を蓮崇が甘受すべき点はやむを得ないが、しかし順如（および蓮如に随伴するその他の者たち）による一方的な誤解や早合点も、ここには含まれているに違いないと思われる。

なおこの記事によって、長男順如が文明五年九月以来、吉崎に留まっていたことが判明する点にも注意しておこう。蓮如はもしかすると、吉崎坊を順如に経営させるつもりだったのかもしれないが、あいにくと戦況悪化がこれを許さなかったのである。

ところで蓮崇に関しては、「蓮如上人一語記」第一七七項の記事にも注目しなければならない。

一、安芸蓮崇、国ヲクツカエシ候。クセコトニ付テ、御門徒ヲハナサレ候。前々住上人《(蓮如)》御病中ニ、御寺内ヘマヒリ、御佗言申候ヘトモ、トリツキ候人ナク候シ。ソノオリフシ、前々住上人、フト仰ラレ候。安芸ヲ、ナヲソウト思ヨト、仰ラレ候。御兄弟以下、御申ニハ、一度仏法ニ、アタヲナシ申候人ニ候ヘハ、イカ、ト御申候ヘハ、仰ラレ候。ソレソトヨ《(マヽ)》、アサマシキコトヲ云。心中タニ、ナヲラハ、ナニタルモノナリトモ、御モラシナキコトニ候ト、仰ラレテ、御赦免候テ、ソノ時、御前ヘマヒリ、御目ニカ、ラレ候トキ、感涙、畳ニウカミ候ト云々。而シテ、御中陰ノ中ニ於テ、蓮崇モ寺内ニテスキラレ候[67]。

右によれば、蓮崇は国を「クツカエシ」という重大な過失を犯したために、「御門徒ヲハナサレ候」とて、破門処分を加えられていた。その蓮崇が、蓮如病臥の報に接して山科にやって来たものの、その佗言を取り次ぐ者はいなかった。ところが蓮如がふと、蓮崇を「ナヲソウ」＝処分解除しようと思うと仰せになったのである。実如やその兄弟衆は、一度仏法に「アタ（仇）」をなした者を赦免するのは反対であると述べられたが、しかし蓮如は、心中を改めて悔恨の念を示したならば、阿弥陀如来の救いから漏れることはないと仰せられて、赦免されることとしたのである。かくして蓮崇は拝謁がかなうこととなったので、感涙は止まるところなく、蓮如が死去した後には満中陰まで、蓮崇は寺内に滞在していた、と述べられているのである。

この記事で注目したいのは、文明七年（一四七五）八月二十一日の一揆敗北の責任を問われて、蓮崇には破門処分が加えられたこと、そしてそれが解除されるのは明応八年（一四九九）三月の蓮如死去の直前であったこと、この二点である。しかるに翻って考えてみるに、破門処分は果たして蓮崇ひとりだったのであろうか。前述したごとく、越中瑞泉寺へ敗走した門徒衆は「坊主弐百余人」、また彼らを主導した総大将格は瑞泉寺蓮乗、侍大将格は「両使」を務める洲崎慶覚・湯涌行法などであって、そのほかに「百姓町人男女とも、其数不知」とも記されていたが、蓮崇と同様、彼らに対しても破門処分が加えられていたと想定すべきなのではあるまいか。なぜならば、蓮如が彼ら一揆衆と無関係であることを対外的に明示するためには、破門処分を加える以外に方法はなく、もし破門処分としなければ、必然的に攻撃の責任はすべて蓮如に懸かってくることとなるからである。ただし総大将格の瑞泉寺蓮乗については、蓮如の実子（二男）という立場でもあるから、破門処分が加えられることはなかったかもしれない。

かくして「加州一国之土一揆」と称された門徒衆は、文明七年八月の敗北に伴って蓮如から破門処分を加えられたに違いなく（処分は攻撃に参加して敗走した者たちに限られ、加賀門徒衆全体に及ぶものではなかったと思われる）、この状態は政親滅亡の長享二年（一四八八）までは継続されたことであろう。さらに蓮崇の破門処分については、明応八年まで解除されることがなかったのである（ただし瑞泉寺蓮乗を除く）。

いまひとつ蓮崇に関して注目すべきは、彼がこの直前に下付された①親鸞絵像・②親鸞伝絵（四幅一組）の二点が現在、能登「恵光寺文書」・山城「常楽臺文書」に残されている点であって、それぞれの裏書には蓮如が次のごとくに下付文言を記入している。

①「（親鸞絵像ノ裏書）

「（釈蓮カ）」如（花押）

文明七歳□（乙）末□□（八月カ）八日

越前国葦（足）羽郡北庄□（浜カ）

大谷本願□（寺カ）親「（鸞聖人真影カ）」

②「（親鸞伝絵ノ裏書）

願主釈「　　」（蓮宗カ）」(68)

釈蓮如（花押）

文明七年乙未八月八日

越前国葦（足）羽郡北庄浜

願主釈蓮宗（下間）」(69)

大谷本願寺親鸞聖人之伝絵

右に引用したのは、前者①が親鸞絵像の裏書、後者②が親鸞伝絵の裏書（四幅ともに裏書は同じ）であって、いずれも文明七年八月八日付けで蓮如から、越前国葦羽郡（足羽郡）北庄（キタノショウ）の浜町（ハママチ）に居住する蓮宗に充てて、絵像を下付すると見えている。浜町（現在は福井市中央三丁目と改称）(70)は、北陸道が足羽川を渡河する地点の北岸（右岸）にあって、人馬の継ぎ立て問屋や宿が立地していたと思しく、古代には「阿味」と呼ばれる駅家の所在地に比定され、近世には「九十九橋」が架設されて一層発展した繁華街である。また三国湊から九頭龍川～足羽川を遡上した川舟の接岸地点でもあった。その住人密集地に道場を構えたのが蓮宗なのであるから、彼には相当の人脈と経済力とが備わっていたことは疑いないところであろう。

問題とすべきは、この蓮宗に下付された親鸞絵像①がいま能登恵光寺に保有され、また親鸞絵伝②は山城常楽台に保有されているという事実であって、なにゆえにこうした所有関係の移動が発生しているのであろうか。換言すれば、蓮宗と、能登恵光寺および常楽寺蓮覚（この頃には隠居して越中証願寺にあった）との間に、いつ、どのようにして接点が生じたのであろうか。

詳細は別稿(71)において論ずるが、こうした状況が生ずるためには、蓮宗が蓮如から破門処分を加えられた文明七年八月二十一日の時点で、能登恵光寺も常楽寺蓮覚も、ともに吉崎に滞在していたと想定しなければなるまい。すなわち、蓮崇が破門処分を受けたことで、彼はこれ以降の道場坊主としての活動を停止せざるを得なくなり、下付された二点の絵像を無事に保管できるかどうかが、緊急かつ深刻な課題となってしまったのである。そこで彼は、蓮如が無事に逃避したことを確認した後、これら絵像の保管を要請できる人物を探したのであろう。その結果、能登恵光寺と常楽寺蓮覚とに依頼することとなったに違いない。彼らは政親攻撃軍に参加しておらず、そのために破門処分を加えられてはいなかった。かくして能登恵光寺と常楽寺蓮覚の両人は、戦乱が一段落ついた後、それぞれが託された絵像を所持して帰国したのであり、そしてそれらの絵像はついに返却されることなく、現在に至っているのであろう。

この二点の絵像と同様、蓮崇から保管が託されたもう一つの遺品として、いわゆる蓮崇本「御文」を指摘することができる。これは能登珠洲「西光寺文書」に伝えられるもので、蓮崇の筆によって一八通の御文が筆写・収録されて冊子本に仕立てられており、蓮如はこの表紙の次紙に、次のごとき**37**「端書」をしたためている。

37端書云。

右斯文トモハ、文明第三之比ヨリ、同キ第五之秋ノ時分マテ、天性コ、ロニウカムマ、ニ、何ノ分別モナク、連々ニ筆ヲソメオキツル文トモナリ。サタメテ文躰ノオカシキコトトモ、アリヌヘシ。マタコトハナントノ、ツ、カヌコトモアルヘシ。…（中略）…

于時文明第五、九月廿三日ニ、藤嶋郷ノ内林之郷、超勝寺ニオイテ、コノ端書ヲ蓮崇所望ノアヒタ、同廿七日申ノ剋ニイタリテ、筆ヲソメオハリヌ。

釈蓮如（花押）[72]

すなわち、この「文」の冊子本は文明三年頃から文明五年秋までのものを含み、心に浮かんだことを分別なくそのまま書き留めているから、文体のおかしな点や言葉の不備もあるであろうとしたうえで、文明五年九月二十三日に藤嶋庄林郷の超勝寺において、下間蓮崇がこれの書写を希望したので、それが完了した二十七日申刻に蓮如がこの「端書」（奥書に相当する）を記入した、と見えている。

蓮崇が御文の案文群を拝借した文明五年九月二十三日というのは、第五項に述べたごとく、加賀山中村での湯治（二十二日）から藤島超勝寺に戻ってきた日であって、蓮如はそれからまもなくに帰洛する意向を持っていた。蓮崇は側近の立場として当然そうした予定を知らされていたから、出立するまでの暫しの間を最後の機会と捉えて、案文群の借覧と書写を申し出たのであり（ただし実際には帰洛が叶わず、吉崎へ戻っている）、二十七日にそれが完成したので、蓮如は**37**「端書」を記入したのである。

考えるべきは、この蓮如の所持した「御文」冊子本が、なぜいま能登「西光寺文書」に転じているのか、である。そしてその理由としては、前述した絵像二点と同様、文明七年八月二十一日の戦乱のただ中で蓮崇が、たまたま吉崎に滞在していた能登西光寺に、この冊子本の保管を依頼したからであろう。そして返却の機会はついに得ることなく、現在に至ってしまったものと思われる。

さて、再び蓮如の脱出行に立ち戻って検討を続けよう。間一髪のところで政親勢の手を逃れた蓮如は、海上に漕ぎ出してまもなくに、その安堵感から次のような和歌を詠んでいる。

海人の　炬火つてに　こく船の　行衛もしらぬ　我身なりけり
終夜　たゝくふなはた　吉崎の　鹿島つゝきの　山そ恋しき[73]

右は「蓮如尊師行状記」に記載される和歌であって、前者では、「海人」＝船頭は「炬火」（篝火または松明）を灯して舟を漕いでいるが、乗っている「我」＝蓮如はその行く先も知らない、と詠んでいる。先引した「天正三年記」で脱出は「暁」のこととされていたが、この前者からは、それが炬火を必要とする未明の事件だったことが判明する。よって、蓮如の吉崎離脱は決して平穏裡に行われた事柄だったのではなく、敵勢に捕縛・殺害される恐怖に怯えつつ、未明に命からがらその手を逃れたというのが実態だったとしなければならないのである。また後者では、二十二日の朝を迎えるまで、舟端（＝舷側）を打つ波の音にも緊張していた彼の心境が看取でき、明るくなってようやくに、吉崎から鹿島（鹿島神社の社叢）に続く山を思い起こす余裕が得られたと詠んでいるのである。

従来の理解においては、**107**「吉崎之弊坊ヲ、俄ニ便船之次ヲ悦テ」との表現に惑わされて、蓮如の吉崎離脱は平穏裡に行われたごとくに考えられていた。しかし実態は全く異なっていて、たまたまの便船だったわけでもなく、また平穏裡だったわけでもなかったのである。蓮如は、敵勢に捕縛・殺害される恐怖に震えつつ舟を待ち、翌二十二日未明に蓮崇の回航させた舟に乗り、炬火を頼りとして脱出したのである。そして若狭小浜→丹波→摂津富田→和泉堺と辿って、河内出口坊（のち光善寺）へ入るのであるが、ここに到着したのは九月四日のことだったに違いない。

出口に到着したその翌日、蓮如は次のような絵像裏書を染筆している。

「（親鸞絵像ノ裏書）

釈蓮如（花押）

文明七年乙未九月五日書之。

（「親鸞聖人真影」脱カ）

河内国茨田郡中振郷出口村中之番

新造弊坊之常住物也。」(74)

すなわち、文明七年九月五日にこの親鸞絵像裏書を染筆して、出口村の「新造弊坊」の常住に下付すると記されている。この日付に基づくならば、九月五日に蓮如が出口坊（のち光善寺）に滞在していることは確実であるから、おそらくはその前日の四日に、彼はここに到着していたものと推測される。

なお、出口坊が「新造弊坊」と呼ばれている点に注意するならば、出口坊完成はこの直前だったと考えられ、またその位置付けは別院（掛所とも）であったとしなければならない。しかりとすれば、出口坊建設の作業工程は、吉崎坊再建工程とほぼ並行していたに違いなく、このことは蓮如の行動計画が、吉崎坊の次には出口坊へ移動・居住するものだったことを示唆しているのであろう。つまり出口移動は、吉崎離脱後に急遽決まった事柄ではなく、かなり以前から予定されていたものと思われるのである。

最後に、三河「無量寿寺文書」に残される次の親鸞絵像裏書についても検討を加えよう。

「（親鸞絵像ノ裏書）

釈蓮如（花押）

文明七季乙未九月七日

三河国吉良庄西条羽塚

大谷本願寺親鸞聖人御影

无量寿寺之常住物也。

願主釈了順

」(75)

右の親鸞絵像裏書によると、文明七年九月七日付けで蓮如から三河無量寿寺の了順に充てて、親鸞絵像を下付すると見えている。注目すべき点はこの日付であって、出口に到着したわずか三日後の九月七日付けとなっているのである。

河内出口から三河の無量寿寺（愛知県半田市成岩本町四丁目）までは、陸上約一一〇㎞と海上（伊勢湾）約二〇㎞の道程であるから、徒歩で約三日間、往復では約六日間を要したに違いない。とすれば了順は、蓮如の出口到着の報を得て三河から駆け付け、持参の絵像に裏書染筆を求めたと想定することは困難であろう。つまり了順は、蓮如が吉崎を離脱する時点ですでにここに来ていたに相違なく、その逃避行に随伴して身辺警固の任に当たったと推測しなければならないのである。そして出口に到着して三日後に、彼は持参していた絵像を蓮如に示して裏書染筆を要請し、それが実現して右の裏書を得たのであろう。つまり、蓮如と同様に了順もまた、戦火をくぐり抜けていたことが確実なのである。

十三　その後の吉崎坊（第三次吉崎坊）

蓮如が離脱した後の吉崎坊は、焼け落ちたままで当分の間は放置されていたと想像される。けれどもやがてはこれを再建する動きが出てきたに違いなく、その契機としては長享二年（一四八八）に蜂起する加賀一向一揆に注目しなければならない。『朝倉始末記』[76]によれば、政親は高田派に味方する「法敵」と断ぜられて、六月八日に高尾城で自害に追い込まれ（三二歳もしくは三四歳）、翌九日に城は完全に制圧されてしまうのである。かつて吉崎坊を焼き討ちした政親に対する、蓮如と門徒衆による意趣返しと解さねばなるまい。

政親の滅亡を知った蓮如は、そこで「文明七年政親攻撃軍」（越中敗走衆）に加えていた破門処分を、まもなくに解除した可能性が高いであろう（ただし下間蓮崇を除く）。別稿[77]で論ずるところであるが、蓮如は翌長享三年（＝延徳元年、一四八九）と思しき二月六日付け書状により、懇志三〇〇〇疋（三〇貫文）の進上に対応して門徒中の「免許」を容認していることが知られ、これこそは破門処分の解除を意味する措置ではないかと思われる。

加賀ではその後、富樫泰高が新守護に就任する。「天正三年記」には、

加州ニ又、富樫次郎政親イトコ（マヽ）ノ富樫安（泰カ）高ト云ヲ取立テ、百姓中合戦シ、利運ニシテ次郎政親ヲ討取、安高ヲ守護トシテヨリ、百姓取立ノ富樫ニテ候間、百姓等ノウチツヨク成テ、近年ハ百姓ノ持タル国ノヤウニ成行サフラフ事ニテ候。

と記されているから、百姓＝本願寺門徒衆によって擁立された泰高は主導的支配権を確立できず、そのために「百姓ノ持タル国」のようになったと語られているのである。

ところが、こうした事態を見た将軍足利義尚（寛正六年〈一四六五〉誕生～延徳元年〈一四八九〉三月二十六日死去、二五歳）は蓮如に対し、政親打倒に参加した門徒衆を破門処分すべしと強く求めるに至った。

一（第九九項）、将軍家義尚ヨリノ儀ニテ、賀州一国ノ一揆（「土」脱カ）、御門徒ヲハナサルヘキトノ義ニテ、賀州居住候御兄弟衆ヲモ、メシノホセラレ候。其時、前々住上人（蓮如）仰ラレ候。賀州ノ衆ヲ、門徒ヲ放スヘキト、仰イタサレンコト、御身ヲキラルルヨリモ、カナシク思召候。何事モ不知尼入道ノ類ノコトマテ思召ハ、何トモ御迷惑、此事ニキハマルト、仰候由候。御門徒ヲ放ル、ト申コトハ、一タン善知識ノ御上ニテモ、御カナシク思召候コトニ候。(78)

右は「蓮如上人一語記」第九九項の記述であるが、それによれば、富樫政親滅亡の報に接した将軍足利義尚が、蓮如に対して「賀州一国ノ一揆（「土」脱カ）」を門徒の地位から破門処分とするよう命ぜられた。そこで蓮如は加賀在住の「御兄弟衆」（三男蓮綱兼祐・四男蓮誓康兼の二人を指すか、一男蓮乗兼鎮はすでに加賀若松に隠居）を召し上せられて協議し、加賀門徒衆を破門処分とすることは、「御身ヲキラルルヨリモ、カナシク……御迷惑、此事ニキハマル」と述べられた、と記されているのである。

かかる状況となって、蓮如がとるべき選択肢としては、①指示に従って門徒衆に破門処分を加えるか、または②みずからが引責して隠退するか、このいずれかしかなかった。かくして蓮如は、②みずからが引責隠居する、との結論を下したのであって、翌延徳元年（一四八九）八月二十八日、五男実如に寺務管掌権を委ねて、蓮如は山科南殿に移動＝隠居したのである[79]。

さて、長享二年六月の政親滅亡により加賀からの攻撃を受ける危惧がなくなったことで、吉崎では本坊（第三次）を再建する動きが起こってきたと考えられる。まず建設資金の奉加を呼びかける動きかけが長享二年後半に開始され、これに並行して資材の調達・加工と、敷地の再整備も始められたことであろう。そして翌長享三年（＝延徳元年、一四八九）春には、早くも建立事業に着手した（いわゆる建て舞い）のではなかろうか。

この第三次吉崎坊の建立事業を主導したのは和田本覚寺蓮光[80]であって、彼は資材組立作業が一段落した棟上げ式の時点で、事業の順調な進捗を山科の蓮如に報じたと思しく、それに対して発せられた蓮如返信が次の**273**である（**図7**）。

273　又［　］の本り［　］尓て、それの御煩のミ尓て候へく候。

吉崎事、留守之儀、於于今無等閑事候間、悉皆それの可為計候間、心安覚候。仏法不思議之事候間、さのミ煩もある間しく候。乍去、老躰事候間、御身労（辛）、推量申候。愚老も、事外老屈候之間、迷惑尓て候。毎事期後信候。恐々謹言。

五月十日（長享三年＝延徳元年）　蓮如（花押）（P型＝ムスビ縦長4型）

本覚寺（蓮光）御房[81]

右によれば、吉崎坊の留守管理（つまり再建事業の推進）について、今に至るまで等閑な

長享3年（延徳元年、1489）
5月10日
能登「常福寺文書」

く行われている由で、すべて「それ」＝本覚寺蓮光の指図に従うこととなっているから、安心していられる。仏法による不思議な威力が奏功して、さしたる煩いもないに違いない。しかしながら蓮光はすでに「老躰」であるから、その「御身労」＝辛労が著しいであろうことは十分に推量できるところである。愚老＝蓮如ももはや「老屈」の状況であって、なにごとにも「迷惑」＝苦労が伴うところである。その他のことは後信を期したいと思う、と述べたうえで、さらに尚々書では、諸事について「それ」＝蓮光に煩いをかけるばかりで恐縮である、と追記しているのである。

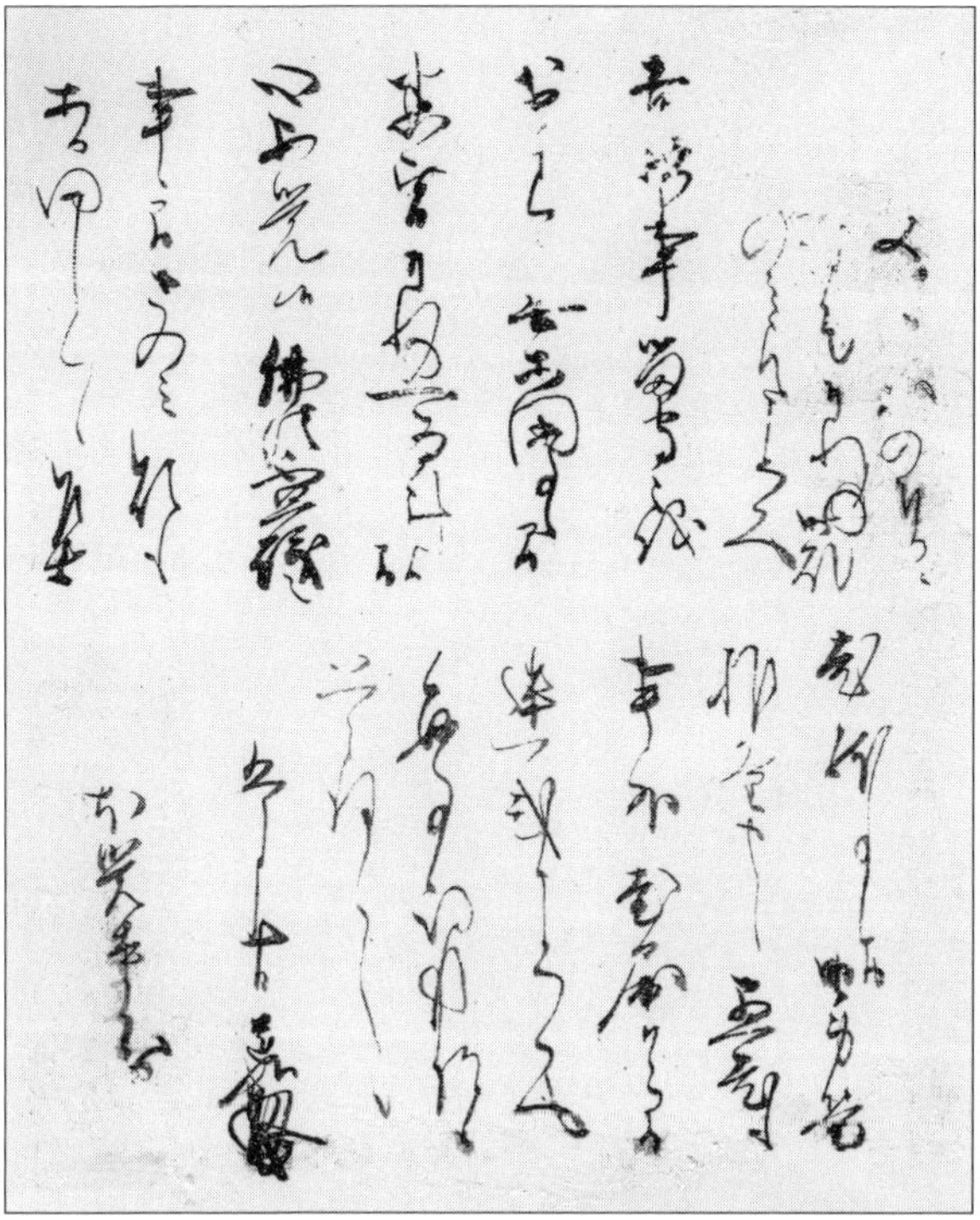

図7：長享3年（延徳元年、1489）5月10日付け、蓮如書状
—能登「常福寺文書」

日付が五月十日である点から考えるならば、晩春に着工された本坊の資材組立作業が、二ヶ月経って棟上げ式を迎えていたことはまず間違いなく、これを見て本覚寺蓮光は順調な進捗状況である旨を蓮如に報告し、それに対して右の返信[273]が執筆されたのであろう。長享三年（＝延徳元年、一四八九）という紀年の推測はまず間違いないと思われ、すでに七五歳となった蓮如はみずからを「老屈」と表現しているが、充所の本覚寺蓮光に対しても「老躰」との表現を使用しているので、蓮光は蓮如とほぼ同年齢だったと解すべきであろう。

なお、この返信を国許の本覚寺蓮光にまで運んだのは、現所蔵者たる能登常福寺の当時の住持であろう。とすれば、常福寺はたまたま吉崎坊の再建現場を訪れた際、蓮光からその書状を山科にまで届けるよう要請されたのであろう。そして彼が蓮如返信273を拝受して蓮光に届けた後には、もはやこの返信は不要となるから、常福寺はその譲り受け（下付）を申し出たに相違なく、その結果、それが認められて273はいま常福寺に遺存することとなったのであろう。

以上のごとくに第三次吉崎坊の本坊は、延徳元年晩春に着工され、五月上旬には棟上げ式を迎え、そして初秋には完成に至っていたに違いない。この報を聞いた蓮如は、自分の責務はこれで果たされたと考え、隠居の手続きとして南殿移動を実行したのであろう。前述のごとくに八月二十八日の隠居は、門徒衆破門を避けるための引責行動だったとしてまず間違いないが、その行動がなんらかの事件を契機としたものだった可能性は高いと思われる。よって、第三次吉崎坊の本坊の竣工式当日、つまり八月二十八日に、蓮如は南殿へ移動して隠居したのではないかと考えられるのである。

さらに引き続き、吉崎坊のその他の堂舎（付設の庫裏・書院）や鐘楼も、翌延徳二年（一四九〇）秋までには完成していたに違いなく、蓮如はその落慶法要の日に合わせて、実如充ての譲状254[82]を執筆したのではなかろうか。つまり蓮如が譲状を執筆した延徳二年十月二十八日とは、第三次吉崎坊の落慶法要の当日だったと考えられるのである。

さて、この第三次吉崎坊の管掌者について語る史料が、『大乗院寺社雑事記』明応三年（一四九四）六月晦日条である。

大谷法印、細呂（宜脱カ）郷内吉崎、福琳坊

山階大谷法印 ─┬─ 山階大納言光兼（実如）　高倉兵衛督（永継）姉聟
　　　　　　　├─ 細呂宜吉崎　兵衛督（高倉永継）メヰ聟
　　　　　　　└─ 加賀国福輪坊　勧修寺大納言（教秀）聟(83)

右によれば、明応三年六月の段階で「大谷法印」＝蓮如は山階（山科）に居住し、またその子「大納言光兼」＝実如も山科に居住していて、この実如は高倉兵衛督永継の儲けた娘のうちの「姉聟」に該当すると注記されている。次いで細呂宜郷吉崎には、同じく高倉兵衛督永継の「メヰ聟」に当たる人物が居住し、さらに加賀福輪坊には勧修寺大納言教秀の娘の「聟」に当たる人物が居住していると見えている。

この記事が『大乗院寺社雑事記』に特記された理由は、蓮如の子息のうちの三人が、公家出身の配偶者を得ている点を書き留めることが目的であった(84)。この点を「大谷嫡流実記(85)」の記事によって確認するならば、実如の妻如祐尼については、「高倉中納言永継卿女、大永五年二月五日落飾、法名如祐、享禄三庚寅年十二月七日卒」と記されている。次いで「福輪坊（福琳坊）」とは正しくは「北隣坊」で、蓮如三男の蓮綱兼祐に当たり、その妻如宗尼については、「勧修寺贈左大臣教秀公女、法名如宗、永正十一年夏逝去」と記されている。

そして最も重要な点は、後柏原天皇（寛正五年〈一四六四〉誕生～大永六年〈一五二六〉四月七日死去、六三歳、後土御門天皇の第一皇子）と、贈左大臣勧修寺教秀女たる藤子（豊楽門院、如宗尼の姉）との間に、第二皇子として後奈良天皇が生まれていること、および、後柏原天皇と高倉永継女（実如の妻の妹）との間には、第三皇子として尊鎮法親王が生まれていることである。つまり、後柏原天皇と蓮綱兼祐は、それぞれの配偶者が姉妹（勧修寺教秀の娘）という関係によって、義兄弟に当たっており（いわゆる婭＝相婿、アイムコ）、また実如と後柏原天皇も、

それぞれの配偶者が姉妹（高倉永継の娘）という関係によって、義兄弟（姫）に当たっているのである[86]。

そこで本稿の主題たる吉崎坊に立ち戻ると、ここで吉崎坊管掌者とされる高倉兵衛督永継の「メヰ聟」とは、おそらく蓮如四男の蓮誓康兼が該当するのであろう。彼の妻「如専尼」について、「日野一流系図」[87]には「前権大納言持季女、法名如専」とあり、『尊卑分脈』では正親町権大納言持季に関して、「三木（参議）、中将、権大納言、従一、応仁元・十・四、出[88]」と記されているから、蓮誓の妻「如専尼」が公家の正親町家出身の女であることは疑いない。よって、吉崎坊の管掌者たる高倉兵衛督永継の「メヰ聟」とは、四男蓮誓に該当するとしてまず間違いないであろう。

この頃の蓮誓は、越中土山村にあって土山坊（光闡坊のち勝興寺）を経営しており、明応三年（一四九四）九月にはここを去って近隣の高木場坊へと移転することが知られている[89]。その彼が、おそらくは吉崎坊の管掌も兼務したのであろう（吉崎坊の宗門内における位置付けは別院＝掛所だったと思われる）。そしてこの点を踏まえて想像を逞しくするならば、長享一揆の総大将格として政親を打倒したのが蓮誓であった可能性は、決して小さくないように思われるのである。

さて、こうして第三次吉崎坊が建立されることと並行して、周辺には多屋も再建されたことは疑いなく、このうち本覚寺蓮恵（蓮光の後継者、明応二年には住持交代が確認できる）が建てた多屋については、次のような蓮如書状が残されている。

271 「（包紙ウワ書）
本覚寺御房　御返事　　信証院　蓮如」

猶々、草坊被取立候。礼物として、五百疋請取候。返々御煩之至候。又雖比興候、

明応７年？（1498？）
11月18日
越前「本覚寺文書」

折節持合候間、をりいろ一、進候。

抑為報恩講、鵝眼弐百疋、慥請取候。随而、色々重宝之桑染小袖、為褥絹、同綿壱把、千万〳〵懇志之至、難有覚候。殊毎年、以其褥、冬内令養生事にて、誠志至、難忘候。又於吉崎、草坊被取立由、申候。是又目出候。

年内無余日候間、来春可申候也。恐々謹言。

(明応七年カ)十一月十八日　蓮如（花押）(R型=ムスビ衰弱型)

(蓮恵)本覚寺
御返事(90)

右によれば、報恩講の志として本覚寺蓮恵から届けられた銭二〇〇疋を請け取った。また重宝とも言うべき桑染の小袖、褥（シトネ、布団の意）に用いる絹、同じく綿一把を届けられ、懇志の至りと感謝している。これからは毎年この褥を使用して、冬期間には養生に努めることとしよう。また吉崎において「草坊」を建てられた由で、これまためでたいことである。年内に残された日数は少ないので、来春に来られた際に話をすることとしたいと述べ、さらに猶々書では、「草坊」を建てられた礼物として五〇〇疋が届けられ、重ね重ねの配慮、恐縮している。返礼としてつまらぬ物であるが、手許にある「をりいろ（織色）」一点を進呈したい、としているのである。(91)

ここに語られるごとく、本覚寺蓮恵は吉崎坊に隣接させて「草坊」＝多屋を再建したのであって、その位置は文明年間と同様に「門内」であったと思われる。問題は右が発給された紀年であるが、ここに据えられた蓮如花押の形状はすこぶる小型で、筆勢も極めて弱々しい印象を与えている。よってこの書状は、死去（明応八年三月二十五日、八五歳）する直前の明応七年（一四九八）十一月に発給されたものと推測すべきであろう。吉崎坊（第三次）の延徳二年完成説からはかなり遅れた時点であるが、本覚寺の立場からは、門内多屋九棟の最後に再建が成就する

よう配慮していたに違いないのである。(92)

こうして第三次吉崎坊は延徳元年～翌二年に建立され、またその周囲には多屋が延徳～明応年間にかけて建設されたと思しく、その配置や規模は文明五年段階のそれを上まわるものとなったのである。そしてこの段階で追想的に第一次吉崎坊を描いたのが、近江「照西寺文書」の吉崎御坊古絵図（その原画）なのではないかと考えられる。

そこでこの吉崎御坊古絵図について、観覧の結果を述べておこう（**図3**・**図4**・**図8**参照）。

古絵図の法量は縦一六六・四cm、横一一六・七cmで、紙本に着色されている。(93)方位は、上方が西、下方が東となっている。

山頂平坦面の敷地の中央部に、本坊が東向きに描かれていて（**図8**）、その間口（桁行）は六間、奥行（梁間）も六間と思しく、(94)屋根は入母屋造り・平入りで、檜皮葺きのごとき描写となっている。本坊の正面には向拝（玄関）が設けられており、その屋根は向唐破風である。柱の配置は、間口では一間おきに七本、奥行では一間半おきに五本、ただし入口中央の一本は梁で支えて省略し、逆に向拝（玄関）を支えるための二本は追加して、合計で三六本の柱材を要したものと思われる。以上のごとき概要と数値に基づいて本坊の平面図を描くならば**図9**の通りであって、こうした規模・構造は第一次吉崎坊も第三次吉崎坊も、なんら相違はなかったと思われる。

次に、本坊の左手（北側）には付属建物二棟が描かれており、庫裏と書院に当たるものであろう。そのうちの一棟は、本坊と対比するならば、間口が六間、奥行は四間で、間口における柱の間隔は一間半と思しく、切妻造り・平入りで茅葺きに描かれている。他の一棟もほぼ同規模であるが、樹木に遮られて描写が不完全なために判然とはしない。

山塊の北東側の山麓には北大門があったが、しかし古絵図では「門屋敷」との注記があり、入母屋造り・平入り

図８：吉崎坊本坊（吉崎御坊古絵図の一部を拡大）

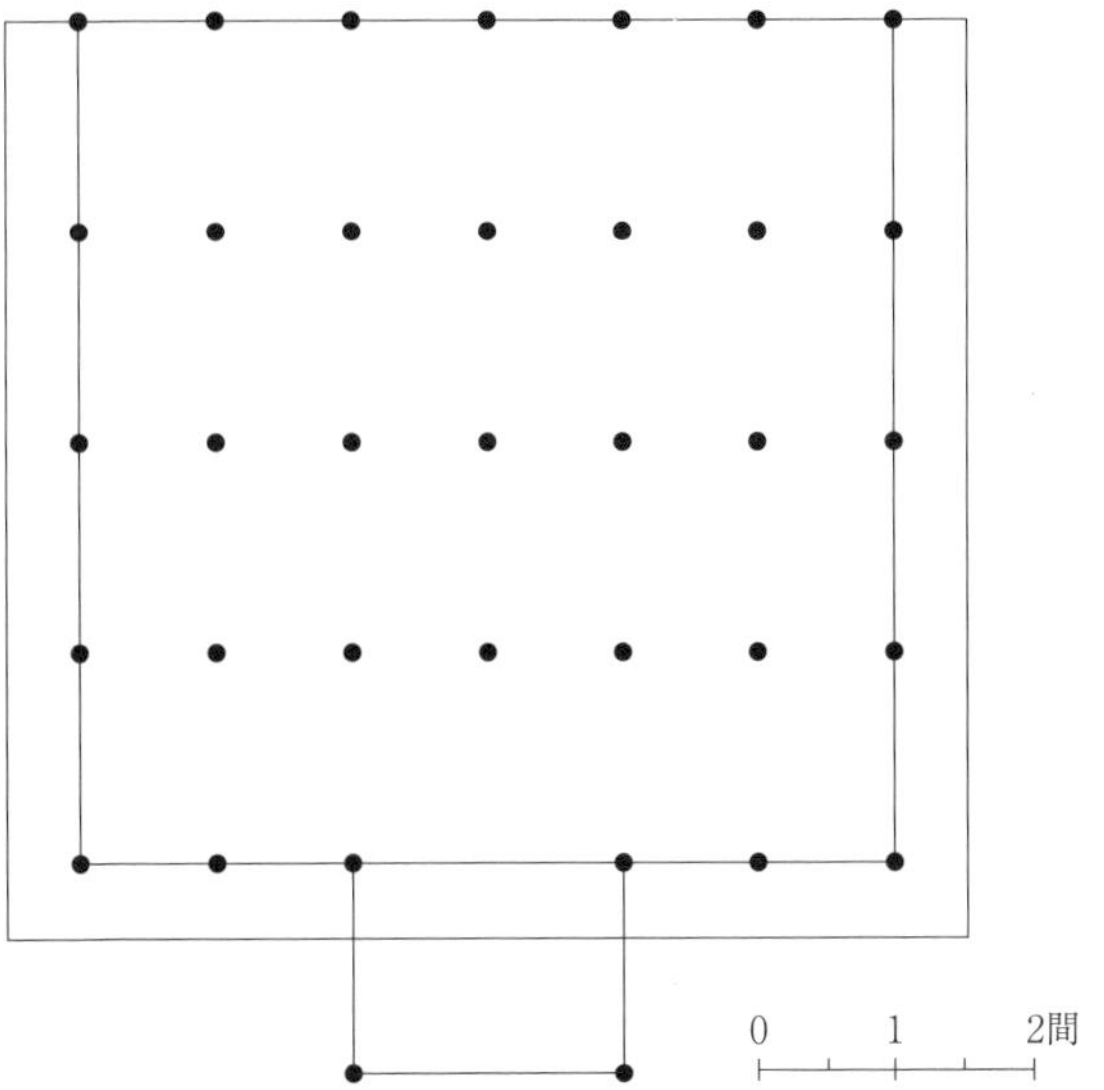

図９：吉崎坊本坊の平面図（推定）

で檜皮葺きの建物が見えている。第一次吉崎坊時代にこうした「門屋敷」が建設されていた可能性は低いから、これは第三次吉崎坊時代になって初めて登場した建物なのではあるまいか。本来の北大門は、おそらくは南大門に類似する構造だったであろう。なおこの「門屋敷」は、現在の願慶寺の前身に相当するものである(95)。

南大門については、画面の中央やや下部に、材木を柵状に並べて茅葺き屋根を載せた構造に描かれている。ところがその注記「南大門」は、全く不適切な位置（山塊の南側の湖岸）に記入されているので、我々の理解に大きな混乱をもたらしている。この古絵図を描いた画家（というより建物呼称の記入者）は、おそらく南大門の位置を適切に理解していなかったとしなければならず、この点がこの古絵図の持つ最大の欠陥である。

門内多屋九坊については、第一次吉崎坊時代のものが追想的に描写されていると思しく、その位置や構造は第三次吉崎坊時代にも踏襲されているに違いない。けれども第三次吉崎坊時代には合計四八坊の多屋が立地するにも拘わらず、増設の多屋三九坊はすべて省略されているのである。

門外多屋については一五〇棟とされていたが、古絵図にはごくわずかな建物しか描かれていない。そもそも画家の視野には、門外多屋は入っていなかったのであろう。

さて、第三次吉崎坊はその後、永正三年（一五〇六）八月までは繁栄を続けたことが疑いない。しかしながら、この月に蜂起した一向一揆が越前侵攻に失敗した結果、吉崎坊は朝倉氏の手によって破却（解体処分）されてしまうこととなる。『朝倉始末記』によれば、

其後(永正三年八月)、吉崎ノ道場、和田ノ本覚寺、超照寺(勝)、其外国中ノ道場ヲ破却シ、門徒類葉ヲ追伐シ、百姓・土民ノ所知分・私領等ヲゾ、没収セラレケル(96)。

とあって、越前侵攻を企てた一向一揆が敗北した結果、朝倉氏は「吉崎ノ道場」をはじめ、和田本覚寺・藤島超勝

寺などの越前国内の道場を破却し、また門徒類葉を捕縛・殺害し、さらには百姓・土民の所有地や領有地を没収した、と述べられているのである。

かくして第三次吉崎坊もまた失われてしまい、その後はついに再建されることなく現代に至っているのである。なお、慶長年間になって東派別院が吉崎山の北麓に建設されるが、次の蓮如絵像裏書はその際に下付されたものに違いない。

（蓮如絵像ノ裏書）
「　　本願寺釈教如（花押）
慶長十六辛亥稔二月廿八日
蓮如上人真影
越前国坂北郡細呂木（宜）郷
吉崎惣道場物也。」[97]

右によれば、慶長十六年（一六一一）二月二十八日付けで教如（東派）から吉崎村の惣道場（別院＝掛所に当たる）に対して、蓮如絵像を下付すると見えている。当然、この直前（慶長十五年〈一六一〇〉秋か）に建物は完成していたと思しく、その崇拝の対象物として蓮如絵像が下付されているのである。

おわりに

本稿の検討で明らかにできた点を、最後にまとめておく。

文明三年（一四七一）四月上旬に近江国志賀郡大津三井寺南別所を発った蓮如は、まず加賀二俣本泉寺に赴く。

この本泉寺には寛正元年（一四六〇）に二男蓮乗兼鎮が派遣され、前住如乗宣祐の養子となって寺務を管掌していた。そして如乗・勝如尼の間に生まれた女如秀尼が長ずるのを待ち、文明二年にこれと結婚して翌三年に第一子如了尼（蓮如にとって初めての内孫）を得ていたから、蓮如はこれを祝福するために訪れたのである。

ところが本泉寺には、未亡人たる勝如尼が同住するのはもちろん、蓮如四男の蓮誓康兼も同住していたらしい（文明元年に勝如尼に招かれたか）。かかる事態を憂慮した蓮如は、そこで文明三年五月二日〜七月十五日に越中土山村において新坊を建立し、ここに勝如尼・蓮誓を移転せしめた後、ようやく越前へと向かったのである。

越前国坂北郡細呂宜郷吉崎村に達した蓮如は、ここの久吉名に属する吉崎山（標高約三三m）の山頂部に、七月二十七日から吉崎坊を建立する事業に着手する。教団内におけるその位置づけは別院＝掛所だったと考えられ、土地は朝倉孝景から寄進を受け、この日に地鎮祭を執行して敷地造成作業を開始したのであろう。また同時に資材加工作業にも着手したと思われるが、資金調達のための奉加要請はこれに先行して実施されていたに違いない。

蓮如が吉崎山を堂舎建立地に選んだ理由としては、第一に移動手段として船を利用できる利便性がある点、第二に急峻な崖と北潟湖とに囲まれて要害性に富んでいる点、そして第三としては、伽藍の背後（西側）に無住の空間が確保されていて、「此岸」の堂舎と阿弥陀如来像が、「彼岸」の極楽浄土と阿弥陀如来に直結しているとの、宗教的一体意識を感得できる点、これらを指摘しなければならないであろう。

翌文明四年（一四七二）になって、まず三月上旬（四日か）に蓮如の継母如円尼の十三回忌法要が実施され、続いて「弥生中半」から資材組立作業が始まったらしい。この立柱（建て舞い）の盛儀には、蓮如の二女見玉尼・三女寿尊尼や、二男蓮乗兼鎮・三男蓮綱兼祐・四男蓮誓康兼などが参列していた可能性が高い。また同年四月下旬からは、並行して多屋の建設作業も開始されたと思われる。

第一次吉崎坊の本坊は、文明四年秋～初冬には完成していたことが疑いない。こうした観点に立って絵像とその裏書を探索した結果、山城「本願寺文書（西派）」に残される文明四年八月十六日付けの親鸞・蓮如連座絵像こそは、この吉崎坊本坊の竣工に合わせて蓮如が染筆・下付した絵像であることが判明した。そしてその下付日たる八月十六日とは、本坊竣工式の当日だったとしてまず間違いなく、またその充所は現住持の五男光養丸（実如）だったとすべきであろう。

かくして門徒衆はそれ以後、続々と参詣にやって来ることとなったので、蓮如は翌五年（一四七三）二月、門徒衆に対して群参することを禁止している。建設作業に支障が生じないよう計らうことが目的であったほか、旧越前守護代甲斐氏一派（応仁の乱における西軍方）の牢人衆が混入して、吉崎坊に来襲する危険性を防止するためでもある。蓮如はそこで防御のための「要害」を築かせ、また「造作」を急がせねばならなかった。

続いて文明五年に行われるべき作業は、本坊の北側に隣接して庫裏・書院を建設すること、馬場大路を整備して南大門・北大門を設けること、鐘楼や塀垣などを調えること、宿坊たる多屋を一〇〇～二〇〇棟建てること、である。そして蓮如は文明五年八月二日付けの御文で、作業の一部始終を振り返って感慨に浸っているから、おそらくこの日に伽藍完成を祝って竣工式が挙行されたのであろう（門外多屋はその後も建設が続いたか）。なおこの直前の文明五年七月、加賀山内庄にいた東軍富樫政親が、西軍富樫幸千代勢に攻撃されて敗れ、越前吉崎の蓮如のもとに来て「扶持」を受ける事態となっていたから、政親は八月二日の竣工式に臨席して眼前に盛儀を眺めていた可能性が高い。

ところで、この段階で建設された門内多屋九棟は、南大門（山麓の東側に位置した）と北大門（山麓の北東側に位置した）とで区画された敷地内（山頂平坦面に本坊が立地し、山麓傾斜面の南東側から東側にかけて門内多屋が立地した）に建てられていた。そしてその後次第に増加し、最盛期（永正三年の破却直前の頃）には、「山上」（ここでは山麓傾斜面の意）に門内多屋が四八棟、山麓平坦面（山塊の北東側～北側）に門外多屋が約一五〇棟、計約二〇〇棟の多屋が配置されることとなったらしい。初期の門内多屋の設置者（資金拠出者）としては、和田本覚寺、田島興宗寺、桂島照護寺、荒川興行寺、藤島超勝寺、「横根乗願寺」（正しくは加賀横根乗光寺か）、「川島専勝寺」（正しくは加賀河崎専称寺か）、そして越中赤尾行徳寺、加賀吉藤専光寺を指摘でき、彼らの門徒である法敬坊、空善坊、法円坊、順正坊、円広坊、善性坊、本覚坊、本広坊、敬聞坊が、門内多屋九坊の経営に携わったのである（近江「照西寺文書」吉崎御坊古絵図による）。このほか「番人五郎左衛門」は南大門警固に従事するとともに、門外多屋も経営していたに違いない。

山頂の坊敷地はややいびつな楕円形をしていて、長径は北西～南東の方向で約一五〇m、短径は北東～南西の方向で約一〇〇mある。本坊はその中央部に東向きで建てられ、その北側には庫裏・書院が付設されていたと思われる。

坊敷地の南東（長径の南東端）に出口（下り口）があり、ここから南向きに出て傾斜面を左曲線を描きながら下り、山塊のほぼ東側で山麓平坦面に達する。この坂道が馬場大路であって（幅員約二m）、その左右に点在する小さい平坦地（現況は畑地と山林原野）に、かつては門内多屋が立地したのであろう。そして現在の吉崎小学校南端のプール付近（山塊の東側）に南大門が位置していたと思しく、さらにその北西に当たる願慶寺の脇付近に北大門が位置していたらしい。なお約一五〇棟とされる門外多屋は、ほぼすべてが山塊の北東側～北側に建設されたと思われ、現在の吉崎の集落もこの範囲に展開している。

吉崎坊の完成を祝う落慶法要は、文明五年九月十一日に厳修されたに違いない。この日、蓮如は多屋内方（妻女）の心得を説く御文（いわゆる「内方教化御文」）を発しているが、その目的は内方の献身的な寄与を賞揚して謝意を表すためであって、法要直後の高揚感に浸りつつ作成しているのであろう。なおこの法要には、蓮如長男の順如（願成就院）が列席していたと思しく、彼はその後、文明七年八月まで吉崎に滞在することとなった。また、近隣に居住する二男蓮乗、三男蓮綱、四男蓮誓らも、同様にこれに臨席していたことは疑いないとしてよいであろう。

ところがこの九月十一日の午後遅くに、加賀西軍富樫幸千代勢の支援のもと、旧越前守護代甲斐氏一派（西軍）の牢人衆が乱入する気配が探知されたらしい。そこで蓮如は直ちに「内方教化御文」の執筆を中断して舟で吉崎を離れ、日本海を南下して九頭龍川～足羽川を遡上した後、北庄から藤島超勝寺へと歩んで、ここで難を避けることにしたのである。幸いに軍勢の乱入はなく、またその危険性もまもなくに去ったから、蓮如は九月二十二日、加賀山中へ湯治に出掛けている。おそらく順如もこれに同行したであろう。そしてやがて藤島超勝寺に戻った蓮如はそのまま帰洛しようとしたが、しかし門徒衆の強い慰留によってこれは叶わず、十月三日に吉崎に帰坊して、やがて親鸞御正忌（十一月二十八日）を迎える。そして一連の行事が終わった十二月八日、中断していた「内方教化御文」の残りを染筆したのである。

ところで、十月三日に吉崎に戻ってきた時点で蓮如は、「牢人」の出張に対応して「要害」を築かせるとともに、東軍政親を匿っているとして西軍幸千代方から所領没収などの処分を蒙らないよう、警固態勢強化のために多屋衆に衆議状への連署を求めることとした。その眼目は、仏法のために一命を惜しむことなく「合戦」すべしと衆議一決している点であって、その性格は合意文書というよりも、むしろ起請文（もしくは誓詞）に近いと言わねばならない。

さらに蓮如はその翌月の文明五年十一月七日、吉崎坊の運営方針として十一ヶ条定書を制定し、しかも門徒衆からは同日に、これを遵守する旨の「信心」＝誓詞の提出を命じている。そしてこれに応じた門徒衆にだけ「見参・対面」を認めたから、門徒衆に対する蓮如の統制力は著しく強化されたことであろう。この手続きは、一揆が組織される際の一味神水・契状作成とほぼ等しい内容であるから、この時点で吉崎坊においては、阿弥陀如来および蓮如を中核とする「一揆」が組織されたと解さねばならない。そしてこれが端緒となって、翌文明六年七月～十月の「加州一国之土一揆」の進撃につながるのである。

　こうして吉崎坊は完成に至り、またこれを警固する態勢が築かれたが、その半年後の文明六年（一四七四）三月二十八日の酉刻、坊は火災によって焼失してしまう。火元は南大門近くの「多屋本覚寺《（坊）》」で、折からの南風に煽られて、南大門から北大門にかけての門内多屋九棟と本坊一棟（付設の庫裏・書院を含む）、計一〇棟が焼失してしまった。けれども門外多屋へは延焼しなかったので、搬出できた仏具類や宝物類をここに運び入れ、また蓮如も当分ここで生活することとしたのである。

　蓮如と門徒衆との合議により、同年四月八日には早くも再建計画が立案されたらしい。蓮如がこの日の御文に焼失事件を詳細に叙述しているのは、再建の目途がついて心理的に余裕が生じたことを示唆するものであろう。そしてまず焼け落ちた資材を撤去し、地盤を固め直して敷地を整え、さらに新資材を調達して加工作業を行う。また一方で門徒衆には奉加を再度要請し、同年九月にはこれの目途もついたらしい。蓮如がこの月、再び焼失事件を振り返った御文を作成している点から、彼が失意・落胆の状態を脱していることはほぼ確実と思われる。

　ところで、吉崎坊焼失からしばらく経った文明六年七月、吉崎にいた富樫政親は加賀回復を目指して侵攻戦を開始することとした。彼は前年文明五年七月以来、ここに留まって扶持を受けていたが、この月に美濃斎藤妙椿の斡旋により、越前朝倉孝景と旧守護代甲斐氏との間に和睦が成立し、このことで幸千代勢の一角が崩れてしまったために、その間隙を突いて政親は進撃したのである。彼は蓮如に対し、加賀に復帰しても協力関係を維持するとの意向を示していたため、蓮如は門徒衆に政親支援を命ずることとした。

侵攻戦は文明六年七月二十六日の山内攻撃から開始され、十月十四日には幸千代方の蓮台寺城が制圧されて、ほぼ帰趨がつく。この合戦に当たって蓮如の御文では、法敵である高田派と守護幸千代勢とを退治するため、門徒衆が「加州一国之土一揆」を組織して立ち上がったのは「ムホン《謀叛》」に違いないが、東軍政親勢に同心した行動であるから道理があり、また将軍足利義尚の「御奉書」が百姓中に充てられたこともあるから、「加州一国之土一揆」は公的な軍事行動である、と述べられていることが知られた。

ところが政親は、復帰後まもなくしてこの「御恩」を忘れ、翌文明七年（一四七五）三月下旬頃には早くも門徒衆と対立する事態になったらしく、五月になると吉崎坊攻撃の姿勢さえも見せるようになるのである。

しかるに他方、吉崎坊本坊の再建事業は、文明七年二月下旬から開始されたと思われる。二ヶ月余が経った五月七日には柱組みが完成して棟上げ式を迎えていたと思しく、蓮如はこの日、十ヶ条定書を載せた御文を発して、門徒衆に結束して防御に当たるよう指示している。その文言からは、変心した政親が難題（課役の賦課か）を吹きかけ、蓮如がそれに困惑している様子も看取することができた。続いて文明七年七月十五日に蓮如は、また六ヶ条定書を御文に掲げているから、この日に本坊再建は成就した（竣工式）と推測されるのであって、六ヶ条定書とは第二次吉崎坊の運営方針だったとすべきであろう。そしてその翌日の七月十六日、蓮如は順如（長男）・実如（五男）や慶聞坊などを伴い、また近在の波佐谷坊蓮綱（三男）・土山坊蓮誓（四男）には合流を誘ったうえで、越中井波瑞泉寺の蓮乗（二男）のもとを訪れたのである（目的は政親攻撃のための戦術協議）。

それから一ヶ月経った八月二十一日、蓮如は門徒衆に命じて、変心した政親（蓮台寺城にいたか）を攻撃させることとした。総大将格は井波瑞泉寺の蓮乗、これを補佐した侍大将が洲崎慶覚・湯涌行法であったと推測される。ところがこの指示は裏目に出て、門徒勢は敗れてしまう。しかもこの政親攻撃の報は事前に朝倉氏に漏れていたと思しく、門徒勢が出陣した隙に朝倉経景勢・平泉寺勢が攻め寄せて来て、吉崎坊を取り囲んでしまった。その結果、まもなくに門徒勢が敗れて戻って来ても吉崎坊へは逃げ込めず、やむなく彼らは井波瑞泉寺まで長駆、撤退しなければならなくなる。そしてこの混乱のなかで、瑞泉寺蓮乗は落馬して大怪我をしたのである。かくしてその後、吉崎坊攻囲軍には政親勢も加わって、同日夜に吉崎坊は攻め落とされて焼かれてしまう。そこでその直前、蓮如はここを脱出して近隣の苫屋などに潜んだことと考えられる。

夜になって、越中へ敗走した門徒勢から使者（洲崎慶覚・湯涌行法）がやって来る。彼らは側近下間蓮崇を通じて蓮如に、政親との間の和睦交渉を要請しようとしたが、しかし蓮如は面謁すること自体を認めなかった。蓮如が身の安全を図ってここを離脱するためには、味方にも潜伏先を秘匿することは当然であって、やむなく使者は越中に戻って合戦継続の相談をすることとしたのである。他方で蓮如は、やがて下間蓮崇が手配・回航させた舟に順如とともに乗り、二十二日未明（午前0時頃か）に炬火と月明かりを頼りにしてここを離れ、若狭小浜を経て河内出口へと移動する（九月四日到着か）。けれども蓮崇は随行を認められず、残留を余儀なくされている。なお側近蓮崇や越中へ敗走した門徒勢に対しては、この時点で蓮如から破門処分を加えられた可能性が高い。なぜならば、破門処分を加えない限り、政親攻撃の責任はすべて蓮如に帰することとなってしまうからである（ただし二男蓮乗は処分から除外されたか）。

ところで蓮崇は、その直前の八月八日付けで蓮如から、親鸞絵像・親鸞伝絵に裏書の染筆を受けており、その文言から蓮崇は、越前国足羽郡の北庄浜町に道場を構えていたことが知られた。彼はこの二点の絵像を政親軍などの攻撃から守らねばならず、また破門処分を受けて道場経営が困難になったという理由も加わって、この時点でたまたま吉崎に滞在していた能登恵光寺と常楽寺蓮覚とに、当面の絵像保管を要請したらしい。そしてついに返還されることなく現在に至ったので、これらの絵像は能登恵光寺と山城常楽台にいま保有されているのである。

同様の経過でこの段階に蓮崇から能登西光寺に転じたものが、いわゆる蓮崇本「御文」冊子本である。これは蓮崇が文明五年九月二十三日～二十七日に書写し、その完成後に蓮如が「端書」（奥書に当たる）を記入して成立したものであるが、これを当分の間保管してくれるよう、蓮崇は能登西光寺に託したのであろう。しかし返却の機会はついに得られず、その結果、当該の冊子本は現在、西光寺に遺存しているのである。

これらとは別に、三河無量寿寺に伝存する親鸞絵像にも注目しておかねばならない。これは文明七年九月七日付けで蓮如から無量寿寺了順に下付されたものであるが、問題なのはこの日付が蓮如の出口到着の三日後に当たっているという点である。これを踏まえて推測するならば、了順はおそらく蓮如の吉崎離脱の直前にここに来ており、彼は蓮如に随伴して身辺警固の任を果たしつつ、ともに出口へと移動したのではあるまいか。そして到着後に持参していた絵像を蓮如に示して裏書染筆を要望し、これが実現して現在その絵像が無量寿寺に所有されているのであろう。

さて、焼け落ちた吉崎坊は、その後しばらく放置されたと想像されるが、長享二年（一四八八）六月八日に富樫政親が加賀一向一揆によって滅ぼされ（吉崎坊焼き討ちの意趣返し）、新守護に富樫泰高が就任して「百姓ノ持タル国」となった結果、門徒衆の間では吉崎坊再建の機運が急速に高まってきたことと推測される。この第三次吉崎坊の建立事業を主導したのは和田本覚寺蓮光であって、おそらく長享二年の後半には資金・資材の調達と加工、および敷地整備が施されて、翌長享三年（＝延徳元年、一四八九）春から本坊の資材組立に着手（建て舞い）していたのではなかろうか。そして棟上げ式が終わった時点で蓮光は山科の蓮如に進捗状況を報じ、五月十日付けの返信を得たものと考えられる。それによれば、吉崎坊の留守管理が蓮光の指示で行われていて安心であるが、蓮光は老体であるから辛労が著しいであろうと述べられ、また蓮如自身も「老屈」であるから苦労が多いと語っている。この時の使者は能登常福寺が勤めたらしく、目的の果たされた返信はその後、常福寺に付与（譲渡）されて現在に遺存しているのである。

かくして第三次吉崎坊の本坊は、延徳元年秋には完成していたと思われる。おそらく蓮如はこの報を得て隠居を決断し、八月二十八日に南殿へと移動したのであろう。この隠居は本来、富樫政親を倒した一揆衆への破門処分を回避するためにとられた引責行動であるが、その契機となったのは吉崎坊本坊の完成だったに違いあるまい。つまり南殿移動の八月二十八日とは、吉崎坊本坊の竣工式当日だったと考えられるのである。さらに翌延徳二年（一四九〇）には庫裏・書院その他の施設が建設されて伽藍全体が完成するから、これを聞いて蓮如は十月二十八日付けで実如充ての譲状を執筆したに違いなく、おそらくその十月二十八日には吉崎坊で落慶法要が厳修されていたことであろう。

この第三次吉崎坊を管掌したのは、『大乗院寺社雑事記』明応三年六月晦日条によれば、高倉兵衛督永継の「メキ聟」に当たる人物とされ、蓮如四男の蓮誓康兼がこれに該当すると思われる（越中土山坊との兼務）。しかりとすれば、長享一揆を指揮して政親打倒を果たした総大将格はこの蓮誓であった可能性が高く、その結果、吉崎坊の管掌権が彼に委ねられたのであろう。また周辺の多屋も追い追い建設されており、このうち本覚寺蓮恵（蓮光の後継者）が設置する「草坊」＝多屋は、明応七年（一四九八）十一月に完成したらしい。おそらくはこれが再建事業

（本坊と門内多屋）の最後の建物だったことであろう。

こうして延徳元年～明応年間にかけて、第三次吉崎坊と多屋が次第に調えられ、やがては文明五年段階を上まわる規模と配置で完成したのである。そしてこの明応年間に描かれたのが、近江「照西寺文書」の吉崎御坊古絵図（その原画）と考えられ、眼前に展開する第三次吉崎坊の景観を土台にして、追想的に第一次吉崎坊の情景が描写されたものと思われる。

本坊は六間四面の構造を持ち、檜皮葺きの屋根に向背・回り縁などを備えて描かれている。またその北側には庫裏・書院の二棟（それぞれ六間×四間か）が付設されている。けれども古絵図の一部には、第三次吉崎坊時代の建物が紛れ込んで描かれている可能性もあり、例えば北大門は本来は南大門と同様の構造だったと考えられるが、画面上では「門屋敷」と呼ばれる建物が描かれている（現在の願慶寺の前身に当たる）。

第三次吉崎坊は、永正三年（一五〇六）八月までは繁栄していたことが確実である。けれどもこの月に蜂起した一向一揆が越前侵攻に失敗した結果、朝倉氏は「吉崎ノ道場」や和田本覚寺・藤島超勝寺などを破却し、門徒衆を捕縛・殺害し、所有・領有する土地を没収する措置をとった。かくして吉崎坊の歴史はついに終焉したのである。

注

（1）「諸文集」（『真宗史料集成』第二巻、一三八ページ以下、同朋舎、一九七七年）。なお「諸文集」の編集者は第を「弟」と表記するが、かかる区別に意義は乏しいから（むしろ誤読と言うべきか）、すべて訂正してある。

（2）「拾塵記」（『真宗史料集成』第二巻、六〇一ページ）。

（3）谷下一夢氏「蓮如上人の吉崎占拠に就いて」（『歴史地理』第六二巻第四号、歴史地理学会、一九三三年。のち同氏『増補真宗史の諸研究』、同朋舎、一九七七年、に収載。また『蓮如大系』第一巻、法藏館、一九九六年、にも収載)。

(4) 笠原一男氏「蓮如の北陸進出」(同氏『一向一揆の研究』第二章、山川出版社、一九六二年)。

(5) 重松明久氏「蓮如の吉崎進出の経緯」(宮崎円遵博士還暦記念論文集『真宗史の研究』、永田文昌堂、一九六六年。のち同氏『中世真宗思想の研究』第二編第一章、吉川弘文館、一九七三年、に収載。また『蓮如大系』第一巻にも収載)。同氏「北陸における蓮如の活動」(『中世真宗思想の研究』第二編第二章)。

(6) 西川幸治氏「寺内町の形成—吉崎と山科—」(『仏教芸術』第六六号、毎日新聞社、一九六七年。のち『蓮如大系』第一巻に収載)。

(7) 井上鋭夫氏「一向一揆の発生」(同氏『一向一揆の研究』第四章、吉川弘文館、一九六八年)。

(8) 川崎千鶴氏「加賀一向一揆の展開—内部構造の変質を中心に—」(『日本史研究』第一〇六号、一九六九年。のち『戦国大名論集一三—本願寺・一向一揆の研究』、吉川弘文館、一九八四年、に収載)。

(9) 金龍静氏「加賀一向一揆の形成過程」(『歴史学研究』第四三六号、一九七六年。のち同氏『一向一揆論』第二章、吉川弘文館、二〇〇四年、に収載)。

(10) 遠藤一氏「加賀一向一揆の歴史的前提」(『仏教史研究』第一三号、一九八〇年、および『国史学研究』第七号、一九八一年。のち『戦国大名論集一三—本願寺・一向一揆の研究』に収載)。同氏「蓮如と文明六、七一向一揆」(『親鸞と人間』、永田文昌堂、一九九二年。のち『蓮如大系』第五巻、法藏館、一九九六年、に収載)。同氏「民衆の中の蓮如」(神田千里氏編『日本の名僧一三—民衆の導師蓮如』第四章、吉川弘文館、二〇〇四年)。

(11) 神田千里氏「加賀一向一揆の発生」(『史学雑誌』第九〇編第一一号、一九八一年。のち同氏『一向一揆と真宗信仰』第四章、吉川弘文館、一九九一年、に収載)。同氏「加賀一向一揆の展開」(『戦争の日本史一四—一向一揆と石山合戦』第二章、吉川弘文館、二〇〇七年)。同氏「蓮如の生涯」(『日本の名僧一三—民衆の導師蓮如』第二章)。

(12) 大桑斉氏「吉崎開創理念と文明五年九月御文群—『五帖御文』の思想序説—」(福間光超先生還暦記念『真宗史論叢』、永田文昌堂、一九九三年。のち同氏『戦国期宗教思想史と蓮如』第三章に、「〈ありのまま・いま直ちに〉の救済—一帖目の思想史—」と改題して収載、法藏館、二〇〇六年。また『蓮如大系』第一巻にも収載)。

(13) 大阪市立博物館『中世大阪の都市機能と構造に関する調査研究—越前吉崎「寺内」の調査研究—』(大阪市立博物館、一九九九年)。このうちには仁木宏氏「吉崎の歴史環境」、吉井克信氏「真宗史からみた吉崎とその周辺」、金井年氏「絵図から見た吉崎御坊周辺―照西寺本吉崎御坊絵図と明治期地籍図―」、中井均氏「吉崎御坊の構造―縄張り視点から見た現地遺構―」、酒井一光・大澤研一氏「照西寺本吉崎御坊絵図の基礎的検討」、大澤研一氏「吉崎「寺内」について―本報告書のまとめにかえて―」、などが収載される。なお「吉崎御坊跡」は、昭和五十年度（一九七五）に国指定史跡とされ、五十一・五十二年度に環境整備事業が実施される。また平成十六年度（二〇〇四）～十八年度には、記念物保存修理事業として事前発掘調査と環境整備工事が実施され、報告書として『吉崎御坊跡―国指定史跡保存修理事業報告書―』（『あわら市埋蔵文化財調査報告』第二集、福井県あわら市教育委員会、二〇〇八年）が刊行された。

（14）　木越祐馨氏「文明・長享期の加賀における「郡」について」（『講座蓮如』第一巻、平凡社、一九九六年）。同氏「政治権力と蓮如」（『日本の名僧一三―民衆の導師蓮如』第六章）。

（15）　蓮如が北陸に下向した経路については、琵琶湖舟運を利用して近江今津に達し、ここから若狭小浜まで徒歩（輿・駕籠もしくは馬上を利用したか）で辿った後、日本海を北上する廻船に便乗した可能性が高い。と言うのは、第五節で述べるところであるが、文明五年（一四七三）に長男順如が吉崎坊の落慶法要のために下向した際、彼はこの経路を辿っているからである（「天正三年記」―『真宗史料集成』第二巻、四一四ページ）。つまり、当時の最も一般的で容易な北陸旅行の方法は、琵琶湖舟運を利用し、さらに若狭小浜から日本海廻船に便乗するというものだったのである。なおこの場合、加賀大聖寺川から北潟湖に入れば吉崎村は目の前であるから、この利便性こそが吉崎山の選定理由の第一とすべきであろう。また順風ならば、小浜から加賀北部あたりまでが一日行程の範囲内だったので、本願寺による布教活動が加賀～越中で強力に展開された要因の一つとしても、この海上交通の利便性を指摘しなければならない。

（16）　吉崎坊の所在地について、御文107（文明九年極月二十九日付け）には「越前国坂北郡細呂宜郷ノ内吉久名之内、吉崎之弊坊」とあり、またこれに従って「拾塵記」（本文に引用）でも、「越前国坂北郡細呂宜郷吉久名之内、吉崎ノ御坊」と記されていて、所属の名は「吉久名」とされる。しかるに『大乗院寺社雑事記』文明六年十二月二十日条（『増補続史料大成』第三二巻、六一ページ、臨川書店、一九七八年）においては、「一、権預祐松来。就加州小坂庄事、細呂宜下方之内久吉名事、申合之。一向宗大谷居住所也」とあって、所属の名を「久吉名」と記している。そもそも名とは徴税のために設定された土地集合体であるから、代官祐松の情報に基づいた尋尊の記述の方が、正確な表記であったとしなければなるまい。これに対して蓮如は徴税に関与したことがなく、また御文107は吉崎を離れて二年後の執筆であるから、記憶が曖昧となって錯誤を犯した可能性も少なくないと思われる。なお「拾塵記」の執筆者たる実悟は、収集・筆写された御文を通覧してこの言行録を叙述していることは疑いないが、しかし現地吉崎に臨んだことはないのではなかろうか。

(17) 拙稿「光闡坊蓮誓の生涯と蓮如書状」(本書第十四章)参照。

(18)「蓮如上人塵拾鈔」(『真宗史料集成』第二巻、六二〇ページ)。

(19) 蓮乗は文明元年七月に蓮如から、次のごとき親鸞絵像を下付されているが、その契機は、瑞泉寺・本泉寺の経営が順調に展開するようになって、自信が得られたからであろう(「蓮如裏書集」第四〇号―『真宗史料集成』第二巻、三九三ページ。写真版は『真宗大谷派井波別院瑞泉寺誌』四二ページ、真宗大谷派井波別院瑞泉寺、二〇〇九年、に掲載されている)。

釋蓮如(花押)

文明元年己巳七月廿八日

越中国利波郡井波

大谷本願寺親鸞聖人御影

瑞泉寺常住物也。

願主　釋蓮乗

(20) 拙稿「常楽寺蓮覚充ての蓮如書状」(本書第十三章)参照。

(21) 10が執筆される文明三年七月十六日に、蓮如は加賀山中村の湯治場に門徒衆を集め、吉崎坊創建事業について協議したと思われる。その前日の十五日までは土山村に逗留していたであろうから、七月十五日こそは土山坊竣工の日と推測される。

(22) 7・8「加卜郡五ヶ庄ノ内……片山辺」がもし江沼郡片山津を指すならば、この地は柴山潟の湖岸に立地し、舟を利用すれば今江潟～梯川を経て日本海に抜けることができる。つまり吉崎と似た立地条件の地であるから、もしかすると蓮如は片山津あたりも、新堂舎建立の候補地として物色していた可能性があるであろう。蓮如の念頭では、舟を利用できることが最優先されていたと思われる。

(23)「蓮如上人御一期記」（『真宗資料集成』第二巻、五一〇ページ）では、加賀河北郡横根村の乗光寺に三日間逗留したとされている。

(24)「日野一流系図」（『真宗史料集成』第七巻、五二四ページ、同朋舎、一九七五年）。

(25) 本坊の完成が文明四年秋～初冬で、翌五年正月以降、参詣門徒衆が大挙やって来ることを見越して、蓮如は文明五年三月に『正信偈・三帖和讃』木版本を刊行している。その現物は、例えば摂津「浄照坊文書」に伝存しており（蓮如上人五百回遠忌法要記念『図録蓮如上人余芳』史料第三七号、五九ページ、浄土真宗本願寺派、一九九八年）、末尾の奥書には次のように記されている。

（「正信偈・三帖和讃」奥書―全文ガ木版印刷）
「右斯三帖和讃并正信偈四帖一部者、末代為興際（隆）、板木開之者也而已。
　　文明五年癸巳三月　日　（蓮如、木版）（花押）」

すなわち、「三帖和讃・正信偈」四帖一部を、末代の興隆のために開板するというのである。門徒衆はこの木版本を、吉崎参詣のいわば記念品として買い求めたであろうから、この文明五年三月の時点までに本坊が完成していたことは疑いないと思われる。なお蓮如としては、木版本の売上代金を建設資金に充当する計画だったこともまず間違いなく、そのためにはかなりの大部数を刊行する必要があったに違いない。ただし、木版本の制作作業それ自体が吉崎で行われた可能性は少なく、おそらくは京都などの刷師に発注されたと考えられよう。

(26) 山城「本願寺文書（西派）」（『図録蓮如上人余芳』一八ページ）。本絵像の写真版を掲載するに当たっては、平成二十八年（二〇一六）二月一日付けで浄土真宗本願寺派本山本願寺寺務所内務室から許諾（内務室〈法宝物〉発第一七三号）が与えられたので、ここに謝意を表しておきたい。

(27) 加賀「金沢別院文書（西派）」（親鸞聖人七百五十回忌記念事業『真宗の教え　北陸布教の道』調査報告書、一三〇ページ、真宗合同調査団事務局編集、浄土真宗本願寺派・真宗大谷派・北國新聞社・富山新聞社発行、二〇一二年）。拙稿「金沢別院所蔵の絵像三点」（本書第二章）参照。

(28) この**55**に「文明四年（ママ）正月ノ時分ヨリ諸人群集、シカルヘカラサル由ノ成敗」と述べられている点に基づき、文明四年に蓮如は早くも門徒衆の参詣を規制したとする説がある。しかし文明四年の時点ではまだ本坊は未着工であって、敷地が整備されて礎石が配置されたにすぎない段階であるから、門徒衆が参詣にやって来ることはあり得ない。

御文にはこうした誤字や誤記が少なくないから、分析には細心の注意を払わねばなるまい。

(29) この「牢人」を、井上鋭夫氏は「一向一揆の発生」(前注7)で、加州牢人富樫政親を指すとしておられるが、これは誤解である。木越祐馨氏「文明・長享期の加賀における「郡」について」(前注14)では、これを甲斐氏一派の牢人衆を指すと正しく認識しておられる。

(30) 「真宗懐古鈔」巻之上、吉崎御建立縁起(『真宗全書』第六九巻、国書刊行会、一九一五年初版、一九七六年復刻。または『大系真宗史料』伝記編五・蓮如伝、法藏館、二〇〇九年)。

(31) 拙稿「「内方教化御文」の用字について」(本書第十一章)で指摘したように、多屋内方に充てられたいわゆる「内方教化御文」の二点が、いま越中赤尾行徳寺と加賀吉藤専光寺とに遺存しているから、不明二坊の設置者はこの二ヶ寺に当たる可能性が高いと考えられる。

(32) 近江「照西寺文書」吉崎御坊古絵図(現在は京都国立博物館保管)。同絵図については、照西寺寺務代行たる西願寺(多賀町栗栖)住持の堂正史氏の御配慮で写真掲載が認められ(平成二十二年〈二〇一〇〉十二月十日付け)、また京都国立博物館からは特別観覧・写真掲載を許可されて(平成二十二年十二月二十七日付け、観第二〇一〇—〇六五六号)、筆者は平成二十三年(二〇一一)一月十二日に特別観覧を果たした。そのほか、あわら市吉崎公民館館長山本篤氏からも御教示を受けたので、各位にここで謝意を表しておきたい。なお同絵図の写真版は、大阪市立博物館『中世大阪の都市機能と構造に関する調査研究—越前吉崎「寺内」の調査研究—』一ページ(前注13)、蓮如上人五百回遠忌法要記念『図録蓮如上人余芳』七六ページ、小学館ウィークリーブック『新説加賀一向一揆』五ページ(『週刊新説戦乱の日本史』第三五回配本、小学館、二〇〇八年)、平成二十五年度愛荘町立歴史文化博物館夏季特別展『真宗の美—愛荘町の信仰と文化—』図録二四ページ(滋賀県愛荘町立歴史文化博物館編集・発行、二〇一三年)、などに掲載されている。

(33) 現在の山頂部には「蓮如上人銅像」(原像は高村光雲作、昭和六年〈一九三一〉の鋳造)が立てられており、昭和九年(一九三四)十月二日に東派大谷光暢法主の臨席で除幕式が挙行されている(『福井新聞』昭和九年十月三日付け)。けれどもこの銅像は北東向き(正確に言えば真北から右回りに約六〇度振れた方向)で設置されていて、寺院建築における方角の原則(東または南に正対させる)が踏まえられていないために、我々の現地における遺跡理解に重大な混乱を生ぜしめており、その悪影響は大阪市立博物館『中世大阪の都市機能と構造に関する調査研究

─越前吉崎「寺内」の調査研究─』（前注13）や、『吉崎御坊跡─国指定史跡保存修理事業報告書─』（前注13）において顕著に見られる。例えば、礎石と思しき「石」に基づいた遺構の発掘・復元作業において、東方に正対しない配置（北東を正面とする配置）の遺構を想定・復元するに至っているのであるが、このような建物が所在した可能性は絶無と断じてよい。そもそも浄土系の宗派では、信徒に西方の阿弥陀如来を礼拝させることを目的として、建物・本尊などは東向きに設置することが必須なのであって、この銅像にこうした配慮が欠けている点は悲しむべきところである。ただし、山頂平坦面の「いびつな楕円形」という形状に対応させて土木的発想で設計すれば、現状のごとき北東向きは最も均衡感・安定感の得られる配置方法であるから、無理からぬことではある。なお銅像設置の際に遺跡調査が実施されることはなかったに違いなく、さらに遺跡の一部に改変が加えられた可能性も否定できない（例えば大谷大学博物館「粟津文庫文書」吉崎之図に描写される礎石十数点を、いま現地で確認することはできない─次掲の注34）。よって本銅像は、速やかに解体して遺跡破壊の悪例という汚名を拭うか、さもなくば少なくとも東方に正対させて、彫刻家高村光雲の名誉を守らねばなるまい。なお福井新聞の記事については、辻仁左ヱ門氏編集の私家版『蓮如上人銅像建立関係記念写真人物探訪覚書』（一九八四年編集、越前市立図書館架蔵番号K一八八─T─一一五六四七）による。

(34)　大谷大学博物館「粟津文庫文書」吉崎之図（本稿掲載**図6**。または『真宗の美─愛荘町の信仰と文化─』図録二六ページ─前注32）によると、山頂平坦面のほぼ中央部には「三本松」（いまも現地に存在している）が描かれ、その周囲に「御堂御石居」として一七個の礎石が正方形の配置で描かれている。縦に五個、横に五個の配置となっているから、正確に全部を描写すれば二五個となるはずであるが、一部が省略されているため（もしくは失われているため）に、この個数となっている。この礎石の描写が信頼できると仮定すれば、本坊は六間四面だったと推測されるから、柱と柱の間隔はすべて「一間半」として建てられていたことになるであろう。けれどもこの構造では、吉崎御坊古絵図の分析（第十三節）から得られる結論との間に大きな齟齬が生じてしまうので、本稿では「粟津文庫文書」吉崎之図の描写には従わず、吉崎御坊古絵図の分析を重視することとしたい。なお筆者は、吉崎之図の写真版を、大谷大学博物館から平成二十五年（二〇一三）十月十一日付けで提供されるとともに、特別利用許可（谷大博発第一三─一一号）も与えられたので、ここに謝意を表しておきたい。

(35)　中井均氏「吉崎御坊の構造─縄張り視点から見た現地遺構─」（前注13）、および大澤研一氏「吉崎「寺内」について―本報告書のまとめにかえて―」（前注13）では、近年に舗装された登山道（自動車道）を「馬場大路」と考えておられるが、誤解である。現地の地形を見ればこれが該当しないことは一目瞭然であって、付近住民からの伝承や道路工事に関する聴取が不足していたのであろうか。この誤りは『吉崎御坊跡―国指定史跡保存修理事業報告書―』（『あわら市埋蔵文化財調査報告』第二集）にもそのまま踏襲されているので、注意が必要である。ただし江戸時代末期のものと思しき吉崎之図（前注34）にも、既にこの登山道が描写されているから、これを蓮如時代の「馬場大路」と即断しても無理からぬところではある。なお地元住民有志による馬場大路復元のための山林伐採・整備事業については、『福井新聞』平成二十七年（二〇一五）五月三十日（土）の記事による。

なお余談ながらさらに付言しておくと、国史跡指定に当たっては「馬場大路」と「門内多屋」の所在地が、指定範囲から除外されるという不手際を生じており、この結果、非指定の旧「門内多屋」所在地には乗り捨てられた軽トラックが放置されるという、荒廃寸前の危機的状況に既に立ち至っている。山頂平坦面だけが史跡指定されて保存措置が講ぜられても、これに付属した「馬場大路」や「門内多屋」の所在地が破壊されたのでは、吉崎坊の遺跡としての価値は大きく減殺されてしまうであろう。蓮如は「ヒトヘニ門徒ニ、ヤシナハル、ナリ」（「第八祖御物語空善聞書」―『真宗史料集成』第二巻、四三二ページ）との認識を示していたが、史跡指定の現況はあいにくと蓮如のこの意思には則しておらず、速やかな全面指定をここに強く提案したいと思う。

(36) 木立雅朗氏「考古学からみた山科と山科本願寺」（『戦国の寺・城・まち―山科本願寺と寺内町―』、法藏館、一九九八年）に掲載される図12「山科の土地条件図」が参考になる。同図は、竹谷誠一氏「山科の河川と灌漑用水」（『掘る・読む・あるく―本願寺と山科二千年』、法藏館、二〇〇三年）にも掲載される。

(37) 富樫政親の年齢については、死去する長享二年（一四八八）六月に三三歳との説が「官知論」（笠原一男・井上鋭夫氏校注『蓮如・一向一揆』二六八ページ、岩波書店、一九七二年）に見えている（ただし「官知論」異本では三四歳―『加能史料』戦国三、二九ページ、石川史書刊行会）。よって、誕生は長禄元年（一四五七）、元服は文明三年（一四七一）と計算できる。『誰でも読める日本中世史年表』三九〇ページ（吉川弘文館、二〇〇七年）では五六歳とするが、典拠不明の誤説である。

(38) 前田育徳会尊経閣文庫所蔵「富樫系図」（『加能史料』戦国三、七ページ）による。

(39) 「蜷川親元日記」文明五年七月二十三日条（『加能史料』戦国一、一七一ページ）。

(40) 井上鋭夫氏『一向一揆の研究』第四章第三節、三三五ページ。
(41) 大桑斉氏「吉崎開創理念と文明五年九月御文群―『五帖御文』の思想序説―」（前注12）においても、文明五年九月が蓮如にとって極めて重要な時点であったと指摘されているが、しかしなにゆえに重要だったかの理由（もしくは原因）については論及がない。
(42) 拙稿「「内方教化御文」の用字について」（本書第十一章）参照。
(43) 「天正三年記」（『真宗史料集成』第二巻、四一四ページ）。一部の誤植を訂正した。
(44) 伊勢下総守貞房の子は貞数（二郎左衛門尉・下総守）、孫は貞頼（二郎左衛門尉、下総守、法名宗五）と称した（「伊勢系図」―『続群書類従』第六輯上、一〇八ページ、続群書類従完成会）。年齢的には貞頼（順如の従兄弟に当たる）が該当するであろう。
(45) 順如の越前下向を聞いた細川政元は、次の前者の書状を順如に充てて発するとともに、後者の富樫政親充て書状を彼に託して、加賀能美郡郡家庄の円滑な管理維持を図ろうと企てていた（「細川政元朝臣家一冊」―『加能史料』戦国五、二六五ページ）。なお、前者の充所が順如となっている理由は、直接に蓮如充てとすることが憚られたためであるから、実際上は蓮如の権限を利用して郡家庄の支配回復を目指したものと解さねばならない。またその表記が「願成就院殿」となっている点から、彼は隠居の立場であることが判明する（正式の住持は光養丸＝実如）。

一、就安富四郎右衛門尉知行郡家庄之事、連々無御等閑之由、申候。祝著候。仍賀州御下向之由、承候。於公儀者、涯分可申達候。国之事、此時節、事行候様、被仰付候者、可為本望候。恐々謹言。

（文明五年）八月五日　（細川政元）政―

（順如）願成就院殿

一、安富四郎右衛門尉知行分、当国郡家庄之事、願成就院下向、申談子細候。可然之様、被加成敗者、可為本望候。恐々謹言。

（文明五年）八月五日　（細川政元）政―

（政親）富樫次郎殿

(46) 衆議状の性格に関して、細川行信氏「「大坂建立」の御文について」(『真宗研究』第一九号、真宗連合学会、一九七四年。のち『蓮如大系』第一巻、法藏館、一九九六年、に収載)では、多屋衆に充てた蓮如御文と解されているが、誤解である。同様の誤解は、草野顕之氏「医王山麓の真宗寺院」(『真宗寺院の地域と歴史』第二部第六章、清文堂出版、二〇一〇年)の叙述中にも見られる。なお井上鋭夫氏は『一向一揆の研究』第四章第三節、三四一ページで、多屋衆衆議状を蓮如御文に続くべきものとの妥当な見解を示されているものの、「戦いへの参加を拒む蓮如」に多屋衆が働きかけた結果、蓮如は押し切られて参戦に踏み切ったと想定しておられる点は、残念ながら当たらない。本文に示した通り、門徒衆の慰留に従って上洛を思い止まった蓮如が、みずからの安全を確保するために門徒衆に結束と協力を要請し、その結果、衆議状が成立するという経緯であったに違いないのである。また、文明六年七月~十月の「加州一国之土一揆」が、蓮如の指示によって軍事行動に踏み出したということも、明白な事実として認めねばなるまい。なぜならば、本願寺住持の指示に従って蜂起することこそが、門徒としての「信心」の証明であり、宗教一揆の本質(大前提)だからである。御文の文言を表面的にのみ解釈して、蓮如を平和主義者と想定することは、事実を解明することや蓮如の正当な評価を得るためには、大きな障碍になっていると言わねばならないのである。

(47) 斉藤利男氏「一揆の形成」(『一揆』第二巻、東京大学出版会、一九八一年)、池上裕子氏「戦国期の一揆」(同前書)。

(48) 安藤弥氏「一向一揆研究の現状と課題」(新行紀一氏編『戦国期の真宗と一向一揆』、吉川弘文館、二〇一〇年)でも、「一揆は、まず一揆する人びとの意思があり、それによって一揆組織が形成され、軍事蜂起(運動)へと展開する」との通説的理解が示されていて、一般的な定義としてはこれで妥当と思われる。けれども、文明五年十一月七日に蓮如によって組織され、文明六年七月~十月に軍事展開する「加州一国之土一揆」(いわゆる一向一揆)に関しては、こうした見方は断じて該当しない。一揆の組織と蜂起を命じたのは、あくまでも本願寺門主たる蓮如(厳密に言えば蓮如は本願寺前住持で、現住持は光養丸=実如)であって、決して一揆衆が蓮如を推戴したものではない。この点においてこそ、各地の土一揆と、宗教的紐帯を基礎にした「加州一国之土一揆」(いわゆる一向一揆)との、決定的な差異が見られるとすべきである。

(49) 井上鋭夫氏『一向一揆の研究』第四章第三節、三三六ページ。

(50)「山田」について、井上鋭夫氏は文字通り江沼郡山田村と解しておられるが（『一向一揆の研究』三三七ページ）、しかし文明六年の時点でまだ山田坊（光教寺）は建立されていないから、この推測は誤っているとしなければならず、かつて政親が滞在していた山内庄の誤字とすべきであろう。山田光教寺については拙稿「光闡坊蓮誓の生涯と蓮如書状」（本書第十四章）参照。

(51)「白山宮荘厳講中記録」（『加能史料』戦国一、二〇七ページ）。

(52)『大乗院寺社雑事記』文明六年十一月朔日条（『増補続史料大成』第三一巻、五〇ページ、臨川書店、一九七八年）。同史料は『加能史料』戦国一、二二四ページ、あるいは『蓮如上人行実』八七ページ、にも収載されている。

(53)富樫政親の年齢・生没年については、前注37参照。

(54)「蜷川親元日記」文明五年七月二十三日条（『加能史料』戦国一、一七一ページ）。

(55)加賀「一揆中」に充てて発せられた室町幕府奉行人連署奉書としては、次のものを最初の事例として指摘できる（「足水家蔵文書」—『加能史料』戦国一、二六三ページ）。

摂津修理大夫知行分、加賀国倉月庄内南新保（石川・河北郡）西方事、度々被成奉書、領知無相違之處、及違乱云々。太招其咎者歟。所詮不日可停止其妨。若猶彼西郡四郎語、有致緩怠之輩者、速可處罪科之由、被仰出候也。仍執達如件。

文明八
十一月四日　秀興（松田）（花押影）
貞秀（清）（花押影）

一揆中

右と同様の「一揆中」充て幕府奉行人連署奉書が、文明六年十月以前（ただし義尚が将軍に就任した文明五年十二月以後）にすでに発せられていたことが、蓮如の御文193によって知られるから、蓮如はその奉書充所を根拠にして、「加州一国之土一揆」は公的地位を得ており、その軍事行動は正当だと強弁しているのであろう。

なお右の奉書で違乱停止が命ぜられている倉月庄南新保は、石川郡・河北郡に所在する領地であるから、「一揆中」は石川・河北両郡においては公的存在として認識されていたようである。とするならば、守護に復帰した富樫政親の権限は、石川・河北両郡を除外して、江沼・能美両郡に限定されるものだったのではあるまいか。もしこの推測が妥当ならば、右の直前の文明八年九月十四日に「近日、加州半国拝領」（『親長卿記』同日条—『加能史料』

戦国一、二六二ページ）とされる富樫幸千代の支配領域は、政親の支配領域（江沼・能美両郡）とは抵触しない、石川・河北両郡だった可能性が高いと思われる。

(56) ここで余談ながら付言しておくと、『十輪院内府記』文明九年二月二十九日条（『加能史料』戦国一、二七〇ページ）に次の史料が掲載されているが、そのうちの「文明七」との割注は錯誤であって、「文明六」としなければならない。なぜならば、政親勢と門徒衆とが加賀を回復した直後の文明六年十一月であればこそ、政親方の山川参河守を額田庄に「沙汰居」できるのであって、翌文明七年に門徒衆が越中へ敗走した後には、こうした手続きは不可能となってしまうからである。原史料にも誤字が見られる例として、注意を促しておきたいと思う。

家領加州額田庄事、去々年（マヽ）文明七（六カ）十一月、本願寺門徒為能美・江沼両郡一揆、沙汰居山川参河守候之条、更無其隠候。殊自一揆中以両使交名忘却、可避渡之由申送、召置代官候。仍于今押妨同篇之間、重而申請綸旨候了。以此趣、御奏達候哉。恐々謹言。

（文明九年）二月廿九日　　通秀

勧修寺殿

なお右の通秀書状を取り上げて論じたものに、神田千里氏「加賀一向一揆の発生」（前注11）、石田晴男氏「文明九年二月の中院通秀の「書状」について―額田庄で何が起っていたのか、または「郡中」は本願寺門徒の組織か―」（『加能史料会報』第十二号、二〇〇〇年。のち『加賀・能登―歴史の扉』、石川史書刊行会、二〇〇七年、に収載）、などがあるが、紀年の錯誤訂正に伴って、その論旨の再検討は不可避となるであろう。

(57) 「賢心物語」（『富山県史』史料編二・中世・古記録、富山県、一九七五年）。

(58) 「日野一流系図」（『真宗史料集成』第七巻、五二三ページ）、および「別格諸寺系図―西光寺・興行寺系図」（『真宗史料集成』第七巻、七〇六ページ）によれば、瑞泉寺は如乗宣祐・勝如尼が経営した後、女の如秀尼に婿として蓮乗兼鎮（蓮如二男）を迎えて、女如了尼を得た。次いでこの如了尼の婿となったのが蓮悟兼縁（蓮如七男）であるが、この両人（如了尼・蓮悟）には経営能力に欠けるところがあったと思しく、代わって蓮乗の養女として了如尼（蓮如九女）を迎えたうえ、その婿として蓮欽（越前荒川華蔵閣蓮実祐慶の二男）を招いて経営させた。この両人の間に生まれたのが賢心兼乗である。

(59)「徳了袖日記」(『大系真宗史料』文書記録編十一、法藏館、二〇〇七年。または『加能史料』戦国一、二三二ページ)。この史料においてはしかしながら、文明七年八月二十一日の戦況を語った箇所で、事態の推移が逆の順に語られるという不都合な点が見られるほか、この年の情勢と長享二年の情勢とを混同して叙述するという不手際も生じている。よって「徳了袖日記」は、後世に「天正三年記」などを土台にして編集されたものと思しく、必ずしもその信頼度は高いとは言えない。
(60)「闘諍記」(『富山県史』史料編二。または『大系真宗史料』文書記録編十一)。
(61)門徒衆による政親攻撃について、井上鋭夫氏『一向一揆の研究』第四章第三節(前注7)では文明七年三月のことと述べられ、金龍静氏「加賀一向一揆の形成過程」(前注9)もこの見解を踏襲しておられるが、誤解と言わねばならない。根拠とされる「徳了袖日記」(前注59)の記述に、時間の経過が適切に表現されていないため、こうした誤解が生じたのであろう。事件は同年八月二十一日早朝の勃発なのであって、この点を踏まえれば、蓮如の攻撃命令は前日二十日に下されたと考えられる。
(62)「大谷嫡流実記」(『真宗史料集成』第七巻、六二七ページ)。
(63)「鎌倉大日記」(『加能史料』戦国一、二二二ページ)。
(64)「蓮如上人塵拾鈔」(『真宗史料集成』第二巻、六二〇ページ)。
(65)「天正三年記」(『真宗史料集成』第二巻、四一五ページ)。
(66)「天正三年記」(『真宗史料集成』第二巻、四一六ページ)。
(67)「蓮如上人一語記」第一七七項(『真宗史料集成』第二巻、四六一ページ)。
(68)能登「恵光寺文書」(「蓮如裏書集」第六四号―『真宗史料集成』第二巻、三九五ページ)。
(69)山城「常楽臺文書」(「蓮如裏書集」第六五号―『真宗史料集成』第二巻、三九五ページ。または『本願寺教団史料―京都・滋賀編』一五八ページ、本願寺出版社、二〇一〇年)。
(70)「浜町」(『福井県の地名』二五八ページ―『日本歴史地名大系』第一八巻、平凡社、一九八一年)による。
(71)拙稿「常楽寺蓮覚充ての蓮如書状」(本書第十三章)参照。
(72)能登「西光寺文書」。これの写真版は千葉乗隆・堅田修氏編著『蓮如上人御文』第五号、三二ページ(同朋舎出版、一九八二年)、または『図録蓮如上人余芳』九四ページ、に掲載される。なお「諸文集解題」(『真宗史料集成』

第二巻、五三~五四ページ)を参照した。
(73)「蓮如尊師行状記」(『真宗史料集成』第二巻、八九一ページ。また同書三四八ページの「蓮如和歌集」にもまとめて掲載される)。なお「蓮如尊師行状記」では吉崎離脱を九月四日の事件としているが、これは錯誤であって、この点から本史料の信頼度はやや低い。けれども出口到着の九月四日を、誤って離脱の日時と記録した可能性はあるかもしれない。
(74)河内「光善寺文書」(『真宗史料集成』第二巻、三八八ページ、蓮如裏書集追加。または千葉乗隆氏『蓮如上人ものがたり』二〇〇二ページ、本願寺出版社、一九九八年)。
(75)三河「無量寿寺文書」(「蓮如裏書集」第六六号—『真宗史料集成』第二巻、三九五ページ)。なお同日付けで本尊絵像とその裏書(「蓮如裏書集」第六七号—『真宗史料集成』第二巻、三九六ページ)も残されているが、破損箇所が多いので引用は省略する。
(76)『朝倉始末記(加越闘諍記)』(笠原一男・井上鋭夫氏校注『日本思想大系一七—蓮如・一向一揆』、岩波書店、一九七二年)。
(77)拙稿「慶恩坊蓮慶充ての蓮如書状」(本書第十七章)参照。
(78)「蓮如上人一語記」(『真宗史料集成』第二巻、四六三ページ)。
(79)従来の説では、蓮如が「お叱りの御書」を発することで一件落着させたと考えられていたが、この「お叱りの御書」は文明五年発給と判明しているから、この説は採用できない。破門処分するか隠居するかの二者択一を迫られた蓮如は、本文に述べたごとくに、引責隠居して一件落着させたと解すべきであろう。拙稿「蓮如の「お叱りの御書」と加賀錯乱」(本書第十章)参照。
(80)この頃の本覚寺住持が蓮光である点は、拙稿「和田本覚寺充ての蓮如書状」(本書第十九章)参照。
(81)能登「常福寺文書」(『蓮如上人御文』第七一号)。筆者は本書状の複写を、七尾市史編さん室が撮影された写真版から入手し、常福寺住持畠山和徳氏からはその掲載許諾を平成二十六年(二〇一四)六月十一日に与えられたので、ここに謝意を表しておきたい。ところで本書状は、『新修七尾市史』第八巻・寺社編(七尾市役所、二〇〇八年)には収録されていない。その理由は、常福寺に直接関係しないものとして割愛されたからであろう。けれどもその結果、常福寺の当時の住持が本覚寺蓮光の使者(名代)を務めたという史実は、埋没してしまう恐れがあったのであるから、割愛という措置が誤りだったことは疑いない。もし仮にこの書状が、後世の常福寺住持が代価をもって購入されたものであったとしても、それも大事な常福寺史の一齣であるから、無関係との判断で割愛することは厳に慎むべきと思われる。なお写真版によって訓みの一部を変更した。

(82) 蓮如の実如充て譲状254（山城「本願寺文書（西派）」）は次のものである。これの写真版は、『図録蓮如上人余芳』一〇七ページ、千葉乗隆氏『蓮如上人ものがたり』三〇九ページ、同氏『本願寺ものがたり』二四二ページ（本願寺出版社、一九八四年）、などに掲載されている。

譲与

大谷本願寺御影堂御留守職事

右、件御留守職者、任代々例、早可管領者也。但、就法義、非儀之子細在之者、於兄弟中、守器用、可住持者也。次、男女少児之兄弟多之。愚老如存生之時、不相替可扶持者也。若相背此等之旨、永可為不孝者也。仍譲状、如件。

延徳弐年十月廿八日　　兼寿《蓮如》（花押）

(83) 『大乗院寺社雑事記』明応三年（一四九四）六月晦日条（『増補続史料大成』第三五巻、臨川書店、一九七八年）。

(84) 佐々木求巳氏「蓮如伝の二、三の問題」（『論集日本人の生活と信仰』、同朋舎出版、一九七九年。のち『蓮如大系』第一巻、法藏館、一九九六年）においては、吉崎を管掌したのは蓮如七男（第一六子）たる蓮悟兼縁に当たると推測されているが、しかし彼の妻は公家出身ではないから、この見解は当たらない。

(85) 「大谷嫡流実記」（『真宗史料集成』第七巻、六二八ページ）。

(86) 本願寺と勧修寺教秀家、および高倉永継家との関係については、『増補改訂本願寺史』第一巻、四九六ページ（本願寺出版社、二〇一〇年）を参照しているほか、『国史大辞典』第五巻（吉川弘文館、一九八五年）の、「後土御門天皇」・「後柏原天皇」・「後奈良天皇」などの項を参考にしている。

(87) 「日野一流系図」（『真宗史料集成』第七巻、五二五ページ）。「持季」の箇所に誤植があるので訂正した。

(88) 『尊卑分脈』第一篇、一六六ページ（吉川弘文館、一九七七年）。

(89) 拙稿「光闡坊蓮誓の生涯と蓮如書状」（本書第十四章）参照。

(90) 越前「本覚寺文書」。本書状は『福井県史』資料編四・中近世二（福井県、一九八四年）にも収載されている。

(91) 拙稿「和田本覚寺充ての蓮如書状」（本書第十九章）参照。

(92) 吉崎坊（第一次）が焼失した原因は、南大門近くにあった「多屋本覚寺《（坊）》」の失火によるものであったが、もしこの「多屋本覚寺《（坊）》」が和田本覚寺の門徒（末寺）に当たっていたならば、本覚寺蓮恵がその多屋を再建するに際して、他の門内多屋八軒の再建が成就するまで、みずからはそれに着手しないとの配慮を示していたことは疑いない。とするならば、明応七年十一月に完成が報ぜられた本覚寺の「草坊」は、吉崎坊（第三次）建設事業の最後に位置するものだったと考えられ、近江「照西寺文書」の吉崎御坊古絵図はこの時点の情景を描いたものである可能性が高い。

(93) 酒井一光・大澤研一氏「照西寺本吉崎御坊絵図の基礎的検討」（前注13）に記された法量の数値には誤植がある。

(94) 建物の規模について、酒井一光・大澤研一氏「照西寺本吉崎御坊絵図の基礎的検討」（前注13）では、桁行（間口）五間・梁間（奥行）四間で、正面桁行の中央一間分は柱間が広いと述べておられるが、この数値には誤解があると言わねばならない。浄土真宗寺院の本坊の平面図は通常、ほぼ正方形（例えば五間四面・六間四面・七間四面など）の構造を持っているから、それを前提にして考える必要があるであろう。真宗誠照寺派に属する「上野（ウワノ）別堂」（福井県鯖江市舟津町所在、通称「車ノ道場」）は比較的古い構造を持つと思われ、六間四面で、柱と柱の間隔はすべて一間となっており、計四八本の柱で屋根を支えている（間口中央の柱一本を入口のために省いて梁材で支えている。この箇所を柱にすれば柱数は四九本）。豪雪地帯の建物として十分な強度を得るために、一間ごとに柱を立てたものであろう（もちろん内陣・外陣の境界部などには必要に応じてさらに細柱が組み込まれているから、細柱も数えればこれ以上の柱数となる）。それに比較して臨海部の吉崎ではさほどの降雪を見ないから、これほどに多数の柱を立てる必要はなく、その結果、間口六間に対して柱七本（ただし入口中央の一本だけは省いて梁材で支える）、奥行六間に対して柱五本（柱と柱の間隔を一間半とする）を配置する構造にしたのではないかと思われる（柱数は合計三四本、このほかに向背を支える二本が加わる）。なお上野別堂の構造については、真宗誠照寺派の大心寺住持桜井俊之氏の御教示による。

(95) 願慶寺の寺伝は住持和田重厚氏の御教示による。

(96)『朝倉始末記』(前注76)。
(97) 山城「本願寺文書(東派)」(北西弘氏『一向一揆の研究』史料篇「裏書集」、七七二ページ、春秋社、一九八一年)。

第十章　蓮如の「お叱りの御書」と加賀錯乱

はじめに

蓮如が発した多数の書状のうちで最も有名なのが、「お叱りの御書」または「成敗の御書」と呼ばれる、七月四日付けの書状二点（A・B）である。

従来の説では、これは長享二年（一四八八）の発給とされてきた[(1)]。すなわちこの年六月八日に、加賀一向一揆が守護富樫政親を高尾城に滅ぼす事件が勃発したため、激怒した将軍足利義尚が蓮如に対して加賀門徒衆の破門を命じ、これに対応して蓮如はやむなく「お叱りの御書」を発したと説明するものである。

この紀年について異を唱えられたのが北西弘氏「蓮如上人成敗の御書—発給の年次と動機について—」[(2)]であって、氏はこれを文明七年（一四七五）のものと推測され、この見解に従って『加能史料』戦国一[(3)]では、当該史料を文明七年七月の箇所に掲載している。またこの説に依拠して木越祐馨氏「文明・長享期の加賀における「郡」について」[(4)]、遠藤一氏「民衆のなかの蓮如」[(5)]なども公表されている。

北西氏がこの説を提出された論拠は、蓮如の花押形状が長享二年のものではないという点であるから、これ以上の説得力ある根拠はあるまい。また近江「真念寺文書」の蓮如書状（C）がほぼ同内容なので、これを「お叱りの御書」と合わせて勘案すべしとされた点も重要である。そして氏はこれらを文明七年の発給とされ、文言中の「悪行」とは一向一揆の結成それ自体を意味すると述べられたのである。

この北西氏の見解はこれまでの研究に一石を投ずるものであるが、しかし氏の文明七年説でもまだ不自然な点は残されていて、再検討の余地が少なくない。筆者の見解では、「お叱りの御書」など四点（A～D）の発給は文明五年（一四七三）と考えられるので、以下でその根拠を示しつつ、子細に検討を加えてみたいと思う。

一　「お叱りの御書」とその関連史料

まず初めに、検討すべき史料四点を引用しよう。

A（包紙ウワ書）「専光寺御房　　蓮如」

於諸門下、企悪行之由、其聞在之。言語道断之次第也。所詮、向後於如此之致張行之輩者、永可放聖人之御門徒。此趣、堅可有成敗者也。謹言。

（文明五年）七月四日　　蓮如（花押）（G型＝ムスビ逆三角前期型）

専光寺（御房）「　」[6]

B於諸門下、企悪行之由、其聞在之。言語道断之次第也。所詮、向後於如此之致張行之輩者、永可放聖人之御門徒中。此趣、堅可有成敗者也。謹言。

（文明五年）七月四日　　蓮如（花押）（G型＝ムスビ逆三角前期型）

光徳寺門徒中へ(7)

C 当国（加賀）中之門徒面々、事外於国中、致乱妨候之由、申候。言語道断次第候。早々成敗候て、可有停止候。若無承引者、不可為門徒候。此趣を、能々可有披露候。恐々謹言。

（文明五年）十月廿一日

蓮如（花押）（G型＝ムスビ逆三角前期型）

（モト尚々書カ）「尚々、先それの門徒中を、能々（可脱カ）成敗候。」

（奥ウワ書）「木越御房（光徳寺）」(8)

D 蓮如様ヨリ被下置候御状ニ、

今度於加賀国中、条々企悪行次第事。

一、（第一条）徳政事。

一、（第二条）人質事。

一、（第三条）堂社・仏閣、破却事。

一、（第四条）無咎寺庵、煩懸事。

一、（第五条）号預物、諸公事沙汰事。

一、（第六条）年貢無沙汰事。

此条々、於令張行之輩者、永不可為門徒候。此子細、堅可有成敗候。殊心光馬（晃高カ）とかや申者、種々致乱妨之由、聞候。堅於彼輩者、堅出仕（ママ）可被停止候。又其方面々も、宮竹方にも、事外致乱妨狼藉由、

A：
文明５年（1473）
７月４日
加賀「専光寺文書」

B：
文明５年（1473）
７月４日
能登「光徳寺文書」

C：
文明５年（1473）
10月21日
近江「真念寺文書」

聞候。悉可有成敗候也。次、高田門徒事、一人ニても此方へハ、出入可停止候。可被心得候。恐々謹言。

（文明五年）十二月十九日　　蓮如　御判

本蓮寺御房(9)

二　四点の蓮如書状の解釈

前節に引用した四点の史料は、その内容から相互に強い関連性を持つことは疑いなく、とりわけA・B・D三点には「悪行」という文言が共通して登場しているので、これらは同一年に発せられた一連のものとして解釈しなければなるまい。

七月四日付けのA・B二点は全く同文であって、諸門下に「悪行」を企てる者がいると聞こえてきたが、言語道断の次第である。今後このような行動に走る輩については、親鸞の門徒たる地位を放つ（つまり破門に処する）こととするので、この趣旨を堅く「成敗」＝申し渡しておくように、と述べられている。

ここに語られる「悪行」に関して、長享二年説では富樫政親殺害を意味すると考えられてきた。けれどももしそうであるならば、今後において政親殺害を再び引き起こした場合には破門するとの通告は、どう考えても不自然な指示と言わねばなるまい。また文明七年説では、一揆蜂起それ自体を指すと解釈するのであるが、そもそも文明七年の一揆蜂起は蓮如の指示によるものであるから(10)、これをみずからが禁ずるというのは論理矛盾も甚だしい。よって、A・B二点の紀年としては、長享二年説も文明七年説も、ともに成立は困難としなければならないのである。

なおここで、二点の充所表記の違いについて注意を促しておきたい。前者Aのごとくに「専光寺御房」に充てられた書状は、専光寺（石川郡吉藤村に所在）の派遣した使者（名代）に蓮如から当該書状が手渡され、使者は帰国してこれを専光寺住持に届けることとなっていた。住持はその後、門徒衆の会合においてこれを読み聞かせたことであろう。これに対して、後者Bのごとくに「光徳寺門徒中へ」と記された書状の場合は、光徳寺（河北郡木越村に所在）の住持自身が蓮如のもとに達して当該書状を直接に手交されているのであって、住持はこれを地元に持ち帰ってみずから門徒衆に読み聞かせるのである。二点は同日付けであるから、専光寺使者と光徳寺住持とは同道して、吉崎の蓮如のもとへ達していたことが確実である。

こうして加賀にもたらされた二点の書状A・Bは、それぞれに門徒衆を集めた会合で読み上げられて、その内容の周知徹底が図られたのである。しかしながら光徳寺の門徒衆においては、この蓮如の指示Bが全員によって了承されるには至らなかったらしい。そこで光徳寺住持は今度は使者を派遣し、蓮如にこの状況を報じてさらなる指示を仰いだところ、十月二十一日付けで新たな書状Cを下付されたのである。

Cによれば、木越光徳寺の門徒の面々は、ことのほか「国中」において「乱妨」を致すとの由が言上されてきた。言語道断の次第であって、早々に「成敗」＝周知徹底を図って停止させねばならない。もし承引しない者がいたならば、門徒として認めるわけにはいかない（つまり破門に処する）から、この趣旨を厳重に披露しておくようにと述べられ、さらに尚々書では、まず「それ」＝光徳寺の門徒中に十分に伝えておくように、と厳命されているのである。

Bによって門徒衆の「悪行」を停止できなかった光徳寺住持は、Cを新たに受領するまでの三ヶ月間、困難な働きかけを続けていたことは疑いないが、しかし効果は乏しかったのである。そこで使者によってCが届けられるや、住持は直ちに門徒衆を集めてこれを読み上げさせ、蓮如の指示を承諾するようにと迫った結果、ようやく門徒衆は

「乱妨」停止を受け容れることとなったのである。

なお現在、このCが近江「真念寺文書」に属している点には注意を払わねばならない。通常ならばこの返信Cは、光徳寺の派遣した使者が持ち帰り、門徒衆の会合で読み上げられることとなっていた。けれども蓮如は今回はこの方法をやめ、別の人物を名代に任じて下向させたのであって、それが真念寺のこの当時の住持なのである。彼はたまたまこの時、吉崎坊に参詣に来ていたのであろうが、蓮如の指示によって名代となり、使者に伴われて木越村に赴いたのである。そして持参したCを門徒衆の面前で読み上げたのであって、とりわけ尚々書の「先それの門徒中を、能々（可脱カ）成敗候」とある箇所には、「それ」＝光徳寺の責任によって乱妨停止が実現していないという、叱責の語感が強く示されているから、その効果は絶大だったことであろう。かくしてようやく乱妨停止は実現されたのであるが、目的の達成後はもはやCは不要である。そこで真念寺はこれの譲渡を光徳寺に対して要望し、その結果、Cはいま真念寺に遺存することとなったのであろう。

こうして周知が図られた「悪行」＝「乱妨」の停止命令であるが、それからまもなくの十二月十九日、蓮如はこの指示をまとめて公布することとした。それがDであって、このような法令は一般的には「禁制条々」と称されるものである。その充所表記から考えるならば、Dは本蓮寺名代が拝受して国許に持ち帰ったものである。

Dの内容であるが、このたび加賀国中において企てられた「悪行」というのは、①徳政を実施すること、②人質を取ること、③堂社・仏閣を破却すること、④なにの咎もなく寺庵に「煩」（所領没収などの威嚇か）を懸けること、⑤「預物」（質物の意か）と号して「諸公事」＝税を徴収すること、⑥年貢を無沙汰すること、以上の六項目であって、これらはすべて制禁である。もしこれらの条々を張行しようとする輩については、永く門徒とすることはできず、この点を厳重に成敗＝周知徹底しておくように。とりわけ「心光馬」（晃高の誤読か）とか申す者が種々に乱妨を致している由が聞こえてくるが、この者については出仕が停止されねばならない。また「其方」＝本蓮寺蓮光（この頃は能美郡粟津村に所在）[11]の門徒衆のうちにも、「宮竹方」に対して乱妨狼藉を働く者がいる由であるが、すべて停止させねばならない。次に高田派の門徒については、ただ一人であってもこの方（吉崎坊の蓮如のもと）に出入りさせてはならない。以上の点を心得ておくように、と述べられているのである。

この書状案Dには、先引したA・B・Cと同様の「悪行」・「乱妨」の文言、あるいは「於令張行之輩者、永不可為門徒候」の表現が見えているから、相互に密接な関連があることは疑いない。つまり蓮如は、A・B・Cによって伝えた指示をまとめてDを作成しているのであって、これにより停止すべき悪行・乱妨の具体的内容が判明するのである。

三　蓮如の越前滞在と加賀錯乱

前節で取り上げたA～D四点の紀年を検討するに先立って、蓮如が越前にやって来る文明三年（一四七一）から、彼が河内出口村（光善寺）へと移動する文明七年八月までの動静を、まず述べておくことにしよう[12]。

蓮如は文明三年四月上旬に近江国志賀郡大津三井寺南別所を発ち、まず加賀二俣本泉寺に赴いて、蓮乗兼鎮・如秀尼両人に女子（如了尼）が誕生したことを祝福した。ところが本泉寺には、彼らのほかに勝如尼・蓮誓康兼も同住していたから、この事態を憂慮した蓮如は越中土山村において新坊を創建することとし、五月二日に着工、七月十五日に至って完成したので、ここに勝如尼・蓮誓康兼を移動せしめたのである。

次いで蓮如は越前国坂北郡細呂宜郷吉崎村に赴き、七月二十七日から吉崎坊創建に着手する。まずこの日に地鎮祭を執行して敷地造成を開始し、また並行して資材加工作業にも着手させる。

翌文明四年（一四七二）三月中半、いよいよ吉崎坊本坊の資材組立作業（建て舞い）が開始され、同年八月十六日に早くも本坊は完成に至ったらしい。また並行して四月下旬からは多屋の建設も始まっていた。門徒衆は翌五年（一四七三）一月頃から、降雪を厭わず大挙して参詣にやって来るので、蓮如はこれの群参を禁止する指示を出さねばならなかった。

文明五年の作業としては、付設の庫裏・書院、あるいは門内多屋九棟を建設すること、馬場大路を整備して南大門・北大門を建てることなどで、作業は順調に進捗して文明五年八月二日についに竣工、九月十一日には落慶法要が挙行されたのである。

ところで、その直前の文明五年七月、加賀山内庄にいた東軍富樫政親が、西軍富樫幸千代勢に攻撃されて越前に没落し、吉崎の蓮如のもとに来て「扶持」を受ける事態となっていた。しかるに、落慶法要の行われた九月十一日午後、加賀西軍幸千代勢と旧越前守護代甲斐氏一派（前年に朝倉孝景によって越前を追われていた）が、吉崎坊を襲撃するとの気配が探知されたらしい。蓮如はそこで直ちに舟を得て吉崎村から海上に逃れ、九頭龍川・足羽川を遡上して北庄に上陸し、さらに藤島超勝寺に至って危難を避けることとしたのである。幸いに乱入はなく、またその危険性もまもなくに去ったので、蓮如は九月二十二日、加賀山中の湯治場へ出掛けている。そして藤島超勝寺に戻って来た蓮如は、そのまま帰洛しようとしたのであるが、門徒衆から強く慰留されたために思い留まり、十月三日になって吉崎へ帰坊した。

そこで蓮如は、吉崎坊の警固強化を図るために要害を築かせ、また十月三日には多屋衆に命じて衆議状に連署させている。この衆議状は、仏法のために一命を惜しむことなく合戦すべしと誓約する内容であって、門徒衆による起請文（もしくは誓詞）の性格を持っていた。そして蓮如はさらに翌十一月、吉崎坊の運営方針として十一ヶ条定書を制定したうえで、門徒衆からは十一月七日にその遵守を誓約する誓詞を提出させており、これに応じた門徒衆にだけ「見参・対面」を認めることとする。かくしてこれにより吉崎坊では、この時点で阿弥陀如来と蓮如を中核とする「一揆」が成立したのであり、これが翌文明六年（一四七四）の「加州一国之土一揆」の端緒となるのである。

ところが文明六年三月二十八日の酉刻、多屋からの失火によって吉崎坊は焼失してしまう。折からの南風に煽られて、南大門から北大門にかけての門内多屋九棟と本坊一棟（付設の庫裏・書院を含む）、計一〇棟が焼失してしまった。しかし幸いなことに門外多屋への延焼はなかったから、蓮如は仏具類・宝物類を運び入れて、当分ここで生活することとする。そして直ちに坊の再建が計画され、同年四月八日には早くも立案を見たらしく、また資金の手当も同年九月には目途がついたようである。

他方で、文明六年七月から富樫政親は加賀侵攻戦を開始する。その直前に美濃斎藤妙椿が斡旋を行い、越前朝倉孝景と旧守護代甲斐氏（西軍）とが和睦したことで、加賀西軍幸千代派の一角が崩れてしまったからである。政親は蓮如に対して将来にわたる協力関係を約束していたので、蓮如は門徒衆に政親支援を命ずることとした。そして七月二十六日の山内攻撃から始まった侵攻戦は、十月十四日に幸千代方の蓮台寺城が制圧されて、ほぼ決着がついたのである。(13)

ところが翌文明七年（一四七五）三月頃になって政親は、その「御恩」を忘れて協力関係を破棄し、吉崎坊攻撃の態度を示すに至った。そこで蓮如は先手を打って八月二十一日、門徒衆に政親攻撃を行わせるが、結果は裏目に出て敗北を喫してしまう。またほぼ同時に朝倉経景勢が吉崎を攻囲したため、破れた門徒衆は吉崎に逃げ込むこともできず、やむなく彼らは越中瑞泉寺へと敗走したのであった。かくして吉崎坊は同日夜、押し寄せて来た政親勢によって焼き払われてしまい、敵の手を逃れた蓮如は翌二十二日未明、舟で脱出して若狭小浜に達し、次いで河内出口へと移動したのである。

四　蓮如書状四点の紀年（その一）

蓮如が吉崎に留まった文明三年七月～文明七年八月の情勢は以上のごとくであったから、本節ではこれを踏まえて書状四点A～Dの紀年を考えてみよう。

この場合、四点を一連のものとして解釈することが大前提となるが、それに照らせば文明七年はまず該当しない。なぜならば、この年のものと仮定した場合、C・D二点は蓮如が河内出口へ移動した後のもの、また門徒衆は越中へ敗走した後のものとなる。とすれば、河内～越中の間を使者は幾度となく往来して連絡をとったことになるが、この段階でこうした手続きを想定することは困難であろう。加えてこのこと以上に問題とすべきは、そもそも門徒衆が加賀から追放されてしまっていたならば、加賀国内で張行される「悪行」を彼らが停止できるはずもないではないか。

他方で想定を遡らせて、蓮如が越前に来た直後の文明三年のものとすることも妥当しないであろう。ここで加賀のこれ以前の政治状況について一瞥しておくと[14]、文安四年（一四四七）五月の段階で江沼・能美二郡（南半）は富樫泰高に、石川・河北二郡（北半）は富樫成春（泰高の甥）に宛行われていた。ところが長禄二年（一四五八）八月、北半守護職が赤松政則に宛行われてしまったので、成春はその後しきりと幕府に働きかけ、長禄四年（＝寛正元年、一四六〇）十月になってようやく彼は南半守護職を獲得することができた。それまで南半守護職を務めていた叔父泰高は、それからまもなくの寛正五年（一四六四）八月に隠居している。そして寛正六年（一四六五）十一月になって、南半守護職は成春の子政親（幼名鶴童丸）に安堵され、さらに応仁二年（一四六八）には赤松政則が播磨守護職に転じて、その跡の北半守護職も政親に与えられた結果、ついに加賀一円は政親が支配することとなったのである。ところが北半の在地領主（国人＝国民）らは、この政親（東軍）による支配を許容せず、弟幸千代を擁立して西軍に投ずることとなった。かくして加賀における「応仁の乱」は、南半＝政親勢（東軍）、北半＝幸千代勢（西軍）という対立構図で展開するのである。

こうした状況のなかへ蓮如はやって来て、文明三年（一四七一）七月から吉崎坊創建の事業に取り組むこととしたのである。けれども加賀の情勢は、南半＝東軍政親支配、北半＝西軍幸千代支配という、応仁二年以来の状態のままで安定を保っていたから、文明三年にはまだ「悪行」が発生する事態となっておらず、よってA～D四点をこの年のものと想定することは困難と言わねばならない。

かくしてこの四点は、残された文明四年・五年・六年のうちのいずれかに当たると限定して検討すればよいことになった。

五　蓮如書状四点の紀年（その二）

そこで、まず文明四年（一四七二）の政治状況について考えてみよう。この前年文明三年に越前では、朝倉孝景が西軍から東軍へ寝返って守護代甲斐八郎（西軍）に攻撃を仕掛け、翌文明四年八月の越前府中の戦いに勝利して、甲斐氏を国外へ放逐することに成功していた。敗れた甲斐氏一派は加賀へ逃れて西軍幸千代勢と合体したから、加賀西軍の勢力は大きく拡大するが、しかし東軍政親はまだ山内庄にいたので、対抗関係に重大な変動は生じていなかった。つまり文明四年ではまだ「悪行」の発生する事態となっておらず、蓮如書状四点をこの年のものとは想定できないのである。

では、翌文明五年（一四七三）ではどうであろうか。西軍幸千代勢と合体した甲斐氏一派は、文明五年正月から越前侵入の機会を覗うとともに、幸千代勢も東軍政親に対する攻勢を強めて、ついに文明五年七月、政親を越前へ追い落とすことに成功する。西軍幸千代方はそこで戦後処理として、敵方（＝東軍方）の領地を没収したり、あるいは旧東軍支配下にあった領主・寺社に臨時課役を賦課したりしたことであろう。けれども混乱に紛れて、中立的な立場（＝非「東軍方」）の領主・寺社に対してもこの措置が加えられる事態が生じたため、彼らはその停止を求めて吉崎の蓮如に訴えることとし、その結果発せられるのがA～D四点と考えられるのである。

以上の推移を踏まえてA・B二点を解釈し直すならば、次のようになるであろう。すなわち、諸門下の西軍幸千代方に属する者たちが、中立的立場の領主・寺社に対しても「悪行」を働いているが、言語道断の事態である。このような行動をとった者には破門処分を加えるから厳重に対処すべし、というのである。

けれども、光徳寺門下衆に対してはBの指示が徹底できなかったため、光徳寺住持は吉崎に使者を派遣して、新たな指示Cを得なければならなかった。その内容は、光徳寺門徒の面々（そのうちの西軍方）がことのほか「乱妨」を働いている由で、言語道断である。早々に指示に従って停止しなければならず、承引しない者は破門処分とするから、住持としてこの趣旨を厳重に伝達しておくように、と厳命しているのである。このCは、蓮如名代たる真念寺が所持して木越村に下向し、光徳寺門徒衆の面前でみずから読み上げたものであろう。

こうして停止の命ぜられた事柄を具体的に明示したのが、十二月十九日付けのDであって、その内容は多くの戦場地域で大名が発する「禁制条々」と一致している。すなわち、

①敗走した東軍方の者が持つ債権に対して、徳政（債権無効化法令）を適用するのは当然であるが、中立的立場の者が持つ債権に対しては、債務者がもし西軍方であったとしても、徳政を適用してはならない（当然、西軍方の者が持つ債権はすべて保護される）。

②西軍加担を強制するための「人質」を取ってはならない。

③堂社・仏閣を解体してその資材を西軍陣地の構営に転用してはならない。

④敵方（東軍政親方）与同の咎がない寺庵に対して、領地没収などの「煩」を懸けてはならない。

⑤他人からの「預物」＝質物と見なして、各人の所有物に課税してはならない。

⑥兵粮米と号して、年貢を西軍方の軍費に転用（＝半済、つまり年貢無沙汰）してはならない。

以上の六項目であって、これに従わない者は破門すると厳命しているのである。

このDを踏まえるならば、蓮如は「禁制条々」を発布できる公的地位にあったと言わねばならず、その配下の軍勢がすなわち「加州一国之土一揆」なのである。けれども彼は、加賀守護になろうとしたわけではないから、これとは異なる地位だったと考えられ、もしかするとそれは加賀国衙支配権（分国主または知行国主）なのではなかろうか。

それはともかくとして、以上の分析により四点の蓮如書状A～Dは、文明五年のものと推断して差し支えないことが明らかにできたのである。けれども、これらが文明六年（一四七四）のものと想定した選択肢はまだ否定されていないから、この点を最後に確認しておくこととしよう。

前年七月から越前吉崎で「扶持」を受けていた政親は、文明六年七月に加賀西軍幸千代勢から旧越前守護代甲斐氏一派が脱落したのを見て、加賀への復帰戦を開始する。戦いは七月二十六日の山内攻撃から始まり、十月十四日には西軍幸千代方の蓮台寺城を攻略して、ついに政親は加賀（少なくともその南半＝江沼・能美郡）の支配権を回復できたのである。そこで政親と支援の門徒衆＝「加州一国之土一揆」は、敵の西軍幸千代方の領地を没収し、あるいは臨時課役を命じたに違いない。もしこのような戦後処理を「悪行」・「乱妨」と見なして停止を求める者がいるとすれば、それは西軍幸千代方にほかならないが、そもそも敗北した彼らにそれが認められる可能性は絶無である。また中立的立場の領主・寺社が持つ債権についても、復帰戦に勝利した東軍政親方の債務に対しては、徳政が適用されて無効となったことが確実であるから、蓮如書状A～Dが効力を持ちうる余地はもはや存在しなかったと言わねばなるまい。

以上により、A～D四点を文明六年のものと仮定する選択肢は、全く否定されたとしてよいであろう。

おわりに

本稿の検討で判明した点を、最後にまとめておこう。

七月四日付けで蓮如が発した「お叱りの御書」A・B、十月二十一日付けの書状C、十二月十九日付けの書状案D、以上の四点は、長享二年でも文明七年でもなくして、文明五年（一四七三）の発給としなければならない。

越前では文明三年（一四七一）に朝倉孝景が西軍から東軍へ寝返り、翌四年八月の越前府中の戦いで西軍の守護代甲斐氏を打ち破ったので、甲斐氏一派は加賀へ逃れて富樫幸千代勢（西軍）と合体した。この頃の加賀では、南半二郡を東軍富樫政親が、北半二郡をその弟の西軍幸千代が支配していたが、甲斐氏一派の合流で優勢となった西軍幸千代勢は、文明五年七月から山内庄の政親を攻撃して敗走させてしまう。政親は越前吉崎へ逃れて蓮如の「扶持」を受けることとなった。

加賀から東軍勢を放逐した西軍幸千代方は、戦後処理として敵方＝政親方の領主や寺社から領地を没収し、あるいは臨時課役を賦課しようとしたことであろう。ところがこうした混乱に紛れて、中立的立場の領主・寺社らに対しても、所領没収や臨時課役賦課が行われる恐れが生じたようである。そこで彼らは蓮如にその救済を求めることとし、この結果発せられたのが七月四日付けの「お叱りの御書」A・Bである。

専光寺配下にあった西軍の者たちには、この指示は効果があったらしい。ところが光徳寺配下の者たちには効果がなかったため、光徳寺は十月二十一日付けで再度、蓮如から「乱妨」停止を命ずる書状Cを得なければならなかった。このCは、現所有者たる近江真念寺のその当時の住持が、蓮如名代として現地に赴き、光徳寺門徒衆の面前でみずから読み上げたに相違なく、かくして蓮如の指示はようやくに徹底されたのである。そして目的達成後に不要となったCを、真念寺は譲渡してほしいと光徳寺に要望し、その結果、いま真念寺にこのCが遺存することになったと考えられる。

蓮如は十二月十九日になって、停止すべき「悪行」・「乱妨」の内容をまとめた書状案Dを公布することとした。それは六項目に及んでいて、

①東軍方の者の債権に対しては徳政（債権無効化法令）が適用されるが、中立的立場の者の債権に対しては、もし債務者が西軍方の者であっても、徳政を適用してはならない（西軍方の者の債権は当然保護される）。

②西軍加担を強制するための「人質」を取ってはならない。

③堂社・仏閣を解体してその資材を西軍陣地の構営に転用してはならない。
④敵方（東軍政親方）与同の咎がない寺庵に対して、領地没収などの「煩」を懸けてはならない。
⑤他人からの「預物」＝質物と見なして、各人の所有物に課税してはならない。
⑥兵粮米と号して、年貢を西軍方の軍費に転用（つまり年貢無沙汰）してはならない。

以上のごとき内容であった。そしてこれに従わない者を蓮如は破門すると厳命しており、文明五年の段階ではこれは効力のある指示だったのである。

注

（1）　例えば日置謙氏編纂・松本三都正氏増訂『増訂加能古文書』（名著出版、一九七三年）などの史料集がこの説に基づいて編集され、近年の研究としては神田千里氏「加賀一向一揆の発生」（同氏『一向一揆と真宗信仰』第四章、吉川弘文館、一九九一年）などを上げることができる。
（2）　北西弘氏「蓮如上人成敗の御書―発給の年次と動機について―」（『加能史料会報』第一〇号、加能史料編纂委員会、一九九八年。のち『加賀・能登―歴史の窓』、石川史書刊行会、一九九九年に収載）。また同氏「蓮如上人と青蓮院尊応」（『蓮如上人筆跡の研究』第一部第二章、春秋社、一九九九年）や、同氏「蓮如上人の花押」（同書第一部第八章）にも、同趣旨の叙述がある。
（3）　加能史料編纂委員会『加能史料』戦国一、二二九ページ（石川史書刊行会、一九九八年）。
（4）　木越祐馨氏「文明・長享期の加賀における「郡」について」（『講座蓮如』第一巻、平凡社、一九九六年）。
（5）　遠藤一氏「民衆のなかの蓮如」（神田千里氏編『民衆の導師蓮如』第四章―『日本の名僧』一三、吉川弘文館、二〇〇四年）。
（6）　加賀「専光寺文書」（『加能史料』戦国一、二二九ページ。または『真宗史料集成』第二巻、三二八ページ、同朋舎、一九七七年）。写真版は千葉乗隆・堅田修氏編著『蓮如上人御文』一九八ページ（同朋舎出版、一九八二年）、または石川県立歴史博物館『一向一揆』図録二六ページ（一九八八年）、または蓮如上人五百回忌記念『蓮如上人展』図録七五ページ（共同通信社編集・発行、一九九七年）、に掲載される。なお花押複写を本稿に掲載することについては、専光寺住持吉藤雅人氏から平成二十六年（二〇一四）一月十五日に許諾が与えられたので、ここに謝意を表しておきたい。

（7）能登「光徳寺文書」（『加能史料』戦国一、二三〇ページ。または『真宗史料集成』第二巻、三一八ページ）。写真版は『蓮如上人御文』一九八ページ、または『一向一揆』図録二六ページ、または『図録蓮如上人余芳』一〇〇ページ（本願寺出版社、一九九八年）に掲載される。なお花押複写の掲載については、光徳寺住持富樫敬典氏から平成二十六年（二〇一四）一月十九日に許諾が与えられたので、ここに謝意を表しておきたい。

（8）近江「真念寺文書」（『加能史料』戦国一、二三〇ページ。または『真宗史料集成』第二巻、三一八ページ）。日付は「七月」ではなくして「十月」と読むべきなので訂正した。写真版は『蓮如上人御文』一九八ページ、または『一向一揆』図録二六ページに掲載される。なお花押複写の掲載については、真念寺住持有村國俊氏から平成二十六年（二〇一四）一月二十二日に許諾が与えられたので、ここに謝意を表しておきたい。

（9）「大谷大学図書館所蔵文書」粟津家記録、加州本蓮寺へ御状之写（『加能史料』戦国一、二三〇ページ。または『真宗史料集成』第二巻、三三一ページ）。

（10）拙稿「蓮如の越前滞在と吉崎坊創建」（本書第九章）参照。

（11）加賀「本蓮寺文書」文明十六年八月十四日付け、蓮如裏書（親鸞絵伝）（『新修小松市史』資料編九・寺社、一九九ページ、石川県小松市、二〇一〇年）。

（12）拙稿「蓮如の越前滞在と吉崎坊創建」（前注10）参照。

（13）文明六年十月に政親方勝利で大勢が決着すると、その直後の戦後処理として、額田庄では幸千代方の代官が排除されて、代わりに政親方の山川参河守が代官に任命された。このことを語る史料が次のものであるが、ここには誤字があって「文明六」と訂正しなければならない。原史料にも錯誤が含まれている事例として指摘し、注意を喚起しておきたい。なお文言中の「両使」とは洲崎藤右衛門入道慶覚・湯涌次良右衛門入道行法の両人であろう。

家領加州額田庄事、去々年（マヽ）文明七（六カ）十一月、本願寺門徒為能美・江沼両郡一揆、沙汰居山川参河守候之条、更無其隠候。殊自一揆中以両使交名忘却、可避渡之由申送、召置代官候。仍于今押妨同篇之間、重而申請綸旨候了。

以此趣、御奏達候哉。恐々謹言。
（文明九年）
二月廿九日　　　　　　通秀
勧修寺殿
（『十輪院内府記』文明九年二月二十九日条―『加能史料』戦国一、二七〇ページ）

（14）拙稿「加賀善性寺所蔵の蓮如書状と白山河大洪水」（本書第七章）参照。

第十一章 「内方教化御文」の用字について

はじめに

網野善彦氏「日本の文字社会の特質をめぐって」[1]によると、人間と神仏との交渉は口頭の言葉によって行われ、その交渉を文字で表記するには片仮名が使用されたと述べられる。その具体例として、祝詞・告文・起請文・祭文・願文・夢記・託宣記・勧進状などがあり、言葉の持つ呪力・霊力を片仮名で表現しようとしたとされている。口頭の言葉と片仮名との結びつきを強調された注目すべき見解である。けれども氏の所論は、口頭の言葉の世界が片仮名で表記されたとの側面を強調しすぎているように思われるのであって、むしろ神仏との交渉という側面をこそ重視すべきなのではあるまいか。例えば、「紀伊国阿弖河庄百姓等言上状」に片仮名の口語体表記が登場する理由を、氏は口頭の言葉を表記するためと述べておられるが、しかしこの場合には、神仏と関わる場面で片仮名が使用されている点にこそ注意を払わねばならない。すなわち、百姓たちは言上状の記述内容に偽りがない旨を神仏に誓うことを目的として、片仮名を使用していたと解されるのである。

ところで、『真宗史料集成』第二巻に「諸文集」と題して収載される蓮如の御文[2]は、約二七〇点（真偽未定分を含む）に及んでいる。本願寺に伝来したであろう聖教類をめぐっては、康正三年（＝長禄元年、一四五七）六月に蓮照応玄が本願寺継承に失敗した際、それらの一部を奪い去ったとされ(3)、さらに寛正六年（一四六五）正月〜三月には延暦寺衆徒に襲撃されて、聖教類はもちろん建物までも破壊・略奪されてしまったから（いわゆる寛正の法難）、蓮如にとってはみずから聖教として御文を創作する以外、門徒衆に下付すべきものは何も残されていなかったのであろう(4)。

蓮如は御文を、「如来ノ直説ナリ」とも、「凡夫往生ノ鏡(5)」とも述べている。御文の大多数は、漢字・片仮名まじり文によって作成されているから（以下では片仮名御文と略称する）、網野氏が述べられた通り、片仮名は神仏の言説を伝達するための用字として使用されているとしてよい。けれども他方、この原則に反して、漢字・平仮名まじりの御文（平仮名御文と略称する）も残されているのであって、この用字の違いがなにに由来するのかは、重要な検討課題としなければならない。

「諸文集」を見てみると、平仮名御文に該当するのは次の一〇点である（御文全体の約七％に当たる(6)）。

①「諸文集」第四四号……山城「本願寺文書（東派）」文明五年十二月八日、「抑今度一七ヶ日、報恩講のあひたにおいて、多屋内方も」……以下Cと表示

②「諸文集」第四五号……加賀「専光寺文書」文明五年十二月八日、「抑今度一七ヶ日、報恩講のあひたにおいて、多屋内方も」……以下Dと表示

③「諸文集」第一〇八号……山城「常楽寺文書」文明十年二月四日、「当流門人之中、可存知次第、一、一切之神明并仏菩薩、誤不可軽之事」

④「諸文集」第一五一号……山城「本願寺文書（東派）」明応六年拾月十四日、「夫親鸞聖人のすゝめまします安

心のおもむきといふは」
⑤「諸文集」第一五二号……大和「本善寺文書」明応六年拾月十四日、「夫親鸞聖人のすゝめたまふ安心の趣といふは」
⑥「諸文集」第一六一号……大和「本善寺文書」無年月日、「いまの時の世にあらむ女人は」
⑦「諸文集」第一六五号……越中「行徳寺文書（道宗本）」明応七年二月日、「抑十悪五逆の罪人も五障三従の女人も」
⑧「諸文集」第一六八号……越中「行徳寺文書（道宗本）」明応七年卯月十日、「当流安心之体事、南無阿弥陀仏の六字乃すかたなり」
⑨「諸文集」第一七〇号……越中「行徳寺文書」明応七年四月二十五日、「それ一切の女人の身ハ、上下をいわす、つミのふかき身なり」
⑩「諸文集」第一七五号……越中「行徳寺文書（道宗本）」明応七年九月二十八日、「抑十悪五逆の輩も五障三従の女人も」
⑪「諸文集」第一八三号……和泉「願泉寺文書」明応七年十二月日、「それ五障三従の女人たらむ身は」
⑫「諸文集」第二〇〇号……「山田家文書」無年月日、「信心獲得すといふハ、第十八の願をこゝろうるなり」
⑬「諸文集」第二〇七号……山城「大谷大学文書」無年月日、「抑男子も女人も罪のふかゝらむともからは」
⑭「諸文集」第二〇八号……大和「本善寺文書」無年月日、「抑男子も女人も罪のふかゝらむ輩は」
⑮「諸文集」第二〇九号……山城「本願寺文書（西派）」無年月日、「抑男子も女人も罪のふかゝらむともからは」

⑯「諸文集」第二一一号……加賀「善性寺文書」無年月日、「それ八万の法蔵をしるといふとも、後世をしらさる人を愚者とす」

⑰「諸文集」第二一二号……加賀「本泉寺文書」無年月日、「夫八万法蔵をしるといふとも、後世をしらさる人を愚者とすと」

⑱「諸文集」第二四八号……「六日講四講御文」無年月日、「五しやう《(後生)》を一大事とおほしめし候ハヽ、たゝ一すちにミたを、たのミまひらせて」

⑲「諸文集」第二五一号……河内「願得寺文書（実悟写本）」無年月日、「信心のやう、たつねうけ給候。なにのわつらひもなく阿弥陀仏を一心にたのミまいらせて」

⑳「諸文集」真偽未定分第四号……河内「光善寺文書」無年月日、「もろ〳〵の雑行・雑修、自力のこゝろをふりすてゝ、一心に阿弥陀如来」

この二〇点を一瞥すると明らかなように、すべてが女性に関わる内容を持ち、またその実質的な充所は女性であったと思われる。網野氏の指摘によれば、平仮名は女性の書状に用いられたほか、譲状・売券・去渡状などの私的文書でも使用され、時代が下がるにつれてその割合は増えていくとされる。つまり蓮如が女性充ての御文を平仮名で表記したのは、むしろ当然のあり方だったのである。

さて本稿では、「内方教化御文」と呼ばれる四点の御文を取り上げて検討したい。右に掲げた第四四号（以下Cと表示）、第四五号（以下Dと表示）の二点と、次節に引用する第二九号（以下Aと表示）、第四三号（以下Bと表示）の二点、以上合計四点である。

これらは御文であるから、本来ならばA・Bのごとくに片仮名表記されるべきものである。けれども内容は多屋内方（宿坊の妻女）の生き方を示したもので、女性充てであることは明白であるから、C・Dのごとくに平仮名表記される方がむしろ原則に合致しているとも考えられる。とすれば、蓮如はA・B二点の御文をなぜ、女性充てであるにも拘わらず片仮名表記としたのか。これが本稿で検討すべき主題である。

なお、御文の用字について検討された業績としては、遠藤一氏「「御文」の史料化をめざして」(7)、岡村喜史氏「蓮如自筆御文と御文流布の意義」・「「御文」による伝道」(8)などがあるが、論旨の展開にやや無理な点が見られるほか、明瞭な結論が示されている訳でもないから、分析の余地は少なくないと思われる。

一　史料の提示

「内方教化御文」と称される御文四点をまず提示しよう。

A内方教化

ソモ〳〵吉崎ノ当山ニオイテ、他屋（ママ）ノ坊主達ノ内方トナランヒトハ、マコトニ前世ノ宿縁、アサカラヌユヘト、オモヒハンヘルヘキナリ。ソレモ後生ヲ一大事トオモヒ、信心モ決定シタラン身ニトリテノウヘノコトナリ。シカレハ、内方トナランヒト〳〵ハ、アヒカマヘテ、信心ヲヨク〳〵トラルヘシ。ソレマツ当流ノ安心トマフスコトハ、オホヨス浄土一家ノウチニオキテ、アヒカハリテ、コトニスクレタルイハレ、アルカユヘニ、他力ノ大信心トマフスナリ。サレハ、コノ信心ヲエタルヒトハ、十人ハ十人ナカラ、百人ハ百人ナカラ、今度ノ往生ハ一定ナリト、コ、ロウヘキモノナリ。

ソノ安心トマフスハ、イカヤウニコ、ロウヘキコトヤラン。クハシクモシリハンヘラサルナリ。

コタヘテイハク、マコトニコノ不審、肝要ノコトナリ。オホヨス当流ノ信心ヲトルヘキオモムキハ、マツワカ身ハ女人ナレハ、ツミフカキ五障三従トテ、アサマシキ身ニテ、ステニ十方ノ如来モ、三世ノ諸仏ニモ、ステラレタル女人ナリケルヲ、カタシケナクモ、弥陀如来ヒトリ、カヽル機ヲスクハント、チカヒタマヒテ、ステニ四十八願ヲオコシタマヘリ。ソノウチ第十八ノ願ニオイテ、一切ノ悪人・女人ヲタスケタマヘルウヘニ、ナヲ女人ハ、ツミフカク、ウタカヒノコヽロフカキニヨリテ、マタカサネテ第卅五ノ願ニ、ナヲ女人ヲタスケントイヘル願ヲ、オコシタマヘルナリ。カヽル弥陀如来ノ御久（苦）労アリツル御恩ノ、カタシケナサヨト、フカクオモフヘキナリ。…（中略）…

文明五年九月十一日　（「諸文集」第二九号―能登「西光寺文書」蓮崇本御文）

B　抑今度一七ヶ日、報恩講ノ間ニオイテ、多屋内方モ其外ノ人モ、大略信心決定シ給ヘル由、キコエタリ。目出ク誠ニ本望コレニスクヘカラス。サリナカラ、ソノマヽウチステ候ヘハ、信心モウセ候ヘシ。細々ニ信心ノミソヲサラヘテ、弥陀ノ法水ヲナカセト、イヘル事ノアリケニ候。ヨク〳〵コヽロエラルヘシ。サレハ女人ノ身ハ、十方三世ノ諸仏ニモ、ステハテラレタル身ニテ候ヲ、阿弥陀如来ナレハコソ、忝クモタスケマシ〳〵候ヘ。ソノユヘハ、女人ノ身ハ、イカニ真実信心ニ、ナリタリトイフトモ、疑ノ心ハフカクシテ、又物ナントノ、イマハシクオモフ心ハ、更ニウセカタク候。コトニ在家ノ身ハ、世路ニホコリテ、アルヒハ子孫ナントノ、繁昌ヲオモヒ、ナニトシテモ今生ニノミフケリテ、コレホトニ目ニミエテ、アタナル人間界ノ老少不定ノ、サカヰトシリナカラ、タヽイマ三途八難ニ、シツマンコトヲハ、ツユチリホトモ心ニカケスシテ、イタツラニ、アカシクラスハ、コレツネノ人ノ、ナラヰナリ。誠ニアサマシトイフモ、オロカナリ。…（中略）…

文明第五、十二月八日、コレヲカキテ、当山ノ多屋内方へ、マヒラセ候。コノホカ、ナヲ〳〵不審ノ事候ハヽ、カサネテタツネトハセタマフヘク候。

タヽタノメ　弥陀ノチカヒノ　フカケレハ　イツヽノツミハ　ホトケトソナル

ノチノ世ノ　シルシノタメニ　カキオキシ　ノリノコトノ葉　カタミトモナレ

（「諸文集」第四三号—越中「行徳寺文書」）

C 抑今度一七ヶ日、報恩講のあひたにおいて、多屋内方も、そのほかの人も、大略信心決定し給へるよし、きこへり。めてたく本望、これにすくへからす。さりなから、そのまゝうちすて候へは、信心もうせ候へし。細々に信心のみぞをさらへて、弥陀の法水をなかせといへる事、ありけに候。よく〳〵心へられ（候脱カ）へし。されハ女人の身は、十方三世の諸仏にも、すてられたる身にて候を、阿弥陀如来なれハこそ、かたしけなくもたすけまし〳〵候へ。そのゆへは、女人の身は、いかに真実信心になり給ふといふとも、うたかひの心はふかくして、物なんとのいまハしくおもふ心は、さらにうせかたく候。ことに在家の身は、世路にほこりて、あるひハ子孫なんとの繁昌をおもひ、なにとしても今生にのミふけりて、これほとめに見えて、あたなる人間界の老少不定の、さかひとしりなから、たゝいま三途八難にしつまん事をハ、つゆちりほとも心にかけすして、いたつらにあかしくらすハ、これつねの人のならひなり。まことにあさましといふもおろかなり。…（中略）…

文明第五、十二月八日、これをかきしるして、当山多屋内方へまいらせ候。このほか、なを〳〵不審の事候ハヽ、かさねてたつねとハせたまふへく候。

たのめたゝ　弥陀のちかひの　ふかけれは　いつゝのつみハ　ほとけとそなる

のちの代の　しるしのために　かきおきし　のりのことの葉　かたみともなれ

五十八（九）歳（花押）

（「諸文集」第四四号―山城「本願寺文書（東派）」）

D抑今度一七ヶ日、報恩講のあひたにおいて、多屋内方も、そのほかの人も、大略信心を決定し給へるよし、きこへたり。めてたく本望、これにすくへからす。…（中略）…

文明第五、十二月八日、これをかきて、当山の多屋内方へまいらせ候。このほか、なを〳〵不審の事候ハヽ、かさねてとハせたまふへく候。

所送寒暑　五十八歳(九)（花押）

のちの代の　しるしのために　かきおきし　のりのことの葉　かたみともなれ

（「諸文集」第四五号―加賀「専光寺文書」）

二　書誌学的な理解

四点の「内方教化御文」に関して、『真宗史料集成』第二巻を担当された堅田修氏の解題(9)を読んで、まず基礎的知識を得ておくこととしよう。

Aは、能登珠洲「西光寺文書」に所蔵される蓮崇書写の御文集に収載されている。この御文集には計一八通が収録されており、蓮如の手許にあった手控え本を蓮崇が書写して、文明五年（一四七三）九月に成立したものである。しかも完成後に蓮崇の要望に従って、蓮如は次のような端書（本来は奥書に相当する）を追記している。

端書云、

右斯文トモハ、文明第三之比ヨリ、同キ第五之秋ノ時分マテ、天性コ、ロニウカムマ、ニ、何ノ分別モナク、連々ニ筆ヲソメオキツル文トモナリ。サタメテ文体ノ、オカシキコトモ、アリヌヘシ。マタ、コトハナントノ、ツ、カヌコトモ、アルヘシ。カタ〳〵シカルヘカラサルアヒタ、ソノ斟酌ヲナストイヘトモ、ステニコノ一帖ノ料紙ヲコシラヘテ、書写セシムルアヒタ、チカラナク、マツユルシオクモノナリ。外見ノ儀、クレ〳〵アルヘカラス。タ、自然ノトキ、自要ハカリニ、コレヲソナヘラルヘキモノナリ。アナカシコ〳〵。

于時、文明第五、九月廿三日ニ、藤嶋郷ノ内、林之郷、超勝寺ニオイテ、コノ端書ヲ、蓮崇所望ノアヒタ、同廿七日申ノ剋ニイタリテ、筆ヲソメオハリヌ。

釈蓮如（花押）(10)

これによると、文明三年から同五年にかけて蓮如が作成した「文」を、蓮崇の所望によって書写させたもので、「外見……アルヘカラス」、すなわち他人に見せてはならない。蓮崇は文明五年九月二十三日から、藤島庄林郷の超勝寺においてこれの書写を始め、同月二十七日にそれが完了したので、この日申刻（午後四時頃）にこの端書を書き加えた、と記されているのである。なお解題によれば、この御文集はもとは粘葉綴であったが、近年に冊子本に改装されたということである。

次いで**B**は、越中「行徳寺文書」に所蔵される御文集（計八通の冊子本）に収録されていて、文明五年十二月八日に蓮如がみずから執筆し、「当山ノ多屋内方へ、マヒラセ候」とて、多屋内方に下付したものである。この御文は「御さらえの御文」などとも通称されており、内容的には**B**・**C**・**D**三通はほぼ同じである。けれども成立の前後関係については、**C**・**D**に先行して**B**が作成されたものであるらしく、そのために**B**は草稿本と位置付けられている。

続いて**C**は、山城「本願寺文書（東派）」に所蔵されるものであって、本来の所蔵者については判然としない。

現状は巻子本に仕立てられており、Bと同日の執筆であるが、文字の比較などによってBよりも後の執筆と考えられるところから、CはBの清書本と見なされている。

最後にDは、加賀「専光寺文書」に所蔵されるもので、これも蓮如直筆で、巻子本に仕立てられている。文言の比較などからDは、Cよりもさらに遅れて執筆されたものとされ、Bの再稿清書本だろうと理解されている。

以上に述べたところにより、Aは蓮如が文明五年九月十一日に執筆した御文の手控え本から、蓮崇が同月下旬にこれを借り受けて筆写し、そして九月二十七日に蓮如が「端書」を追記して成立したものである。次いでB・C・D三通は、その約三ヶ月後の十二月八日に蓮如みずからが染筆したものであって、執筆の前後関係はB→C→Dであったことが明らかにされているのである。

三　御文の内容とその問題点

そこで次に、その内容を検討してみよう。

Aによれば、吉崎山周囲の多屋を経営する坊主たちの内方（妻女）になる者には、そうなるべき前世からの宿縁があるのであろう。内方となる者は必ずやその信心を固めていなければならない。当流における安心はまた「他力ノ大信心」とも呼ばれ、信心を得た者は往生が「一定」＝確定したと心得てよい。女人であるがゆえに罪深き「五障三従」を持ち、如来にも諸仏にも見放されているが、阿弥陀如来だけがこれを救済せんとして四八願を起こしたのであって、そのうちの第一八願ですべての悪人や女人を救済しようと考え、さらに女人は罪深く疑い深い心を持つから、重ねて第三五願でも女人救済の願を起こしたのである。阿弥陀如来の御恩の忝さを知らねばならない、と述べられている。日付は文明五年九月十一日付けである。

これに続くB・C・Dでも、Aとほぼ同じ内容が述べられており、解釈を記すのは煩雑なので省略しておこう。相違点は日付に見られ、Aの約三ヶ月後の文明五年十二月八日に、B・C・D三点は執筆されたのである。この時点では報恩講（十一月二十八日）の法要が既に終了しているから、それに合わせて冒頭の書き出しには若干の変更が加えられている。さらにB・Cにはそれぞれ和歌が二首、Dには一首添えられており、その和歌の語順にも若干の変更が見えている。なお蓮如は年齢を五八歳と追記しているが、正しくは五九歳であるから、老化に伴う思い違い（記憶違い）がすでに生じているのかもしれない。

右を受け取った多屋内方とは、宿坊経営者の妻女である。文明五年に吉崎坊が創建された段階では、その周囲には門内多屋が九坊配置されていたから、内方は少なくとも合計九人いたことになる。また門外多屋も多数建設されたらしく、蓮如は文明五年八月二日付けの御文で、「イマハハヤ一二百間ノ棟」と述べている。[11]

門内多屋の九坊は、南大門・北大門によって区画された寺内領域に立地していた。近江「照西寺文書」に残される吉崎御坊古絵図[12]によれば、馬場大路（本坊から南大門に至る下りの参道）の左手（北側）に、法敬房・空善房・（坊、以下同ジ）法圓房・順正房の四坊、同じく右手（南側）に、圓廣房・善性房・本覺房・本廣房・敬聞房の五坊、以上合計九坊が描かれている。

他方で、近世の史書たる「真宗懐古鈔」[13]を見てみると、和田本覚寺、田島興宗寺、桂島照護寺、荒川興行寺、藤島超勝寺、「横根乗願寺」（正しくは加賀河北郡横根村の乗光寺か）、「川島専勝寺」（正しくは加賀江沼郡河崎村の専称寺か）、などの大坊主七名が、その設置者として上げられている。これらの住持が多屋設置のための資金を拠出した者と考えられ、多屋の直接経営者と設立責任者（資金拠出者）とはそれぞれ別個だったのである。もちろん両者の間には本末関係があったであろうが、それを示唆する史料は残念ながら得られていない。なお「真宗懐古鈔」からは設立責任者は七名しか判明せず、残り二ヶ寺については記述がないので不明であるが、「内方教化御文」が越中赤尾行徳寺（B）と加賀吉藤専光寺（D）とに伝来している点を踏まえるならば、不明の二ヶ寺とは赤尾行徳寺・吉藤専光寺が該当するとしてまず間違いないであろう。

なおその後、永正三年（一五〇六）になって一向一揆蜂起が失敗した結果、吉崎坊は朝倉氏によって破却されるのであるが、その直前の段階がおそらくは最盛期だったと考えられ、「真宗懐古鈔」によれば門内多屋は四八坊に増え、また門外多屋も一五〇棟あったと語られている。

そこで四点の「内方教化御文」に立ち戻ると、考えるべき問題点は、

設問①……蓮如が「内方教化御文」を執筆した目的はなにか。

設問②……同文のものが四点も執筆されている理由はなにか。

設問③……Aの日付と、B・C・D三点の日付との間に、約三ヶ月間の隔たりがある理由はなにか。

設問④……A・B二点が片仮名表記、C・D二点が平仮名表記となっている理由はなにか。

以上の四点について検討しなければならないのである。

四　「内方教化御文」の執筆目的と執筆点数

まず設問①、すなわち蓮如が「内方教化御文」を執筆した目的を考えてみよう。すでに拙稿「蓮如の越前滞在と吉崎坊創建」(14)で若干の検討を加えたところであるが、ここで改めて論じておきたい。

これらの御文で述べられている内容は、前節で示した通り、多屋内方となる女性にはその宿縁があったと考えられること、そして阿弥陀如来の女人救済の願に対しては感謝しなければならないこと、この二点であって、これを種々の宗教的修辞を並べて繰り返し強調しているのである。内方として多屋経営にあずかる彼女たちの宗教心を喚起するには、まことに相応しい内容と言わねばなるまい。しかも蓮如は、これらの御文を多屋内方に直接付与したのであって、この点はBに「当山ノ多屋内方へ、マヒラセ候」、Cにも「当山多屋内方へまいらせ候」と記されることから明らかである。

とするならば、表題に「内方教化」と記されることとは相違して、吉崎坊と多屋とを創建する段階における、彼女たちの様々な苦難を慰労し、その努力に感謝の意を表して褒賞すること、これこそが本来の執筆目的だったとしなければならないであろう。蓮如から彼女たちに右のごとき内容の御文が直接に付与されたならば、彼女たちの感激はひとしおであったに違いなく、またそのことで今後も一層の努力を傾けねばならないとの思いを、彼女たちは強めたに違いないのである。

つまり「内方教化御文」とは、多屋経営に協力する内方に与えられた蓮如の褒賞状とも言うべきものなのであって、それは武将に対する感状にも等しい意義を持つと評して差し支えないであろう。これが設問①の回答である。

そこで次に設問②、同文のものが四点も執筆されている理由を考えてみよう。この検討の前提としては、何軒の多屋が立地していたかが問題となり、前述のごとくに初期の門内多屋は九坊（九軒）であった。とすれば、その内方は合計九人であるから、蓮如はこうした御文を九点執筆して、それぞれの内方に各一点ずつ付与したのではないかという推測が得られよう。つまり設問②で同文のものが四点執筆されている理由を尋ねたのは、そもそも問い方が逆だったのであって、九点執筆されたうちの四点しか残されていない理由こそ、むしろ問題とされるべきなのである。もちろん紛失・焼失、あるいは譲渡などがその理由として想定されるが、由緒書などにこうした顛末が記載されない限り、解明は困難としなければなるまい。

以上によって、執筆された「内方教化御文」は合計九点であったが、そのうち四点しか現存していないことが推測された。これが設問②の回答なのである。

五　日付に見える隔たり

次に設問③について考えてみよう。すなわちAの日付と、B・C・D三点の日付との間に、約三ヶ月間の隔たりがある理由はなにか、である。

蓮如がそもそもこうした御文を合計九点、執筆するつもりであったとするならば、彼は同日にすべてを執筆・下付する予定だったに違いない。実際の作業上は時間的に困難であるとしても、計画的にはAの執筆日たる文明五年九月十一日に、すべてを完了する予定だったとしなければなるまい。

しかりとすれば、この九月十一日という日は、吉崎坊や蓮如にとって、あるいは多屋内方にとって、極めて重要な意義を持つ日であったことが確実である。そしてこの直前の八月二日に吉崎坊は、作事が終了して竣工式が挙行されていたと推測されるのであるから、その一ヶ月後の九月十一日とは、それに続いて厳修すべき落慶法要の日だったとしてまず間違いないであろう。つまり蓮如は、落慶法要を終えたという感激に浸りつつ、その日の午後に「内方教化御文」を執筆していたのである。

ところが蓮如には、この日に合計九点を執筆する余裕は与えられなかった。その理由は、「当年（文明五年）正月時分ヨリ……牢人出張ノ儀」[15]が噂されていたと述べられるごとく、加賀へ没落した旧越前守護代甲斐氏一派の牢人衆が、越前回復を目指して侵攻戦を展開する可能性があったからである。蓮如はこれまでその対応策として、「或ハ要害、或ハ造作」と、要害を設置して吉崎坊の防衛を強化する一方で、創建事業の進捗を急がせていたのであるが、おそらく九月十一日の落慶法要の終了直後に、参詣門徒衆に紛れて牢人衆の乱入する気配が探知されたのではあるまいか。

そこで蓮如は急遽、舟で吉崎坊を脱出して難を避けることととし、日本海を南下して三国湊から九頭龍川・足羽川を遡上し、北庄で舟を下りて藤島超勝寺へと移動したのである。けれども幸いなことに、この段階では甲斐氏一派の乱入はなく、またその恐れもやがて去ったので、九月二十二日に蓮如は加賀山中湯に赴いて湯治を楽しんでいる。そして再び藤島超勝寺へ戻った蓮如は、そのまま帰洛するつもりであったらしい。しかしながら門徒衆から強い慰留を受けた蓮如は、やむなく翻心して十月三日に吉崎坊へ戻り、やがて報恩講を迎えたのである。そして一連の行事が終了した十二月八日、中断して懸案となっていた「内方教化御文」の残りを執筆したのであって、それがB・C・Dに当たるのである。

以上のごとき経緯があったため、AとB・C・D三点との間には、約三ヶ月間の隔たりが生じてしまったのであって、これが設問③の回答である。

六　片仮名表記と平仮名表記の意味

最後に設問④、すなわちA・B二点が片仮名表記となっている理由、およびC・D二点が平仮名表記となっている理由はなにかを考えてみよう。

「はじめに」で述べた通り、蓮如は御文を聖教に相当するものとして執筆していた。このことは御文と書状との筆跡を比較しても明白であって、書状がやや粗雑な文字で執筆されているのに対し、御文は明らかに丁寧な文字で執筆されているのである。また手控え本が存在して、同文の御文を多数作成することも可能であった。さらに蓮如は頻繁に推敲を加えていたことが知られるから、彼が御文を「特別な文書」と意識して作成していたことは明らかである。よって、A・B二点が片仮名表記となっているのは、内容を顧慮せずに通常の御文と仮定するならば、当然の表記法としなければならないのである。

しかるに、C・D二点は平仮名御文となっている。その理由は、内容が女性に関わるものであり、これの実質的な充所が多屋内方＝女性であったことによるものであろう。とするならば、蓮如の意識としてC・D二点は、純然たる聖教とは位置付けられていなかった可能性が指摘できそうである。

このことは、掛軸状の御文が作成されている点からも推測できるのであって、現存する掛軸状の御文七点は、すべて平仮名表記となっている(16)。それらはおそらく女性充てのものだったと考えられるが、蓮如はこれらの掛軸状の御文を、聖教ではなくして、美術作品のごとき意識で作成していたのであろう。とすれば、御文が片仮名表記か平仮名表記かの違いは、それが口頭で読み上げられるか否かによって決定された違いとは決して言えないのである(17)。

そこで再び考えるべきは、内方（女性）充てであることが明白なA・B二点が、平仮名表記とはならずに片仮名表記とされたのは、一体なぜなのかという点である。つまり、通常の表記法である片仮名表記が、女性充ての御文において見られることこそ、むしろ異例とすべきなのであって、この理由を解明できたならば、片仮名表記・平仮名表記の相違が生じている理由も明確にできるに違いない。

表記の相違が、性別に由来している訳ではないのであるから、そもそも片仮名表記がどのような場合に使用されたかという原点に立ち戻って考えてみなければならない。「はじめに」で述べたように、本来の片仮名表記は神仏と関わる場面で使用されていた。蓮如の御文の大多数が片仮名表記である理由も、「如来ノ直説」であるがゆえの用字であった。ところで、この神仏に関わる者としてはまず寺院・道場の坊主がおり、彼らは蓮如から御文を拝受した後、地元に戻って門徒衆にこれを読み上げたことであろう。つまり彼らの立場は阿弥陀如来の代理人なのであって、その地位は出家・得度して法名を与えられたことにより得られるものであった。とするならば、御文を拝受する者はすべて出家・得度を経ていたと想定して差し支えないであろう。つまり出家＝坊主という「身分」を得た者に対してのみ御文は下付されたのであって、俗人に対しては下付されることがなかったと思われるのである。

ところがこれに反して、平仮名表記のC・D二点を付与された内方は、出家身分ではなく、俗人のままだったに違いない。女性が出家する事例がそもそも僅少であり、しかも多屋坊主に嫁いだ妻女という立場であるから、よほどの事情もしくは信仰心がない限り、出家の手続きを取ることはなかったであろう。よって蓮如もC・D二点は、通常の書状に準じて平仮名表記で執筆したのである。

しかしながら、出家する女性も皆無ではなかった。現代においても夫に死別した未亡人が、本山門主から御剃刀を受けて法名を下付される事例があり（いわゆる帰敬式）、しかもこれは坊主の妻に限定されるという訳でもない。とするならば、片仮名御文のA・B二点を拝受している内方二人は、すでに得度して法名（尼名）を得ていた女性なのではなかろうか。つまり蓮如は、出家を遂げて僧籍を得た女性が下付対象であったがゆえに、その御文A・B二点を、片仮名表記の聖教として付与したと考えられるのである。

以上によって、設問④については、御文の拝受者が出家人であれば片仮名表記を使用し、俗人であれば平仮名表記で執筆した、と敷衍して表現できるであろう。これがその回答である。なお、男性の俗人に充てられた御文は、今のところ確認されていないようである。

おわりに

これまでの検討で明らかにできた点を、最後にまとめておきたい。

蓮如は御文を「如来ノ直説」と位置付けていた。よって、阿弥陀如来の言説を伝達するために、漢字・片仮名まじりの片仮名御文を作成・下付したのは当然であって、現存する約二七〇点の御文の大多数（約九三％）は、この片仮名御文なのである。

ところが約七％に当たる二〇点の御文は、漢字・平仮名まじりの平仮名御文となっている。こうした御文が執筆されたのは、内容が女性に関わるものであり、女性充てに下付されたことがその理由だったと思われる。彼女たちはおそらく出家・得度していなかったであろうから、下付対象が俗人の場合には平仮名御文になった、と敷衍して表現できるであろう（ただし男性の俗人に充てられた御文は存在しない）。

しかるに他方、例外的に得度を遂げた女性も存在しており、彼女たちに御文が下付される場合には片仮名御文とされたらしい。このような例外的な御文が現在、二点（A・B）確認されており、蓮如はこれらも聖教として付与していたに違いない。つまり、下付対象が出家した女性の場合には、出家した男性に対すると同様に、片仮名御文になったと言うべきなのである。

注

（1）網野善彦氏「日本の文字社会の特質をめぐって」（『列島の文化史』第五巻、日本エディタースクール出版部、一九八八年）。
（2）「諸文集」（『真宗史料集成』第二巻、一三八～三四三ページ、同朋舎、一九七七年）。
（3）「蓮如上人仰条々」第八六項（『真宗史料集成』第二巻、四八五ページ）。
（4）御文の最初のものは寛正二年（一四六一）三月日の執筆であるが、その次は文正元年（一四六六）の執筆であり、そして応仁二年（一四六八）四月になると三点が執筆されている。つまり、これまで手許に保管されていた聖教類を、寛正の法難（寛正六年〈一四六五〉正月～三月）によって奪い取られてしまったことが、御文制作の主たる動機であったとしてほぼ間違いないと思われる。なお最初の寛正二年三月の御文は、親鸞二〇〇年忌法要が結願に達した直後の執筆だった可能性が高く、それは三月二十八日のことと推測される。
（5）「蓮如上人一語記」第五七項（『真宗史料集成』第二巻、四四九ページ）、および同第一一二項（四五三ページ）。
（6）「諸文集」第二五〇号（「六日講四講御文」）を御文に含むのは誤りであって、これは六月四日付けで「とち川の尼との御かたへ」に充てられた書状である。よってここではこれを除外した。
（7）遠藤一氏「「御文」の史料化をめざして」（福間光超先生還暦記念『真宗史論叢』、永田文昌堂、一九九三年）。
（8）岡村喜史氏「蓮如自筆御文と御文流布の意義」（『講座蓮如』第二巻、平凡社、一九九七年）。同氏「「御文」による伝道」（神田千里氏編『民衆の導師蓮如』第五章―『日本の名僧』一三、吉川弘文館、二〇〇四年）。
（9）堅田修氏「解題」（『真宗史料集成』第二巻、五一ページ）。
（10）能登「西光寺文書」（「諸文集」第三七号―『真宗史料集成』第二巻、一六七ページ）。写真版は同書冒頭の口絵に掲載されている。
（11）「諸文集」第二五号（『真宗史料集成』第二巻、一五八ページ）。
（12）近江「照西寺文書」吉崎御坊古絵図（現在は京都国立博物館保管）。写真版は、蓮如上人五百回遠忌法要記念『図録蓮如上人余芳』（浄土真宗本願寺派、一九九八年）七六ページに掲載されている。
（13）「真宗懐古鈔」巻之上、吉崎御建立縁起（『真宗全書』第六九巻、国書刊行会、一九一五年初版、一九七六年復刻。または『大系真宗史料』伝記編五・蓮如伝、法藏館、二〇〇九年）。

(14) 拙稿「蓮如の越前滞在と吉崎坊創建」(本書第九章)参照。
(15) 「諸文集」第三八号(『真宗史料集成』第二巻、一六七ページ)。
(16) 遠藤一氏「「御文」の史料化をめざして」(前注7)によれば、掛軸状の御文は次の七点である。
①「諸文集」第一〇八号……山城「常楽寺文書」文明十年二月四日、「当流門人之中、可存知次第」……写真版は千葉乗隆・堅田修氏編著『蓮如上人御文』第二六号、一〇二ページ(同朋舎出版、一九八二年)に掲載される。
②「諸文集」第一六一号……大和「本善寺文書」無年月日、「いまの時の世にあらむ女人は」……『蓮如上人御文』第四〇号、一四四ページ。
③「諸文集」第二〇七号……山城「大谷大学文書」無年月日、「抑男子も女人も罪のふかゝらむともからは」……『蓮如上人御文』第四五号、一五四ページ。
④「諸文集」第二〇九号……山城「本願寺文書(西派)」無年月日、「抑男子も女人も罪のふかゝらむともからは」……『蓮如上人御文』第四六号、一五六ページ。
⑤「諸文集」第二一一号……加賀「善性寺文書」無年月日、「それ八万の法蔵をしるといふとも」……『蓮如上人御文』第四七号、一五八ページ。
⑥「諸文集」第二一二号……加賀「本泉寺文書」無年月日、「夫八万法蔵をしるといふとも」……『蓮如上人御文』第四八号、一六〇ページ。
⑦越中「瑞泉寺文書」無年月日、「それ一切の女人の身は後生を大事に思」……「諸文集」・『蓮如上人御文』には掲載されず。
(17) 遠藤一氏「「御文」の史料化をめざして」(前注7)では、片仮名表記・平仮名表記の差異が、口頭で読み上げられるか否かの違いによって生ずると述べられているが、この理解は妥当ではないと思われる。

第十二章　青野真慶充ての蓮如書状

はじめに

蓮如が発した御文や書状のなかに、三河国の青野真慶なる人物の登場するものが、いま五点残されている。すなわち、文明六年（一四七四）六月の青野真慶充ての御文A、次いで同月に青野真慶・坂崎浄光の法名の由来について語った御文B（近江本福寺充て）、さらに同年八月・十月に青野真慶に充てられた蓮如書状二点（C・D）、そして文明十二年（一四八〇）六月に青野真慶・坂崎浄光らに付与された御文E、以上の五点である。そこで本稿ではこれら五点の史料を取り上げて、これらがどのような状況下で、なぜ発せられたのかについて検討を加えてみたいと思う。

ところで、このうちのC・D二点については谷下一夢氏が「蓮如上人と刀剣」(1)ですでに検討を加えておられ、紀年は文明六年であること、蓮如が太刀を求めた理由は嗜好上の要求であること、としておられる。このうち紀年の分析については妥当であるが、しかし太刀を求めた理由が嗜好（趣味）によるものだったとされた点は、残念ながら筆者としては従えない。また谷下氏は蓮如がこの書状を発した目的を、加賀門徒衆へ太刀を供給するためではなかったとも述べておられる。筆者も同様に太刀供給説には賛同しないものの、しかしそもそも蓮如がなぜ太刀を求めたのかを解明することは、これらの書状の意義を理解するためには不可欠な作業と言わねばならない。以下ではこうした観点に立って検討を行うこととしよう。

なおA・C・D三点は、越中国新川郡針原中村（現在は富山市針原中町）に所在する宮谷山光慶寺（コウケイジ）に伝えられるものである。同寺の所伝[2]によれば、光慶寺は文明二年（一四七〇）に真慶了教なる人物によって創始された。彼はもとは八郎左衛門を名乗り、三河国の志貴庄（碧海郡から幡豆郡にかけての四七村を含む庄園で、東海道沿いの矢作村付近から以南の地域に所在した）に居住して武器・武具を商っていたが、文正元年（一四六六）に蓮如に帰依して真慶了教との法名を拝受し、そして第六世道林の時代の天正年中に三河から越中の現在地へ転じたとされる。寺号拝受がいつのことかは判然としないが、光慶寺が現在名乗る「式庄」との姓を踏まえるならば、寺伝はおおむね信頼できるであろう。

この寺伝によるならば、A・C・D三点を付与された青野真慶とは、三河国志貴庄（式庄）で光慶寺を創立した真慶了教その人に当たるとしてよい。ただし武器・武具を商っていたとの所伝については疑問が残るところであって、彼が苗字を持つ武士身分だったことは疑いないから、むしろ在地領主（＝地頭）として所領管理に従事していた可能性が高いと思われ、その余業として武器・武具を取り扱うこともあったと想定しておきたい。

一　吉崎坊の創建と焼失

蓮如が青野真慶に充てて書状を発することとなったそもそもの発端は、吉崎坊の焼失事件（文明六年〈一四七四〉三月二十八日）である。そこでまず、蓮如が吉崎坊を創建する経緯について明らかにしておこう(3)。

蓮如が越前にやって来たのは文明三年（一四七一）七月のことで、これを機縁にして越前・加賀門徒衆は、越前国坂北郡細呂宜郷吉崎村にある吉崎山（標高約三三ｍ）の山頂に坊を建立することとした。まず七月二十七日に地鎮祭を執行して敷地造成と基礎工事を始め、これと並行して資材加工作業にも着手したと思われる。

翌文明四年（一四七二）の弥生中半から、いよいよ資材組立作業（建て舞い）が開始される。また四月下旬からは多屋（宿坊）の建設作業も始まったらしい。そして本坊は文明四年八月十六日には完成していたと思しく、翌五年（一四七三）二月の降雪のなかを、門徒衆は大挙して参詣にやって来たことが知られる。蓮如はそこで工事継続に支障とならないよう、また旧越前守護代甲斐氏一派の牢人衆（文明四年八月に朝倉氏によって加賀へ放逐された者たち）が混在して乱入することがないよう、門徒衆には群参を禁止する一方で、防御のための「要害」を築かせるとともに「造作」を急がせねばならなかった。

続いて文明五年の作業としては、付設の庫裏・書院を建設し、馬場大路を整備して南大門・北大門を設置し、鐘楼や塀垣などを設け、さらには多屋を建設しなければならない。かくして蓮如は文明五年八月二日付けの御文で、作業工程の一部始終を振り返って感慨に浸っているから、この日に竣工式が挙行されたものと推測される。また落慶法要は同年九月十一日に厳修されたと思しく、蓮如はこの日に多屋内方（妻女）に充てて、その献身的協力を賞揚する御文（いわゆる「内方教化御文」）を発しているのである。

ところでこの直前の文明五年七月、加賀山内庄にいた東軍富樫政親は、弟で西軍の富樫幸千代勢に追われて吉崎に来ており、蓮如の扶持を受けていたらしい。蓮如は、吉崎坊の落慶法要を一区切りとして帰洛する意向を持っていたが、落慶法要の行われた九月十一日の午後、西軍幸千代勢や甲斐氏牢人衆が吉崎に乱入する恐れありとの報がもたらされたため、彼は急ぎ舟で吉崎を離れて九頭龍川・足羽川を遡上し、北庄に上陸してさらに徒歩で藤島超勝寺まで避難しなければならなかった。幸いに乱入はなく、またまもなくにその危険性も去ったので、蓮如は九月二十二日に加賀山中湯へ湯治に出掛け、やがて超勝寺に戻ったその足で帰洛しようとした。しかしながら門徒衆からは強い慰留があり、それに従って蓮如は翻心して、十月三日に吉崎に帰坊したのである。

吉崎滞在を延長した蓮如は、そこで吉崎坊の周囲にさらなる要害を築かせるとともに、警固体制強化のために多屋衆に衆議状への連署を求めることとする。その内容は、仏法のために一命を惜しむことなく合戦すべしと衆議一決したものであった。そして翌十一月には、蓮如はさらに吉崎坊の運営方針として十一ヶ条定書を制定し、十一月七日に門徒衆からこれを遵守する旨の誓詞を提出させたうえで、これに応じた門徒衆にだけ見参・対面を認めることとした。かくしてこの手続きを契機にして、吉崎坊では阿弥陀如来と蓮如を中核とする一揆が成立したと解されるのであって、これが翌文明六年の「加州一国之土一揆」(4)の端緒となるのである。

しかるに四ヶ月経った文明六年（一四七四）三月二十八日酉刻、吉崎坊は火災で焼失してしまう。南大門近くの「多屋本覚寺《坊》」から出火して南風に煽られ、南大門から北大門までの門内多屋九棟と本坊一棟（付設の庫裏・書院を含む）、計一〇棟が焼失してしまったのである。けれども門外多屋は類焼を免れたから、搬出できた仏具や宝物類をここに運び入れ、また蓮如も当分ここで生活することとした。そして直ちに再建計画を練り、同年四月八日には早くも立案されたらしい。また資金の目途も同年九月にはついたと思しく、この結果、ようやく蓮如には火災の経過を御文に叙述する心理的余裕が生じたのである。

二　青野真慶・坂崎浄光の吉崎訪問

吉崎坊が焼失したとの報は、直ちに各地門徒衆へ伝達されたことであろう。三河国の青野真慶・坂崎浄光の両人は、そこで同道して越前を訪れ、火事見舞いや再建資金を蓮如に進上することとした。そして彼らはいわば記念として御文拝受を申し出たところ、次の御文**A**を付与されるのである。

A夫親鸞聖人ノ一流ニ、ソノ名ヲカケン、トモカラニオイテハ、マツ　聖人ノス、メマシマストコロノ、他力真実ノ信心ヲモテ本トセラレタル、ソノイハレヲ、クハシク存知スヘキナリ。コノ信心トイフコトヲ、シラサラン人ハ、報土ニハ往生スヘカラス。…（中略）…イマイフトコロノオモムキハ、　親鸞聖人ノマサシク、ヒロメタマヘルトコロノ、他力ノ真実信心トイヘルハコレナリ。コノホカニ、ナヲオクフカキ信心トイフ、イハレアリトイハンモノハ、カヘス〲ヒカコトナリト、コ、ロウヘキモノナリ。アナカシコ〲。

文明六季六月廿一日、参河国式庄八郎（青野）左衛門入道真慶、所望之間、於此炎天、拭老眼、染筆訖。

右筆、蓮—（マヽ）、満六十（花押）（H型＝ムスビ幅広前期型）（5）

右の御文**A**によれば、親鸞聖人の一流にみずからの名を連ねたいと望む者は、聖人が勧められた「他力真実ノ信心」を根底に据えるべき由縁を存知しなければならない。この信心を理解しない者は、報土＝極楽浄土には往生できないであろう。…（中略）…以上に述べたところが、親鸞聖人の広められた「他力ノ真実信心」の要点である。

A：
文明6年（1474）
6月21日
越中「光慶寺文書」

これ以外に深い信心のあり方があると語る者は、「ヒカコト（僻事）」を述べていると心得ねばならない、と見えているのである。末尾には文明六年（一四七四）六月二十一日という日付に続き、三河国式庄の青野真慶が所望したので、炎天のもとで老眼を拭いつつ染筆したと記され、蓮如の署名・花押と「満六十」の年齢が追記されている。

ところでここで、この御文Aに据えられた蓮如の花押（形状による仮称は「H型＝ムスビ幅広前期型」）に注意を払っておきたい。別掲図を見れば明らかなごとく、このAの花押は他と比較して明らかに幅広に膨張している。初期の「三本足型花押」（A型・C型）や「二本足型花押」（D型）とやや似た印象を与えてはいるものの、最後の筆止めの箇所には「ムスビ型花押」の特徴が見られるから、初期花押と区別することは困難ではあるまい(6)。

問題なのは、このAの花押がなぜかくも幅広に膨張したのかという理由であって、おそらく蓮如はこれを染筆するに際し、すこぶる高揚した心理状態になっていたからであろう。ではなぜ興奮していたのかというと、この直前に青野真慶・坂崎浄光から、吉崎坊焼失に対応した火事見舞いや再建資金の進上を受けていたことを想起すれば、直ちにその理由が判明する。つまり、その懇志の額が著しく巨額であったこと、これ以外に理由としてはあり得ないのであって、巨額の懇志を目の前にした蓮如は感激で手が震えてしまい、その結果、幅広に膨張した巨大な花押を押捺したと考えられるのである。

三　本福寺充ての御文に登場する青野真慶・坂崎浄光

さて、青野真慶と坂崎浄光とは御文Aを拝受して帰国するのであるが、その時に蓮如から、太刀を調達するようにとの指示を受けていたらしい。けれどもその顚末はCを検討する第五節で詳述することとし、それに先立って本節では、Aの四日後に発せられるBを検討しておかねばならない。

B或人ノイハク、参河国サカサキノ修理助入道浄光、青野八郎左衛門入道真慶、両人アリ。此人、去ヌル四月下旬比ヨリ、吉崎ノ山上ニアリト云云。シカルニ、善導和尚ノ日中ノ礼讃ノ偈ニイハク、真形ノ光明ノ、偏法界、蒙光触者、心不退、トイフ文アリ。所詮、此釈文ノ中ニ、真慶・浄光ノ二人ノ片字アリ。コレマコトニ奇特、不思議ナリシ事ソカシ。ソノユヘハ、弥陀如来ノ真身ノカタチハ、スナハチ光明トモナリテ、一切衆生ヲ平等ニ摂取シタマフ、チカヒナルカユヘナリ。コレニヨリテ、両人ノ片字、此釈文ノ中ニアル事、マコトニモテ宿習ノイタリカ。又本願ノ不思議ニヨリテ、報土往生ヲトケンカタメニ、今度此当山ヱ、コヱラレケルカトモ、オホヘハンヘリ。サレハ、ヤカテ次ノ文ニ、蒙光触者、心不退トアレハ、スナハチ信心決定シテ、不退ナルヘキイハレナリト、アラハニシラレタリ。アラ殊勝〳〵。

文明第六、六月廿五日、書之(7)。

右のBは文明六年六月二十五日付けとなっていて、Aの四日後の染筆であるから、すでに青野真慶・坂崎浄光の両人は帰国していたことであろう。蓮如は彼ら両人の印象をBに叙述し、これを近江本福寺（現所蔵者）に付与したのである(8)。

それによれば、三河国に坂崎浄光・青野真慶という二人の門徒がいて、今年の四月下旬頃から吉崎の山上の坊に参詣に来ていた。ところで、善導和尚の「日中ノ礼讃」の偈に、「真形ノ光明ノ、偏法界、蒙光触者、心不退」という文があるが、この文中には真慶・浄光の二人の法名の文字が一字ずつ含まれていて、誠に奇特で不思議なことである。そもそも阿弥陀如来の身体は光明となって、一切衆生を平等に摂取するとの誓いを立てられたとされるが、両人の法名の片字が釈文中にあることは「宿習」の至りであって、彼らは本願の不思議によって報土往生を遂げるために当山へやって来たに違いない。さらに偈には「蒙光触者、心不退」とあって、信心決定して不退の姿勢をとる根拠はここに由来することが明示されており、誠に殊勝と言うべきである、と述べられている。文意にやや不明瞭な箇所があるが、要するに蓮如は、真慶・浄光の法名の片字が善導の偈文中に見える点を指摘して、彼らの行動・行為が阿弥陀如来のそれに等しいものだと賞揚しているのであろう。

Bにおいて語られた内容は、単に青野真慶・坂崎浄光の法名の由来（出典）を説くだけであって、受領者（現所有者）たる本福寺にはほとんど無意味に等しいものである。けれども他方で、本福寺がこれを後世に取得したとは考えにくいところであるから、あくまでもその当時、蓮如からこれを下付されていたとしなければなるまい。

そこで考えるべきは、なにゆえに蓮如がかくも奇妙な御文を近江本福寺に授与したのか、という理由である。もしかして蓮如にとっては、ここに記される内容を本福寺に伝達することが主たる目的だったのではなく、全く別の意図をもって染筆・下付したのではあるまいか。こうした観点に立って、このBを受領した本福寺住持の、その後の動きを想像してみよう。

彼は国許にBを持ち帰り、門徒衆の会合の席でこれを読み聞かせたはずである。その結果、近江門徒衆の脳裏には、真慶・浄光両人の名が強く記憶されることとなったに違いない。そしてもし門徒衆が三河へ出掛けたならば、彼らは真慶・浄光がいかなる人物であるかを、現地の住人に必ずや尋ねたことであろう。その結果、三河門徒衆は、真慶・浄光の名が近江門徒衆に広く知れ渡っている事実を認識させられたに違いなく、しかもその内容は、両人の行動・行為が阿弥陀如来のそれに等しいという蓮如の評価であるから、彼らの名声が三河門徒衆において一気に高まったことはまず間違いないところである。

しかりとするならば、蓮如が意図した別の目的というのは、蓮如が彼らに対して抱く「思い」を、直接に本人たちに伝えるのではなくして、本福寺門徒衆を介在させて間接的に「口伝え・耳伝え」によって彼らに伝えること、これが目的だったのではあるまいか。その際に重要な点は、Bを拝聴した本福寺門徒衆が、琵琶湖で活動する湖上舟運業者であったという事実であって、[9]彼らは琵琶湖だけではなく、さらにその先の東海道を辿って、三河にまで物資輸送に赴く機会も少なくなかったと考えられることである。つまり、本福寺門徒衆による「口伝え・耳伝え」の方法によって、真慶・浄光に対する蓮如の「思い」が、絶大なる宣伝効果を伴って流布されることとなったのである。

それでは蓮如の真慶・浄光に対する「思い」とはいかなるものかと言えば、前節ですでに述べたごとく、真慶・浄光からの巨額な懇志（吉崎坊再建資金）について深甚なる謝意を表すこと、このことを除いては考えられないところである。

よってBは、本福寺門徒衆（＝琵琶湖舟運業者）が展開する広域商業・流通活動を有効に利用して、真慶・浄光から進上された多額の懇志（吉崎坊再建資金）に対する蓮如の謝意の念を、諸国（とくに三河）門徒衆に喧伝せしめ、合わせてその波及効果により、各地門徒衆からさらに一層の奉加を誘発すること、これを目的としていたと考えてまず間違いないと思われる。換言すれば、御文Bは変形した勧進状にほかならないのである。

四　富樫政親の加賀復帰戦

真慶・浄光が三河に帰国してまもなくの文明六年七月、加賀では重大な政局の転換が生ずる。すなわち、吉崎で蓮如の扶持を受けていた富樫政親（東軍）が、加賀回復を目指して侵攻戦を開始したのである。その契機となったのは、この月に旧越前守護代甲斐氏（西軍）が、朝倉孝景（東軍）と和睦を結んで戦線を離脱したため、加賀西軍富樫幸千代勢の勢力が大きく後退したことである。政親はその直前、蓮如に対して将来も協力関係を維持する旨を表明していたから、蓮如は門徒衆に対して政親支援を命じていた。そこで門徒衆は「加州一国之土一揆」(10)を組織して進撃したのである。

この政親勢による加賀復帰戦を「白山宮荘厳講中記録」(11)によって眺めると、政親勢に属したのは山川高藤・本折道祖福・槻橋豊前守らであって、彼らは文明六年七月二十六日から山内庄に進撃してここを制圧し、続いて十月十六日夜には山内庄から白山宮本院へ攻め寄せたので、白山長吏澄栄法印や衆徒は政親方に属することとした。またこれに先立つ十月十四日には、幸千代のいた蓮台寺城が制圧されて多数の者が討たれ、同月二十四日には龍蔵寺白山拝殿で幸千代方の狩野・小杉氏らが自害に追い込まれたのであった。

五　蓮如の太刀入手依頼

かかる事態となって、諸国門徒衆は戦況の推移に耳目をそばだてたことであろう。そして七月二十六日の緒戦で政親勢と一揆勢とが、首尾よく山内庄を回復できたとの報は、やがて三河の青野真慶のもとにも達したのである。そこで真慶は蓮如のもとへ書状（戦況の有利を慶賀した内容か）を発したと思しく、これに対して付与された蓮如返信が次のＣである。

Ｃ「（封紙ウワ書）八郎左衛門入道殿（青野真慶）　　蓮如」

尚々、ぬしをハたれ尓なりとも、徒けられ候て、とりて給へく候。

去比ハ長々堪忍、返々悦入候。仍此方事、無其煩候。加州百性（姓）中之弓矢尓て候。乍去、
近日落居候。心安候へく候。
一、彼太刀事、よその人、所望候様に、了簡候て可給候。い可やうにも方便候て、堂可く候とも、とり多き由、たのミ候て申候。可然様ニ了簡をせられ候て、給候へく候。
あなかしく。
（文明六年）八月廿六日　　蓮如（花押）（Ⅰ型＝ムスビ逆三角後期型）
（充所欠ク）（12）

右の八月二十六日付け蓮如書状Cによると、去る頃に長々と吉崎坊に「堪忍」＝滞在されたことは、返す返すも悦ばしいことであった。この方にはなんらの「煩」も生じてはおらず、戦乱は加賀の「百性（姓）中」による「弓矢」＝合戦であって、近日のうちに落居するであろうから安心していてほしい。ところで依頼した「太刀」の件であるが、「よその人」も欲しがるように機転を効かせて入手してもらいたい。いかなる方便を用いても差し支えなく、高額であっても入手したいので、強く要望するところである。最大限の努力によって入手して届けて頂きたい、と述べ、さらに尚々書でも、「ぬし」＝新所有者が蓮如であることをすべての者に公表して入手して頂きたい、としているのである。

この書状Cが発せられた八月二十六日とは、加賀侵攻戦が開始された七月二十六日からすでに一ヶ月経った時点なので、政親勢と一揆衆とが山内庄を回復したとの報は、三河の真慶のもとにも達していたことが確実である。とすれば、届けられた真慶の書状には、その戦勝を祝う文言が記されていたことは疑いなく、また当然それに懇志（＝戦費）も添えられていたであろう。そして今後の戦況の推移を心配する真慶に対し、蓮如は「加州百性（姓）中之弓

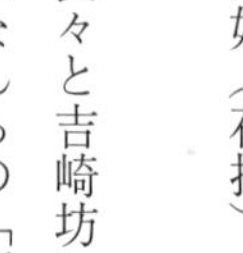
C：
文明６年（1474）
８月26日
越中「光慶寺文書」

矢」と表現して、みずからには無関係のごとくに装っているが、しかし事実は決してそうではなく、一揆衆は蓮如の命令によって政親に加勢していたのである。

ところで、右のCで蓮如が要請している「太刀」入手の件について考えてみよう。そもそもこの太刀を蓮如がみずから使用するなどということはあり得ず、それは軍功のあった武将に褒賞として授与するためのものだったに違いない。しかりとすれば、その所要数は一振だったと思われ、蓮如がその被授与者として念頭に置いていたのは、政親を除いては考えにくいところである。そしてこれが褒賞としてのものならば、その価額が高いことは広く知られていた方が望ましく、また太刀入手を蓮如が希望していることを知った門徒衆は、蓮如が軍事行動に大きな期待をかけていることを理解したに違いあるまい。つまり蓮如はこのCにより、みずからの意向（支援する政親勢が勝利を得ること）が多くの門徒衆に周知されることを期待していたのであって、そのためにはCは、私的書状であるにも拘わらず、むしろ門徒衆の会合で読み上げられて公表されることの方が望ましかったと思われるのである。

六　再度の太刀入手依頼

Cで速やかな入手が要望されていた太刀は、しかし二ヶ月経っても蓮如の手許には届かなかった。そこで蓮如は十月八日に次の書状Dを発して、改めて督促することとした。

D「（包紙ウワ書）
信証院
蓮如」
（青野）真慶御房

尚々、堂れ人尓ても、ぬし尓なされ候て、可有所望申候。ともかくも、ま可せ申候。憑入候。千万〳〵、他の手より所望候てハ、我等生涯《（害）》尓て候。
先度就太刀之事、状下候間、下着候哉。無其左右候間、千万〳〵無心元候。い可やうに
もれうけん候て、あ多いをハ、かきり候ましく候。何とやうにも国尓て、堂れ〳〵所望
候共、申され候て、ぬし尓なり多く候。是非之御返事、なく候間、迷惑候。為其、態人
下候。一左右をきゝ度候。乍去、是非共不可叶之儀候ても、尚々それの盡力次第候。あ
なかしく。

（文明六年）十月八日(13)　　蓮如（花押）（Ⅰ型＝ムスビ逆三角後期型）

真慶御房

右の書状**D**によれば、先だって太刀入手を要請する「状」を下したが、届いたであろうか。いまだに「左右」＝首尾について返信がないので、まことに心許なく思っている。あらゆる配慮を行って頂きたく、値段に制限を設ける必要は全くない。「国」＝三河において誰が所有を希望するものであっても、理由を述べて入手して頂きたく、太刀の「ぬし」＝所有者になりたいと思う。入手が可能か否かの返事がないので、まことに「迷惑」の思いであって、わざと「人」＝使者を派遣した。ことの首尾について聞きたく思っており、困難な状況であっても一層の尽力によって実現して頂きたい、と述べ、さらに尚々書でも、誰もが持ち主になりたいと思うような太刀が入手したいので、すべては真慶に任せて憑み入るところである。「他の手」＝敵方の者が先に購入して、入手不可能な事態となったならば、我らはおそらく「生涯《（害）》」＝滅亡してしまうことであろう、としているのである。

D：
文明６年（1474）
10月８日
越中「光慶寺文書」

七　富樫政親の裏切りと蓮如の越前離脱

蓮如の依頼した太刀入手の件がその後どうなったのかは、実は判然としない。けれども、右の督促状Dに続くものが見当たらない点から考えれば、まもなくして入手が実現したと想定するのが無理が少ないであろう。そしてその太刀は直ちに蓮如から、加賀支配権を回復した政親に褒賞として授与されたことと考えられる。

政親勢の勝利という大勢がほぼ決まったのは、幸千代のいた蓮台寺城が制圧される十月十四日だったとして間違いあるまい。政親勢はさらにその二日後の同月十六日夜、白山宮本院へ攻め寄せて白山長吏澄栄法印や衆徒を味方に付け、続いてその八日後の同月二十四日には幸千代方の狩野・小杉氏らも自害に追い込んだのであるから、十月末頃までには幸千代勢の残党を掃討することもできて、政親方勝利は確定していたと考えられる。(14)ただし幸千代自身はこの戦乱から離脱することができたと思しく、その二年後の文明八年（一四七六）九月十四日に彼は加賀半国守護に任命されているのである。(15)

以上に述べたごとく、文明六年十月末頃には政親方勝利という決着がついていたから、この時点で太刀が吉崎に届けられていたならば、蓮如はこれを直ちに政親に授与して褒賞・慶賀することができたと思われる。前引した十月八日付けの蓮如書状Dが、もし翌九日朝に吉崎を発ったならば、約二三〇㎞離れた三河国志貴庄には六日後の十月十四日には達していたに違いない（越前・美濃の国境の山岳地域にはすでに降雪が見られたであろうから、関ヶ原を迂回する経路の取られた可能性が高い）。そこでこれを読んだ青野真慶は、入手していた太刀を所持して翌十五日に国許を発ち、二十日には吉崎に到着していたことと考えられる。かくして蓮如は勝利を収めた政親に対し、遅くとも十月末にはその太刀を授与することができたと考えられるのである。

ところがその翌年、文明七年（一四七五）になって、加賀を回復した政親と蓮如との関係は急速に悪化する。「徳了袖日記」(16)によれば、文明七年三月下旬には早くも不和が公然たる事態になっていたことが知られ、五月には蓮如の御文においても、

ナニノ科ニヨリテカ、加州一国ノ武士等（富樫政親勢）、無理ニ当山ヲ発向スヘキヨシノ沙汰ニオヨハンヤ(17)。

と叙述されて、政親勢が吉崎坊攻撃の姿勢を見せるに至ったことを、蓮如は嘆いているのである。

その原因に関して「白山宮荘厳講中記録」(18)を見てみると、在地の武士（国民）らは本願寺の威勢を笠に着て、寺社領地や免田の年貢を無沙汰する事態を引き起こし、その結果、神事や勤行は退転して武家＝守護の威勢はなきがごとき状況だと述べられている。けれども、戦勝者が戦費に充てるべく年貢を無沙汰することは通例であったから、この事態の責めをすべて門徒衆（および蓮如）に帰することは不当と言わねばなるまい。

他方、文明七年には吉崎坊本坊の再建事業が実施されるに至っている。すなわち文明七年（一四七五）二月下旬には工事が開始され、二ヶ月後の五月七日には棟上げ式が行われ、さらに七月十五日には早くも竣工式が執り行われたらしい。蓮如は一段落したことに安堵して、その翌日の七月十六日に長男順如光助（文明五年八月に下向して以来逗留していた）と五男実如光兼（この時点で初めて近江から下向）を伴って、二男蓮乗兼鎮が経営する越中井波瑞泉寺を訪れている。当然、近在の加賀波佐谷坊（松岡寺）にいる三男蓮綱兼祐、越中土山坊（光闡坊、のち勝興寺）にいる四男蓮誓康兼にも、これに合流するよう指示されていたであろうから、この七月十六日には父蓮如と五人の子息たちが一堂に会することとなったのである。

それから一ヶ月経った八月二十一日、蓮如は突然に門徒衆に命じて、変心した政親を攻撃させる。その中心と

なった総大将格は二男蓮乗だったと思われる。ところが期待に反して門徒衆は敗北を喫し、越中へと逃れざるを得なくなってしまう。しかも勝ちに乗じた政親勢は、同日夜に吉崎に押し寄せて来て、再建されたばかりの本坊（第二次吉崎坊）や、門内・門外の多屋などを焼き討ちしてしまうのである。

かかる事態となって、蓮如は直ちに吉崎を離脱しなければならなかった。越中に敗走した門徒衆から使者（洲崎慶覚・湯涌行法）がやって来て面謁を求めるが、蓮如は彼らに会うことはせず、下間蓮崇の手配した舟に乗って二十二日未明、炬火を頼りに吉崎を離れ、若狭小浜を経て河内出口光善寺へと移動したのである。しかしながら蓮崇は破門に処せられて、随行を認められなかったとされている。

以上に述べたごとく、蓮如と政親との関係は、政親が加賀に復帰する文明六年段階までは円滑であって、青野真慶が調達した太刀も同年十月末頃には蓮如から政親に授与されて、両者の関係はいっそう緊密になっていたことであろう。けれども政親の加賀復帰後は、両者の思惑に大きな食い違いが生じ、翌文明七年についに両者は対立・抗争するに及んで、吉崎坊（第二次）はまたもや失われてしまうのである。蓮如は命からがら吉崎を離脱して河内出口へ転じたものの、政親に対する遺恨は極めて大きかったと言わねばなるまい。

八　山科本願寺の創建と青野真慶・坂崎浄光

さて、それから二年半が経った文明十年（一四七八）正月、蓮如は山科に転じてここに堂舎建立の事業を始める。まず資金を手当てし、次いで敷地を確保して基礎工事を実施し、さらに資材に加工を行って、文明十二年（一四八〇）二月、いよいよ御影堂の建立に着手した。三月二十八日には棟上げ式が挙行され、十一月十八日には大津近松道場から親鸞影像（木像か）を迎えているので、この日が御影堂の竣工式だったのであろう。

さらに翌十三年（一四八一）二月からは阿弥陀堂の造営も開始され、四月二十八日に棟上げ式、そして六月八日に阿弥陀堂の仮仏壇に本尊が安置され（竣工式か）、かくして六月十一日から新堂舎において、存如二五回忌（死去は長禄元年〈一四五七〉六月十八日）が執行されたのである。

続いて翌文明十四年（一四八二）には「御影堂大門」が建設され、排水路が掘られ、「冬之タキ火所」や「常屋」が建て直され、また阿弥陀堂の仏壇が仕上げられて本尊が安置されるとともに、奈良塗師を呼んで漆を掛けさせている。さらに文明十五年（一四八三）には阿弥陀堂の屋根に瓦を葺かせて、ついに八月二十八日、山科（京都）本願寺は落慶法要の厳修を迎えたのである(19)。

その間の文明十二年六月十八日、蓮如はまた青野真慶らに御文Eを作成して付与している。それは次のようなものであった。


E抑三河ノ国ニヲイテ、当流安心ノ次第ハ、佐々木（上宮寺）坊主死去已後ハ、国ノ面々等モ、安心ノ一途、サタメテ不同ナルヘシト、オホヘハンヘリ。ソノユヘハ、イカントイフニ、当流ノ実義、ウツクシク讃嘆セシムル仁体、アルヘカラサルカユヘナリ。タトヒマタ、ソノ沙汰アリトイフトモ、タヽ人ノウヘノ難破ハカリヲイヒテ、我身ノ不足ヲハ、サシヲキテ、我慢偏執ノ義ヲモテ、コレヲ先トスヘシ。カクノコトクノ心中ナルカユヘニ、当流ニソノ沙汰ナキ、秘事法門トイフ事、手作ニシテ、諸人ヲマヨハシムル条、言語道断ノ次第ナリ。コノ秘事ヲ、人ニサツケタル仁体ニヲイテハ、ナカク悪道ニシツムヘキモノナリ。シカレハスナハチ、自今已後ニヲイテハ、以前ノ悪心ヲステヽ、当流之安心ヲキヽテ、今度ノ報土往生ヲ、決定セシメント思ヘシ。カツテモテ、当流ノ一義ニヲイテ、秘事ノ法門トイフコト、アルヘカラサルモノナリ。夫当流聖人ノ一義ハ、コトニ在家止住ノ輩ヲモテ、本トスルカユヘニ、愚癡闇鈍ノ身ナレトモ、ヒトヘニ弥陀如来ノ、他力本願ニ乗シテ、一向ニ阿弥陀仏ニ帰命スレハ、即時ニ正定聚ノクラヰニ住シ、マタ滅度ニイラシムトコソ、ツタヘタリ。コノユヘニ、超世ノ本願トモ、不可思議ノ強縁トモ、マフシハンヘレ。コレスナハチ、摂取不捨ノ益ニアツカリヌル、真実信心ヲエタル、一念発起ノ他力ノ行者トハ、マフスモノナリ。コノウヘニハ、タ、弥陀如来ノ御恩徳ノ、フカキ事ヲノミ、オモヒテ、ソノ報謝ノタメニハ、行住座臥ヲイハス、南无阿弥陀仏ト、トナヘンヨリ外ノ事ハ、ナキナリ。ナヲモテ、コノウヘニ、ワツラハシキ秘事アリトイフヤカラ、コレアラハ、イタツラ事トコ、ロエテ、信用アルヘカラサルモノナリ。アナカシコ〱。

文明十二、六月十八日、書之訖而、浄光（坂崎）・真慶（青野）・良全、上洛之時、渡畢。

陰士　御判[20]

右に言うところは、三河国における当流（本願寺派）の安心（＝信心）のあり方に関して、佐々木上宮寺の坊主が死去して以後は、国の面々の安心のあり方は不同（つまり乱れ始めた）であろうと思われる。その理由は、当流の実義を流麗に讃嘆（ここでは教授の意か）する仁体がいないからである。仮にその沙汰を行う者がいたとしても、他人の「難破」＝難点ばかりをあげつらい、我身に不足があることを差し措いて、わがまま偏執ばかりを先とするに違いない。こうした心中を抱いているゆえに、当流と無関係な「秘事法門」のあり方を「手作」＝手掛かりにして諸人を惑わしているのであって、言語道断の次第である。この「秘事」を人に授ける仁体は、必ずや永く「悪道」に沈溺するに違いない。よって今後においては、かつての「悪心」を捨てて当流の「安心」のあり方を聞き、報土往生を確実なものとしなければならない。かつて当流の信心のあり方では、「秘事法門」はあってはならないことであった。とりわけ当流の親鸞聖人の信仰のあり方では、在家止住の輩が救済の対象とされていたから、愚癡闇鈍の身であっても、阿弥陀如来の「他力本願」の理念に従ってひたすら帰命するならば、即時に「正定聚」の地位を獲得でき、また滅度（＝浄土往生）が叶えられるとのことである。こうしたあり方であるから、「超世ノ本願」とも「不可思議ノ強縁」とも表現しているのであり、また「摂取不捨ノ益」が約束され「真実信心」を獲得した「一念発起ノ他力ノ行者」と呼ぶのである。しかるうえには阿弥陀如来の御恩徳が深いことを信じて、その報謝のために「行住座臥」のいずれをも問わず、南无阿弥陀仏と唱えること以外にはすべきことはない。この他に煩わしき「秘事」があると主張する者がいたならば、無駄なことと心得て信用してはならない、と述べているのである。執筆されたのは文明十二年（一四八〇）六月十八日、そして浄光・真慶・良全らが上洛して来たので、これを染筆して手渡したと付記し、最後に「陰士」と署名して花押を据えたのである。

この御文も独特の修辞に飾られているため、内容を理解することがすこぶる困難であるが、要するに、佐々木上宮寺の坊主がこの直前に死去したこと、彼の在世中には三河門徒衆の信仰心は結束していたこと、彼亡き後には「秘事法門」（高田派に対する非難の表現）を勧める者が登場する恐れがあること、そして親鸞の信仰のあり方に従って阿弥陀如来に帰依しなければならないこと、これらを語っているのである。換言するならば、上宮寺坊主が死去した後の三河門徒衆については、浄光・真慶・良全らが統合の主導権を発揮しなければならないと叱咤激励しているのであろう。

注意すべきは、これの執筆が文明十二年六月だという点である。前述したごとく、この直前の二月に御影堂の建立に着手し、三月二十八日には棟上げ式が挙行されていたから、右の御文は御影堂が完成に近づいた時点（その外装・内装がほぼ完成した段階）で作成されているのである。とするならば、浄光・真慶・良全らが蓮如のもとにやって来た目的は、その建設資金（懇志）を提供することであったとして間違いあるまい。しかもその直前に上宮寺坊主が死去したと語られ、彼の功績が文言中で賞揚されているのであるから、持参した資金は上宮寺の主導で集められたものと推測してよく、それはかなりの巨額に及んだのであろう。蓮如が感激したであろうことは容易に察せられ、その感謝の意向を表現するためにこの御文が染筆されたとして、まず間違いないと思われるのである。

おわりに

本稿の検討で明らかにできた点を、最後にまとめておきたい。

吉崎山に坊を創建する事業は、文明三年（一四七一）七月に地鎮祭が執行されて敷地造成作業・資材加工作業が始まり、翌四年（一四七二）弥生中半から組立作業（建て舞い）が開始されて、同年八月十六日に本坊は完成する。またこれと並行して多屋（宿坊）が建設され、翌五年には庫裏・書院が付設され、さらに南大門・北大門や馬場大路も整備されて、文明五年（一四七三）九月十一日に落慶法要が厳修されたと思われる。ところが半年後の文明六年（一四七四）三月二十八日、吉崎坊は多屋の出火が原因となって焼失してしまうのである。

この焼失の報を三河国で聞いた青野真慶・坂崎浄光両人は、そこで火事見舞いと再建資金を携えて越前に向かい、蓮如にこれらを進上して御文拝受を申し出たところ、蓮如から文明六年六月二十一日付けで御文Aを付与される。その内容は、親鸞の一流に属する者は「他力真実ノ信心」を理解しなければならず、これを理解しない限りは極楽浄土へ往生することはできない、というものである。注目すべきは、この御文の末尾に据えられた蓮如の花押であって、著しく幅広に膨張した形状を見せているのである。この点から考えて、蓮如は染筆の際にすこぶる興奮した状態にあったことが疑いなく、その理由は、両人の進上した再建資金が極めて巨額であったからと推測される。

蓮如はさらにこの四日後の文明六年六月二十五日、御文Bを近江本福寺に下付しているが、その内容は、三河国の門徒青野真慶・坂崎浄光両人の法名の文字が、善導和尚の「日中ノ礼讃」の偈に見えている点から明らかなごとく、彼らの行動・行為は阿弥陀如来のそれに等しいもので、彼らはやがて確実に報土往生を遂げるに違いない、と賞揚するものであった。

この御文Bを拝領した本福寺住持は、国許に持ち帰ってこれを門徒衆の会合で読み聞かせたことは疑いなく、その結果、本福寺門徒衆の脳裏には真慶・浄光両人の名が強く記憶されたことであろう。彼らは琵琶湖舟運を中心とする交通業・運送業に従事していたから、三河にまで赴く機会があれば、必ずや彼らは地元住人に真慶・浄光の人物像を尋ねたことと思われる。かくして三河門徒衆は、真慶・浄光の名が近江門徒衆にまで知れ渡っている事実を認識させられ、やがてその評判は真慶・浄光の耳にも達したに違いない。こうして蓮如は、真慶・浄光が進上した巨額の再建資金に対する謝意の念を、本福寺門徒衆の経済活動を介在させて、「口伝え・耳伝え」の間接的方法により、彼らの耳に到達させたのである。そしてこのことはさらなる波及効果を生んで、各地門徒衆から一層の奉加が寄せられることとなったに違いない。つまり御文Bは、形を変えた勧進状にほかならないのである。

さて真慶・浄光が帰国してまもなくの文明六年七月、越前に来ていた富樫政親が加賀復帰の侵攻戦を開始することとなり、蓮如からその支援を命ぜられた門徒衆は、「加州一国之土一揆」を組織して進撃した。政親勢と門徒衆は七月二十六日、まず山内庄に攻撃を加えてこれを回復し、次いで十月十四日には幸千代の拠点であった蓮台寺城を制圧して、ついに加賀を支配下に置いたのである。

緒戦の勝利の報は、三河の青野真慶の耳にも達する。そこで真慶は蓮如のもとへ書状と懇志を届けさせたところ、八月二十六日付けで返信Cが発せられて、加賀の百性《(姓)》中の「弓矢」＝合戦は近日に落居するであろうと述べられたうえで、先だって依頼した「太刀」を速やかに入手したいとの要望が記されていたのである。この太刀は蓮如から軍功のあった武将に授与される予定だったに相違なく、その被授与者として蓮如が念頭においていたのは富樫政親だったのではあるまいか。そして望むらくは、このCは門徒衆の会合で読み上げられて、蓮如の意気込みを喧伝することが期待されていたに違いないのである。

しかしながら、この太刀入手の依頼は容易に達成されず、十月八日に蓮如は再び書状Dを発して督促しなければならなかった。かくして青野真慶はこのDに急かされて、入手できた太刀を吉崎に持ち来たったと考えられる。蓮如はそれを受け取り、文明六年十月末には、加賀回復を果たした政親に授与したものと推測される。

ところが、蓮如と政親との親密な関係は長続きせず、翌文明七年（一四七五）三月頃には両者は対立の状態に陥ってしまう。そこで蓮如は機先を制すべく、文明七年八月二十一日に越中瑞泉寺蓮乗と門徒衆に命じて政親を攻撃させた。ところが結果は裏目に出て敗北を喫し、門徒勢は越中にまで敗走しなければならなくなり、また再建されたばかりの吉崎坊（第二次吉崎坊）は、同日夜に政親勢によって焼き討ちされてしまうのである。蓮如は、敵勢の手を逃れて二十二日未明、舟で吉崎を離脱して若狭小浜に達し、さらに河内出口へと移動しなければならなかった。

それから二年半が経った文明十年（一四七八）正月、蓮如は山科に転じて本願寺の堂舎建立を計画する。文明十二年（一四八〇）には御影堂（十一月十八日に竣工式）、翌十三年（一四八一）には阿弥陀堂（六月八日に竣工式か）が完成して、同十三年六月十一日から新堂舎で存如二五回忌（六月十八日が祥月命日）が厳修される。さらに翌文明十四年（一四八二）には「御影堂大門」、「冬之タキ火所」、「常屋」が建てられ、また阿弥陀堂の仏壇には塗師によって漆が掛けられ、そして文明十五年（一四八三）には阿弥陀堂の屋根が瓦で葺かれて、同十五年八月二十八日、ついに山科（京都）本願寺は落慶法要を迎えたのである。

その間の文明十二年六月十八日、蓮如はまた青野真慶らに充てて御文Eを染筆している。その内容は、三河佐々木上宮寺の坊主が死去して以後、三河衆の信仰心は衰退しつつあるのではないかとしたうえで、「秘事法門」を勧める者に従ってはならず、親鸞の教えに基づいて阿弥陀如来に帰依しなければならないと語っている。この文明十二年六月とは、山科本願寺の御影堂がほぼ完成した段階であるから、浄光・真慶・良全らが蓮如のもとにやって来た目的は、その建設資金（懇志）を提供することだったに違いない。彼らが持参した資金は、おそらくは上宮寺の主導で集められたものだったのであろう。

なお、青野真慶が三河国志貴庄で創立した光慶寺は、その後、第六世道林の時代の天正年中に、越中国新川郡針原中村の現在地に転ずるが、その姓は出身地に因んで「式庄」をいま名乗っているのである。

注

（1）谷下一夢氏「蓮如上人と刀剣」（同氏『増補真宗史の諸研究』、同朋舎、一九七七年）。
（2）越中「光慶寺文書」光慶寺由緒書（金龍静氏の御教示による）のほか、岡崎市美術博物館『新たな信仰に生きる蓮如・ルター・民衆』図録五七ページの解説（一九九八年）、あるいは「志貴庄」（『愛知県の地名』六一一ページ―『日本歴史地名大系』第二三巻、平凡社、一九八一年）、「針原中村」（『富山県の地名』四八一ページ―『日本歴史地名大系』第一六巻、平凡社、一九九四年）、などを参照している。
（3）拙稿「蓮如の越前滞在と吉崎坊創建」（本書第九章）参照。
（4）蓮如の御文には「加州一国之土一揆」との表現が登場するから、蓮如は加賀一向衆の軍事行動を「土一揆」と認識していたことが知られ、これが公式の名称なのであろう（『真宗史料集成』第二巻、二九一ページ、「諸文集」第一九三号、同朋舎、一九七七年）。

（5）越中「光慶寺文書」（『真宗史料集成』第二巻、一七八ページ、「諸文集」第五〇号）。写真版は千葉乗隆・堅田修氏編著『蓮如上人御文』第一八号、七八ページ（同朋舎出版、一九八二年）、または『新たな信仰に生きる蓮如・ルター・民衆』図録五七ページ、に掲載される。なお花押複写の掲載については、光慶寺住持式庄秀高氏から平成二十六年（二〇一四）二月二十八日に許諾が与えられたので、ここに謝意を表しておきたい。

（6）拙稿「蓮如の生涯とその花押」（本書第二十一章）参照。

（7）近江「本福寺文書」（『真宗史料集成』第二巻、「諸文集」第七一号、一九五ページ）。写真版は『新たな信仰に生きる蓮如・ルター・民衆』図録五八ページ、に掲載される。なおBには花押が据えられていないが、筆跡から考えて蓮如直筆の御文としてよい。

（8）『新たな信仰に生きる蓮如・ルター・民衆』図録五八ページの解説においては、御文Bはもとは坂崎浄光に付与されたもので、それがのちに近江本福寺に譲渡されたごとくに語られている。しかしながら「本福寺文書」には、そのように他家から流入した史料はほかに全く存在しない。よってこの推測は正しくなく、御文Bはもともと本福寺に付与されて現在にまで伝存したものと考えねばなるまい。

（9）千葉乗隆氏編著『本福寺史』（同朋舎出版、一九八〇年）。

（10）「諸文集」第一九三号（前注4）。

（11）「白山宮荘厳講中記録」（『加能史料』戦国一、二〇七ページ、石川県、一九九八年）。

（12）越中「光慶寺文書」（『真宗史料集成』第二巻、「諸文集」第二八一号、三二四ページ。または『加能史料』戦国一、二〇八ページ）。写真版は『蓮如上人御文』第六六号、一八六ページ、または『図録蓮如上人余芳』一〇三ページ（本願寺出版社、一九九八年）、または『新たな信仰に生きる蓮如・ルター・民衆』図録五九ページ、または谷下一夢氏著書（前注1）九二〜九三ページ、に掲載される。なお写真版により訓みの一部を変更した。

（13）越中「光慶寺文書」（『真宗史料集成』第二巻、「諸文集」第二八二号、三二五ページ）。写真版は『蓮如上人御文』第六七号、一八六ページ、または『新たな信仰に生きる蓮如・ルター・民衆』図録五九ページ、に掲載される。写真版により訓みの一部を変更した。

（14）復帰した富樫政親による所領安堵の初見は、文明六年十二月二十四日付けの次のものである。

加州能美郡上土室、并河北郡英田庄内指江村等事、如先々不可有知行之状、如件。

文明六年十二月廿四日　　政親《（富樫）》（花押）

槻橋兵庫允殿

（「北村市英氏所蔵文書」―『加能史料』戦国一、二一九ページ）

(15) 「親長卿記」文明八年九月十四日条（『加能史料』戦国一、二六二ページ）には、

有対面。次詣富樫幸《（千脱カ）》世許、近日半国《加州》拝領云々。

とあって、これからまもなくして富樫幸千代は加賀半国守護に任命されたことが知られる。しかし彼が実際に加賀に入国するのはかなり遅れたらしく、文明十一年五月二十日付けの中院通秀書状案（「十輪院内府記裏文書」―『加能史料』戦国一、三四二ページ）によれば、「抑富樫幸千代、近日可入国之由、必定」とあるので、加賀入国は文明十一年（一四七九）五月以降であったことが判明する。なおこの時点においても彼はまだ「幸千代」と呼ばれていて、元服以前（一五歳未満）であったことが知られるから、その誕生は早くとも文正元年（一四六六）のことと判明する。そしてこれを踏まえると、加賀の反政親派によって擁立された応仁二年（一四六八）には、幸千代はまだ三歳にすぎなかったと計算できる。

(16) 「徳了袖日記」（『加能史料』戦国一、二三四ページ）。

(17) 「諸文集」第八八号（『真宗史料集成』第二巻、二〇九ページ）。

(18) 「白山宮荘厳講中記録」（前注11）。

(19) 拙稿「蓮如による山科本願寺と大坂坊の創建」（本書第十六章）参照。

(20) 「諸文集」第一一五号（『真宗史料集成』第二巻、二三七ページ）。

あとがき

本願寺蓮如兼寿が偉大な人物であるとの評価について、異論を唱える者は多くはあるまい。けれども彼も人間であるから、スーパーマン（超人）的な能力がある訳ではない。また蓮如は平和主義の立場であったが、門徒衆の主戦論に押されて対抗的姿勢に傾いたとの理解についても、果たして妥当な捉え方なのかどうかは再確認する必要がある。本書が目指した分析の主題は、そうした蓮如の等身大の実像を示すことであるが、各論文で得られた新知見のうち特に注目すべき点を、ここに簡単に指摘しておきたいと思う。

第一章第一節の注目点は、蓮如の筆写した最初の聖教が、永享六年（一四三四）二月に信濃長沼浄興寺周観に下付した「愚禿鈔」上巻・下巻と指摘できたことである。これは従来説（同年五月の「浄土文類聚鈔」が最初との説）よりも、約三ヶ月先行している。

第一章第二節の注目点としては、大谷本願寺の堂舎改築工事が門主巧如の主導のもと、永享七年（一四三五）春〜翌八年秋の二年間に実施され、その間の永享八年四月〜秋に巧如が越中で募財活動を展開した結果、「巧如フィーバー」（熱烈な巧如崇拝の動き）が沸き起こったに違いないと指摘することができた。

第二章においては、右の「巧如フィーバー」の余韻として、巧如死去（永享十二年〈一四四〇〉十月十四日）を契機にして加賀尾山坊創建が追悼事業として企画され、その竣工後の嘉吉三年（一四四三）正月、尾山坊に巧如絵像（存如裏書）が下付されたことを指摘した。

第三章においては、蓮如が文安六年（＝宝徳元年、一四四九）七月〜八月に、加賀木越光徳寺・信濃長沼浄興寺を訪れる旅を計画したこと、しかし途中でこれは変更されて浄興寺に立ち寄らず、陸奥国府・松島にまで足を伸ばしていることを指摘できた。

第四章においては、康正元年（一四五五）十一月上旬に門主存如が病臥したこと、この報を受けた越中願海寺巧賢（存如弟）が十一月下旬に上洛したところ、蓮如の妻如了尼が死去する事態に遭遇したこと、そして翌年三月に巧賢が再上洛を試みた結果、彼は越前府中の宿所たる円徳寺で病臥・死去してしまったこと、などを指摘できた。

第五章においては、専修寺真恵が康正二年（一四五六）に下野高田から坂本妙林院へ転じ、これに伴って妙林院「仏殿」が改築されたこと、けれども七月着工とされていた門建設は蓮如の不手際で遅延し、真恵の主導のもとで約一ヶ月遅れで完成したこと、そしてこの顚末の結果、真恵・蓮如両人の関係が著しく悪化したこと、などを指摘できた。

第六章においては、康正元年（一四五五）の近江長沢福田寺琮俊の死去に伴い、後継住持として頓乗（尾張津嶋出身）が康正三年（一四五七）六月二十八日に選任されるが、その間の本願寺では康正元年十一月上旬に存如が病臥し、また同月下旬には蓮如の妻如了尼が死去する事件が起きていること、そして康正三年六月十八日の存如死去に伴い、本願寺相続についての一族衆協議が二十八日に行われ、蓮照応玄の継承に如乗宣祐が反対した結果、庶兄の蓮如が継承するに至ったこと、これらを明らかにすることができた。

第七章においては、寛正三年（一四六二）五月の加賀白山河大洪水により、その流路が左岸方向へ大きく移動した結果、能美郡和佐谷村に立地した安国寺（臨済宗）に濁流が押し寄せて堂舎崩壊の危機となったこと、これに対して尾山坊（金沢別院の前身）は無事だったので、輪番の四十万村法慶坊順誓はこれを蓮如に報じたことを指摘できた。

第八章においては、後花園天皇の退位が発端となって、翌寛正六年（一四六五）正月の「寛正の法難」が起きたこと、蓮如は親鸞木像とともにまず京都市中に潜伏し、寛正七年（＝文正元年、一四六六）二月に近江安養寺村へ移動して隠居（長男順如を後継者とする）したつもりであったこと、けれども延暦寺はこの案を容認せず、文正二年（＝応仁元年、一四六七）の朝廷の仲裁により、末子光養丸（実如）が継承して西塔宝幢院の末寺となり、毎年三〇〇〇疋（三〇貫文）を西塔釈迦堂へ上納するとの案が示されたこと、そして蓮如はこれを応仁二年（一四六八）三月二十八日に受諾したことで安全が保証されたから、翌応仁三年（＝文明元年、一四六九）二月に親鸞木像を堅田から大津浜名道覚道場へ移し、さらに四月二十九日には南別所（近松）へと移動させて、ようやく「寛正の法難」が終幕となったこと、などを指摘できた。

第九章においては、文明三年（一四七一）四月に大津を発った蓮如と蓮覚光信は、まず五月二日〜七月十五日に越中土山坊を建立したこと、次いで七月二十七日から越前吉崎坊建立に着手して、文明四年（一四七二）「弥生中半」に本坊立柱、そして八月十六日に本坊が竣工したので、蓮如は「親鸞・蓮如連座絵像」（山城「本願寺文書（西派）」に現存）に裏書を染筆したこと、さらに文明五年（一四七三）八月二日に全堂舎が竣工し、九月十一日に落慶法要が厳修されたこと、しかし翌文明六年（一四七四）三月二十八日の火事で本坊・門内多屋が焼失したため、文明七年（一四七五）二月下旬から再建に着手し、七月十五日に本坊は再建成就したこと（第二次吉崎坊）、けれども富樫政親との関係が悪化していたので、文明七年八月二十一日に「加州一国之土一揆」に命じて政親を攻撃させるが失敗、同日夜に吉崎坊は焼き討ちされ、蓮如は二十二日未明に吉崎を離脱したこと、などを指摘できた。

なお吉崎坊はその後、長享二年（一四八八）六月八日の富樫政親打倒を契機として再建が始まり（第三次吉崎坊）、翌長享二年（＝延徳元年）春に立柱されて八月二十八日に竣工するので、これに合わせて蓮如は隠居＝南殿移動を実行したこと、そして延徳二年（一四九〇）十月二十八日の譲状執筆（五男実如充て）は、吉崎坊の落慶法要に合わせた行動と推測され、吉崎坊を管掌したのは四男蓮誓康兼であったこと、なども指摘できた。

第十章においては、文明五年（一四七三）に加賀西軍富樫幸千代勢が、東軍富樫政親勢を敗走させた結果、西軍は戦後処理として、敵方の領地没収と臨時課役を賦課するが、これに紛れて中立的立場の領主・寺社なども違乱を蒙る事態となったため、彼らはその停止を蓮如に求め、この結果、七月四日に「お叱りの御書」が発せられたこと、しかし木越光徳寺の門徒衆には効果が乏しかったため、さらに十月二十一日に再度の停止命令が発せられたこと、これらを指摘できた。

第十一章においては、蓮如は御文を聖教と位置付けていたから、出家・得度した者がその下付対象であったこと、男性はもちろん、女性でも得度していた場合には、漢字・片仮名まじりの「片仮名御文」が下付されたこと、しかし例外的に未得度の女性に充てられる場合には、漢字・平仮名まじりの「平仮名御文」が下付されたこと、を明らかにできた。この例外とは、多屋の内方（妻女）や各地寺坊の配偶者が該当したと思われる。

第十二章においては、文明六年（一四七四）三月二十八日の吉崎坊焼失を聞いた三河青野真慶・坂崎浄光が、吉崎に来て火事見舞いと再建資金を蓮如に進上したので、蓮如は彼らに御文を付与してその行為を褒賞していること、またその四日後の御文（近江「本福寺文書」）では、坂崎浄光・青野真慶両人の行動は阿弥陀如来のそれに等しいものと賞揚されており、蓮如は彼らに対する謝意の念を、本福寺門徒衆の経済活動を通じて「口伝え・耳伝え」で伝えようとしていたこと、を指摘できた。さらに蓮如は真慶に太刀入手を指示していたが、真慶は文明六年十月末には太刀を届けたと考えられ、これを蓮如は富樫政親に授与して加賀回復達成を慶賀したこと、なども指摘できた。

論点は多岐にわたってまとめきれないが、これまでの蓮如像とはかなり異なった様相を示すことができたと自負している。なお、下巻の第十三章～第二十二章では、文明年間以降の蓮如の動静に焦点を当てて追究するとともに、花押の形状変化についても判明した点をまとめる予定である。

本書の出版準備中の平成二十七年（二〇一五）十二月八日、金沢大学の恩師の一人、高沢裕一先生（金沢大学名誉教授）が逝去された。心から御冥福をお祈りしたいと思う。

最後に、本書をまとめるに当たっては、本願寺史料研究所など多くの研究機関や、図書館・文書館などの援助を得ている。関係各位の御配慮に対して、末尾ながら篤く謝意を表しておきたい。さらに出版に際して、法藏館編集部山本眞理子氏に助力を得ているので、合わせて礼辞を述べておきたいと思う。

平成二十八年（二〇一六）八月二十五日

小泉　義博

小泉　義博（こいずみ　よしひろ）

1950年　福井県生まれ
1973年　金沢大学法文学部史学科卒業
1975年　金沢大学大学院文学研究科（修士課程）修了
1975〜2009年　福井県の高等学校教員として勤務
研究業績　『越前一向衆の研究』（法藏館、1999年）
　　　　　『本願寺教如の研究・上』（法藏館、2004年）
　　　　　『本願寺教如の研究・下』（法藏館、2007年）
現 住 所　〒915-0842　福井県越前市常久町２-12

本願寺《ほんがんじ》蓮如《れんにょ》の研究《けんきゅう》　上

二〇一六年一〇月一七日　初版第一刷発行

著　者　小泉義博
発行者　西村明高
発行所　株式会社法藏館
　　　　京都市下京区正面通烏丸東入
　　　　郵便番号　六〇〇-八一五三
　　　　電話　〇七五-三四三-〇〇三〇（編集）
　　　　　　　〇七五-三四三-五六五六（営業）

印刷・製本　亜細亜印刷株式会社

ISBN4-8318-7507-5 C3021